国家社会科学基金资助项目成果

李静 等 著

城市化进程与
乡村叙事的文化互动

中国社会科学出版社

图书在版编目（CIP）数据

城市化进程与乡村叙事的文化互动／李静等著．—北京：中国社会
科学出版社，2015.12
ISBN 978-7-5161-7180-6

Ⅰ.①城… Ⅱ.①李… Ⅲ.①城市化进程—关系—农村文化—
文化发展—研究—中国 Ⅳ.①F299.21②G12

中国版本图书馆 CIP 数据核字（2015）第 291167 号

出 版 人	赵剑英
责任编辑	冯春凤
责任校对	张爱华
责任印制	张雪娇

出　　　版	中国社会科学出版社
社　　　址	北京鼓楼西大街甲 158 号
邮　　　编	100720
网　　　址	http：//www.csspw.cn
发 行 部	010-84083685
门 市 部	010-84029450
经　　　销	新华书店及其他书店

印　　　刷	北京君升印刷有限公司
装　　　订	廊坊市广阳区广增装订厂
版　　　次	2015 年 12 月第 1 版
印　　　次	2015 年 12 月第 1 次印刷

开　　　本	710×1000　1/16
印　　　张	19.5
插　　　页	2
字　　　数	318 千字
定　　　价	68.00 元

目　录

导论 城市化进程与乡村文化

　　城市化是社会发展的历史过程，是工业革命的伴生现象。自 18 世纪英国工业革命以来，城市化逐渐成为一种全球化趋势。1840 年，完成了工业革命的西方列强用鸦片和大炮把停滞在农业文明时代的乡土中国推进了现代历史长河，由此，中国开始了从农业文明向工业文明，从传统社会向现代社会的漫长而又艰难的转型和变迁。期间经历了许多的坎坷曲折。一直到 20 世纪 80 年代末 90 年代初，中国才开始了历史上规模最大的城市化运动。本书所谓城市化进程主要即指 20 世纪中国改革开放尤其是 90 年代以来，伴随着农村人口向城市的转移和集聚，由农业为主的传统乡村社会向现代工业、现代服务业等为主的现代城市社会逐渐转变的历史进程。

　　检视中国城市化发展的历史进程，城市化推动了社会的发展，给人们的思想观念、生活方式带来了全新的变化，但同时也带来了许多新的问题。就文化而言，自工业化进程开启，文化的两大矛盾就日趋尖锐：一是传统文化与现代文化的矛盾；二是乡村文化与城市文化的矛盾。历史地看，工业化、城市化客观上会造成城乡分离，使城乡文化由原来的同质共生走向异质分裂，而主观上，我们长期以来观念上的二元对立思维模式也在很大程度上助长了城乡文化矛盾的尖锐性。我们一直通过反传统来为现代化开辟道路，认为城市文化是现代的、先进的，乡村文化是传统的、落后的，城市与乡村意味着现代与传统两种社会形态。于是在扩张城市的同时，将传统文化、乡村文化当作落后文化进行清理，将传统文化的精华与糟粕一起切割掉了，而很少去考虑现代文化和传统文化、城市文化与乡村文化是否有对接的可能性？是否有可能建构一种适合现代化、城市化需要的新型城乡文化共同体？尤其是现在，随着工业化、城市化的快速推进，"城市病"集中爆发，乡村文化日渐衰退，城乡文化同时陷入了困境。面对如此现状，我们是否应该反思、检讨过往文化观念上、文化政策上的不足和失误，调整思路，寻找一条切合中国实际情况的城乡文化建设之路？基于以上考虑，本书希望能够从文化的角度深入阐释城市与乡村、城市文化与乡村文化的关系，并以当代乡村叙事为基础，运用社会学、文化学、生态美学等理论，重新发掘乡村文化的内在价值，探讨城乡文化互动的可能性，并尝试构建一种以城乡文化认同为前提的、新型的城乡文化共同体。

一　城市化进程与乡村文化

在中国现代化、城市化进程中，城乡关系是一个非常重要的问题。这个问题早在现代化之初就凸显出来了。费孝通曾指出，"从基层上看去，中国社会是乡土性的"，"我说中国社会的基层是乡土性的，那是因为我考虑到从这基层上曾长出一层比较上和乡土基层不完全相同的社会，而且在近百年来更在东西方接触边缘上发生了一种很特殊的社会"①。乡村是社会的最基层，"很特殊的社会"即指城市，是在"基层上面"长出来的、经过东西方文化碰撞而出现的现代城市。也就是说，中国在现代化过程中，社会分化成了两种形态：乡村和城市。马克思曾指出，城乡分离是社会发展的必然结果，因为"分工引起商品劳动和农业劳动的分离从而也引起了城乡的分离和城乡利益的对立，一切发达的、以商品交换为媒介的分工基础，都是城乡的分离"②。在这里，马克思看到了农业文明走向工业文明引起的后果，揭示了城市化必然会造成城乡分离。结合实际看，马克思指出的城乡分离状况在中国表现得尤为突出。中国从前现代社会直接进入现代社会，无论在物质还是精神层面都还没有做好现代化的准备，占人口比重绝大多数的农民的思想意识及其生产、生活方式依然处于前现代阶段。随着城市化的推进，城市与乡村在政治、经济、文化等诸多方面呈现出越来越大的不平衡，严重影响了城乡关系。

20 世纪 90 年代以来，城市化的快速发展促使大量的失地或未失地农民

---

① 费孝通：《乡土中国》，上海人民出版社 2007 年版，第 6 页、第 1 页。
② ［德］马克思：《资本论》第 1 卷，人民出版社 1963 年版，第 390 页。

涌入了城市，乡村的"空心化"现象越来越严重，随之引发的农业、农村、农民的种种问题引起了普遍的关注和忧思。中国的乡村究竟是否会衰败、消失？成为许多人心中的疑问。我们认为，就现阶段而言，中国的城市化还很难完全吸纳数亿农民，"中国农村的历史和现实决定了农民从整体上不可能转移到都市当市民，也不可能变成发达国家那样的农场主和农业工人"①。农民的主体部分依旧生活在乡村。只要有农民，就有乡村社会。虽然许多乡村的青壮年以及各种人才都流向了城市，但是，由于各种原因，仍然有一定数量的"中坚农民"留在了乡村。所谓"中坚农民"是指"主要收入在村庄、社会关系也在村庄、家庭生活完整、收入水平不低于外出务工家庭的新生中农群体"，他们约占农户总数的百分之十至百分之二十②。当代乡村叙事中早就出现了这样的"中坚农民"形象，如贾平凹《高老庄》中的蔡老黑、电视剧《清凌凌的水蓝莹莹的天》中的钱大宝、《湖光山色》中的楚暖暖等。"中坚农民"的存在是乡村社会可持续发展以及重建的重要力量。此外，由于种种原因，晚近几年来，不仅有一定数量的农民工在回流乡村，还有一些企业老总、外企白领、大学老师、艺术家自觉选择生活在乡村，过着种菜、养猪、喂鸡的生活③。可以预见，未来的乡村社会将会持续不断地分化：一部分乡村随着城市化、城镇化进程会消失；一部分历史文化、景观资源相对丰富的乡村则可能因为乡村旅游业的发展而得以振兴；而那些作为粮食主要产地的乡村则可能受益于国家的种种政策而保持良序发展。也就是说，在中国，城市化不可能百分之百实现，城市化也不可能带来中国乡村社会的整体性消失。我们甚至看到了另一种希望，由于中国高铁、网络、电商服务业的大发展，城市聚集效应的好处大大弱化了，乡村生活不再等同于闭塞、不方便，生活在乡村不仅可以通过网络、高铁与世界保持联系，而且享有几乎可以替代城市商业服务的快捷的电商服务。因而，在建设后工业生态文明社会的大背景下，随着乡村生活吸引力的加强，也许会有更多的各种人才回流乡村，中国的乡村社会可能会迎

---

① 高小康：《非物质文化遗产与乡土文化复兴》，《人文杂志》2010 年第 5 期。
② 贺雪峰：《论中坚农民》，《南京农业大学学报》（社会科学版）2015 年第 4 期。
③ 把根草：《大学女老师在"隐居村"生活羡煞人》，《金陵晚报》2012 年 3 月 15 日 B06 版。

来新的发展契机。2005年，中国共产党在第十六届五中全会上首次提出了建设社会主义新农村的口号，为变化中的中国乡村规划了新的发展前景。

中国的现代化、城市化虽然不可能完全解构乡村社会，但必然会深刻影响乡村社会，进而影响城乡关系。就乡村文化而言，城市化引起的问题突出表现在以下两个方面：一是文化认同危机加剧。这在到城市打工、生存的农民工（一般也称为"外来务工人员"）身上表现得尤其明显。随着大量农民工向城市转移、集聚，文化认同危机成为影响他们融入社会的主要因素之一。2013年，我们课题组在江苏几个城市调研发现，"80后"、"90后"农民工与城市居民之间存在严重的交往困难，其主要原因首先是文化观念不同，比重为27.5%；其次是生活习惯不同，比重为26.5%①。汤姆·米勒在中国调研时也发现，"城里人很少跟外来务工人员说话，除非要找他们做事"。在城市里，"外来务工人员过着封闭式的生活，无论社交还是居住，都在自己的圈子里"②。农民工由于受教育年限相对较短，加之文化观念、生活习俗的不同，更倾向于认同其熟悉的乡土文化，因此面对强势的都市文化，往往选择沉默或被动接受。城乡文化的冲突使他们面临着深刻的文化认同危机。

二是乡村传统文化生态破坏严重。中国的城市化起步缺乏像英美现代化时期的思想文化启蒙，加之文化上的二元对立思维，导致传统乡村文化不断衰落。这些衰败主要表现在亲情伦理的衰退、婚姻伦理的变异，以及生存伦理的利益化倾向等方面。正如有学者指出的："外来文化的异质难合与传统文化的过度解构，使当前的乡村文化呈现出'空洞'状态。"③ 在诸多当代乡村叙事文本中，我们也看到了对这种文化"空洞"状态的忧思。范小青在《我的名字叫王村》④ 中描写了一个成为无地之村的王村。由于土地被征用，王村众多家庭在拆迁致富过程中人情淡漠了，各种乡村伦理关系解体了，甚至熟悉的乡村空间因为到处都是废弃的厂房而陌生化了，文化意义上的"故乡"

---

① 李静、朱逸宁、季中扬等：《新型城镇化背景下青年外来务工人员文化生活状况研究》，江苏省社科联《成果报告》2014年第1期。

② ［英］汤姆·米勒：《中国十亿城民》，李雪顺译，鹭江出版社2014年版，第27、15页。

③ 丁永祥：《城市化进程中乡村文化建设的困境与反思》，《江西社会科学》2008年第11期。

④ 范小青：《我的名字叫王村》，作家出版社2014年版。

在现实空间中几乎消失了。在一些纪实性的乡村叙事文本中，乡村传统文化的消解被描绘得更为触目惊心，如《崖边报告——乡土中国的裂变记录》，书中描述了中国西部一个叫崖边的小村庄，由于"越来越多的人外出打工，村庄围绕人的生、老、病、死和婚、丧、嫁、娶所固有的生存仪式正在被逐渐湮灭"，不仅婚礼、小孩满月礼很少在村里举行了，即使不得不在村里举行的老人去世的丧礼，由于人口越来越少，甚至抬棺的人都很难找到，该讲究的也不得不简化、省略了①。

乡村传统文化生态的被破坏提醒我们，地理空间意义上的乡村不可能完全消失，但文化意义上的乡村却离我们越来越远。"1990 年代以来，中国乡村社会的政治、经济和文化发生了巨大变化。许多人离开乡村，改变了传统农民与土地之间的紧密关系；现代物质文化对乡村的冲击则使传统道德彻底失去了它在乡村中曾经有过的主导地位。"②

面对乡村文化的溃败，面对工业化、城市化带来的人与人之间的冷漠，物质主义与金钱至上带来的贪欲，我们开始怀念传统的乡村生活，向往那时淳朴的人际关系，希冀从传统乡村文化中寻找精神的栖息地。

20 世纪 90 年代之前，在文学书写与影视叙事的价值坐标中，我们看到的城市意象往往指向现代、文明、开放，而乡村意象则指向愚昧、落后、保守。20 世纪 90 年代以降，尤其是新世纪以来，随着城市化的高歌猛进，物质层面的城市由想象逐渐变为现实，到处都是高楼大厦，车水马龙，灯红酒绿，但同时，城市被描绘成钢筋混凝土搭建的森林，其人与人之间冷漠、疏离，金钱交换扼杀了人性，人们都不可救药地堕落了。方方在《状态》中描绘的城市意象是——"陈东东刚从深圳回来，整耳朵装的都是股票、大款、桑拿浴、赛马和别墅与 KTV 包房以及妓一类的字眼。"城市在物欲、商品化的侵蚀下沦丧，而乡村则越来越意味着人与自然的和谐，人与人之间的亲密，成为身体与灵魂的理想栖息之地，城市与乡村的价值判断发生了逆转。如韩少功在其《山南水北》中称乡村是

---

① 阎海军：《崖边报告——乡土中国的裂变记录》，北京大学出版社 2015 年版，第 14 页。

② 贺仲明：《论 1990 年代以来乡土小说的新趋向》，《南京师范大学学报》（社会科学版）2005 年第 6 期。

"耳醒之地"，乡村不仅净化了他的灵魂，而且拯救了他的身体感官。

实际上，现实中的乡村未必都像韩少功描述的那样，上述对乡村文化衰退的描写和对理想乡村的诗意想象就好像一枚硬币的两面，同时表达了人们对乡村文化的忧思和期盼。这就意味着，事实上存在着两个乡村：一个来自人们的乡村想象；另一个则是乡村百姓的生活实态。而且，对现实的乡村越不满意，对理想乡村的期盼就越强烈。这种看似悖反的心态实际反映了我们民族的一种普遍的乡土情结——土地可以安身立命，乡村可以躬耕，可以诗书，可以宁静致远。因此无论现实的乡村发生了什么变化，我们心目中的乡村依然诗意美好。实际上，对田园生活的美好想象长久以来一直存在中国人的心里，尤其存在于文人士大夫的生活理想中。"中国社会自春秋始，士人阶层渐趋独立。这一徘徊于城乡、官民之间的知识群体，一方面为实现政治抱负必须走向城市，但在精神领域却依然保持着对故乡的固恋和忠诚。这就是居尘与出尘、入世与出世、廊庙与山林、心存魏阙与身处江海、'田园将芜胡不归'与'滚滚红尘长安道'之间的永恒矛盾。其中，童年式的乡村记忆固然重要，但城市作为功利、欲望、快乐的麇集之地，也同样让人难以舍离。这种理智与情感的矛盾，是中国传统士人的基本精神性状，中国美学也正是在这种双向选择中表现出鲜明的城乡二元性。在当代中国，这种现象并没有消失，而是以更加剧烈的方式表现出来。比如，为了世俗幸福，人们都渴望生活于大都市，但每逢重大节日，人们又返回乡村，都市则几乎变成一座空城，这是传统中国的城乡二元结构在现代的反映。"①

这样一种对乡村文化的审美观照确实体现了一种文化上的二元心态。在农业文化环境中，城乡文化的同质性使得文人的二元心态只表现在生活方式和居住方式的选择上，并不带来文化观念上的冲突。但由这种心态反映出来的生活理念值得我们重视。它表明，"人，无论居于乡野渴望都市，还是立于都市回望乡村，均意味着两者对人而言具有同等的重要性，它们共同昭示了一种可能的完美生活"②。也正是在这个意义上，我们才能理解，

---

① 刘成纪：《中国美学，在城市与乡村之间》，《光明日报》2015年7月2日第14版。
② 同上。

为什么城市越繁华,人们的忧思越强烈;乡村越荒芜,人们的乡愁越浓郁。因为城市和乡村"两者对人而言具有同等的重要性",尤其是乡村,"'乡土',作为中国文化的起源和隐喻性的精神存在,是人们心理结构中发生强烈情感认同之地,是涵盖所有的自然与社会人文背景及历史文化,对个人具有高度生活意义及使命感的地方。如果说乡土的能指是指向物质实存的话,那么所指的意义主要指向一种诗性的,甚至有着宗教神圣感的形而上存在。也就是说,乡土、故乡、土地等物质形态往往会被赋予某些特定的文化内涵。"① 乡村,是我们民族文化的"根",是我们民族精神的血脉所在,虽然它现在衰老了、荒凉了,但千百年来它所凝聚的文化意象和呈现的诗意存在仍然是我们心灵的皈依,精神的家园。这也就是说,虽然目前乡村对大多数人而言更多只是文化的、审美的意义,是一种形而上的存在,而不是理想形态,但这无碍由此而来的一个重要启示:乡村文化是可以参与"完美生活"的构建的,或者说,缺失了乡村生活的文化诗意,我们就失去了理想的生活状态。

在这样的前提下再来看当今的乡村,现实的乡村虽然很多地方不美好,但这并不表明传统文化、乡村文化已经失去了全部的生命力,也不表明依附于土地、乡土人情的乡村文化没有再生的可能性。如果我们对乡村文化内涵及其变迁状况进行具体分析,就可以发现,传统的乡村文化并未整体性塌陷,它仍然有着内在的生机。我国幅员辽阔,地区差异较大,乡村文化衰败得令人感到触目惊心的,主要是那些人口大量输出、自然村面临整体消失的地方。虽然,城市化的现代性质使我们不可能也不必重建传统乡村文化的体系,但我们可以吸收传统乡村文化中具有生命力、创造力的文化元素,吸收那些具有田园诗意的文化资源,共同参与建设"完美生活",以增强人们的文化认同感、家园感,满足人们的心理和精神需求,进而完成现代城乡文化的新的融合。

关于文化,一向众说纷纭。此处引入英国学者雷蒙·威廉斯的观点。雷蒙·威廉斯认为,文化这个概念主要包括三层含义:一是指"思想、精

---

① 韩玉洁:《作家生态位与 20 世纪中国乡土小说的生态意识》,苏州大学博士学位论文,2009 年。

神与美学发展的一般过程";二是"表示一种特殊的生活方式";三是"描述关于知性的作品与活动,尤其是艺术方面的"①。概而言之,文化可以分为观念形态的文化、生活方式形态的文化、作品形态的文化三个层面。观念形态的文化是文化的内核。在文化变迁过程中,它不会一成不变,而是随着自然的、社会的环境变化而不断调适,但总体上变化比较缓慢,具有相当的守成性,一旦其剧变、裂变,就可能造成文化认同危机,带来深层次的社会心理问题。比如当下,由于人口流动,外来文化观念的冲击,乡土观念、亲情观念、传统伦理道德等观念形态的乡土文化变异比较严重。当然如前所说,观念形态的乡村文化虽然变异严重,但并未彻底沦丧,弥漫得越来越浓烈的"乡愁"意味着我们对乡土、亲情仍然有着强烈的文化认同感。我们在乡村调研时看到,乡村对丧礼、婚礼、诞生礼等人生礼仪基本上还遵循着"老辈人的做法",说明观念形态的乡村文化虽然有较大变异,但信仰仪式层面保存还相对完好。

生活方式形态的文化是文化的承载。表面上看来改变比较显著,大部分乡村已基本过上了现代生活,不仅有了各种家电,甚至覆盖了网络,但是,即使是大都市近郊的乡村,村民的生活方式都没有根本上的改变。唐晓腾在调研上海市松江新桥镇的汤村时发现,"与生产方式形成鲜明对照的是,汤村村民的生活却依然是'农村本色'。居住在原来村落的老人们自不用说,搬迁到镇里别墅区和商品房小区的原汤村村民的生活方式也没有太大改观,俨然是原来村庄生活的翻版。我们从村里转到镇区,走进别墅安置小区,漂亮的别墅与茂盛的菜果相映照,村民在自家别墅前院里,没有种园艺树木和花草,却种了从青菜、茄子、辣椒到玉米、高粱各种作物"②。正是在这些不变之中,我们看到了传统乡村生活方式的内在生机与力量。

作品形态的文化是文化的外显。诸如民间艺术等。这些乡村文化的艺术形态由于缺乏传承,许多都面临着整体性消失的危险,而这些文化形态对于我们了解乡村的文化历史,延续民族文化记忆无疑有着不可替代的重要价值。事实上,政府主导的国家、省、市、县各级非物质文化遗产保护

---

① [英]雷蒙·威廉斯:《关键词》,生活·读书·新知书店2005年版,第106页。
② 唐晓腾:《汤村故事:城市化中的乡村上海》,《南风窗》2012年第22期。

工程都在积极开展这方面的工作，文化主体的自觉保护意识正在被逐渐唤醒。

在城乡二元对立的思维范式里，传统乡村文化是一种落后的文化形态，它与现代社会以及现代城市文化是异质的。现代社会要求的是"一种以市场性为其核心，以工业化、市场化、城市化为其结构底蕴，以成熟的市场交换为其生存法则，并以一套与之相应的组织制度和人文观念为其社会体系和价值系统的现代文化形态"①，而传统乡村文化的人文观念、价值体系不仅难以适应现代社会的内在要求，反而是一种阻碍力量。应该承认，现代文化形态确实需要有与之相适应的人文观念和价值体系。但就文化而言，城市文化未必就是先进的、优秀的，乡村文化也未必就是落后的、陈旧的。因为文化不是线性发展的，文化的形态不是任何时候都随着生产力的发展而改变的。尤其是那些几千年积淀下来的传统优秀文化，它内蕴着强大的生命力，是我们民族文化的根基，完全可以融入现代文化形态之中。另外，中华民族是农业文明延续时间最久、文化成就最高的民族，传统乡村文化是我们民族最为宝贵的集体文化记忆，而在任何时候一个群体的认同性和独特性的意识就依靠文化记忆②，因而，保存、传承传统乡村文化的精华在文化全球化语境中具有建构民族文化身份与文化认同的文化战略意义。正因如此，我们有理由相信，传统乡村文化内蕴的生命力可以焕发新的生机，它的有效资源可以参与城乡两种文化形态的良性互动，进而培育真正意义上的"现代城乡文化共同体"。

文化共同体有大小之分，大至全人类的文化共同体，小至一个村落、一个班组的文化共同体，因对象不同，内涵也不尽相同。本书所谓"现代城乡文化共同体"，以促进城乡文化认同为前提，以城乡文化协调发展为旨归，是一种有别于传统农业社会以地域和血缘关系为纽带的新型文化共同体，它具备现代理性精神，包容多样性和差异性，同时又以共同的文化观念、文化符码、文化形象、文化记忆等为精神纽带和情感基础。

---

① 徐晖：《中国城市化进程中的文化因素》，《上海社会科学院学术季刊》2000 年第 3 期。

② ［德］哈拉尔德·韦尔策：《〈社会记忆〉代序》，见哈拉尔德·韦尔策《社会记忆：历史、回忆、传承》，季斌、王立君、白锡堃译，北京大学出版社 2007 年版，第 5—6 页。

参考前述雷蒙·威廉斯有关文化的观点，我们设想的"现代城乡文化共同体"由三个层面构成。第一个层面是观念层面。就文化观念而言，城乡文化共同体一方面要坚持现代性取向，融入平等、民主、法治等理念，与时俱进，追求创新；另一方面又要保持文化传承的连续性，在汲古中创新。历史已经证明，现代文明与传统文明之间并非是一种取代与被取代的简单关系，文明形态的更替是一个吸纳、再生的过程。我们认为，基于农业文明所形成的和谐、生态、天人合一等文化观念，完全可以为现代文明所吸纳，以补现代工业文明之偏执。

第二个层面是共同的文化记忆，主要是乡土文化记忆。中国是世界上农耕文明最为悠久、最为发达的国家之一，中华民族成员不管走到哪里，心底都有一种共同的乡愁，即对乡土文化的记忆与想象。乡土文化记忆不仅仅来自直接的乡村生活经验，来自我们生活的小城镇，作为一种文化积淀，它已经成为一种集体无意识，一直流淌在每一位中华民族成员的血脉中。乡土文化记忆是一种维护群体归属感的非常牢固的社会心理纽带，是建构现代城乡文化共同体的情感基础。

第三个层面是器物、符号、形象层面，包括大量的乡土文化符码与形象。这一整套符号体系使得文化记忆得以附丽，可以为流动的乡村和城市人群建构一种"无场所的记忆"。在忙碌的现代生活中，乡土文化记忆往往处于沉睡状态，有时甚至被刻意压制、遗忘。但是，它又时常会飘上心头，化为甜蜜的乡愁。只有现代社会生活与文化空间中散落的大量的乡土文化符码与形象，才可能时常唤醒人们沉睡的乡土文化记忆，才能让乡愁有所依附。

这样的文化共同体并非同一体，而是一种"和而不同"的共生共荣的文化联合体，是符合现代城市经济社会发展需求，同时吸收了乡村独特的文化资源、文化养分的文化综合体。当然，建构"现代城乡文化共同体"是一项系统的、持久的、任务艰巨的文化工程，它需要各种力量的共同努力。

二 城市化进程与乡村叙事研究

城市化进程对乡村社会的影响、城乡文化冲突以及文化认同危机等正在成为新世纪乡村叙事关注、思考的重要问题。本书的乡村叙事主要是指与20世纪

90 年代以来城市化进程相对应的，以乡村、乡镇、乡民为主要描述对象，反映乡村经济文化变革，表现乡村在现代化进程中困惑忧思的文学和影视作品。

这样的乡村叙事显然不同于中国现代乡土小说、"十七年"农村题材小说和 20 世纪 90 年代以前的乡土小说。首先，"叙事视域与叙事空间在两个相反的方向上不断扩大，其一是向城市拓展；其二是向荒野展开"①。所谓"向城市拓展"就是将"乡下人进城"及其农民工城市生活作为书写对象，较早的作品如孙惠芬的《民工》、《歇马山庄的两个女人》，尤凤伟的《泥鳅》，鬼子的《瓦城上空的麦田》，艾伟的《小姐们》；所谓"向荒野展开"就是将生态问题作为书写对象，如郭雪波的《大漠狼孩》，杜光辉的《哦，我的可可西里》等。其次，乡村叙事不仅指文学叙事，还包括影视叙事，如电影《过年》、《秋菊打官司》、《被告山杠爷》、《香香闹油坊》、《花腰新娘》、《爱上油菜花》、《不是闹着玩的》、《就是闹着玩的》与《越来越好之村晚》等；电视剧《辘轳、女人和井》、《古船、女人和网》、《刘老根》、《圣水湖畔》、《乡村爱情》、《别拿豆包不当干粮》、《插树岭》、《喜耕田的故事》、《文化站长》、《清凌凌的水蓝莹莹的天》、《金色农家》等；纪录片《乡村里的中国》、《阴阳》、《棉花》、《鲁冰花》、《留守女人的村庄》等。最后，乡村叙事还包括非虚构地讲述乡村历史与现状的一些作品，如韩少功的《山南水北》，孙惠芬的《生死十日谈》，梁鸿的《中国在梁庄》、《出梁庄记》，阎海军的《崖边报告——乡土中国的裂变记录》等。我们认为，一批非虚构性乡村叙事的出现恰恰是城市化进程深度影响乡村的一个征候，它意味着城市化影响下乡村社会的裂变已经到了令人焦虑的程度，现实社会中的事件甚至比虚构的故事更具有震撼性。

由于乡村叙事不仅包含了乡土小说的当代转型形态，还包括大量的影视叙事，因而，对于乡村叙事的研究状况我们将从上述两个方面进行考察。

较早关注城市化进程中中国乡土小说现代转型的是丁帆。早在新世纪初，他就开始关注"小说中乡土与都市的精神蜕变"②，他认为"从 90 年

---

① 丁帆、李兴阳：《中国乡土小说：世纪之交的转型》，《学术月刊》2010 年第 1 期。
② 丁帆：《论近期小说中乡土与都市的精神蜕变——以〈黑猪毛白猪毛〉和〈瓦城上空的麦田〉为考察对象》，《文学评论》2003 年第 3 期。

代开始，乡村向城市迁徙和漂移的现象决定了中国乡土小说创作视点的转移。……中国目前的乡土文学在很大一块被这些向城市进军的‘乡土移民’的现实生存状况所占据”①，因而“乡土文学的内涵也就相应地要扩展到‘都市里的村庄’中去，扩展到‘都市里的异乡者’的生存现实与精神灵魂的每一个角落中去”②。在《中国乡土小说：世纪之交的转型》一文中，他与李兴阳进而提出，当代乡土小说已经“整合中国乡村社会现代转型带来的陌生的新‘乡土经验’，将乡土叙事疆域由传统的乡村日常生活拓展到‘农民进城’、‘乡土生态’和‘乡土历史’等领域”③。徐德明不仅注意到了城市化进程中乡土文学叙事疆域的拓展，还从权力关系视角研究了“乡下人进城”的叙述方式④，研究了乡下人的前现代“记忆”与现代化意志的冲突⑤，尤为值得注意的是，他把城乡差异、隔阂归结为“城乡意识形态”问题，指出“流动迁移到城市中的乡下人生活障碍繁多，物质、体制层面而外，深层的文化障碍为‘城乡意识形态’”，又言“不论前/后现代，被叙述的人们都生活在一种城/乡文化架构中”，“这个文化构架是中国人的常识，换句话说，是日常化的、意识形态化了的”⑥，开拓性地从城乡文化关系层面讨论了城市化进程中的乡村叙事。城市化进程对于乡村叙事之影响不仅在于叙事疆域由传统的乡村拓展到“都市里的村庄”，还深度改变了对传统乡村的观照、想象、认识与书写方式。陈国和在其专著《1990 年代以来乡村小说的当代性》一书中以贾平凹的《土门》、《高老庄》、《秦腔》为例，深入探讨了城市化进程中乡村文化的溃败及其文学书写，进而以陈应松的乡村小说为例，认为在城市挤压下的乡村不仅仅是文化的溃败，而是从自然生态到乡村伦理的“整体的破败”⑦。孟繁华在《百年中国的主流

---

① 丁帆：《“城市异乡者”的梦想与现实——关于文明冲突中乡土描写的转型》，《文学评论》2005 年第 4 期。

② 丁帆：《中国乡土小说生存的特殊背景与价值的失范》，《文艺研究》2005 年第 8 期。

③ 丁帆、李兴阳：《中国乡土小说：世纪之交的转型》，《学术月刊》2010 年第 1 期。

④ 徐德明：《“乡下人进城”的文学叙述》，《文学评论》2005 年第 1 期。

⑤ 徐德明：《乡下人的记忆与城市的冲突——论新世纪“乡下人进城”小说》，《文艺争鸣》2007 年第 4 期。

⑥ 徐德明：《“乡下人进城”叙事与“城乡意识形态”》，《文艺争鸣》2007 年第 6 期。

⑦ 陈国和：《1990 年代以来乡村小说的当代性》，中国社会科学出版社 2008 年版。

文学——乡土文学/农村题材/新乡土文学的历史演变》① 及《边缘经验与
"超稳定文化结构"——当下长篇小说创作的两种趋向》② 等文章中则提
出，乡村文化不会随着时代的变迁而变迁，乡村叙事一直存在着一个超稳
定的文化结构，乡村文化将在嬗变中坚守。叶君认为，现当代小说言说、
想象乡村有四种基本方式，一是诗性的，具有乌托邦性质的"乡土"，如
《边城》、《商州初录》与《商州又录》；二是在政治的、社会的历史变革链
条中的"农村"，如《艳阳天》；三是作为灵魂栖居之地的"家园"，如贾
平凹20世纪90年代之后乡村叙事中的乡村意象；四是诗意剥离后的乡村图
景"荒原"意象，如《故乡天下黄花》、《故乡相处流传》、《故乡面和花
朵》等，其中，家园与荒原两种乡村想象方式无疑是城市化的结果③。周水
涛在《论新时期乡村小说的文化意蕴》一书中论述了当代乡村叙事中的文
化守成现象，所谓文化守成是指在城市化进程中作家守望乡土、拒斥城市，
以乡土精神的闪光点反衬城市文化缺陷的一种文化策略④。此外，张懿红的
专著《缅想与徜徉——跨世纪乡土小说研究》⑤、王光东的论文《"乡土世
界"文学表达的新因素》⑥ 等均注意到了城市化进程对乡村叙事的影响，
指出乡村叙事不仅在主题内容上侧重于直面现实乡村的裂变，而且在艺术
形式上注重日常生活的"小叙事"以及文体的杂糅性等。

　　在影视乡村叙事研究方面，直接研究城市化进程中乡村叙事的著作不
多，诸如贾磊磊的《中国当代电影发展史》、饶曙光的《改革开放三十年农
村题材电影流变及其发展策略》、薛晋文的《中国农村题材电视剧研究》等
著作，以及巩杰的《新时期中国乡土电影研究》、吕树梅的《新中国乡村电
影创作中的理想化倾向》、王秀丽的《中国大陆农村电视剧的文化价值分

　　① 孟繁华：《百年中国的主流文学——乡土文学/农村题材/新乡土文学的历史演变》，《天津
社会科学》2009 年第 2 期。
　　② 孟繁华：《边缘经验与"超稳定文化结构"——当下长篇小说创作的两种趋向》，《南方
文坛》2007 年第 2 期。
　　③ 叶君：《乡土·农村·家园·荒野：论中国当代作家的乡村想象》，中国社会科学出版社
2007 年版。
　　④ 周水涛：《论新时期乡村小说的文化意蕴》，华中师范大学出版社 2004 年版。
　　⑤ 张懿红：《缅想与徜徉——跨世纪乡土小说研究》，中国社会科学出版社 2010 年版。
　　⑥ 王光东：《"乡土世界"文学表达的新因素》，《文学评论》2007 年第 4 期。

析》等硕士/博士论文中或多或少涉及这个问题。相对来说，一些单篇论文
倒是集中论述了城市化背景下影视叙事中的乡村。李玉杰《论乡村留守儿
童电影苦难叙事与温情叙事中的问题》一文深入研究了留守儿童的电影叙
述问题，发现当代电影比较关注留守儿童问题，从 2006 年至 2013 年，已有
三十余部留守儿童题材电影问世，但是大多数影片"主要是热衷于渲染极
端化的非典型性苦难，缺乏呈现日常化、常态性苦难的能力，结果对留守
儿童的想象流于表面"，而且"急于对问题做出想象性解决，刻意安排种种
团圆结局，却由于过于脱离现实，造成许多影片思想贫血，缺乏深度"①。
普丽华发现，面对城市化进程中令人堪忧的乡村文化危机，影视叙事与文
学叙事不同，它有意回避了社会问题，以轻喜剧形态"致力于重建农民的
精神家园，恢复农民对生活的信心，并构筑起城市对乡村的文化认同"②。
对于乡村影视叙事的喜剧化倾向，倪学礼尖锐地指出，"花团锦簇的富贵气
象并不能遮蔽农村中仍然存在的精神与物质贫瘠，温情脉脉的流水叙事之
轻亦不能承受'三农问题'的种种尖锐和沉重"③。朱虹、苏品晶也提出，
乡村题材的影视应该"关注农村发展中的现实矛盾和问题，如留守老人、
儿童生活问题、农村教育问题等一系列棘手难题，真正关心农民在农村日
益边缘化中产生的一系列精神阵痛，在用电视文化抚慰精神的同时，引导
农民在新农村建设洪流中不断向前"④。周星认为，当代乡村题材的影视虽
然"严肃淡化，娱乐高涨"，但是"透过农村题材电视剧创作，可以窥见中
国农村发生了怎样的巨大变化，农民生活的步伐和都市节奏有怎样的联系，
农村当下问题汇聚在哪些层面等等"⑤。在城市化进程中，一些描写新农村
的影视叙事中的乡村往往会被城市想象所置换，有研究者就敏锐地发现，
"《刘老根》中龙泉山庄和凤舞山庄恍若流光溢彩的现代都市，山庄间的企

---

① 李玉杰：《论乡村留守儿童电影苦难叙事与温情叙事中的问题》，《当代电影》2013 年第 9
期。

② 普丽华：《乡村影视轻喜剧与乡村文化建设》，《文艺争鸣》2011 年第 3 期。

③ 倪学礼：《大众叙事中的农民心灵史书写》，《文艺报》2009 年 3 月 19 日。

④ 朱虹、苏品晶：《农村电视剧面临转折——略论农村题材电视剧的现状与发展》，《中国电
视》2010 年第 3 期。

⑤ 周星：《文化概念变异视野中的农村题材电视剧概观》，《中国广播电视学刊》2010 年第 4
期。

业改革、人事纠纷也无疑是在搬演都市中的某些景观"①。

综上所述，学者们对于城市化进程中的乡村叙事有着较为充分的研究，但对于城市化进程与乡村叙事两者在文化层面的互动关系只是偶尔涉及，尤其在文学艺术研究领域，对城市化进程与乡村叙事所呈现的文化意义之间的辩证关系尚缺乏深入思考，更缺乏对其互动关系跨学科的系统研究与理论总结。而这，恰恰是本书重点关注和研究的对象。

三　本书基本架构及主要内容

城市化进程中乡村文化的困境与现代转型是本书的切入点。以此为起点，本书首先探讨了现代化、城市化进程中的"中国问题"以及城市化进程中文化转型对乡村叙事的影响，又进一步深入考察了文学叙事与影视叙事中所呈现的乡村形象及其文化认同，进而论述了乡村叙事如何在现代性救赎中重新发现乡村文化及其价值。本书紧紧围绕城乡文化互动这根轴线，借鉴城市社会学、文化社会学、生态美学等理论，展示乡村叙事所呈现的思想张力和文化意义，力图为当下的城乡协调、城乡文化融合提供文学和文化意义上的可能性。

导论主要阐述城市化进程与乡村文化的关系。通过对长久以来城乡文化二元对立结构的分析，反思、检讨过往文化观念上、文化政策上的不足和失误，进而从文化的角度深入阐释城市与乡村、城市文化与乡村文化的关系，并以当代乡村叙事为基础，运用社会学、文化学、生态美学等理论，重新发掘乡村文化的内在价值，探讨城乡文化互动的可能性，并尝试构建一种以城乡文化认同为前提的、新型的城乡文化共同体。

第一章主要总结了世界城市化的一般规律，把中国城市化放置在世界城市化大框架中考察，论述中国城市化应该顺应人文城市、生态城市理念，走城乡融合发展的道路。世界城市化的一般性规律是：最先是人口不断聚集，由中小城市发展为大城市，继而随着交通体系飞速发展，城乡关系不断调整，最终从城乡分离逐步走向城乡一体化。这其中形成了几个具有代表性的城市化模式：以英国和美国为代表的大城市和城市群模式；以德国

---

① 薛晋文、曾庆瑞：《新世纪农村题材电视剧的缺失与期待》，《现代传播》2010年第7期。

为代表的中小城市模式；以日本为代表的政府引导和特色规划模式；以拉美为代表的快速和过度城市化模式；以苏联为代表的计划经济引导城市化模式；以中国为代表的新型城镇化模式。中国的城市早熟而城市化开始较晚，经过一番艰难的探索和波折后，将迎来以城市群为核心、解决城市病为契机、城镇化稳步推进的历史时期。对于今天的中国城市化进程而言，有三个重要变化值得我们关注：一是城市形态和结构的变化，不仅出现了城市群，也将会对城乡关系产生影响；二是城市与乡村空间的变化，改变了我们对城市文化的认识；三是城市化和城乡关系未来走向的变化，新型的城市化对以往的城市结构应当有所超越，新型城镇化也将会是一个发展的机遇。

第二章主要研究中国城市化对乡村文化的影响以及"现代乡村文化共同体"的建构。城市化对乡村及其乡村文化的影响在于：一方面是乡村和城市一样走向现代化，农业改革取得了很大的成果，农村的生产力获得提高，农民的生活得到改善；另一方面则是中国传统乡土文化受到了巨大冲击。表现在亲情伦理的衰退、婚姻伦理的变异，以及生存伦理的利益化倾向等。这里面既有传统乡村文化自身的原因，更多是城乡文化二元结构模式造成的。由此，建构"现代城乡文化共同体"就变得十分有必要。现代城乡文化共同体主要包含三个层面，一是观念层面，不仅要坚持现代性取向，而且要将生态、和谐、天人合一等乡村文化理念融合进去。二是情感与记忆层面，通过文化情感和记忆，来最终建构城乡共同的文化认同。三是器物与符码层面，将观念层面、心理层面落到实处，形成文化记忆、文化情感和民族审美的凝聚和物质载体。这种城乡文化共同体的形成，不仅需要借助文学、影视、动漫、造型艺术、音乐等各种方式的传播，还需要在此基础上形成一种"文化资本"，目标是增强城乡文化记忆与认同，使得建构现代城乡文化共同体具有实践上的意义和可操作性。

第三章主要研究城市化进程中文学建构乡村的不同想象方式。在现当代文学史上，有三种主要的乡村书写方式：一是批判性地描写愚昧的、落后的、承载着传统劣根性的乡村；二是想象一个风光优美、人性朴实、充满诗意的乡村；三是紧随时代脚步，描写社会现实变革进程的乡村。20世纪90年代以来，面对日趋多元化的现实乡村，乡村叙事既延续了现代文学史上的三种主要书写方式，又出现了诸多新的变化：其一，对乡村贫困现实依然给予强烈关注，但对乡村社会文化的审视、批判少了[①]；其二，社会变革主要由城市化开始，因此城市化影响下的乡村颓败、空心化及其社会问题成为乡村叙事的焦点；其三，同样描写诗意的乡村，但对乡村生活的诗意想象往往被赋予了疏离、对抗城市化的新内涵。

尤为值得注意的是，21世纪以来，尤其是2005年实施建设新农村政策之后，城乡对立状况逐渐缓解，晚近几年，农民进城意愿已经大大降低。相应地，在新农村叙事中，我们看到了城乡由对立向互补的转变，乡村的新面貌在文学作品中得到了积极反映。

第四章主要论述城市化进程对乡村文学叙事的影响。自20世纪90年代以来，我国的城市化进程迅猛发展，并成为文学叙事的最大背景，直接影响到文学的叙事主题、艺术形式等。城市化对乡土文学主题层面的影响主要体现在作家集中反映"农民与土地的分离"、"传统文化的衰落"、"乡土生态环境的破坏"等内容，用文学的形式来表达原有社会结构的断裂与重组、传统文化与现代文化的颉颃、经济发展与资源环境的破坏等现象。在艺术形式方面，城市化进程中的乡土文学基本上摒弃了宏大叙事的历史理性，作家纷纷采用日常生活叙事的方式，直接从日常生活中撷取灵感，将琐碎的、平庸的日常生活投射进文学中，关注凡俗人生，且刻意消解传统小说虚构与想象的成规，营造"零距离现实"的气氛。面对乡村文化的危机，作家或展示乡村为城市化所拖曳的现实图景，或穿行于城乡之间、在文化冲突中撕裂，或迷醉于乡村之美，以反现代的姿态，唱响一曲挽歌。

第五章主要考察了20世纪90年代城市化进程高速启动以来，影视作品中乡村叙事的变迁及其隐含的文化想象，解读影像世界中的新型农民形象，分析影像表征对城市化进程语境中城乡关系的思考。20世纪90年代以来当

---

① 批判乡村落后观念的作品也是有的，只是相对少了。在阎连科的小说《黑猪毛白猪毛》中，他描写了乡村对权力几近于荒诞的崇拜：李屠夫家被县委书记住了一夜，从此就获得了一种巨大荣耀；镇长开车撞死了人，居然很多人争先恐后地抢着去顶罪。"《黑猪毛白猪毛》中的李屠夫、刘根宝以及众村人，可以说都是阿Q的后代。"（丁帆等：《中国乡土小说的世纪转型研究》，人民文学出版社2013年版，第123页。）尤为值得注意的是李佩甫的《羊的门》与蒋子龙的《农民帝国》，这两部小说对农民思想观念的批判达到了一个新的高度。

代影视叙事中先后出现了三种乡村叙事模式：一是现代性视域下的乡村叙事；二是喜剧性的日常乡村叙事；三是浪漫主义的新农村叙事。这三种乡村叙事方式表征了中国快速城市化进程中人们对城乡关系以及城乡两种生活方式认知的不断深化，以及相应的文化想象与文化认同的历史变化。20世纪90年代以来当代影视叙事还塑造了三种新型乡村人物形象，一是新时代的新型农民"领头羊"形象；二是新型乡村文化建设者形象；三是来自城市的"非农"居民形象。这些人物形象的出现折射出了"后城市化"阶段社会文化心理的新变化。与"文学的乡村"相比，"影视的乡村"受到政治文化语境约束，因而往往带有鲜明的意识形态色彩，并在一定程度上迎合了某种大众审美心理的需要。

第六章对城乡文化互动的"触媒"——农民工及其叙事进行了研究。作为中国城市化和现代化的产物，农民工在"边缘与中心"、"乡土与城市"、"传统与现代"的碰撞与冲突中，产生了深刻的认同危机。为了缓解危机，他们期冀借助"返乡"获得心理慰藉，但故乡从物质到精神的衰败，以及城市文明的烛照促使他们再次离开家乡。就这样，农民工在城市与乡村的夹缝中游走，沦为双重的边缘人，并形成了一种"文化边际人"的独特心态。"城乡流动"作为农民工的生命轨迹，既带来了农民工文化人格的裂变，也形塑着他们新的文化品格。在他们身上，既可见传统文化的因子，也可见城市与现代文化的因子。主要体现在以下几个方面：第一，从遵守传统伦理、道德文化到自觉接受现代的爱情、婚姻等观念；第二，从逆来顺受、忍辱负重的传统文化人格中解脱出来，追求敢闯敢干的人生准则，奉行"命运掌握在自己手中"等生存理念；第三，从重义轻利的传统文化人格转变为重利轻义，遵循商品经济的理念。种种特征使得农民工成为乡村新文化的雏形，沟通城市文化与乡村文化的桥梁。

第七章主要讨论城市化进程引发乡村叙事对乡村文化价值的再思考以及表现方式的新变。一方面，城市化进程给乡村文化提供了平等、自由、科学、文明、法制等现代性价值理念，为乡村文化补充了新鲜血液；另一方面，在城市文化前所未有的强大冲击下，乡村文化和传统的伦理道德受到了巨大破坏和严重挤压，乡村文化发生了明显的质变。在这样的历史背景下，乡村叙事对乡村文化不再采取批判、启蒙、革命等话语叙述，而是力图重新阐发其价值。首先，亲近自然、亲近土地、亲近动植物以及人与人之间亲密相处的乡村生活方式被赋予了生态、和谐、"天人合一"等新的内涵，乡村生活还被认为是一种健康的"慢生活"；其次，乡村民俗活动不再意味着"迷信"，不仅得以相对自然地再现，还寄寓着浓浓的"乡愁"，对于我们了解乡村的文化历史、延续民族的文化记忆、增进民族文化认同无疑有着不可替代的重要价值；而乡绅文化的重新发现也是本章的着力点。在20世纪90年代以来的乡土小说中，传统社会的乡绅很少再被刻画为劣绅了，在"还原"乡绅本来面目的叙述中，传统乡绅在维系、传承乡村文化方面的功能和作用重新得到了肯定；另外，对新乡村能人的塑造中，或多或少有着乡绅化的趋势，表现出对一种通过"新乡绅"建设乡村文化的期许。

余论部分主要总结、重申本书的主要论点，着重围绕城乡文化互动展开讨论。所谓城市化进程与乡村叙事的文化互动，概括说就是通过文学和影视的叙事来探讨城乡文化互动的可能性以及这种互动对城市化进程的积极意义。本部分从历史和现实两个层面来论述城乡文化互动的可能性，指出城乡文化互动是城乡文化融合的前提；乡村文化价值重建的核心内容就是要将生态、和谐、"天人合一"等传统文化理念作为有效的文化资源整合进"现代城乡文化共同体"，从乡村日常生活的悠闲、宁静中，找到适合现代人生活的生存方式，重建人与世界、人与自然的有机联系：并就城乡文化互动的路径展开了研讨，尤其强调对城乡文化互动的"触媒"——农民工进行文化培育的重要性和必要性。

第一章 城市化：世界与中国

  城市化进程无论对于世界还是中国，都是一个关乎人类福祉的重要命题。斯宾格勒曾说过，"世界的历史就是城市的历史"①。这句话道出了城市化对人类社会发展的深刻影响。城市化对人类的改变包括很多方面，既有城市本身的变化，也有人类生存空间的变化，同时也改变了人类一直赖以生存的农业和农村，使得城乡关系成为城市化进程中绕不开的一个重要问题。

  西方城市化呈现出一种阶梯式上升的过程，与现代化和工业化相伴随。西方城市的源流是古希腊和古罗马的城市，经过中世纪的动荡和文艺复兴时期的发展后，在工业革命的推动下，由英国率先开始并实现了城市化这一进程，继而分化成英国、美国、德国等不同特征的城市化模式。西方城市化在"城市病"暴露后普遍能够自我调适，进入城乡融合、变革求新的城市化道路上来。另一种城市化的模式为拉美城市化，主要表现为对欧美的机械模仿，结果城市化速度过快导致各种城市问题累积，但也取得了一定的成绩。亚洲则以日本为代表，由于维新变革较为迅速，故而也较快和较为高效地完成了城市化进程。

  现代中国的城市化进程可谓一波三折。中国由近代被半殖民而被迫向世界开放，开始了现代城市化之路；新中国成立后加速了城市化。但因存在先天不足，加之政治原因而引发的逆城市化等现象，导致中国现代城市化的进程一直处于延宕中；直到20世纪90年代，尤其是新世纪，随着中国

---

  ① ［德］奥斯瓦尔德·斯宾格勒：《西方的没落》，齐世荣、田农等译，商务印书馆2001年版，第206页。

新型城镇化道路的开始，城市化建设才开始快速推进。在中国，城市化对这个古老国家最大的影响就是城乡关系和城乡文化，它对城乡关系的改变是前所未有的。

第一节　世界城市化发展的历史与特征

世界城市化进程自 18 世纪的英国开始，和工业化、现代化相伴随，经历了 200 多年，形成了以英国、美国为代表的欧美国家城市化模式，以墨西哥为代表的拉美城市化模式，以及苏联的城市化模式，中国的城市化模式等。这些发展模式各有特点，从中引发了我们对城市化的思考。

一　欧美发达国家的城市化进程

世界城市化的一般性规律是：通过人口不断聚集，通过由中小城市发展为大城市，大城市高速发展，继而发展成城市群的方式实现城市自身的升级。城市人口比重在城乡总人口中超过 50%，这就是基本实现了城市化。交通体系飞速发展，主要产业由农业转成非农产业，产业结构和城乡关系经过调整，形成城市化与社会经济相互促进的局面。但同时会出现一定程度的"城市病"，如果出现特大城市还会有更多的城市问题。国家在应对这些问题的过程中，高速、激进的城市化会渐趋转变为稳步推进的城乡一体化，从而在城市化基本完成的时候，建构起一种较为和谐稳定的城乡关系。

从西方城市化的历史来看，城市化从起步到基本完成，一般都要经历大约一百年左右的时间，是一个传统的生活生产方式、社会结构制度、城乡关系、思想文化转变的历程。

西方城市化进程是随着工业革命而到来的。18—19 世纪中期，是城市化的起步阶段，由英国率先实现了城市化，为世界提供了借鉴和样本。19世纪中期到'二战'结束后的 20 世纪中期，是城市化在西方发达国家全面铺开的阶段，欧洲和北美的主要城市群也是在这一时期形成的。20 世纪中期开始进入世界城市化全面而快速推进的阶段，包括苏联东欧、亚洲和拉美等发展中国家在内也陆续加入城市化进程中，城市化的趋势为世界多数国家所认可。这其中形成了几个具有代表性的城市化模式：以英国和美国为代表的大城市和城市群模式；以德国为代表的中小城市模式；以日本为代表的政府引导和特色规划模式；以拉美为代表的快速和过度城市化模式；以苏联为代表的计划经济引导城市化模式；以中国为代表的新型城镇化模式。其中不乏成功的经验和需要引以为戒的问题。

第一个实现城市化的国家是英国。英国的城市化始于18世纪中期的工业革命。英国工业革命实际上也可称之为产业革命，因为这不仅是工业化生产的一次变革，也是带动城市产业和城乡关系变化的一种革命，更是城市化进程的推动力。

英国的城市化之所以领先于全世界，并在一百多年后仍旧是各国城市化的范本和借鉴，是有重要原因的，主要由以下要素构成：

首先，商业和金融体系是城市化开始的直接动力。英国的城市化有一个重要的背景和前提，那就是资本主义金融和商业体系在欧洲的崛起。自荷兰之后，英国开始重视商业在国家发展中的作用，尤其是在大航海时代到来后，更是积极开拓海外殖民地，扩大对外贸易的规模。英国的商业资本积累日渐雄厚，海外殖民地不断扩大，这些都成为英国城市化的重要助推力。

其次，农业和乡村的变革为英国城市化提供了条件，使城市化能顺利进行[1]。城市化的一个重要条件是人口，需要有大量的非农业人口在城市集聚，英国为此采取的办法就是圈地运动。历史学家对圈地运动的评价往往有正反两个方面，负面的作用是大量农民失去原本赖以生存的土地，导致所谓"羊吃人"，通过牺牲农民的利益和剥削农村来发展工业和城市。但正面的作用是在较短的时间内将传统的小农生产方式转变为资本主义农场，更重要的是城市和工业获得了大批廉价的劳动力。对于英国农业和农村而言，则是实现了由自给自足的小农经济向规模化的农场经济的转变。

再次，文艺复兴、宗教改革和启蒙运动为城市化提供了思想和文化准备。城市化进程的开启和加速意味着人们在思想上必须面对前所未有的革新，文艺复兴的开展，高举人性的旗帜，开始令英国文化摆脱宗教神学的

---

① 参见马先标《英国城市化的发展与启示》，中国社会科学网2012年7月16日。http://www.cssn.cn/sf/bwsf：jj/201310/t20131022_447536.shtml。

束缚，而宗教改革则沉重打击了保守的天主教独裁实力，为城市中自由思想的传播奠定了精神基础。启蒙运动对理性主义的推崇，更是极大地调动了城市的自由精神，这几股力量合在一起，就是英国城市化不断开拓的动力。

接下来，由工业和商业的发展引发了交通运输体系的变化。"1825 年，英国修建了世界上第一条铁路，到 19 世纪中叶，基本形成铁路运输网。在 19 世纪 50 年代，英格兰的大中城市都通了火车，大部分地方离火车站的距离已在 10 英里以内。汽车、运河、汽船、公路、公共汽车、铁路等把英国的内陆城市与沿海城市连成一片，大大促进了商品流通和人口流动，同时带动了许多相关的商贸服务业的发展：建筑业、邮政通信、商业服务、教育科技、文化娱乐、金融保险等。1863 年，伦敦开通世界上第一条地铁。地铁的开通，使得生活居住地带与工作区的通勤距离更加缩短。"[1] 便捷的交通是城市资源集聚和影响扩散的必备条件，英国城市化之所以能顺利实现，和工业革命以后交通技术的提高、交通体系的完善是分不开的。蒸汽机车、地铁、汽车和现代船只把城市间联系起来，使得城市化积聚起了规模效应，从封建时代的单体城市转变为资本主义时代的城市系统。

然后是以伦敦为中心的城市体系建设。伦敦不仅是英国的首都，更成为欧洲金融之都。英国的城市化布局以伦敦为中心渐次展开，这是现代城市群的初步显现。与欧洲古典时代、封建时代的城市不同，近代英国的城市化推进是系统化、阶梯式的，以金融中心伦敦为节点向英国全境和海外扩散，这就打破了过去雅典式紧凑城邦、罗马式庞大城市的格局，也彻底终结了中世纪封闭保守、等级森严的城市布局。西方学者称之为一种主要生产产品的城市，也就是产品加工。由伦敦到兰开夏的曼彻斯特，城市沿带状形成了完善的体系，城市群开始成形。

最后，是英国近代形成的完备的政治和法律制度。英国通过光荣革命确立的议会君主制度保障了资本主义城市可以持续发展，进而推动了有利于城市化的法律体系："1875 年英国第二次通过《公共卫生法》，建立了为

---

[1]　马先标：《英国城市化的发展与启示》，中国社会科学网 2012 年 7 月 16 日。http：//www. cssn. cn/sf/bwsf_ jj/201310/t20131022_ 447536. shtml 。

贫困无助者提供居住和工作的济贫制度；1866 年通过了《环境卫生法》；1909 年，英国通过了第一部涉及住房和城市规划的法律（Housing Town Planning etc. ACT，1909）；1945 年的《工业分布法》；1946 年的《新城法》；1947 年英国颁布了《城乡规划法》；1949 年的《国家公园和乡村通道法》；1952 年的《城镇发展法》。"① 这些法律综合在一起，就为城市化进程扫清了障碍。

英国城市化的缺陷在于：激进的城市变革造成了对环境的巨大破坏，人们对英国工业化城市的一个印象就是烟囱林立，浓烟滚滚。"二战"以后，英国开始调整城市发展的思路，这是基于城市化完成后出现的问题进行的。

在这方面，英国新型城镇化道路的经验也值得我们借鉴："多年来，英国建设花园城市的步伐从未停止。'二战'后，英国陆续打造了近三十座花园城市，其中包括白金汉郡的米尔顿凯恩斯、东南赫特福德郡的斯蒂文尼奇、北安普敦郡的科比和苏格兰的坎伯诺尔德。最新的案例发生在 2014 年 12 月初。12 月 1 日，英国财政大臣乔治·奥斯本在秋季报告中宣布将把英格兰中部区牛津郡的比斯特打造成花园城市。现在的英国，很难再看见以牺牲农业和农村为代价，人口向伦敦等大城市迅速聚集的'单向型城镇化'。相反，大城市人口向周围的小城镇、卫星城镇转移和流动成为了发展的主流。这一点，由于四通八达的公共交通，特别是铁路网络而显得尤其成功。"② 这个花园城市的概念可以说反映了英国对于未来城市的一种构想。

事实上，现代欧美的城市发展，以英国的伦敦和美国的纽约为代表。一个是随着殖民帝国的兴起逐步发展起来的欧洲最大的城市。另一个则是借助新兴国家建立起来的以移民为主的世界性大都市。伦敦和纽约也成为两百年间世界性大都市的代表。伦敦象征的是工业化的英国和一个由机器带来的飞速发展的时代，它的出现是和英国综合国力的上升分不开的。美国的大城市中，纽约是当代特大城市的代表，人口和产业的高度集中是其

---

① 马先标：《英国城市化的发展与启示》，中国社会科学网 2012 年 7 月 16 日。http：//www. cssn. cn/sf/bwsf_ jj/201310/t20131022_ 447536. shtml 。

② 陈婧：《英国：望山见水的城镇化之路》，《中国经济时报》2015 年 1 月 16 日第 11 版。

特征，这也是美国成为 20 世纪世界首强的标志。纽约引领了世界城市群发展的潮流，也引发了人们对于世界级城市的思考。

在英国之后，西方城市化的又一成功范例是美国。美国的城市化虽晚于英国一百年，但其发展机遇好，城市化速度快，因而城市化的水平也高。美国在 19 世纪以前，城市化进程一直处于酝酿阶段，城市虽渐渐发展起来，但是城市人口比重一直不高，城市人口的比例由 1690 年的 8.3% 降到 5.1%，后又升至 1820 年的 7.2%①。如果从这时开始观察，美国的城市化才真正起步，到 1920 年左右基本实现城市化，而后进入城镇化发展的新时期。

美国城市化的前期，即实现城市化的这一阶段，中间发生了美国内战，因而城市化进程又可以分为两个阶段。应该说，美国的城市化较英国实现得晚，但还是遵循了和英国类似的一些规律。

首先，美国也是由工业化带动了产业的升级换代，进而为城市化提供动力。城市化和工业化是一种相互促进的关系，美国没有什么历史负担，新移民很容易接受新观念和新思想，特别是在内战后，美国的工业经济加速成熟，工业化和城市化的进程也大大加快，制造业带形成。这使得美国的城市化构成了其综合国力上升的主要因素，也促使美国的农业生产变革，加之美国的国土广阔，资源丰富，比起英国来发展工业的潜力更大。这些都是美国城市化的有利条件。

其次，美国的地理位置优越，除了内战外几乎不受世界大战的直接干扰，可以更加从容地推进城市化而不中断。在城市化的过程中大力发展交通，其公路网和铁路网、航空网陆续形成，都为城市间的联系日趋紧密创造了条件。美国是车轮上的国家，就是一个很好的形容。美国的西进运动和开发西部都是物资和人员向广阔的西部流动，这就促进了美国城市化进程在地理空间上的不断延伸。

再次，美国文化的特点使得美国城市化虽然起步晚，但是发展水平高。美国民族追求个性的自由发挥，崇尚个人主义，社会阶层流动性大，让这个国家的文化更为开放。各种城市化的要素更加自由流动，更吸引人才集

① 参见王春艳《美国城市化的历史、特征及启示》，《城市问题》2007 年第 6 期。

聚。可以说，比起欧洲大陆，美国城市化的动力来自于其独特的社会结构。美国的纽约并不是国家政治中心，只是金融和商业中心，而华盛顿主要承担首都的政治功能，波士顿教育发达……诸如此类，城市形成了有效的协作分工，形成了不同于英国的城市布局。这将会有助于城市群的分工和协作。事实上，北美城市群的发展经验也证明了这一点。"根据韦斯（1974）的研究，此阶段近50%的劳动力从事制造业，50%的劳动力从事服务业，从事农业的比例很小。由于工业化向西部转移，在五大湖周围的东北部和中西部地区形成了制造业带。城市化速度在这一阶段也最为迅速，城市人口比例由1860年的19.8%上升至1920年的51.2%，标志着城市化基本完成。"①

从上述资料看，1920年左右，美国城市化率超过50%，这意味着美国也完成了城市化。城市化的完成也象征着这个国家的城市化由广度开始向深度发展。除了英国城市化过程中出现的"城市病"外，美国城市的郊区化（城郊化）是一个重要的现象。所谓郊区化就是城市人口向郊区扩散，形成围绕城市的居住区。尽管居住在郊区，但工作、学习和娱乐等活动仍在市区或市中心。这种现象的出现在某种程度上有其社会原因。美国的交通日益发达，而主城区的居住环境却日显拥挤，加之政府的推动，出台了州际高速公路和住房贷款等政策，使得美国城市化向郊区化转变，有些学者称之为"逆城市化"，但实际上这还不能算是对城市化的反动。因为这种现象是大城市功能扩散的一种表现："'城市暴涨'这个名词几乎没有能包含得了这方面的变化。不但周围的乡村在某种意义已成为郊区，而且老城市也面临着一系列严重的危机。城市建设的各方面需要，因萧条与战争推迟了的维修。公共交通不再能与私人汽车竞争。市中心商业区必须供应膨胀极大的地区和日益增长的人口的所需。但要在减少税收的基础上解决这些问题，因为大多数有钱人已经迁到市辖区外的绿色郊区居住。他们甚至把一些购物商场和某些工业也带到了那儿。"② 在城市人口高度集中的情况

---

① 王春艳：《美国城市化的历史、特征及启示》，《城市问题》2007年第6期。

② ［美］理查德·C. 韦德：《美国城市化进程》，卢会醒、陈兵红、徐燕摘译，万心蕙校订，《九江师专学报》1996年第3期。

下，城市向郊区扩散可以说是一种功能性的迁移，对于缩小城乡差距以及缓解大城市中心区域的交通堵塞、住房拥挤、空气恶劣等是有积极意义的。当然这种现象也带来了一些负面影响，比如由于中产阶层和富裕阶层迁出主城区而带来的"空洞化"[①]，对郊区自然生态环境的破坏，以及郊区进入主城区的交通问题等。

在英美等国的影响下，德国和日本的城市化进程也有各自的特点。

德国是欧洲大陆城市化的典型，和英国、美国相比，德国代表了以中小城市为核心进行城市化的一种类型。在德意志帝国统一的基础上，德国迅速完成了工业革命，从1871年到1900年，短短30年德国就已经基本实现了城市化。1900年，德国的城市人口已占总人口的54.4%[②]，到2004年更是达到了88%（注：这一数字不同的地方统计有出入，但均在90%左右[③]）。德国的城市化以均衡性为最大特征，没有某些国家的所谓特大型城市，而是以中小城市带动城市化，城乡差距也不大，且保障体系健全。这在"二战"后几乎成为西欧和北欧城市化的范例。

德国之所以能迅速高效地完成城市化有如下几个原因：首先是欧洲大陆的总人口少于美国和亚洲一些国家，城市化的负担较小。世界上人口过亿的国家，包括中国、印度、美国、日本等，均不在欧洲，而且战后欧洲国家的生育率也在走低，因此城市化的人口压力不大。其次，德国始终奉行以中小城市为核心的城镇均衡化政策，城乡统筹和均衡发展实施得较好，人口的分布也较为合理。再次，德国在工业化的基础上，以科技和土地高效利用为手段，避免了资源浪费和环境的破坏，其完备的基础设施建设更使中小城镇生活与大城市一样便利，因此城乡生活质量提高的速度很快。

日本是亚洲城市化率最高、城市化进程最早完成的国家。根据世界银行的数据，1960年，日本城市人口占全部人口的比重就已达到63.3%。其后一直缓慢上升，至2012年，已经达到91.7%，高于美国、英国、法国等

---

① 参见高珮义《中外城市化比较研究》（增订版），南开大学出版社2004年版，第25页。

② 参见肖辉英《德国的城市化、人口流动与经济发展》，《世界历史》1997年第5期。

③ 参见刘向、周谷风《国外"城市化"有成也有败 德国：政府征地 农民讨价还价》，《经济参考报》2010年1月14日第8版。

主要发达国家①。日本城市化的特征代表了亚洲一些新兴国家受西方影响，完成现代化和城市化的一种模式，即在政府大力引导下，通过调整政策来高速推动城市化。实际上，日本城市化的进程发端也是和工业化同步的，在明治时期就已开始，到"二战"前已经达到了 18% 的城市化率，尽管和英美差距较大，但就亚洲而言，仍然是领先的。日本军国主义发动的战争极大破坏了城市化进程，不过战后日本以极快的速度和很高的效率又恢复了经济，城市化继续推进。到 1975 年，日本的城市化率达到 76%，在亚洲国家处于领先地位②。日本城市化除了具有西方城市化的一些共性特征，如与工业化协同推进外，还具有日本本国的一些特征和经验。首先，政府指导和规划起到了重要作用。日本国土狭小，资源有限，人口密度高，要想在实现工业化的同时完成城市化，就必须依靠政府扶持和引导。从明治时代开始，日本政府就大力支持本国的企业，战后更是通过一系列政策如减税和免税，来帮助发展高新技术。1950 年出台了《国土综合开发法》来合理安排产业布局，保障城市化既快速又能稳健地发展。其次，在协调城乡关系方面，日本采取的是发展小城市和特色农村的方法："日本的地方小都市主要包括遍布全国各地的人口在 3 万至 10 万人的小市及町。这些小都市都是包括第一、二、三产业在内的综合经济体。在其形成及发展过程中，政府、企业及当地民众都十分重视发挥其综合功能，包括经济功能、生态功能及社会功能。另外，还将传统风俗与现代化相互融合，大力发展城乡交流及旅游农业。政府在规划中还明确划分了市区、郊区、农区、工业区及休闲区，第一、第二、第三产业密切结合，使经济、社会和文化协调发展。"③ 应该说，日本的策略是把实现工业化、城市化与实现农业、农村现代化结合到了一起，既没有像苏联那样用工农业"剪刀差"的方式进行现代化建设，也没有像拉美那样出现工业化和城市化的脱节。最后，日本的城市和产业布局呈现出从大城市向周围扩散但重要的工业企业又相对集中的态势，这符合日本明治以来的历史社会实际情况，也就是日本工业企

---

① 《日本城市化对我国的启示》，中国网 2013 年 09 月 16 日。http：//finance. china. com. cn/roll/20130916/1816293. shtml 。

② 付恒杰：《日本城市化模式及其对中国的启示》，《日本问题研究》2003 年第 4 期。

③ 同上。

业由封建财阀发展而来，缺少强有力的资产阶级，因而必须采取这类办法才有可能在短时间内完成工业化所必需的积累。东京、大阪、名古屋等城市群也由此而逐渐形成。

二　拉美国家与苏联的城市化进程

拉美国家是发展中国家的代表。拉美城市化始于 19 世纪初，一些拉美国家相继获得国家和民族独立，受西方影响，于是开启了工业化和现代化道路，在此基础上也开始了城市化进程。这一进程十分艰难。到"二战"前，拉美国家的工业矿藏丰富，但经济结构普遍单一，政治制度基本按照西方式的民主制度建立，加之英美等国为了自身利益对拉美诸国不断进行渗透，因而这些国家如墨西哥、巴西等，在工业化和城市化进程中往往步履缓慢，问题层出不穷。但是经过一段时间的发展，其城市化还是取得了长足的进步，城市化率普遍达到30% 左右[①]，虽低于欧美，但高于亚洲。"二战"后，拉美国家又积极采取战略，加大力度发展工业，城市化更是快速发展，出现了一批大城市，如墨西哥、圣保罗、布宜诺斯艾利斯等，2002 年巴西的城市化率更是达到了82%[②]，体现了这些国家超乎寻常的城市化速度。

但是拉美也出现了过度城市化的现象："拉美的城市化水平已达到发达国家的城市化水平，而拉美这种与其经济发展水平不相适应的过度城市发展，不仅没有带来高度工业化和经济繁荣，相反还使农业衰败、乡村凋敝，使城乡之间、地区之间的贫富差距悬殊；造成人口大量涌入少数大城市，并在那里形成规模不断扩大的城市贫民区，并由此引发了大量的社会和环境问题。这一系列问题给其城市发展和现代化建设带来了诸多阻碍。"[③] 简而言之，就是和欧美相比，拉美的城市化进程与其工业化的水平不相匹配，工业化进程已大大落后于城市化进程，这样就造成了城市规模增大而城市

---

① 参见韩琦《拉丁美洲的城市发展和城市化问题》，《拉丁美洲研究》1999 年第 2 期；程洪、陈朝娟：《论 20 世纪拉美城市化进程及其对中国的启示》，《拉丁美洲研究》2006 年第 2 期。

② 程洪、陈朝娟：《论 20 世纪拉美城市化进程及其对中国的启示》，《拉丁美洲研究》2006 年第 2 期。

③ 同上。

生活质量下降、人口剧增而贫困率上升的局面。拉美的城市普遍差距较大，城市首位度高，也就是第一大城市和其他城市人口相差过大，城市发展极不均衡。在这种情况下，拉美的农村也没有获得应有的发展，相反日渐衰败，这也是令人深思的。正如国内学者所分析的那样："现代城市化进程源起于欧洲工业革命，又被恩格斯称为'得天独厚'、'没有中世纪的废墟挡路'的美国承袭和发扬，欧美模式是现代城市化的主要代表，同时也是当今世界城市化的主流。城市化率高、城市化与工业化同步发展、主要由市场主导，是欧美城市化的主要特点。20 世纪以来，原本主要属于农业社会的拉美地区，在欧美影响下形成了另一种城市化模式，起点低而速度快、机械模仿欧美模式、城市化过度——即由城市人口增长和城市经济发展失衡而导致的各种城市问题和危机，是拉美城市化进程的主要特点。各界普遍认为，这个模式很失败，所以又称'拉美陷阱'。城市拥挤不堪、贫富分化加剧、生活环境恶化、失业与犯罪率居高不下、医疗卫生教育等公共服务严重短缺等'城市病'，使拉美城市至今无法自拔。同时，这些问题在非洲、亚洲等国家和地区普遍存在，是很值得研究和关注的一种模式。"[①] 尤其对于发展中国家而言，问题很多也不能急于求成，城市化和工业化、现代化是密不可分的一组关系，彼此如果协调不好就会相互掣肘，拉美就是典型的例证。

苏联等社会主义国家的城市化也有其代表性，主要依靠国家计划、快速工业化，对新中国的城市化影响较大。由于政治体制的特殊性，苏联的城市化既没有像英美那样通过自由贸易、产业革命的方式进行，也不像发展中国家那样顾此失彼，而是通过国家强有力的计划逐步推进，但同样是经验和教训并存。一方面，苏联强大的国家机器对城市化进行了严格而详细的规划，保证了城市化可以有序进行。"1985 年，苏联城市化整体水平为65%，这意味着苏联已有 2/3 的人口居住在城市或城镇里，基本上完成了城市化过程。在苏联人口最多的俄罗斯联邦（1985 年占全苏人口 51.8%）城市化水平已达 73%，与一些发达国家城市化水平接近，而在波罗的海沿

① 刘士林：《什么是中国式城市化》，《光明日报》2013 年 2 月 13 日第 14 版。

岸的拉脱维亚和爱沙尼亚两个加盟共和国，上述比重也达到71%。"[①] 应该说，苏联的工业化和城市化已在解体前基本完成。这是一个基本事实，也是苏联城市化取得的成就。另一方面，由于苏联的工业化是通过对农业进行"剪刀差"式的做法实现的，这就为以后苏联城市问题的出现埋下了伏笔。加之户口制度的严格管控，苏联城市乡村人口无法自由流动，这也造成日后城市化后劲不足。"二战"后苏联劳动力缺乏，这种严格的计划体制、僵化的政治制度和英美国家的颠覆都使苏联经济雪上加霜，最终导致国家解体。此后，城市化虽然没有停止，但城市生活水准却在20世纪90年代初期大幅下降，这也是一个悲剧性的事实。

三　中国的城市化进程

总的来说，中国的城市化道路无法照搬其他国家和地区的模式，而必须在复杂的环境中，根据我国的实际情况考虑和设计。在我们的视野中，有各种经验和教训可以借鉴，其中最值得检视的，就是我国的城市化历程，以及城市发展过程中与乡村的关系。

1840年鸦片战争以后，随着列强势力的入侵、商埠和租界的开辟，中国出现了一些新型的近代化工业和商业城市，如唐山、大冶、郑州、焦作、南通、无锡、石家庄、蚌埠等。不少传统城市得到了进一步发展，如西安、广州、徐州、济南、南京、重庆等，它们在近代化的浪潮中开始了艰难的转型或革新。在这一时期最具近代城市色彩的是上海、天津和香港，它们依托特殊的经济和政治环境成为中国现代城市化的代表，并初步实现了现代城市规划。这些是中国城市化的基础。但由于这一历史阶段并没有实现真正意义上的工业化和现代化，广大的中国内地社会，生产生活方式也没有根本性变化，小农经济依然是主要的经济形态，工业化只在沿海和沿江一些地区发生，同时诸如英美一样的产业结构调整还远未完成，交通运输的革命也刚开始，所以到1949年前，中国城市人口只占总人口的10%左右[②]，城市化只处在萌芽阶段。更重要的是，这一阶段战乱频仍，社会动荡，太平天国动乱、甲午

① 纪晓岚：《苏联城市化历史过程分析与评价》，《东欧中亚研究》2002年第3期。
② 参见高珮义《中外城市化比较研究》（增订版），南开大学出版社2004年版。

中日战争、中国军阀混战以及抗日战争等都是对中国现代化和工业化极大的破坏，所以城市化一直处在迟滞状态。

中华人民共和国成立之后，随着社会主义建设的推进，许多城市得到了改造和发展，大量新兴城市也在迅速成长。中国的城市化真正开始加速推进，这一时期的现代化和工业化模式主要是参照苏联，因此城市化进程也与苏联有不少类似的地方。到 20 世纪 60 年代初，城市化率已达 20%①，但是，随后的二三十年却是中国城市化与世界潮流背道而驰的局面。改革开放开始后，城市化进程才恢复，20 世纪 90 年代以后又一次加速推进。到 21 世纪初，中国的长三角、珠三角、京津冀等城市群已经基本形成，城市化也步入了以城市群为核心的新时期。现在，中国的城市化率已经突破 50%②，据《国际城市发展报告（2012）》，预计到 2020 年，中国城市化率将达 55%，其间 1.5 亿中国人将完成从农民到市民的空间、身份转换。但同时，中国大型城市正步入"城市病"集中爆发期。③ 中国城市化将迎来以城市群为核心、解决"城市病"为契机、城镇化稳步推进的历史时期。

第二节　城市化的形态、空间与未来

城市化是一个动态的过程，无论是对城市自身，或是对于乡村而言，都产生了极其深远的影响。在世界城市化的发展过程中，人们对城市化的认识在不断深入。可以说，城市化进程不仅表现为城市和乡村社会生活的深刻改变，也包含了城市文化的日益成熟。对于今天的中国城市化进程而言，有三个重要变化值得我们关注：一是城市化形态和结构的变化；二是城市空间的变化；三是城市化和城乡关系未来走向的变化。

---

① 参见高珮义《中外城市化比较研究》（增订版），南开大学出版社 2004 年版。

② 参见中科院报告《中国内地城市比率已突破 50%》，中国新闻网 2012 年 10 月 31 日，http://www.china news.com/gn/2012/10-31/4290659.shtml

③ 王永生：《中国 2020 年城市化率将达 55% "城市病"将集中爆发》，《法制晚报》2012 年 2 月 9 日第 A2 版。

一　城市化形态与结构的变迁

城市化进程实际上是一个城市形态与结构不断蜕变的过程。城市是人类文明发展到一定阶段的产物，推动着人类文明向前发展。在现代城市化进程开始前，城乡这对关系总体上是以乡村为主、城市为辅的，因为人类的大部分人口居住在乡村，社会结构也是以农业或与农业相关的产业为主，城市的真正作用还未完全体现出来。但是，自从工业革命以来，这种情况被彻底改变了，城市已经成为人类生活的核心和主体，乡村反而退居边缘。这也是城市化进程的一个重要结果。通过对政治、经济、文化各方面的影响，城市化逐步改变了世界。按照学者科特金的说法，文艺复兴时期欧洲城市的特点不在于其规模，而是其商业精神、接续古典城市的传统以及赖以发展的创造力[1]。如依靠工商业为主的城市经济发展起来的威尼斯，于公元 1000 年左右建立起城市共和国。而佛罗伦萨的美第奇家族则站在威尼斯挑战者的一面，建立起现代城市政治。它们都在统一的现代意大利国家形成之前，为欧洲的资本主义兴起和大城市的出现打下了基础。而资本主义则彻底改变了人类文明的发展进程。也就是说，近代的城市是改变国家政治、经济和社会文化生活的主要力量，城市化揭开了现代民主、资本主义经济与金融、现代科技文明的三重序幕，同时，城市自身也在蜕变。

城市化开始以后，城市形态开始逐步打破过去依据宗教或政治为核心的格局，围绕商业和金融业发展的世界性都会成为城市新代表。典型的例子就是英国的伦敦和美国的纽约。

恩格斯曾这样描述伦敦：“像伦敦这样的城市，就是逛上几个钟头也看不到它的尽头，而且也遇不到表明快接近开阔的田野的些许征象——这样的城市是一个非常特别的东西。这种大规模的集中，250 万人这样聚集在一个地方：使这 250 万人的力量增加了 100 倍；他们把伦敦变成了全世界的商业首都，建造了巨大的船坞，并聚集了经常布满泰晤士河的成千的船只。从海面向伦敦桥溯流而上时看到的泰晤士河的景色，是再动人不过的了。

---

[1]　参见［美］乔尔·科特金《全球城市史》相关论述，王旭等译，社会科学文献出版社 2010 年版，第 94 页。

在两边，特别是在乌里治以上的这许多房屋、造船厂，沿着两岸停泊的无数船只，这些船只愈来愈密集，最后只在河当中留下一条狭窄的空间，成百的轮船就在这条狭窄的空间中不断地来来去去——这一切是这样雄伟，这样壮丽，简直令人陶醉，使人还在踏上英国的土地以前就不能不对英国的伟大感到惊奇。"① 这样的情景表明，当时英国的城市化程度已经很高，它改变了英国社会的整体面貌，由过去农业社会的宗教中心和商品集散地变成了工业社会的生产中心。英国也由此逐渐上升为欧洲乃至整个西方世界的中心。

到了 20 世纪，美国的纽约取代伦敦成为世界金融中心："它到 1900 年已经享有美国有史以来史无前例的经济和文化优势。纽约的人口是其竞争对手芝加哥的两倍，它控制着全国所有银行超过 60% 的结算额。纽约港的进出口贸易占美国进出口贸易的 40% 以上。"② 作者称其为 "终极的垂直城市"。纽约的特征是大量商业和工业资源的集聚，使之成为城市形态转变的又一例证。纽约的摩天大楼不断涌现，这象征了其对工业化各级产业部门的高度垄断。人口向城市迅速集中的同时，城市开始突破原有的界限，逐步向城郊延伸，于是开始出现了巨大城市和城市群。这里所说的巨大城市，不仅指人口数量庞大，城市占地面积广，而且包括原有城乡界限的模糊，这也被称之为 "福特式" 城市。这种城市形态也影响了我们后来对城市的认知。大楼、企业、工厂和人力资源的高度集聚成为我们衡量城市发展的一般标准，城市与郊区、乡村的明晰界限也渐渐消失，这就意味着城市对乡村在资源上的蚕食效应达到了高潮。随着城市化进程，世界上最大、人口最为密集的城市往往不再是宗教或政治中心，或者不再像过去一样严重依赖于其政治功能，如纽约、上海、香港、大阪等。

大城市发展到巨大城市，说到底还是在工业化基础上实现的城市化形态。其中一个重要的体现就是 "福特式" 城市的形成。所谓 "福特式" 城市，有三个主要特点：一是资源向城市高度集中；二是由产业革命带来的

---

① 〔德〕恩格斯：《英国工人阶级状况》，《马克思恩格斯全集》第 2 卷，人民出版社 1957 年版，第 303 页。

② 〔美〕乔尔·科特金：《全球城市史》，王旭等译，社会科学文献出版社 2010 年版，第 135 页。

大规模现代产业在城市集聚；三是城乡关系围绕城市而展开，也就是以城市为核心，乡村为边缘和附属。按照学者高小康的话说，就是"以资源集中化、产业规模化、关系轴心化为中心的大都市和特大都市建设"①。这种城市形态已经暴露出了很多弊端，不仅是对自然环境的暴虐式破坏，还形成了以大都市为中心的新的对立。除了城乡的二元对立，大都市和中小城市间也形成等级式的对立，中国的"北上广"人口集聚效应就是典型例证。这种城市化形态是以经济增长为目标的。然而，罗马俱乐部在《增长的极限》报告中已经指出："如果在世界人口、工业化、污染、粮食生产和资源消耗方面以现在的趋势继续下去，这个行星上增长的极限有朝一日将在今后 100 年中发生。最可能的结果将是人口和工业生产力双方有相当突然的和不可控制的衰退。"② 而从巨大城市到城市群，则是要从这种"福特式"城市改变为新型的城市化，以实现城市形态的转变与升级。城市群是解决"福特式"城市带来的城市病和城乡关系对立的一种新形态。

大城市连绵区思想拓宽和更新了城市化的观念，解释了城市化在发展到大城市这个阶段以后，会以怎样的形态继续向前发展，为城市化的进一步发展提供了思路和方向。

在戈特曼提出大城市连绵区这一理论之前，世界城市化的发展已经过了大约两百年。法国地理学家戈特曼经过 20 多年的研究，于 1957 年提出美国东北部大西洋沿岸的城市群是一个"大城市连绵区"（Megalopolis，也有人翻译作大都市带）。这是世界上最大的城市群，当时人口已经超过 3000 万，其形成条件、基本特征和功能如下：一是区域内有比较密集的城市，城市高度密集是最为重要的因素；二是圈内的各城市之间有密切的经济联系与分工合作；三是交通系统完善，有联系方便的交通走廊把这些核心城市联系起来，使各个城市区首尾相连没有间隔；四是人口规模巨大，戈特曼以 2500 万人为标准；五是国家的核心区域，具有国际交往枢纽作用，最活跃和最重要③。1976 年，在进一步研究的基础上，戈特曼又提出世界上

---

① 高小康：《城镇化：乡村走向何方？》，《光明日报》2014 年 5 月 11 日第 6 版。

② ［美］丹尼斯·米都斯等：《增长的极限——罗马俱乐部关于人类困境的报告（英文版序）》，李宝恒译，吉林人民出版社 1997 年版，第 17 页。

③ 参见周一星《城市地理学》，商务印书馆 1995 年版。

有6个大城市连绵区，分别是：（1）从波士顿经纽约、费城、巴尔的摩到华盛顿的美国东北部大城市连绵区，这也是美国的政治、经济和科教的核心区；（2）从芝加哥向东经底特律、克利夫兰到匹兹堡的大城市连绵区，也叫大湖城市群；（3）从东京、横滨经名古屋、大阪到神户的日本太平洋沿岸大城市连绵区；（4）从伦敦经伯明翰到曼彻斯特、利物浦的英格兰大城市连绵区，这是世界上最早的城市化地区；（5）从阿姆斯特丹到鲁尔和法国西北部工业聚集体的西北欧大城市连绵区，这是欧洲大陆最为典型的城市群；（6）以上海为中心的大城市连绵区。其中第六个也就是今天的中国长三角城市群。

从当时的历史条件看，戈特曼无疑是有预见性的，因为他为世界城市化的进程梳理出了一条清晰的前进方向。在此之前，西方发达国家和发展中国家，包括亚洲与欧美均在努力探索各自的城市化道路。但是，在城市发展为大城市之后，似乎用现有的城市概念已经不足以涵盖城市化的发展趋势，同时各种问题似乎又引发人们对大城市持续增长的担忧。而戈特曼对此是较为乐观的："城市土地的开发利用确实通过很多方式迅速吞噬土地资源。传统的观念认为这种土地利用对空间的占用比较少，但对这种观念必须及早加以修正。人类的现代文明已经使得我们寻找到了在较小的空间内生产更多的农产品和饲养更多的家畜的生产方式。但是工业、商贸业和居住用途的空间需求却一直持续增加。我们这一代人或许正在目睹一场土地利用地理性分布巨大变革的开端，大城市连绵区的出现预示着在人类聚居和经济活动分布领域中一个新时代的来临。"① 按照他的观点，我们可以发现：城市化每到一个阶段，都会出现形态上的变化，首先，城市人口超过农村，越过50%的界限，意味着城市生活方式开始真正主导人类社会，城市文化成为人类城乡文化中的主要部分，城市产业变成世界经济中最为核心的部分。对于城市来说，它就不再只是商品交换和人口集中的场所，而变成了一种文化和经济、技术的聚合融通场所，成为人类社会文明的核心。其次，城市开始向城市群转变，根据在发展过程中的种种问题，采取

---

① ［法］J.戈特曼：《大城市连绵区：美国东北海岸的城市化》，李浩、陈晓燕译，《国际城市规划》2007年第5期。

新的路径和方式来解决。因为城市仅仅依靠自身或单体城市已经不能应对层出不穷的"城市病"，需要把城市与城市、城市与乡村有机地系统地来看待，必须脱离传统的二元对立思维，这才是城市群概念与文化的应有之义。因此，城市的进一步发展必然会衍生出与以往城市概念所不同的形态："戈特曼以其地理学家的视角认为空间中人和资源的流动是必然的，而集聚的趋势在某些地方一经开始便不可逆转，尤其在一些城市文化和人类精神的标志性地带，城市区域的不断扩张是不可避免的。"① 而这种扩张也就是城市化对城市自身的改变。需要指出的是，这里所说的扩张不应仅仅理解为城市在数量级意义上的增长，而是城市化内涵的深化。

　　城市化进程走向深水区以后，城市与乡村关系也将会体现出一种新的形态。城市群是人类探索城市化在大都市（巨大城市）出现各种问题后的可能性解决之道，同时将对城乡关系的发展产生影响。因为城市群和以往的"福特式"城市不同，它是一种新型的城市共同体，是在包括人口、政治、经济、文化、交通、物流等诸多方面分工协作、彼此紧密联系但又和谐共处的城市组合或群落，而上述的六大城市群正具有这些特征。这种关系不再是过去城乡间的"剪刀差"，也不是工业化城市间的轴心关系，代表了城市新形态的出现。珠三角的广州正在实践这种理念。在中国，现今的珠三角城市群已经实现了在实际意义上的大城市连绵区，诞生了所谓"大广州"，它超越了以往我们对城市形态的认知，"广州市辖区面积跃升至7434.4平方公里，已经超越上海，'大广州'正式诞生"②。这说明，城市群并不是大城市的简单扩张、吞并和吸纳周边地区，而是城市自我升级后的再生。城市群并没有明确的边界，只有相对的首位城市，以协同和分工、相互带动促进发展为本质目的，应当是一种去轴心化、非福特式的城市化进程，它也与过去牺牲农村以发展城市的做法有本质的不同。

---

　　① 盛蓉、刘士林：《戈特曼城市群理论的荒野精神及其当代阐释》，《江苏行政学院学报》2014 年第 3 期。

　　② 刘军、刘雪、裘萍：《7434.2km² 大广州诞生了》，《南方都市报》2015 年 8 月 13 日第 A5 版。

二　城市空间的改变

城市化还改变了城市的空间。过去我们认为城市空间就是指地理空间，但实际上按照列斐伏尔的观点，现代城市空间是由自然空间、精神空间和社会空间组成的①。而城市化不仅是生产关系的变革，也是一种空间的生产。这在 20 世纪体现为一种都市革命，即通过都市空间的生产，也生产了各种社会关系。这就揭示出一个重要现象：城市化在城市形态升级的同时，也改变了城市空间和人类的社会生活形态。可以说，这在某种程度上也改变了城乡关系。城市自然空间和精神空间是早已被人们所认知的，就是自然科学与哲学所关注的。但是城市化还带来了社会空间的变化，这是不容易被认知的，因为社会空间的构成很复杂。由于这些空间的相互重叠，城市化似乎并没有向着人们原先设想的那样发展。

如果按照柯布西耶的想法，城市的发展早就应该实现一种完美主义的状态：城市里有各种高层建筑，有完善的现代交通网络和生活设施，这就是他所言之"光明城市"②，但实际上，城市化真正按照他的设想发展后，并没有实现这种完美而稳定的状态。因为社会空间发生了意想不到的变化，因此就导致了城市化的发展越来越偏离人们当初设想的秩序和规划。印度的昌迪加尔和巴西的首都巴西利亚就是一个典型。

这两座城市的共同特征就是当地原本并没有大型城市，昌迪加尔甚至只是一个小村庄，是完全依靠设计师在短时间内规划设计建造出来的城市，因此鲜明地体现了设计者完美主义和理想主义的目标。前者是柯布西耶亲自设计的；后者是受其思想影响而设计的。这种乌托邦城市将城市空间的发展简单化了，因为随着人口的自然增长，城市居民的背景和构成也更加复杂，城市社会空间与原先设计的差距就越来越大，印度和巴西城市化过程中的贫富阶层差距不断增大，这就导致居民矛盾日益显著。实际上"光明城市"的理想只在建城之初是一个现实。巴西国家地理统计局公布的抽

---

① 参见［法］亨利·勒菲弗《空间与政治》，李春译，上海人民出版社 2008 年版；高春花：《列斐伏尔城市空间理论的哲学建构及其意义》，《理论视野》2011 年第 8 期。

② 参见［法］勒·柯布西耶《光辉城市》，金秋野、王又佳译，中国建筑工业出版社 2011年版。

样调查数据显示，由于贫富差距过大，75%的家庭月底手头拮据，没钱支付到期的账单①。而根据世界经合组织2011年统计，巴西贫富差距竟高达50倍。有不少报道显示，巴西政府一直致力于消除贫困，特别是城市中的贫富差距问题更是令人担忧，因为城市的设计者对于可能产生的贫困人口，所想到的解决办法是把影响城市生活质量的问题推向城市以外，也就是人为地在复杂的社会空间中隔离出一个所谓完美的空间。实际上，现代城市化以后，城市中各种元素和空间都是相互叠加的，根本不可能存在一个按照设计秩序和理想而形成的城市空间。苏联的城市化也借鉴了柯布西耶的理念，即强调秩序和模式化，消除一切多元因素，这也不可避免地对我国的城市化产生了影响。比如20世纪晚期，我国的城市化浪潮中，很多城市在改造过程中，为了视觉上的所谓"美观"和整齐划一，把很多楼房的外立面刷成一种色彩，把很多店招统一成一种形式，新建的居民小区和新城区按照图纸设计成统一的形态，忽略了空间的多样性，造成千城一面的状况。最极端的是出现了居民找不到自家住处的例子②，这样的整齐和完美是城市化应该追求的吗？答案显然是否定的。

在中国改革开放后的城市化浪潮中，我们经常会听到人们抱怨外来人口或农村来的新市民在很多方面侵占了原本属于本地居民的各种福利，而把很多问题和矛盾归咎于这些移民。他们所设想的城市空间，也就是柯布西耶那种完美的统一秩序，是与自身的经验、传统、认知和习惯相呼应的一个封闭的城市社会空间。但是，随着城市化的进展，事实上任何一种城市空间都不可能是理想主义的单一模式。以中国的城市为例："关于高中毕业生是否可以异地参加高考的问题，从社会公平而言似不应该有异议；如果说一时难以实施，那也应该是技术方面的问题。但实际上并不如此简单。当这个问题的解决进入实质性阶段时，却出现了强烈的反应：京沪有许多本地户籍市民坚决反对外地考生来参加高考，有人甚至模仿不久前香港本地人排斥内地人的口

---

① 《巴西75%的家庭入不敷出》，新华网2010年6月24日。http：//news. xinhuanet. com/2010－06/24/c_ 12257950. htm。

② 《老外找不到家坐小区门口大哭 千城一面值得思考》，人民网2013年6月14日。http：//culture. people. com. cn/n/2013/0614/c172318－21840149. html。

吻斥外地考生是'蝗虫'。"① 这就是非常典型的拒绝城市空间多元化、坚持完美单一城市空间的做法。而这种排斥之前虽然在很多中国城市都存在，但大多不过是市民们街谈巷议式的牢骚，比如某些方言中称外地人为"外码"，或者把某些素质不高的行为归结为外地人所为，甚至专门歧视某个地区的人等等，而到了香港所谓"驱蝗运动"那里，这种空间冲突则到了极致。据报道："梁金成发起'驱蝗行动'，带领百名网民到香港尖沙咀抗议内地来港游客太多，他们手持港英旗，沿途向内地客叫喊'蝗虫'、'滚回去'，部分示威人士还做出不雅手势，更有人撒纸钱。支持内地客来港的'爱港之声'成员与'驱蝗行动'示威者隔着马路对骂，双方还一度发生推撞。"② 这不妨看作是对自身原有文化认知的一种极端维护，他们有意排斥现代城市化空间变革的基本规律，这与世界城市化的趋势也是背道而驰的。中国古代的早期城市，在用城墙把城市和乡村分割开来的同时，用户籍制度把城市人口和农村人口用身份确认的方式分隔开来，这实际上限制了后来城市化的发展和城市自身的升级。事实证明，一旦城市化开始，就将造成不同空间的相互碰撞和挤压，从根本看上不利于城市化健康推进。

　　如果从城市空间的角度来看，这种行为实际上正是城市社会空间发生改变的一种体现，当原本居住在城市中的市民们的空间受到干扰甚至挤压的时候，他们就会和外来者的空间产生激烈的冲突。在列斐伏尔看来，空间不是简单容纳各种社会关系，而是充满活力的变数③。我们应当承认这个现实，即这种变数才是城市化的常量，按照高小康的说法："当代都市文化建设的目标不应该是完美的乌托邦，而应当是在承认、面对多元文化共生的前提下建设生态和谐的文明城市。这里所说的生态和谐不是指文化融合的统一形态，而是各种文化并置混生的多元空间。"④ 也就是说，多元共生才是城市化发展过程中空间变化的常态，城市空间往往也是文化多元的表

---

① 高小康：《城市真的"应当"是完美的吗?》，《社会科学报》2013 年 2 月 6 日第 6 版。

② 《香港激辩"驱蝗行动"：背后的民风正在改变》，中华网 2014 年 2 月 20 日。http://news.china.com/pinglun/gdrd/11132979/20140220/18351942.html。

③ 参见朱立元主编《当代西方文艺理论（增补版）》（第 2 版），华东师范大学出版社 2005 年版。

④ 高小康：《城市真的"应当"是完美的吗?》，《社会科学报》2013 年 2 月 6 日第 6 版。

征。城市化的快速推进，不应忽视这一常态的存在。

列斐伏尔说过："城市化的权利不能简单地当作一项稍纵即逝的权利，或向传统城市的回归，只能将其理解为城市生活权利的一种变革了的形式。"① 尤其是不能把城市化当作是一种设计好的、不能变动的乌托邦理想。这种变革了的形式就是脱离城市发展过程中假想的整体性，在充分尊重多元化的基础上去建设一种相互理解、相互协调的城市空间。雅各布斯所反对的城市规划对社会自由的破坏，其实也是同一个意思，即不能以清除空间的多样性为代价，去实现所谓城市的"美好"。正如有的学者所言："否定过去、与传统决裂的现代主义开启了规划的时代，也破坏了经验的感知、秩序、理性和功能；结构开创了一个新世界，也无情地告别了过去、历史、遗产和经验，城市规划以铲除多样性为代价，在带来高度的物质经济繁荣的同时，也扩大了深层的政治、经济和地理的不均衡。"② 因此，我们的目标不能是这种一元化的理想，而事实上，一些新兴城市的活力也正源于它们在规划上对多元文化和各种异质空间的充分尊重。

以中国的深圳和澳大利亚的悉尼为例。深圳之所以在很短的时间内成为中国珠三角最具活力的新兴城市，很重要的一点就是没有按照一个完美的设计方案严格规范它的发展方式。在深圳市的城市规划中，"在《总体规划》确定的 1953 平方公里的城市规划区范围内，实行城乡统一规划管理。要以中心城区为核心，完善城市功能，形成'三轴两带多中心'的轴带组团结构。加强对沿海发展带的规划和引导，严格控制围海造地，保护和合理利用岸线资源，妥善处理开发与保护的关系。要加强城中村和城乡接合部的改造和整治，促进城乡统筹协调发展"③。这代表了一种非柯布西耶式的发展思路，也就是并不强调统一与秩序，而是注重各种文化生态的共存，这恰是深圳城市文化的最大特色，也是深圳最吸引人的地方。这种不同文化、不同空间的和谐共处，就是深圳城市活力的重要来源，而有了这种特

---

① ［法］昂利·列斐伏尔：《城市化的权利》，引自汪民安、陈永国、马海良主编：《城市文化读本》，北京大学出版社 2008 年版，第 23 页。

② 马丹丹：《城市规划塑造社会关系》，《中国社会科学报》2012 年 10 月 19 日第 A8 版。

③ 《国务院关于深圳市城市总体规划的批复》，中国政府网 2010 年 8 月 23 日。http://www.gov.cn/zwgk/2010-08/23/content_ 1686116. htm 。

征，很多城市空间重叠和挤压造成的矛盾也就消弭于无形了。深圳城市文化的突出特征并不是一成不变的地域特色，而恰恰在于它摒弃了许多城市的乌托邦理想，鼓励创造，强调包容。下面这段文字比较贴切地说明了这一点："深圳是一座因创新而生的城市。'鼓励创新，宽容失败'是深圳人的信条。深圳的崛起关键在于持续创新。在经济特区初创期，深圳率先冲破旧观念、传播新思想，以一个又一个'第一'为中国改革发展创新探路；在转型发展期，深圳再一次凭借创新实现华丽转身，成为中国经济新常态下创新发展的急先锋，成为人们心目中的'创客之都'、'创新之城'。'来了，就是深圳人'，这句话贴切地描述了深圳作为移民城市，拥抱来自五湖四海、发自万千头脑的多元文化，各种优秀文化都能在此获得滋养、成长。"① 这里的"宽容失败"就是承认城市化包括不完美和不统一，"来了，就是深圳人"就是认可了城市多元文化构成的空间。

澳大利亚的悉尼，其城市空间的变化也可以看出文化多元化的影响。悉尼建成之初，也曾有过理想化的城市空间设计，因为当时这座城市是罪犯的流放地，故此街道的设计也和运输犯人有关。但随着城市的发展，悉尼的城市空间渐渐变得复杂和多样，尤其是进入工业革命时代以后，悉尼的空间多样性越发显著："悉尼城市空间的一个重要特征，是整个大都市区从未被统一地、整体地设计过，而是经过不同的历史时期，以不同的城市发展目标出发，在不同政府的统治下，由不同的政府官员指令，被不同的城市工作者根据不同的理论叠加更替。即使悉尼于19世纪初处于迅速发展和扩张时期，也从未出现一张完整的城市整体规划图。"② 事实证明，悉尼现在的活力正源于这个特征，它已经成为世界上最为宜居、最有创造力的城市之一，多元共生的文化已经成为悉尼的标志："得益于其自身优越的港口系统，悉尼早期的规划和发展是一个由自然衍生到意象叠加的过程，政府规划和决策在发展中充当了重要角色，然而随着港口功能的发展，商业和贸易的扩大化，这些因素在城市的中后期发展中趋于弱化。在殖民文化的影响下，本土文化及城市空间与

---

① 《深圳35周年：文化沙漠变绿洲》，人民网—人民日报海外版2015年9月16日。http://money.163.com/15/0916/04/B3JTSI0U00253B0H.html 。

② 叶晨：《历史文化因素对城市空间演变的影响——以悉尼为例》，《中华建设》2013年第11期。

外来文化融合发展成为折中的新兴形态。因此，殖民文化与本土文化的冲突在某种意义上成为城市发展的动力。殖民文化在对本土文化造成冲击的同时也引入新的文化意象，如新的城市平面布局和建筑形式。在悉尼的案例中可以通过城市空间细部、城市景观和地标性建筑来说明外来文化与本地文化的融合。"① 可以看出，这种多元文化构成的空间不仅没有造成悉尼城市空间的相互挤压，反而促进了城市的和谐发展。

从表面上看，城市化改变的是生活质量、政治制度、经济活动，实际上还包括了社会结构、文化精神等更深层次的内容。这实际上改变了我们对于城市文化的认识。城市空间并非仅仅是过去所说的地理意义上的空间，而社会空间的复杂性也是过去我们所没有重视的。

三　城市化的未来走向

城市化改变了城市的未来走向。按照过去城市发展的趋势，城乡二元对立似乎不可消除，城市发展就必然导致乡村的衰败乃至消失，而城市也未必就能独善其身，大都市的命运也可能是悲剧性的。当然，这并非不可逆转的必然结果，城市化的目标和内涵往往能揭示出：新型的城市化对以往的城市结构应当有所超越，而城市文化也正是一种不断变动、扬弃自我的精神系统。

芒福德对紧凑区域城市和庞大城市群的研究，促使他对特大城市未来的担忧。他把这种城市的未来称之为死亡之城②。他研究了古罗马大城市走向衰落的原因。古罗马城的一大特点是它完善的城市构造和公共设施，这是它得以被世人赞叹的重要原因。我们认为，这实际上源于它的一个深层文化结构，即城市思想上的"市民意识"，以及由此生成的"城市帝国"发展模式。在物质生活层面，它表现为对各种感官欲望的极大满足，正如芒福德所言："巧言善辩的希腊人在古希腊鼎盛时期的城市中也享受不到的东西，饕餮的古罗马人却在超常的富足中受用不尽。"③ 罗马城市的这种对物质的追逐也体现了

---

① 叶晨：《历史文化因素对城市空间演变的影响——以悉尼为例》，《中华建设》2013 年第 11 期。

② 参见［美］刘易斯·芒福德《城市发展史——起源、演变和前景》，宋俊岭、倪文彦译，中国建筑工业出版社 2005 年版。

③ 同上书，第 218 页。

罗马的城市精神：即实践比思辨更有价值。按照学者巴洛的说法，是"农夫
一士兵（farmer – soldier）的精神"①。由此出发，罗马城充分体现了市民的需
要，即首先必须满足他们在生活上的欲望，以继续促进城市化。城市化是罗
马得以兴盛的最重要条件，它支撑了这个帝国的骨架，并且通过不断的升级
使罗马城市文化扩展、延伸，直到疆域的每一角落。"城市化运动的产生也是
帝国经济和行省城市自然发展的结果，但反过来在客观上也促进了帝国经济，
特别是行省经济的发展。它有力地促进了城市商品经济的发展，加速了农村
经济商品化进程，推动了罗马城乡经济体系的联合。"② 在带动经济体系完善
的同时，也逐步丰富了市民的精神生活。城市可以把罗马的法律、政治、文
学、艺术以及公共思想纳入其中，并重新整合，这是简单而朴拙的城邦社会
无法完成的。问题也在于此，罗马的艺术是罗马精神的最好体现，像著名的
凯旋门、纪功柱。但是这里所显示出的，说到底其实是一种实用主义和急剧
扩张、难以节制的欲望，按照汉密尔顿的说法，是"真正将实用手段用于实
际目标的急切态度"③。这会带来怎样的影响尚存争议，可至少罗马衰亡的事
实证明，城市规模的迅速扩张，城市化的过度发展并未建立在市民精神的同
步提升上，无论是贺拉斯、维吉尔，或是西塞罗、奥勒留，都远未是罗马精
神超越前代古希腊的智者，汉密尔顿更是直截了当地说贺拉斯笔下的罗马是
"金钱当道之城"④，所以，希腊城邦的荣耀在于它的智慧和知识，而罗马则
变成了感官和物欲之都。罗马接受希腊的思想成就，在某些方面有所突破，
但在精神文化这一最为深层次的主要方面却远远落后于它的制度文明和物质
文明。因此在城市化凸显危机的时刻，罗马找不到一种共同普适的精神力量
拯救这个"城市帝国"，结果是罗马渐渐腐败，而外省由于核心城市的崩溃也
产生了离心力，导致东部帝国分离出去，北部边疆被突破，帝国最终瓦解。
最深远的影响还在于，这种模式让欧洲的大城市和城市化发展一度停滞下来，
只剩下拜占庭帝国（东罗马帝国）的君士坦丁堡勉强维持。芒福德认为，正

①　[英] R. H. 巴洛：《罗马人》，黄韬译，上海人民出版社 2000 年版，第 3 页。

②　符松涛：《城市化运动对早期罗马帝国经济发展的影响》，《吉林省教育学院学报》（学科
版）2008 年第 9 期。

③　[美] 依迪丝·汉密尔顿：《罗马精神》，王昆译，华夏出版社 2008 年版，第 182 页。

④　同上书，第 159 页。

是由于罗马城缺少一种可以内在控制的系统，因此导致城市无限度扩大，这种过度发展最终促使大城市走向死亡①。但正像罗马俱乐部所提出报告那样，严肃地表示忧虑并不是散布恐惧和绝望，而是从中思考新的道路和选择。

那么，有没有可能找到一种城市化的方式来避免这种死亡之城的命运呢？芒福德提出了"区域城市"的概念。这是一种和城市周围乡村有着创造性关系的全新理念。这其实就是在自我限制基础上的新型城市化，这在城市与乡村相互协调、城市可控发展以及保护环境的方面有一定的意义。也就是说，城市的命运实际上是可以调节甚至改变的。大都市之所以难以维系，说到底主要是由两大因素决定的：一是巨大城市的自我调节能力，即城市内部空间的协调；二是城市如何处理与乡村的关系，即现代城市文化与乡土文化如何共生。

芒福德强调，城市规划的主导思想应重视各种人文因素，从而促使欧洲城市设计重新确定了方向。如他曾分析过工业文明体系下出现的"焦炭城"："工业城市的最大贡献也许在于它所产生的对它自己最大过错的反应：首先是环境卫生方面的技术或公共卫生。虽然科学知识对整个城市环境的改善起的作用比较慢，但它对受过教育、生活较舒适的阶级起的作用却很快。"② 尽管这不免让人觉得有一种悲观主义态度，但也真实再现了工业化城市的弊病。芒福德还将当代城市形象地称作"特大城市的神话"，认为这种"神话"的实质是"城市的终结"，这是一个发人深省的问题，因为他所指出的那些限制城市发展的条件，如水资源数量、可利用的土地、交通运输上时间和金钱的代价，如今也已成为我国城市发展普遍面临的难题。而在研究罗马城发展过程中，芒福德还揭示了使城市由扩张到崩溃是一个周期性的原理。但他在向人们昭示出这种悲剧性的城市命运的同时，也深刻阐释了城市文化对特大城市具有的调节和改进作用："城市有包涵各种各样文化的能力，这种能力，通过必要的浓缩凝聚和储存保管，也能促进消化和选择。"③ 即城市文化能够使城市从各种消极因素中最终解脱出来。对

---

① 参见 [美] 刘易斯·芒福德《城市发展史——起源、演变和前景》，宋俊岭、倪文彦译，中国建筑工业出版社 2005 年版。

② [美] 刘易斯·芒福德：《城市发展史——起源、演变和前景》，宋俊岭、倪文彦译，中国建筑工业出版社 2005 年版，第 487 页。

③ 同上书，第 574 页。

此，芒福德理论最大的意义就是帮助我们清楚地认识到"福特式"城市的深层危机。

高小康曾说："这场都市化竞赛的结果当然不可能是把大小城镇都建成大都市，而是使大部分中小城市变成大都市的附庸或因孤立而败落；大都市则成为资源高度集聚、经济文化高度发展的轴心。这就是城市的立体化结构造成的中国城市发展的大都市轴心化趋势。"① 正如作者所言，我国的城市化脱胎于古代城市体系，这里面的城市和城市群落实际上基于政治权力和等级制度，更可能发展为罗马式的特大城市群，现实也似乎正在印证这一点。然而，城市群的发展是由多种可能性组成的。对于世界城市化而言，人们已经意识到大城市轴心化是"城市病"加剧的一个重要原因。对于城乡关系而言，有可能最终剥夺乡土文化赖以生存的环境，造成农村的空心化，这无疑是在印证斯宾格勒的预言，即大都市的最终命运就是崩溃②。但是，中国古代城市的成熟也给我们提供了一种不同于古罗马死亡之城和工业化"焦炭城"的一种模式。早在南北朝，中国的建康已经初步展现了文化的繁荣；宋代，开封就实现了城市布局的突破。这些城市及其文化都是古代中国文化进步和创新的象征，而且与当时的乡土文化也是相互融合、和谐共处的。但是我们也必须看到，古代城市在面对现代化浪潮时，从根本上缺乏一种和谐过渡的机制，同时，依附于古代政治制度的城市文化，没有诞生现代城市化和民主化的土壤，相反却继承了等级制，越靠近中央权力的城市发展机会就越大，资源就越密集。

中国的城市化已越过 50% 这道门槛，现在面临的问题很多，其中很重要的一点是城市出现了等级化的现象，很多城市争相去做特大城市或大城市，行政上还不是城市的则想做真正意义上的城市，出现了大量所谓"县级市"，原因就是大城市有更多的资源和权力，而一旦挤不进这个行列就可能被边缘化。同时，城乡差距和贫富差距增大，城市结构呈现出"金字塔"形态，这是不利于城市化健康发展的。因此，要避免罗马式死亡之城的命

---

① 高小康：《大都市轴心化：生态之殇》，《社会科学报》2013 年 2 月 6 日第 6 版。

② 参见［德］奥斯瓦尔德·斯宾格勒《西方的没落》，齐世荣、田农等译，商务印书馆2001 年版。

运，我们必须思考深层次的原因，特别是城市化和城乡关系的未来趋势，探讨一种新型的城市化模式。须知，中国城市化是从农业社会转型而开始的，经过一百多年的救亡图存，在各种借鉴和学习之后，终于开启了城市化的快速进程。这种发展模式和其他国家均不相同，因而我们所追求的目标，不能是等待大城市蚕食周围和乡村以后，再回过头来重新调整，必须在城市化达到一定阶段后，就开始调整发展策略，时刻反思城市化的得失，以寻求一种中国化的城镇化发展道路。

第三节 中国城市化进程的阐释与批判

与西方和日本等国相比，反观中国的城市化历史，我们会发现：中国城市化以及城乡文化的发展有其不同于世界上其他国家的特殊性，这就导致中国在城乡关系和文化的变迁中需要更加重视本土经验。应该说，这种特殊性既导致我们的城市化发展面临不少问题，但也使得城市和乡村的发展迎来了全新的契机。

一 中国城市化的特殊性

中国自 19 世纪以来的现代化探索和自 20 世纪 90 年代以来的城市化进程表明：我们这个国家在城市化的道路上经历过对国外各种城市化模式的借鉴和探索，在此基础上才渐渐找到适合自身的城市化发展道路。中国的城市化进程，有以下两个特殊性，从中可以看出选择中国特色城市化道路的必要性和可能性。

首先，中国城市化进程的历史背景具有特殊性，这可以视作我们国情方面的特殊性：一是近代以来艰难的工业化和现代化，期间多有反复和挫折，造成了城市化起步较晚，不仅和西方国家相比较晚，和日本与拉美相比也是较晚的。中国近代的城市化发端和西方不同，并不是资本主义因素自然增长的产物[1]，而是在半殖民地环境下，由外国势力侵略和不平等条约共同作用下、经开埠通商发展起来的，这说明中国的城市化存在先天不足。

---

[1] 参见傅崇兰等《中国城市发展史》，社会科学文献出版社 2009 年版，第 180 页。

近代中国的工商业、对外贸易都呈现出畸形发展的状态，沿海和开埠城市发展迅速，内地城市停滞不前，经济开放地区的官僚和买办资本壮大，民族资本艰难前行，导致国家工业体系极不健全，金融商贸体系被列强操纵。因此工业化进展缓慢，城乡差距进一步拉大，广大的农村呈现出破产的情形。这样的情况下，为城市化进行准备的工业化这个环节实际上是缺失的，推动城市化的重要条件交通和制度也是不具备的，因而城市人口所占比例迟迟未突破10%[①]，这种低水平是很多学者不把这一阶段当作中国城市化开始的原因。近代中国，国内战争频繁，对外战争大多失败，不仅割地赔款主权丧失，而且丧失了大量的劳动力，而这些资源正是城市化进程必备的因素。但是，中国毕竟已经打开了现代社会的大门，从洋务运动到民国时期短暂的国内建设，中国已经开始了现代化的探索，因此城市化的真正到来虽然晚，却是一个不可阻挡的趋势，也是中华民族的迫切愿望。

二是深厚的农业社会和保守的传统政治文化，使得我们对城市化的趋势与规律认识不足。1912年，中国政治已经进入了民国纪元，但社会却仍旧长期停留在以小农经济为主要经济形态、以军阀独裁统治为主要政治形态的状况中，无法建立起保障城市化顺利推进的制度和法律，经济生产方式也十分落后。这种情况下，如何打破农业社会的传统进行产业结构改革、学习世界上先进的政治文明进行制度革新就成为城市化得以顺利开展的前提。诚然，西方的城市化同海外殖民和侵略扩张有着密不可分的关系，但更重要的是相对古代社会采取的革命性的措施，这才是城市化能完成的根本性元素。德国是欧洲封建传统深厚的国家，日本在明治维新前是比中国还要落后、综合国力更弱的国家，但是它们都能顺应历史潮流，大胆进行改革，因此在"二战"前都已经开始了城市化的步伐，并取得了一定的成就。因此，城市化和工业化、现代化一样，也是考验一个国家和民族创新和改革意识的试金石，更是国家富强的重要风向标。遗憾的是，中国近代以来的多次改革如戊戌变法、辛亥革命所希望达到的目标均未能实现。这就实际丧失了和西方同步，由我国主动进行城市化、探索中国式城市化道路的主动权。

---

① 参见高珮义《中外城市化比较研究》（增订版），南开大学出版社2004年版。

其次，中国的城市化进程还有一个特殊性，就是参照系的特殊。世界上最早成功实现城市化、工业化和现代化的国家是英国，其后的美国、德国和日本同为资本主义国家，或多或少都参照了英国的经验，最为显著的就是工业化和产业结构的调整，与城市化进程基本上是协调进行的，同时进行了农业改革和城乡关系的调整，因此在实现城市化的同时，农村的变革也基本完成，现代的城市文化和乡村文化同时建立起来，这样的城乡文化没有根本性的冲突。而新中国城市化从 1949 年起步，主要参照系却是苏联。这当然有其复杂的政治原因和历史因素，但是应当看到，苏联和中国在国情方面是有很大差别的。苏联的前身是沙俄帝国，它是西方老牌帝国，是通过不断侵略扩张建立起来的国家，其封建侵略性和专制色彩根深蒂固，但从彼得一世到亚历山大二世再到斯托雷平，俄国自上而下一直在追寻改革和富强，斯大林执政后也有稳定的国内建设时期，因此它的城市化进程虽与英美不同，然在"二战"后已有较好的现代化基础。而近代中国最显著的特征是积贫积弱，且中国自古就没有通过开辟海外殖民地向他国掠夺资源的传统，儒家文化是一种内敛而中庸的文化传统，这一点没有和现代化很好对接。可以说，新中国的城市化缺乏像英美现代化的思想文化启蒙就匆匆上路了。新中国建立时除了人口有一定积累外基本不具备城市化发展的优势。经过解放战争的中国，经济雪上加霜，金融体系极其脆弱，城乡人民普遍贫困，产业结构残缺，与同为社会主义的苏联差距甚大。到 20世纪晚期，中国的城市化进程可谓筚路蓝缕，在艰难困苦的情况下终于取得了一些成绩，为 21 世纪初出现城市化率超过 50% 打下了基础。尽管这一过程是付出了巨大代价、承受了动荡和波折的。但就中国国情而言，没有这种城市化的原始积累，也就没有新世纪的城镇化曙光。

同时，苏联一个并不成功的城市化经验便是：城市化与工业化严重不均衡，产业结构失调，工业畸形发展而农业牺牲巨大。苏联在西方的和平演变中猝然解体，没有失败于战争却倒在了城市化看似完成的 20 世纪晚期，除了政治上的原因外，其城乡发展的经验与教训不能不引发我们深思。苏联的这种城市化对我们造成了很大的影响。因为同属一个阵营，新中国的城市化进程当时别无选择，然而教训深刻。主要包括：

一是作为城市化的基础，工业化速度过快，产业结构出现失衡的问题，重工业和军事工业位置突出。"从 1949—1958 年中国工业结构的变动情况来看，重工业的发展速度远快于轻工业。其间，轻、重工业年均增长率分别为 19.7%、37.5%，两者增长速度之比为 1∶2。重工业比重迅速赶超了轻工业。1955 年，轻、重工业比重分别为 40.8%、59.2%；到 1958 年，重工业比重已超过轻工业近 8 个百分点。"① 这正是借鉴了苏联模式，在短时间内大力提升重工业以实现工业化的目标。这种做法当然有一定的客观历史原因，比如新中国当时所面对的国际环境，以及对旧中国民族救亡图存的深度体会。不可否认，这对于中国的城市化起到了一定的推进作用，加之当时人口从乡村迁入城市并没有什么限制，因此这段时期的城市化如果用起步来衡量的话并没有异常之处。"（1951—1953 年）城市人口平均每年迁入率为 104.2%，迁出率为 71.1%，净迁移率平均每年为 33.1%，是新中国成立以来最高时期。"② 但是，借鉴苏联的这种模式一旦持续实行下去就会出现问题："在经济工作中，把优先发展重工业的战略重点简化为'以钢为纲'，在经济发展方式上单纯追求快速度，在经济增长的指标上单纯追求高产量，将优先发展重工业推向了极端。发展重工业被简单化为片面强调发展钢铁工业，钢铁工业一跃成为当时发展最快的产业。"③ 重工业解决的只是城市化进程中"国计"方面打基础的问题，"民生"问题的解决还要依靠轻工业。这是苏联模式最为欠缺的。苏联社会后来给人们的一个突出印象就是城市生活日用品短缺，这就是片面发展重工业和军事工业带来的后患。改革开放以前中国内地也出现了类似情况，这使得城市化中的产业结构严重失衡。和日本相比，20 世纪 60 年代日本经济起飞时期的重要表现和指标是国民生活质量的提高，代表性事件是家用电器的普及。反观同一时期，我国的城市即使想做也做不到，无法满足城市生活改善的基本需求，这和产业结构的失衡有必然的联系。

二是本已脆弱的农业被牺牲，农民日益贫困，农村和乡土社会不断瓦解，而新的农业产业结构未能及时形成。新中国成立初期的农村土地改革

---

① 邹晓涓：《中国重工业发展的历史阶段及其反思》，《改革》2008 年第 9 期。
② 任素华：《我国城市人口迁移情况浅析》，《社会学研究》1988 年第 4 期。
③ 邹晓涓：《中国重工业发展的历史阶段及其反思》，《改革》2008 年第 9 期。

是有成效的，解决了旧社会农民没有土地的问题，因此这种进步是必然受到广大农民拥护的，但是中国的农业生产水平和世界发达国家相比依然是较低的，没有完成像英国那样的农业革命，中国农村也缺乏自身直接变革的动力。中国古代的农村社会总体上一直较为稳定，对世界城市化潮流认识不足，当城市化进程开始后主要是被动接受。清末以来，农村社会都处在社会的最底层，因此贫富分化中农民往往成为最直接的受害者。新中国向苏联学习，很突出的一点就是利用工农业剪刀差，发展工业化，这加剧了农村的衰落。虽然土地改革部分地解放了农民，但是由于使用权和所有权没有区分开，土地不能流转，因此现代农业制度还未真正建立起来。此时的农业尚未纳入城市化和城乡一体化的市场机制中，更多的是在为工业化服务。直到21世纪初，"首先，工农业'剪刀差'还很大，农民每年向国家贡献1000亿元；其次，国家通过农村税收和支农支出收付相抵，农村每年贡献也是1000多亿元；最后，近20年内通过征地总共从农民手中拿走2万亿元以上，平均每年又是1000亿元；此外还有农民工的巨大贡献"[1]。按照文中的说法，客观地讲就是靠农业在给城市化和现代化、工业化输血。

三是计划和指令代替了城市化的基本规律，导致一旦失衡，由于国家运行的惯性难以迅速调整，这也是大国城市化和中小国家所不同的地方。苏联模式之所以僵化，就是因为它不顾世界潮流和市场规律，用政府计划和指令代替城市化的基本规律。虽然英美和日本的城市化也有政府干预和计划的成分，尤其当时日本采取了"殖产兴业"这样国家色彩浓厚的政策，但主要还是为城市化提供保障，而不是为其选择城市化的具体方式。过去我们曾认为社会主义和资本主义的区别之一就是计划还是市场，忽视了城市化的基本规律，也就是城市化须按照一定步骤逐渐完成，城市化必须和产业结构调整同步进行，大城市会先于中小城市发展。[2] 而我国当时采取的计划政策却是反其道而行之，不仅对农产品是统购统销（关闭了市场），而且企图通过"大跃进"缩短工业化和现代化进程，通过人民公社提前实现共产主义目标，过早消灭资本主义经济，通过严格户籍管制使得城乡间人

---

[1]　熊培云：《一个村庄里的中国》，新星出版社2011年版，第283页。
[2]　参见高珮义《中外城市化比较研究》（增订版），南开大学出版社2004年版。

力资源自由流动变为不可能。对于城市化而言，最极端化的空前灾难就是"上山下乡"运动，把城市青年当作吃闲饭的人强制推向农村，在20世纪60年代把大约5000多万市民送到农村，造成了逆城市化潮流而动的局面，其后果就是原本有一定积累的大城市"空心化"，城市化本已进入的正常轨道被人为打断。进入农村的劳动力也没有推动农村发展，"文革"后又需要大批回城，这种折腾对城市化进程和本就脆弱的城乡文化打击是巨大的。

四是文化上出现断层，城乡文化、传统与现代文化发展极不协调，差距在增大，我国城市文化中原有的文化潜力还未完全发挥出来。中国的传统文化中，儒家文化、道家文化、佛教文化均未能在近代直接产生现代性的要素，但是却在乡土社会中根深蒂固。英国通过启蒙运动、日本通过明治维新全部或部分完成了这个思想文化上的过渡，因而今天我们在英国的城市中依然能见到所谓传统的英伦文化，在日本的城市中能见到"和风"，其乡土文化传统也实现了保留与传承。但是，我们的乡土文化、古代的城市文化未能很好与现代文化对接，在20世纪更造成了文化的动荡。其实，中国古代的城市到明清已经较为成熟，虽然还不是全国意义上的现代城市化，但是城市文化出现了"早熟"的现象，典型的例子就是江南城市文化的成熟。

古代的江南城市文化在中国城市群中的地位和影响力远超现代："在某种意义上，长三角城市群已是古代江南城市的退步，无论是经济比重、城市生态还是文化影响力。在明清时代甚至更早一些，借助环太湖独特的自然环境与生产生活方式，还有在这个基础上形成的具有内在一致性的区域经济社会与文化发展模式，江南地区就自发地形成了一个区位优势明显、城市人口密集、工商业高度发达、文化教育水平领先，对全国和世界有很大支配和辐射作用的功能集聚区。这与当今世界五大都市带在形态与功能上是高度一致的，因而我们也把它叫作江南城市群。"[①]作者通过分析指出，明清时期的江南城市群，不仅在人口密集程度和经济发展水平方面居全国各地区之冠，而且具有世界影响。在明代对外交往中，江南还是"海上丝

---

① 刘士林：《江南城市性格与变迁的人文解读与现代阐释》，《上海交通大学学报》（哲学社会科学版）2012年第3期。

绸之路"的起点，是中国近代开放的海洋文化发端，远航亚非的郑和船队，其船只的建造和船队的起航地就在江南。同时，江南地区以其得天独厚的区位优势，迅速成为近代商业文化的缘起，江南的乡镇文化也较为成熟和活跃。江南戏曲与小说等民间艺术的繁荣充分说明了江南城乡文化的发展已经达到一个新高度。以戏曲为例，江南戏曲文化非常典型地体现了江南城乡文化的诗性特征。2001 年 5 月 18 日，联合国教科文组织将"中国昆曲艺术"列为首批"人类口头和非物质遗产代表作"，昆曲的艺术价值在世界上获得了肯定。之前，流行于明代前中期的四大声腔：昆山腔、余姚腔、弋阳腔、海盐腔，形成于江南。之后，江南又形成了越剧、沪剧、庐剧、黄梅戏、锡剧等多个地方剧种。京剧的产生，也与扬州徽班进京直接相关。概括而言，江南戏曲文化不仅繁荣于城市，同样盛行于乡村，成为江南城乡文化重要的组成部分。

这些是现代城市化以及城乡文化很好的基础和发端，应该说，江南城市文化在近古已经发展到一个很完善的阶段，从文化的包容性、创造性和传播性来看，在世界历史上都是领先的，正如芒福德所说的："在城市发展的大部分历史阶段中，它作为容器的功能都较其作为磁体的功能重要；因为城市主要地还是一种贮藏库，一个保管者和积攒者。"① 他认为城市最基本的三项功能也就是文化的贮存、传播和交流。因而曾经形象地将城市比喻为"容器、传播者和流传者"。换句话说，文化才是城市最基本的存在意义和永恒动力。从这个意义上说，江南城市把文化的储存、传播和交流功能发挥到了一个新高度，如果再继续发展的话，完全有可能出现资本主义的因素（不只是萌芽），进而引发产业革命，调整城乡关系最后进入城市化。遗憾的是，这一自然过程被中断了，这里面有内外两重因素：中国传统城市文化中过于保守的特性在明代以后就阻断了对外开放的路径（如海禁），外来的西方文明也没有给中国产业革命和城市化以机遇，于是在双重打击下，中国的城市化被迫选择了一种水土不服的模式。

尽管在这种模式下，城市化确实取得了很快的发展，但中国的乡村文

---

① ［美］刘易斯·芒福德：《城市发展史——起源、演变和前景》，宋俊岭、倪文彦译，中国建筑工业出版社 2005 年版，第 104 页。

化在这时却是日渐衰败，从经济到文化各方面都未能及时追赶上城市现代化的步伐。正如鲁迅在《风波》、《故乡》中所描述的那样，民主革命也未在广大农村激起大的波澜，农村宗法制社会依然如故，人们头脑中的辫子没有去掉，相当多的传统文化糟粕依旧，精华丧失。传统城市民间艺术与文化传承面临接受和认同困境，在新时期成长起来的年轻一代已经习惯于各种光怪陆离的现代快餐文化，对呈现形态完全不同的传统文化、民间艺术，缺乏认同感，也缺乏接受的环境。以民间曲艺为例，尽管政府做了不少宣传和扶持工作，比如积极申遗，但是观众的流失和老龄化似乎仍旧无法改变。传统文化形态与现代流行文化仍缺乏一种有效的沟通与承接。

以上就是中国现代城市化进程中的特殊性，这些决定了我们不能照搬现有国外任何一种城市化的模式，只能根据我国国情来吸收一些国外的经验。我们认为，从国情角度，我们和苏联的实际差距较大，而英国的花园城市、德国的中小城镇、美国的城市网络化、日本消除城乡差异的经验都是值得我们借鉴的，虽然国情不同，但其中的某些要素却可以使我们获得启示。最终的目标就是确立适合我国国情的城市化模式。

二　中国城市化面临的问题和契机

中国和日本的情况比较相似，同为传统农业社会，都遭到西方文明的强迫进入；我们的国土辽阔但资源有限，日本地狭人稠，资源匮乏，因此发展城市化的过程遇到了和西方不同的局面。正是有鉴于此，日本民族比我们更具有吸纳外来文化的敏感性和民族文化传承的迫切性，故而早早实现了现代化转型。在城乡关系、农村变革等问题上，日本积极探索，创造了"一村一品"等符合日本实际情况的发展模式。现在我国也面临较好的发展环境，外无战争，内无动乱。这是城市化进程向深度推进的有利时机。在此，我们必须要解决两大问题：一是"城市病"和城市群的规划；二是城市发展的同时如何使农村也获得发展，解决城乡协调与融合的问题。

首先，进入21世纪的中国城市，在继续高速发展的同时也暴露出相当多的城市问题。除了住房、教育、医疗、交通等民生问题之外，城市化的速度、城乡矛盾和转变发展模式等显得尤为重要，城市形象趋同、生活宜居程度较差、对传统的继承缺乏整体认知、内在精神体系的松散和坍塌等，这都需要我们去面对和解决。

我国一些城市规模之大，在世界上是很少见的，如此众多的人口聚集，很多问题必然被放大并日益凸显出来。据《国际城市发展报告（2012）》，预计到 2020 年，中国城市化率将达 55%，其间 1.5 亿中国人将完成从农民到市民的空间、身份转换。中国大型城市正步入"城市病"集中爆发期①。目前，中国的城镇人口已超过农村人口，但空间的分布情况极不均衡。

城市群的均衡发展将会成为未来城市化进程中引人瞩目的问题。如何在保障民生的基础上做到可持续发展，在加速城市发展的同时也做到城乡统筹兼顾，这是城市化亟待解决的难题。我国的城市群目前有以下特点：一、随着城市化进程的加快，城市管理和发展模式进一步更新思路，加快变革；二、城市群布局继续稳步调整，不再单纯追求规模扩大，而是根据地区特点合理布局；三、已经意识到大都市和城市群的发展不仅仅是中心城市的发展，地区均衡全面提升才是最终目标；四、城乡共同进步日益受到重视，城市如何反哺农村、城乡怎样才能和谐发展，对于中国的都市化而言，这些都是无法回避的问题。其中，城乡文化的协调则是党的十八大以来新型城镇化发展所特别关注的焦点。在城市化已突破 50% 的今天，城市化以及其与农村的关系问题已经成为现代中国迈向复兴所必须面对和解决的重要课题。

同时，我们对城市化的理解也存在不少误区。前几年我们提出了国际化大都市的概念。对此，有学者指出："建设'国际化大都市'的竞争理念没有几年就显现出了它的致命弱点：如果这个城市建设的指标体系很全面，那么几乎可以肯定没有任何一个城市可以达到这个目标；如果'因地制宜'地设计这个指标体系，那么一个地级城市就差不多可以立马宣布已经成为'国际化大都市'了。在城市竞争的过程中，人们逐渐意识到单靠量化的指标体系来建设大都市是技术理性的盲目性导致的空洞理念。"② 也就是说，量化指标的出台看似合理，但不能从根本上解决城市文化缺失的

①　王永生：《中国 2020 年城市化率将达 55%《城市病》将集中爆发》，《法制晚报》2012 年 2 月 9 日第 A2 版。

②　高小康：《都市文化建设与非物质遗产》，《人文杂志》2006 年第 2 期。

问题。原因在于，"一个城市在与其他城市的对比中显现出自己的个性，并且市民能够认同这种个性，这是都市文化产生凝聚力、影响力和发展活力的社会心理基础。然而城市的个性不是靠开会总结几个动听的词进行宣传就可以形成的，是城市的自然、人文环境和传统形成的"①。由此可知，城市化研究应更加审慎和深入，重视人文理念，为我国的城市发展提供可靠的智力支持。

其次，对于城乡关系而言，新型城镇化也将会是一个契机。《国家新型城镇化规划（2014—2020 年）》的出台，为我国的城市化目标和路径明确了方向。重要的是，它把城乡纳入一个整体来进行规划："我国农村人口过多、农业水土资源紧缺，在城乡二元体制下，土地规模经营难以推行，传统生产方式难以改变，这是'三农'问题的根源。我国人均耕地仅 0.1 公顷，农户户均土地经营规模约 0.6 公顷，远远达不到农业规模化经营的门槛。城镇化总体上有利于集约利用土地，为发展现代农业腾出宝贵空间。随着农村人口逐步向城镇转移，农民人均资源占有量相应增加，可以促进农业生产规模化和机械化，提高农业现代化水平和农民生活水平。城镇经济实力提升，会进一步增强以工促农、以城带乡能力，加快农村经济社会发展。"②关键是如何实现这些目标。2004 年全国人口统计，中国有58.20%的人口住在农村，70.8%的人口为农村户籍，其中有约 1.66 亿农村户籍的人口居住在城市。2014 年 12 月 29 日，国家正式公布了新型城镇化综合试点名单。新型城镇化的设想正在逐步变成现实。新型城镇化的核心，不仅仅是让城市化稳步推进，更要与此同时推进城乡间的融合。这种融合，不是过去依靠行政手段让农村单向为城市牺牲的这种模式，而是城市和农村共同发展，融为一个整体实现社会进步的过程。用诗意的语言概括就是"让城市融入大自然，让居民望得见山、看得见水、记得住乡愁"③。

---

① 高小康：《都市文化建设与非物质遗产》，《人文杂志》2006 年第 2 期。
② 《国家新型城镇化规划（2014—2020 年）》。
③ 《中央城镇化工作会议在北京举行》，《人民日报》2013 年 12 月 15 日第 1 版。

第二章 城市化与乡村文化的裂变

城市化是以工业化为基础而展开的，而从古代走来的中国是一个农业社会，农业生产方式和现代化工业生产之间必然会产生巨大的矛盾与冲突，这就势必会逐步改变中国以农业为主要经济方式、以农村为组织形式、以乡村生活习惯为特征的社会文化结构，进而改变中国的农村。由于农村自给自足生产的相对封闭性，在面对日新月异的城市化进程时，必定会产生各种痛苦和纠结。加之20世纪的中国政治复杂而动荡，要在这种波谲云诡的大环境中完成城市化和乡村的变革，这项历史任务无疑是艰巨的。然而历经种种曲折，中国已经完成了初步的城市化。

城市化给乡村带来的直接变化有二：一方面是乡村和城市一样走向现代化，农业改革取得了很大的成果，不仅解放和提高了农村的生产力，也提高了农民的收入和生活质量；另一方面则是中国传统乡土文化发生了蜕变。这种文化上的改变既表现为乡村文化环境和农民自身的逐渐现代化，也表现为以乡村为基础的乡土文化在城市化的冲击下遭遇了各种危机，处在一个进退维谷、难以为继的尴尬境地。为破解文化危机，促进城乡文化融合，我们提出建构"现代城乡文化共同体"的设想。

第一节 城市化对乡村文化的影响

城市化，本质上是一个产业由农业为主转向以工业为主、人口由乡村转向城市、文化由农业文化为主转为向由工业文化为主，社会结构由传统乡村社会向工业、服务业等为主的现代城市社会转化的一个过程。因此，广大乡村必然会产生深刻而复杂的变化。其中，城市化对乡村最主要的影响体现在两大方面：一是推进了乡村和农业的现代化；二是促使乡村社会结构发生了变化，进而加速了乡村文化的变革。这里面，积极和消极影响、正面和负面因素是并存的，因此需要我们全面而客观地去看待。

一　城市化推动了农村和农业的现代化

世界城市化进程对乡村都产生了影响，其城乡关系的探索大体可分为几种类型：欧洲的城市化开始比较早，主要国家均完成了产业转型，经过工业化的振荡，城市和乡村形成了差异化和协调发展的模式，乡镇和城市的生活水准区别并不大，乡村和农业基本上处于可持续发展的状态，代表是欧洲和日本。美国的农业基础并不差，但由于城市过度郊区化，因此能源消耗和城乡同质的问题导致这种乡村现代化的模式颇受争议。而非洲与拉美的城市往往首位度较高，城市发展速度超过乡村，问题是容易导致城乡差距增大，农村人口大量涌入城市而未能真正融入城市[1]。

苏联的城乡关系发展基于国家的高度计划，城市产业是在牺牲和剥夺农村的基础上发展起来的，因此城乡之间也不协调。再就是我国的城乡发展某些方面类似于拉美，城市发展速度快，但不同的是，我国的城乡关系有自身的历史文化源流，虽然曾盲目学习苏联走过一段牺牲农村突出发展城市的弯路，但在改革开放后，国家一直重视农业、农村和农民问题，逐步开始探索一条城乡协调的城镇化道路。这些经验几乎都证明了一点：城市化对乡村的影响首先必然体现在乡村和农业的现代化方面。

就中国的情况而言，19 世纪，特别是后半期，中国的传统社会在经历着剧烈动荡，乡村受到了现代文明巨大的冲击，这也是现代城市化发端的时期："20 世纪前半叶的中国，基本上仍然是农村社会。从经济上而言，20世纪 30 年代初，农业人口占总人口的 80% 以上，农业所占国民生产总值的比重为 61%，其中尚未包括农村手工业。而在文化上，当时的中国尽管东南沿海一带有了近代工业，并开始了城市化进程，但是中国更广大的地区仍是农村社会和乡村文化，乡村是中国文化之本，中国欲真正进行近代化，即走向民主与科学，则必须要依靠农村社会的改变，要嫁接在乡村这棵老

---

① 参见仇保兴《城镇化与城乡统筹发展》，中国城市出版社 2012 年版。

树上，才能繁荣滋长。在政治上，虽然民主共和的政体初定，但是旧时代的遗风尚存，尤其是乡村社会依然没有新的政治习惯的养成，加之政局变动不居，新的国家制度朝令夕改，乡民社会仍是没有实现真正的进步。"[①]这可以说是近代中国乡村甚至是中国社会最大的问题之一。也就是说，从19世纪开始，虽然中国现代城市化已经启动，但是对广大乡村影响有限，由于农业的特性，分散经营、产业结构单一等长期以来已形成一种常态，农业社会的基本生产方式、经济产业结构等最主要的方面在有限的改革面前均未被触动。

于是乡村的改革被提到了议事日程上来。各界人士纷纷针对中国乡村提出了改革方案，这就是20世纪二三十年代中国的乡村建设运动。尽管并未成功，但是这可以看作是中国现代乡村改革的先声，它直接启发了今后中国改革的重要思路，也就是城乡必须协调平衡发展。这是近代自城市化引发的对乡村问题的一次探索，遗憾的是被战争和动乱中断。这次改革其实并未从根本上触动乡村的产业结构，因此真正意义上的乡村现代化进程是新中国成立后开始的，而且和城市化几乎同步加速。

新中国成立以后，乡村的改革依然是国家面临的重要问题。土地改革、农业合作化、人民公社等成为农村改革的代表性措施。农业合作化的实践证明，农村的土地改革虽然完成，但是类似人民公社这种脱离实际的乌托邦式的做法，使得中国本已脆弱的农村生产结构再次遭到沉重打击。直到改革开放，实行家庭联产承包责任制，才调动了农民的积极性，又一次开启了农业和乡村改革的大幕。农业产业化的实质是按照市场经济的规律来发展现代农业，这一点我国自改革开放以来一直在稳步推进，并已取得了很大的成绩。农业现代化其实就是这一系列改革的最终目标，利用各种现代手段，形成高效优质的农业产品，满足城乡居民的需要。

当然这还只是一种局部性和治标性的调整，未能从本质上把农业调整到现代化的轨道上来。中国农村产业结构的调整主要经历了从产业结构优化到产业化、工业化、城镇化的过程，最终目标同样是实现农业和乡村的现代化。乡镇企业的发展，就是乡村工业化的过程，它不仅增加了农民的

---

① 夏周青：《中国农村建设的变迁》，《云南行政学院学报》2010年第2期。

收入，推动了国家整体的工业化，也使得乡村的产业结构得以调整，由单一走向多元。接下来，小城镇的发展让乡村得以打破封闭的局面。有学者把这个过程概括为四个步骤："党的十一届三中全会以后，中国乡村逐步找到了具有中国特色的现代化道路。若对其加以理论的概括，我们称之为乡村现代化四部曲：中国乡村将依次经历家庭联产承包责任制、乡镇企业、小城镇、城乡一体化和区域现代化。"① 而这四个步骤的中心内容，就是通过产业结构的根本性变革，最终实现城乡共同进步。

中国的城市化在改革开放开始后提速，而乡村改革的同时进行也带动了乡村的现代化进程，二者可以说不仅并行不悖，而且是相互促进的，并取得了一些成绩。体现在乡村与农民的思想观念上，也是一次重大的变革："农民由于摆脱了人身依附关系，成为独立的生产者进入市场，建立各种契约关系以取代身份关系，文化传统各种质数的能量很快便释放了出来。同时，以'乡土关系'为主要内容的传统文化与现代制度也耦合成了一个整体。家族、血缘和地缘关系仍然保持着凝聚力，而且与现代商业市场规则有机地结合在一起。"② 应该说，这使得乡村现代化步入了一个符合我国国情的轨道。同时，乡村的政治改革也收获了成果，中国农民的参政意识和参政水平都大幅提高，乡村社区和城镇社区的差距在缩小，基层民主在逐步推进。乡村基层民主的培育业已见到成果，农村的基层民主所找到的一种基本形式就是村民自治。从这些年的实施来看，也已经进入不断发展成熟的阶段："推行村民自治的目的在于补充国家政权在村庄社会所形成的真空，通过民主选举、民主决策、民主监督、民主管理，实现农村社会政治稳定，促进农村经济发展。村民自治具有重要而积极的作用。村民自治的推行，提高了村民的政治参与能力和水平，也普遍地提升了村民政治参与的自主性。它不仅加强了中国共产党的基层组织建设，也加强了国家的基层政权建设和民主与法制建设。"③

20 世纪 90 年代之后，中国乡村的改革逐步走向深入，主要是以农村奔

---

① 陆学艺：《中国农村现代化的道路》，《教学与研究》1995 年第 5 期。

② 周晓庆：《从农村社会文化传统看当代中国农业的演变》，《社会科学论坛》2004 年第 4 期。

③ 陈江虹：《中国农村基层民主建设的现状及其根源探析》，《理论导刊》2005 年第 7 期。

小康和扶贫攻坚为目标推进乡村的发展，而实现这个目标，农村经济的现代化仍是核心。农村经济需要真正完成一个跨越，与市场经济接轨，"发展基础上发生的再创新，即中国农村经济已经从传统经济中超越出来，开始了向现代生产和市场经济发展的新冲刺和实际迈进。其实质是在党和国家一系列改革政策的引导下，通过广大农村群众和干部的努力和创新，开辟了一条主要依靠农村自己的力量和自我积累能力的提高，采取生产方式变革和经济发展形式改革并行，经济结构改变与市场主体组织更新同时推进，工业化和城市化结合进行，促使农村经济由自然经济和计划经济双重束缚下解脱出来，向现代社会化大生产和社会主义市场经济体制过渡的新路子"①。应该说，20 世纪 90 年代以后农村经济和产业调整取得了很大的成效，按照市场经济要求的农村经济体制初步建立了起来，这对于中国乡村的现代化有重要的积极意义，中国农业的面貌为之一新。加之农村的税费改革、教育进一步推进、基础设施的完善、基层民主的发展，使得乡村贫困人口大量减少，农民生活显著改善："在八七扶贫攻坚计划执行期间，国家重点扶持贫困县的贫困人口从 1994 年的 5858 万人减少至 2000 年的 1710 万人（这些人主要是生活在自然条件恶劣地区的特困人口及部分残疾人）；这些贫困县农业增加值增长 54%，年均增长 7.5%，工业增加值增长 99.3%，年均增长 12.2%，地方财政收入增加近 1 倍，年均增长 12.9%，粮食产量增长 12.3%，年均增长 1.9%，农民人均纯收入从 648 元增加到 1337 元，年均增长 12.8%，中国扶贫攻坚的成就得到了国际社会的高度评价。"② 这个成就是 20 世纪 90 年代以来中国乡村面貌发生巨变的重要体现。其中最为显著的就是乡村的生活条件整体改善，这就为进一步实现乡村的整体现代化和乡村文化的现代转型提供了物质和精神储备。

乡村的生活条件改善，最为突出的就是基础设施的不断完善，生品质大为提高，这也是自上世纪末以来乡村现代化的一个重要方面。包括村村通自来水、村村通广播电视、新型农村合作医疗等工程的实施，确实在很多方面提高了农民的生活质量。同时，大量农民工进城，也为城市化和城

① 曹钢：《试论 90 年代农村经济的制度创新》，《中共中央党校学报》1998 年第 4 期。
② 曾丽雅：《20 世纪 90 年代中国农村奔小康战略的实施》，《农业考古》2013 年第 4 期。

市的产业提供了急需的劳动力，对城市发展和人口流动也是一种促进。这些都说明，城市化和乡村现代化的大方向是正确的，我国的乡村和城市发展总体目标也是符合世界历史趋势的。

但是，必须指出，现代化对中国乡村既是催化剂，也是一把双刃剑，乡村在现代化的改革中付出了不少的代价，同时也暴露出了很多问题，比如城乡差距过大、农村人口流失造成的"空心化"等。其中，环境生态破坏对乡村的影响是最直接的。乡村的生态环境在城市化和工业化的进程中遭自然资源的过度掠夺，直接破坏了原本与自然和谐共存的乡村，如水土流失、土地和草原的荒漠化、各种生活和生产性污染等等，令人触目惊心。正如有学者所指出的："随着我国经济的快速增长和人口总量的不断增加，农村生态环境不断恶化，自然生态系统不断遭到破坏，污染源增加、污染物增多、污染范围逐渐扩大。农村生态环境恶化不仅直接影响农产品质量和农民收入，而且破坏了农村人居环境，动摇了农村经济社会可持续发展的基础。"① 不仅如此，乡村原有的人文生态环境也遭遇危机："农村文化是基于独特的农村自然生态环境、农业生产方式及农村生活方式之上的，一个完整的开放的动态的文化生态系统。"② 一旦这个系统的各个组成要素逐渐消亡，那么也预示着这个生态系统就不再具有完整性了。这两点都是决定乡村能否可持续发展的关键性要素。

二　城市化对乡村文化的冲击

中国乡村的现代化，在城市化和工业化的影响下一直崎岖前行，其中面临的问题很多。就乡村文化而言，传统乡村文化在现代城市文化的冲击下支离破碎，乡村文化和城市文化的矛盾日益突出。造成这种现状的原因是多方面的，概括地说，既与乡村的社会文化特点有关，也和城市化进程中形成的城乡二元文化结构有关。

（一）城市化引发乡村文化的激变

中国现代化的大幕开启以后，现代文化中的民主、平等、科学、法治

---

① 王波、黄光伟：《我国农村生态环境保护问题研究》，《生态经济》2006 年第 12 期。
② 仰和芝：《试论农村文化生态系统》，《江西社会科学》2009 年第 9 期。

等理念相继进入农村，荡涤着乡土大地，乡村中一些落后甚至野蛮的习俗如男尊女卑、宗法观念等受到了冲击，乡村文化开始了现代转型。这些变化主要体现在以下两个方面：

一是乡村文化环境和农民自身的现代化。从乡村文化环境看，现代化促使乡村的文化环境由封闭走向开放，由农耕文化开始向多元而现代的文化氛围转变。农耕文化环境主要是基于血缘、亲缘和地缘形成的，因此具有稳定性和相对的封闭性，这与现代化的要求和目标差距很大。乡村社会长久以来，正如鲁迅笔下的"未庄"一样，缺少能自我更新和变革的力量。乡村需要现代化的动力。新中国成立后，城市化和改革开放为乡村提供了这种前进的推动力，无论是经济改革还是政治改革，都加速了乡村文化环境的蜕变，使得中国广大乡村的封闭格局被迅速打破，一种多元开放、理性民主、自由宽容的文化氛围正在逐步形成。

从文化主体来看，农民的现代化是最核心的变化。表面上看是大量人口开始离开乡村流向城市，深层则是农民的主体性正在确立，其文化身份、文化心理和价值观念等都发生了重大改变，有学者将其总结为"从奴役性到自主性、从乡土意识到现代意识、从等级性到平等性、从群体本位到个人本位、一元整体到多元并存、情理精神到理性精神"① 的转变。这一概括是基本准确的，人的现代化是乡村现代化中最为关键的一步。

过去农民的身份是相对固定的。在传统社会中，农民既不掌握土地，也不能掌握自己的命运，特别是在城乡户籍制度下，农民这一身份几乎无法改变。直到改革开放后，农民才真正有了对土地的经营权利，同时，过去农村"安土重迁"的观念也被改变了，束缚于土地上的年轻人开始解放出来，出现了大量离开农村、常年在外务工的人群。这一人群代表了农村的新生力量，也为城市化进程作出了重要贡献。据统计，中国的外出务工农民有 1.6 亿人②，曾经我们称之为"农民工"，现在则更多地叫"新市民"或"外来务工人员"。农民不再是他们一生不变的固定身份，而是有了

---

① 参见周军：《中国现代化与乡村文化建构》，中国社会科学出版社 2012 年版。
② 《2014 年全国农民工监测调查报告》，国家统计局网站 2015 年 04 月 29 日。http://www.stats.gov.cn/tjsj/zxfb/201504/t20150429_797821.html 。

真正的多元选择。从某种意义上说，他们的出现代表了乡村走向现代化的趋势已经不可逆转。

农民的文化心理和价值观念也发生了很大的变化。过去的农民主要是以乡土观念为主，这里面有不少有益和积极的成分，尤其是对土地和自然的敬畏。但是也有不少落后和保守的成分，比如狭隘、闭塞、刻板、愚昧等①，这些是不利于他们的发展的，特别是与整个民族现代化的要求格格不入。改革开放后特别是90年代以来，农民在与城市文化、现代文化接触和交流的过程中，包括教育和现代传媒的普及，使得现代文明中的平等、进取、开放、独立等观念，包括公民意识逐渐深入人心，作为新型城乡文化主体的现代农民已经出现在历史舞台上，并且这个队伍在不断壮大。

二是乡村文化面临的深刻危机。古老的乡村在维系中国传统文化的同时，在某种程度上也制约了这个民族走向现代，而它一旦和现代化的浪潮相遇，其文化发生全面而深刻的蜕变就成为了必然。这种文化上的危机主要体现在三个方面：

首先是人与土地的分离造成了"无土时代"，于是远离土地的农民遭遇了文化认同的危机。过去农民依附于土地的状况逐渐消失，而土地正是乡村文化的重要载体。农民被迫离开土地，这其实也可以从两个角度来看，一则中国农民的血缘和家族观念使得远距离迁徙变得异常痛苦，但同时农民也有天然的开拓和进取意识，因此这就构成了在特殊时代心理上的矛盾。而工业化和城市化的进程也确实给乡村田园式的环境造成了破坏。正像赵本夫的小说所描绘的那样，他们惊讶地发现：眼前竟然是一个"无土时代"，正在"失去对土地的记忆"②。因此，农民们只能选择离开已经不适于生存的土地，为生存纷纷进城。这样一来乡村的青年劳动力锐减，人与土地分离，在文化主体上就是造就了一个新的边缘性文化群体——农民工群体。农民工群体在城市文化的边缘地带，当代城乡矛盾不仅仅是城乡身份区隔、城乡经济差距问题，还包括城乡居民的文化认同问题。面对强势的城市现代文化，这些文化主体对于自己的文化记忆往往选择沉默或被动

---

① 参见周军：《中国现代化与乡村文化建构》，中国社会科学出版社2012年版。

② 赵本夫：《无土时代》，人民文学出版社2008年版，第3页。

接受，内心深处的乡土情结和记忆却又使得他们难以迅速融入城市文化，文化矛盾与冲突深存于他们内心之中，他们时刻遭遇着文化认同危机。

其次是乡村传统道德伦理体系的解体。和西方现代社会的国家社会体系不同，我们的传统乡土社会缺乏一种公共意识，由熟人圈子构成的团体难以适应现代公共关系和公共空间组成的社会结构，因此当现代的社会秩序、公共准则、道德规范进入乡土社会中的时候，乡村文化难以适应，也就难以接受现代文明中的信用体系和各种公理习俗。进而在面对市场化浪潮过程中，当金钱和消费观念渗透进农村社会，人们还没有做好心理准备，就必须面对各种诱惑，于是旧有乡村道德系统的底线一再沦陷也就不是什么奇怪的事了。对于中国乡村来说，日渐开放是个大趋势，但传统道德和伦理也早已植根于人们的内心深处，包括忠孝仁义、男尊女卑等积极和消极的因素，都和现代化的进程有矛盾或冲突。一方面，城市化是与现代化和工业化相伴随的，它给乡村带来了现代文明的成果，推动了乡村文化的更新；另一方面，由于乡村传统文化的固有特性，城市现代文化的渗入也造成了乡村文化的衰落和萧条。用学者丁帆的说法，可以称之为"传统与现代的新旧杂糅"①。中国乡村文化长期以来受到农业生活和儒家文化的影响，这是一种具有中国特色的文化结构，其中既有安于现状、不求进取等诸多保守的方面，也有自尊勤劳、不屈不挠等至今还有积极意义的部分，"中国农村传统文化的主体应该是那些融入中国农民血脉、不可轻易改变的东西如'家庭价值观''家族主义''平均思想''乡土关系观'等等，它们反映了中国农民意识深层的价值取向和在这种价值指导下的行为模式。"②然而，这些文化传统在城市化的过程中不断受到冲击，已经逐渐失去主导地位。"随着现代经济的发展，社会分工的细化，以及商品市场的大发展，农民的市场经济意识也在不断增强。五花八门的商品越来越多，各种诱惑不断增加，金钱在社会中扮演着越来越重要的角色。这种现象，从根本上动摇了乡村原有的文化观念和审美观念。日益变化的社会潮流，冲击着乡

---

①　参见丁帆等：《中国乡土小说的世纪转型研究》，人民文学出版社 2013 年版，第 113 页。

②　周晓庆：《从农村社会文化传统看当代中国农业的演变》，《社会科学论坛》2004 年第 4 期。

村的'文化场'，年轻人、'新思想'逐渐成了乡村社会的主宰。"①

最后是作为乡村文化符号、形态以及物质载体的民俗文化等受到了冲击。在这个过程中，很多原本属于乡村特有的文化要素不断消失，如乡村的生产工具、婚丧嫁娶等习俗、各种节庆传统等。随着机械化和工业化的推进，很多传统的农业生产工具走进了历史。随着西方文化的进入和影响，传统节日，如上元、七夕、中元、重阳等原本内涵丰富、与农业文明密切相关的节日，正在被日益加快的现代城市生活节奏所解构或重构，有的对于城市居民来说，只剩下旅游和购物的内容，农业文明的内涵早已消失。各种民间文艺在衰落，有的正日渐衰微（如一些地方戏曲）或演变为必须保护的"遗产"。眼下，各地的很多文化遗产大多是原本乡土文化的内容，包括非物质和物质文化遗产两大类。而进入遗产的名录正说明了这些文化在日渐没落，甚至有失传的危险，因此不得不通过政府及民间机构保护的方式使其不至于立刻消失。就连"村落"这种农村文化的基本形态也在不断消失："古村落是中国文化的根植所在。在城市化进程中，'圈地运动'遍地开花，各地风行'用建设城市的思路来建设乡村，用发展工业的思路来发展乡村'，村落无奈消失。据中国民协进行的普查显示，目前依旧保存跟自然相融合的村落规划、代表性民居、经典建筑、民俗和非物质文化遗产的古村落，正以每天80—100个村落的速度在不断消失。过去十年，中国总共消失了90万个自然村。"② 以前我们判断城市主要是指高楼大厦，乡村主要是院落农舍，倘若作为物质载体的这些村庄、器物等都不存在了，那么乡村文化将何以附着？这些说明，乡村文化受到的冲击几乎是全方位，而且是多层次的。

应该说，乡村文化的问题总体上是现代文化逐渐进入、传统文化日趋瓦解而新的文化尚未建立带来的。

（二）乡村文化遭遇冲突和矛盾的原因

在现代化的过程中，乡村文化几乎是不可避免地面临各种冲突和矛盾，

---

① 丁永祥：《城市化进程中乡村文化建设的困境与反思》，《江西社会科学》2008 年第 11 期。

② 王传荣、石坚：《我国农村文化建设困局及影响》，《山东财政学院学报》2014 年第 1 期。

造成这些冲突和矛盾的原因十分复杂，也是多方面的。下面试从主要方面加以分析。

首先，传统乡村文化自身的特点决定了必然会出现这些冲突。乡村文化的特点包括封闭性、乡土性和差序性。中国农业文化的封闭性是很突出的。由于中国乡村社会环境的闭塞，乡村大多处在自给自足的状况中，交通也不发达，和外界的沟通有限，正如陶渊明的笔下所说的那样，常会处于"不知有汉，无论魏晋"的境况。由于封闭性，造成了中国文化几千年来的稳定，这也是中国传统文化的基本特征。即使在中国古代社会中，城市和城市文化获得了一定的发展，出现了一批繁荣的都会，依然没有改变农业社会和文化的本质，更重要的是这一历史过程时间过于漫长，一直延续到 20 世纪。应该说，中国乡村的社会文化形态之所以封闭、稳定，主要还是因为它适应了农业文明的总体需要，但正是这种封闭性使得乡村在面临现代化的时候"手足无措"，引发了剧烈的动荡。

乡土中国的提法来自费孝通。按照费孝通先生的说法，中国已经形成了所谓"乡土性"的社会。他认为原因有四："一、每家所耕的面积小，所谓小农经营，所以聚在一起住，住宅和农场不会距离得过分远。二、需要水利的地方，他们有合作的需要，在一起住，合作起来非常方便。三、为了安全，人多了容易保卫。四、土地平等继承的原则下，兄弟分别继承祖上的遗业，使人口在一个地方一代一代地积起来，成为相当大的村落。"[①]这段概括是比较准确的，其中表明了中国式的乡村家户是如何形成的，也诠释了中国文化中的"家"这个概念，所谓"乡土"实际上就是指一家一户，血缘是最重要的基础，费孝通先生把这种家庭称作"事业组织"。中国的国家治理体系也是基于此产生的："在这种独特的家户制传统形成的家国共治的治理体系下，自唐以后，尤其是到了明清以后，在中国传统社会，形成了'国家—士绅—村落'三者之间互相制约、互惠共生的治理模式。"[②]

---

① 费孝通：《乡土中国》，人民出版社 2012 年版，第 5 页。

② 李飞、杜云素：《中国村落的历史变迁及其当下命运》，《中国农业大学学报》2015 年第 2 期。

　　所谓差序性，是指由传统儒家伦理思想为根基的一种人际交往的网络。按照费孝通的说法，乡村社会是一个由熟人所构成的"差序格局"①，他形容为一种类似于波纹一样的等级格局，所有的道德体系都是在私人关系中产生作用的，这是一个可伸缩的系统，公与私都是相对的，一切都以家庭为中心，把中心和边缘、等级秩序确立清楚，这就是中国所谓人伦纲常。在这种情况下，当西方现代文明中的权利、义务、公共、团队等观念进入中国乡村的时候，和传统的乡村文化相互碰撞，自然就会产生出许多问题了。

　　其次，缺少现代文化启蒙环节。中国乡村从农业文明直接进入工业文明，中间缺少现代文化的启蒙。城市文化诞生于西方近代，以机器大生产、民主政治、科学观念为特征，注重开放和交流，是在市场经济基础上结合工业化进程形成的文化，因此才有学者指出："与强调效率意识、公平意识、民主意识、平等意识、成就意识为精神内核的城市文化相比，农村文化显然不适应市场经济的发展。"② 在这个意义上，城市文化、现代文化、工业文化三个概念中是有共通性的。而中国传统的农业文化所形成的机制却是："基于个人合意而形成的村落共同体，价值观上接受儒家理念，以此确立个体的行动规范，按照共同体发展的要求整合个体成员的行动，在政治、经济、社会各方面建立了其自主运行的结构体制。"③这种共同体并不是现代文化中产生出来的共同体，与之相对应的是小农经济、等级秩序、血缘宗法体系，是一种带有浓重中国"乡土"色彩的文化类型，按照曹锦清先生的说法："中国小农的最大特点是'善分不善合'。"④ 他认为，小农观念和缺乏契约意识，是中国农民与乡村难以现代化的重要因素，而现代西方的资本主义文化中，人与人关系中的契约精神十分关键，市场经济和信贷文化正是在这一基础上形成的。这种文化精神在农村迟迟不能形成，也

---

　　① 参见费孝通：《乡土中国》，人民出版社 2012 年版，第 32—34 页。

　　② 李长健、陈占江：《农村文化转型及其化阻机制》，《河北学刊》2005 年第 6 期。

　　③ 李飞、杜云素：《中国村落的历史变迁及其当下命运》，《中国农业大学学报》2015 年第 2 期。

　　④ 曹锦清：《黄河边的中国——一个学者对乡村社会的观察与思考》，上海文艺出版社 2013 年版，第 714 页。

是造成中国乡村文化和 20 世纪的世界历史文化发展趋势有明显差距的原因之一。西方文化经过启蒙，较为彻底地对不符合历史发展潮流的封建文化进行了批判，确立了现代文明所必需的理性主义。我国的乡村文化，缺少这个阶段，因此冲突和矛盾难以避免。

最后，城乡二元对立的文化结构是造成乡村文化危机的核心因素。这种结构不仅导致了中国乡村在现代化过程中的崎岖难行，也引发了城市化建设中的许多问题，因此我们必须从更深层次去解剖。仔细分析会发现，这种二元对立结构的形成，既有政策上的因素，也有文化上的原因。

政策方面，一是新中国成立后的工业化和城市化对农村经济提出了要求，主要在于让农村为了国家战略而作出牺牲。具体来说就是："在二元格局的社会结构之下，农民的生产资料是大集体所有制，在承包制下是部分生产资料的家庭所有、部分集体所有，农民和农村社会是市场上农产品的最基本的生产者和供应者，农民和农村社会按照社会制度的安排消费相应的社会公共产品，同时他们也是社会公共产品的最大的群体性消费者，针对他们所制造和供给的公共产品有很强的同质性，大集体时代社会福利性的医疗、教育、公共设施这类公共产品在改革开放后日益商品化而短缺，造成对农村社会公共产品的供给事实上已停止，农村义务教育和减免农民负担只是对停止状态的局部改善，二元格局的社会特点使得整个农民阶层对公共产品的需求也同样具有同质性。从对社会发展提供所需要的资源来说，新中国成立以来农民和农村社会就成为了整个社会发展所需要的社会资源的长期制造者和长期供应者。用产权理论来分析，农民也是一个社会性资源占有量稀少的最大群体。"[1] 应该说，这在当时的历史环境下有一定的必然性，但并不代表合理，政策上的导向就决定了农村弱势的地位，而且会导致长期衰退。本质上，城乡二元对立的社会结构并不适应现代城市化和乡村发展的进程："因为如果收入差距巨大和地区发展的严重失衡，就会使富者更富，贫者更贫，而且富的是少数人，大多数人反倒变穷了，这就造成整个社会的平均消费倾向下降，影响生产的发展。在我国，分配结

---

① 王锋、杜伟：《我国城乡二元社会结构初探》，《徐州工程学院学报》2010 年第 5 期。

构是倒金字塔型。低收入者数量巨大，这是因为我国有数量巨大的农业人口。"① 这就造成城市化的速度虽然快，但水平不高，产业结构和收入分配严重滞后。我国长期以来经济总量上升速度很快，然而人均收入和消费能力提高有限，这是一个重要的原因。城市化需要的是城乡协调发展，单纯一个方面的发展都会导致社会结构整体的失衡，互补共存才是科学发展之道。

二是近代以来，由于农村教育的落后，使得文化上的更新变得异常困难。新中国成立后，虽然加大了对农村教育上的投入，在文化普及上也确实取得了显著的成绩，但很多重要问题仍旧未能解决，包括经费不足、办学条件、教育质量、教育结构、城乡差距等②，加上关于农村教育的一些理念上有争论，这些都导致农民阶层对现代文明了解仍然有限，知识获取严重不足，这样就难以适应以科学为基础的现代文化，进一步拉大了和城市文明的差距，使得这种二元对立变得更加严重。"根据我国第五次人口普查统计，农村人口中，初中及以上文化程度的仅占总人口的39.1%，远低于城市人口65.4%的水平；农村劳动力平均受教育年限为7.33年，相当于初中一年级文化水平，而同期城市劳动力的平均受教育年限为10.2年，相当于高中一年级文化程度；农村缺乏科技人员，新中国成立以来，国家培养的中高级农林技术人员累计达247万人，但由于城乡差别大、农村收入低、生活条件差，大部分改行或留在城市，从事农林业的农林技术人员仅有76.8万人"③，这些都说明乡村文化与城市文化、现代文化的对接上仍有很大的差距。"农村空心化、农村文化贫瘠、乡土文化边缘化等成为当前我国农村文化建设所面临的主要困局。我国农村文化建设的落后，逐步导致农村生产力下降、阻碍农村稳定以及新农村的建设。落后的生存和教育现状、大众传媒的误导、城乡发展不平衡等，都是造成农村文化建设落后的直接

---

① 陈迪平：《对我国城乡二元社会结构的反思》，《湖南社会科学》2004 年第 4 期。

② 参见苗培周：《当前我国农村教育存在的问题及其应对》，《中国教育学刊》2005 年第 5 期。

③ 杨会良、刘永瑞：《我国农村教育与农村人力资源开发的现状及对策》，《教育理论与实践》2005 年第 3 期。

和深层原因。"①

　　再来看文化上的原因。近现代中国所处的历史阶段和文化环境决定了城乡二元对立结构的难以避免。和西方不同，中国的文化现代化不是从中世纪的宗教神学中走来的，也没有经历启蒙思想的整体熏陶和科学民主思想的全面浸润，因此现代文化的准备先天不足。加之伴随着现代化进程而来的城市文化天然的优越性，认为乡村文化是落后的、没有前途的，于是在扩张城市的同时，将传统文化、乡村文化当作落后文化进行清理，将传统文化的精华与糟粕一起切割掉了，而很少去考虑现代文化和传统文化、城市文化与乡村文化是否有对接的可能性？这就势必造成城乡文化的分裂和对立。

　　就农耕时代的传统文化而言，城市文化与乡村文化是同质共生的。具体来说，虽然中国传统文化中历来潜藏着二元因素，只不过这种二元因素并不表现为对立的形态，而是相互融合的状态，具体表现如"阴阳转化""儒道互补""天人合一"等思想，其中都蕴含有"二元"的因素。只不过在古代中国的文化精神结构中，无论是哪一组二元关系，或是各种看上去对立的思想，都是可以相互融合转化的。城市与乡村文化也是如此，最终百川汇海，经过"中和"变成了中华文化一体的精神。应该说，中国传统的农耕文化更强调多元互补、包容吸收，也就是善于将不同的文化，包括二元异质的文化因素融进自身这个文化主体中，并使之成为一个整体。正如有的学者所说："中国文化对异质文化的吸收和消化能力是惊人的，明显的例证是对佛教的吸收。华夏民族不排外，即使穷乡僻壤，也懂得尊重外来者的文化习俗。中国文化精神的指向总的是主'和合''中和'，而不具有强烈的攻击性和侵略性。"② 因而形成了传统文化的共同体。这是传统文化中二元因素的基本特质。

　　在中国，长期以来人们的观念中，伦理与审美精神常常并存，就如同积极入世和消极遁世并存一样。很多文人不遗余力地进入城市谋生，如白

---

　　① 王传荣、石坚：《我国农村文化建设困局及影响》，《山东财政学院学报》2014 年第 1 期。
　　② 刘梦溪：《百年中国：文化传统的流失与重建》，《南京师范大学文学院学报》2004 年第 1 期。

居易明知在长安这样的都城居留不易，仍然希望留在长安做官。孟郊在登科后就曾写道："春风得意马蹄疾，一日看尽长安花。"历史上更有《三都赋》《望海潮》等极力描绘城市盛景的文字。但在精神上，文人们又常常想念农村的闲适生活，陶渊明的诗作被奉为经典就是证明，他吟诗道："采菊东篱下，悠然见南山。"这通常被视作典型的、理想的生活状态。这种生活理想在艺术中体现得较为明显，不仅有表现城市繁荣的诸如《清明上河图》《南都繁会图》等作品，山水画也是自成体系，佳作频出，有诸如《富春山居图》之类的作品传世；各种民间艺术同样在乡村和城市兴起，地方戏曲在农村流行，同时也为城市居民所喜爱。这不仅使中国的文化呈现出两种截然不同的审美姿态，也使得中国的古代城市和乡村文化内核逐渐成为一种由诗意和伦理构成的二元结构。正如有学者所言："在原理上讲，有了充满现实责任感的齐鲁礼乐，可以支撑中国民族的现实实践；而有了超越一切现实利害的生命愉快，则可以使在前一种生活中异化的生命一次次赎回自由。"① 这也是中国城乡文化二元结构的精神源流。这种二元文化一直潜藏于中国知识分子的精神深处，可以从儒家和道家两种思想中分别找到渊源。到了现代仍然如此，既有鲁迅在《故乡》等作品中对农村落后一面的批判，也有沈从文在《边城》等作品中对故乡山水诗意的描述和思念。从中不难看出，这种二元文化的精神内涵历史上早已有之，并不是现代化和城市化所独有的。但是在中国古代文化中，这两者相互融合，并未产生出无法调和的对抗以及最后一方彻底消解另一方的结果。

一直到 20 世纪初，乡土中国遭遇了突如其来的现代化，而在 20 世纪90 年代以后城市化开始急速发展。在这样的过程中，人们一味地以城市文化为中心，忽略了中国乡村文化中有益的部分。客观地说，农耕文化依旧有一定的生命力，某种程度上还扮演着现代化的制衡角色。农业社会被骤然抛入以西方为中心的现代化进程中以后，中国传统的乡村渐趋瓦解，农业文化的各种习俗正在减少和式微，但农业文明的思维依然存在。在走向现代化过程中，乡村文化常常在反向拉动工业文化和城市文化，形成了两种文化互相间巨大的反作用力。而我们在近代所对接和吸收的西方文化也

① 刘士林：《大运河与江南文化》，《民族艺术》2006 年第 4 期。

不仅仅是文艺复兴或启蒙时期的文化，很大程度上还有西方文明暴露出弊端之后的、具有"现代主义"特征（以感官和欲望的反理性冲动为特征）的文化，这就造成了前现代文化、现代文化和后现代文化混杂的尴尬局面，正如有学者所说，"外来文化的异质难合与传统文化的过度解构，使当前的乡村文化呈现出'空洞'状态。"① 这也就是中国特殊的城乡二元对立文化结构。可以说，中国近代以来的现代化变革几乎都是不彻底的，在文化上也是如此。20 世纪的中国文化一直处在左右彷徨中，各种文化因素相互交织，并未有效融合。当西方话语取代中国话语以后，人类与自然、感性与理性、伦理与审美、城市与乡村、市民与农民等这些关系就渐渐演变成了二元对立关系。在中国首先影响到的是近代以来的城市文化，而当城市化进程真正开启后，由于中国城市化的思路最开始来自苏联（苏联也是广义上的西方文化的一部分），中国传统的城乡关系也随之受到这种二元对立思维的制约，因而古代文化中的二元因素逐渐演化成了相互对立的关系。

中国的现代文明有自己的独特性，它和西方现代文明是不能画等号的。西方现代文明的自我调适，一个重要表现就是逐步由二元对立走向多元融合，而中国现代文明则是从二元融合走向二元对立，然后才可能再度走向融合。尚未完成现代化建构的中国，还没有真正实现二元甚至多元融合，这从世纪初的新文化运动，到世纪末的消费主义思潮都可以看得出来。因此，这种文化间的巨大反作用力的惯性必然会持续相当长的时间。

事实上，我们的乡村，正在经历着文化裂变引发的巨大痛苦。但同时也应该看到，在城市化进程中，传统的乡村文化固然受到了巨大冲击，但并未整体性消亡，它仍然有着内在生机。我们应该对乡村文化内涵及其变迁状况进行具体分析，我们需要保存和发扬光大那些能够融入现代文化体系，能够增强文化认同感，能够补救城市文化弊病的乡村文化。2013 年年末，中央城镇化工作会议上的一句"让城市融入大自然，让居民望得见山、看得见水、记得住乡愁"引发了人们无尽的感慨。在全国城镇化建设不断推进的过程中，这一提法不仅体现了中央始终坚持以人为核心的新型城镇

---

① 丁永祥：《城市化进程中乡村文化建设的困境与反思》，《江西社会科学》2008 年第 11 期。

化理念，也让"乡愁"成为人们的话题。"乡愁"实际上代表了城市化中对乡村文化的一种理解，是一种失落以后期盼文化回归的心理。这种心理包含两方面的内涵：其一是没有了乡村可以回归，乡愁便无处安放；其二是没有城市可以融入，自己的身份便无处可依。正如这段话所言："对于很多中国人而言，内心深处都或多或少保留着一份乡愁情结。过去，作为一种心灵景观，它普遍地存在于那些异地漂泊的游子心里。随着城镇化的推进，乡愁，又多了一份对'正在变得陌生的故乡'的失落心态，可以说，怀念里开始带有一种说不出、回不去的无奈情绪。"① 并不是说保留乡村的建制，还原乡村的住房，圈出一块土地，定下农民的身份，这就是留住了"乡愁"。事实上，农村人口向城市的频繁流动以及二元结构的被打破，在长时期内都将会是中国社会必然的趋势，"逆城市化"只是违背历史潮流的一种不切实际的想法。我们所须做的，是让我们的文化适应这种变化，以一种新的文明形式来安放"乡愁"。

第二节　"现代城乡文化共同体"

中国的城乡关系看上去很复杂，涉及的问题很多，但其中最重要的一点是城乡文化的不平衡，这已经严重制约了中国城乡的共同发展。因此，必须找到一条路径，使这种二元对立的文化结构转变为相互和谐的一种新型共同体。相对于英国、美国、苏联、日本等国家的经验和教训而言，我国应当结合自己的国情，探索建立能让中国城市与乡村和谐发展的"现代城乡文化共同体"。

一　城乡文化共同体的历史源流和理论基础

中国现代城市社会与传统乡土社会之间的异质性和二元对立的结构，使城市与乡村在政治、经济、文化等诸多方面产生了巨大的不平衡，严重影响了城乡关系。正如有学者指出的那样："城乡文化冲突指城市化进程中

---

① 王莹：《新型城镇化，让乡愁不只存在于记忆》，新华网 2014 年 3 月 6 日。http://news.xinhuanet.com/politics/2014－03/06/c_ 126228637.htm。

两种文化因差异而引起的文化隔阂与矛盾，冲突的实质是两种文化在交往过程中内在要素的不兼容，具体表现为现代与传统、中心与边缘、强势与弱势文化的冲突。"① 这种隔阂与矛盾从长远看是不利于我国经济文化发展的。因此，在当今建设城市化、新型城镇化的历史进程中，如何建构一种新型的城乡关系再一次成为我们必须面对的重要问题。这种新型的城乡关系不仅要求城乡之间实现政治、经济、基础设施、社会服务等均衡发展，更为关键的是必须建构一种新型文化，能够破解城乡居民在文化心理层面的相互排斥，增强社会融入与文化认同。这样的一种文化，是符合现代城市经济社会发展需求，同时吸收了乡村独特的文化资源、文化养分的新型文化综合体。我们将之称为"现代城乡文化共同体"。

所谓"现代城乡文化共同体"，是指有别于传统农业社会以地域和血缘关系为纽带的城乡文化高度同质化的一种新型文化共同体，这是一种具备现代精神，包容多元和差异性，同时又以共同的文化观念、文化记忆、文化符码、文化形象等为精神纽带和情感基础的文化共同体。

在几千年的农业文化中，城乡文化是一个综合共同体。中国古代的乡土社会，是一个以血缘、地缘为基础形成的宗法制社会。具体来说："缺乏变动的文化里，长幼之间发生了社会的差次，年长的对年幼的具有强制的权力。这是血缘社会的基础。血缘的意思是人和人的权利和义务根据亲属关系来决定。亲属是由生育和婚姻所构成的关系。血缘，严格说来，只指由生育所发生的亲子关系。事实上，在单系的家族组织中所注重的亲属确多由于生育而少由于婚姻，所以说是血缘也无妨。"② 由此，形成了中国社会中一种极其稳定的力量，宗族和国家等都是在此基础上构成的。这种宗法制社会对于农业民族而言至关重要，因为它所构成的要素无不稳定、深厚和强大，有利于开展以群体为形式的农业生产，解决农业活动中一些靠个人力量无法完成的工作，如对江河的治理、乡村的管控、资源的调配等，从而真正实现种族的延续。在心理上，有了儒家和道家等传统思想的推动，

---

① 张小飞、郑小梅：《城市化进程中城乡文化的冲突与融合》，《人民论坛》2012 年第 27 期。

② 费孝通：《乡土中国》，人民出版社 2012 年版，第 86 页。

更是使这种社会构成融进了中华文化精神体系之中，成为了我们的乡土文化传统。

这一传统不仅存在于乡村，同样存在于城市，它也是中国古代城市文化的支撑力量。国内学者认为，古代城镇体系的形成和分封制、宗法制有着密不可分的关系①。从这个意义上说，中国古代以乡村为主导的共同体是把城市文化也涵盖在内的。尤其是中国古代城市文化中具有突出地位是其政治伦理性，而"宗族的根本特征在于它与政治发生了密不可分的关系。可以说宗族是贯穿着政治线索的氏族，是以政治为灵魂的氏族，在宗族的机体内流动着的是政治与血缘相混合的血液。宗族是在一定历史阶段上，适应了政治需要的氏族"②。这就决定了在本质上古代城乡之间是一个文化的共同体。古代中国的政治地理空间常会出现变化，但核心地域自秦汉以后就基本稳定下来，虽然南北方区域文化也存在较大的差异，"基于广袤地理空间的北方文化具有更多的流动性特质，因而易于形成建立在血缘关系上的外向扩张的政治军事统一体；而地形复杂多变的南方文化则具有更丰富多变的地缘差异性，静止内向的文化同一性主要体现在经济文化方面。因此，北方民族的民族性不同于南方，北方民族在语言、信仰、制度、习俗甚至体能特征等方面具有更明显的民族文化统一性特征，如满、蒙、维等少数民族。而南方民族众多，语言、制度、习俗等文化差异性极大，表现出更多的丰富性而非统一性。在中国的地理格局演化过程中，南北交融中北方多'征服'，南方多'同化'。"③经过漫长的历史过程，无论过程多么动荡，融合与统一始终是主流，各种区域文化最终还是凝结成了中华文化的共同体，并以共同的认识为文化基础，形成了今天中国内部的向心力。

由于在古代社会中，城市与乡村在一定程度上是同质的，都属于宗法制乡土社会，因此二者之间是一种和谐共生的有机关系，共同构成了中国古代人们生活的文化环境，二者不可分割。芒福德认为，"城市的兴起非但没有消灭古代文化遗产，而且将其集中起来并增加了它们的功效和规模；

---

① 参见张衔春：《透视分封制、宗法制以及郡县制下的中国城市体系》，《经济师》2010年第7期。

② 晁福林：《试论宗法制的几个问题》，《学习与探索》1999年第4期。

③ 韩社林：《中国区域文化的地理空间结构》，《西北民族大学学报》2011年第6期。

甚至连各种非农业职业的诞生也促进了人口对粮食的需求，因而大约使村庄增多、耕地扩大。而且在城市范围内，最初也几乎不排斥古代的生活秩序，例如在苏美尔地区，那里的农业生产活动本身就是由居住在新式城镇内的人们来从事的，而且规模非常之大"。① 就中国古代社会而言，城市与乡村虽然生活环境与生活方式差异显著，但是无论在经济方面，还是在文化方面，城市与乡村都是一个有机的共同体，二者并不是对立的。一方面，城市与乡村只是不同的居住地，并不意味着不同的社会身份，城里的官员、商贾往往在乡村拥有大量田产，官员退休、离职之后大多选择居住在乡村，有所谓的"衣锦还乡"之说；另一方面，乡村与城市仍然有着密切的联系，城市是一个巨大的容器，收集、储存了来自乡村社会的文化，城乡文化的理念和思想并无本质不同，它们共同遵守同样的礼制，具有包括"天人合一"在内的儒道释融合的相同理念，从而形成了传统文化共同体。正如王钧林所言："乡村文化相对于城市文化而言，在传统农业社会里，两者只有分布上的差别而无性质上的不同……乡村始终是中国传统文化的汪洋大海，而城市不过是这汪洋大海中零星散处的岛屿。"② 政治权力虽然集中在城市，但是农村经济的能量却十分深厚，城市文化虽然发展迅速，但其赖以生存的文化根基则牢固地扎在乡村，二元对立尚不存在，只存在城乡生活方式的差异。

近代以来，中国开始了由传统社会向现代社会转型的艰难历程，随着工业文明的发展，传统社会同质化的城乡关系逐渐解体了，逐渐被异质的城乡二元文化所取代，这是历史发展的必然趋势，即从城乡同质走向城乡分离。古代城乡关系的解体一方面是由于现代城市在资本的驱动下凝聚了一种内在的巨大的离心力，必然要求挣脱与乡村之间的纽带，迅速走上现代化的道路。正如安东尼·吉登斯所言，现代城市虽然看上去仅仅是旧城区的扩展而已，"但事实上，现代的城市中心，是根据几乎完全不同于旧有的将前现代的城市从早期的乡村中分离出来的原则确立的。"③ 另一方面，

---

① ［美］刘易斯·芒福德：《城市发展史——起源、演变和前景》，宋俊岭、倪文彦译，中国建筑工业出版社 2005 年版，第 33 页。

② 王钧林：《近代乡村文化的衰落》，《学术月刊》1995 年第 10 期。

③ ［英］安东尼·吉登斯：《现代性的后果》，田禾译，译林出版社 2000 年版，第 14 页。

人为的、制度性的因素无疑加剧了城乡的分离与对立。1949 年之后，在马克思政治经济学与苏联经验的影响下，城市发展一直拥有空前的优先权，不仅经济、教育、医疗、文化等资源配置方面，城市享有乡村难以企及的优先权，甚至政治权利方面，城市也享有诸多特权。肇始于改革开放的高速城市化虽然在一定程度上解决了空间上的城乡隔离问题，但是，城乡差异不是缩小了，而是进一步扩大了，有学者指出，"目前中国的城乡差距已经超过警戒线，是国际上城乡差距最大的国家之一。当下中国所暴露的诸多重大社会问题都与城乡差距有关。"[①] 这说明，要想重构一种文化共同体并非易事，更非短时间内能完成的。

关于"文化共同体"，这种观念主要源于西方理论。但由于有共通性，因此我们可以用来阐释中国城乡文化共同体建立的问题。共同体作为社会学的基本范畴，其内涵最早由德国社会学家斐迪南·滕尼斯所确立。滕尼斯认为，人类关系有两种基本形态，一种是社会形态；另一种是共同体形态。社会是靠个人选择意志的理性权衡，进而通过权力、法律、制度等观念组织、建立起来的种种目的的联合体，其基础是个人、个人的思想和意志，是"一种机械的聚合和人工制品"；而共同体则不然，它是基于持久的、真正的共同生活与共同的记忆基础之上，以情感与习俗作为纽带，是"一种原始的或者天然的状态"，直接体现了人类的本质意志，"是人的意志完善的统一体"[②]。滕尼斯所说的共同体有两个基本特点，一是最为古老的共同体要么是基于血缘关系的家庭、宗族，要么是基于地缘关系的村庄、小型的区域性城市。由于共同体成员长期生活在一起，相互非常熟悉，有一种自然的亲密关系；二是维系共同体的核心力量不是政治、经济或个人的理性选择，而是通过自然的血缘、地缘关系，以及记忆、情感、习俗等文化因素逐渐形成的。

滕尼斯指出，共同体与社会不仅是一组社会学范畴，也是一组历史范畴，共同体的时代与社会的时代是人类社会发展的两个不同的历史阶段。

---

① 张兆曙：《农民日常生活视野中的城乡关系及其出路》，《福建论坛》（人文社会科学版）2009 年第 12 期。

② ［德］斐迪南·滕尼斯：《共同体与社会——纯粹社会学的基本概念》，林荣远译，北京大学出版社 2010 年版，第 48、53、55 页。

随着资本主义工商业的发展与大城市的兴起，共同体的时代逐渐瓦解了，人们挣脱了血缘、地缘等天然关系的约束，从四面八方涌入了大城市，成为一个个孤独的陌生人。在现代社会里，人们还能保留有机的共同体生活吗？滕尼斯认为，共同体的基础是持久的、真正的共同生活，而现代社会是一个流动性很强的社会，人们很难在一起持久地共同生活，就此而言，在现代社会中，人们不可能保持传统的共同体。齐格蒙特·鲍曼指出，共同体在现代社会中"是一个失去了的天堂"，却又"是一个人们还希望能找到的天堂"①。但问题是，人们显然无法找回那个已经失去了的"天堂"，如果人们还需要"天堂"的话，就必须重新建构。而关键在于能否建立一种不被土地和自然关系所限制的"天堂"呢？安东尼·吉登斯提出，在充分现代化的社会中，我们也许可以建构一种"脱域的共同体"，所谓脱域"指的是社会关系从彼此互动的地域性关联中，从通过对不确定的时间的无限穿越而被重构的关联中'脱离出来'"②。那么，在城市化流动性极强的社会环境中，究竟是否可以重建一种无须基于共同生活的"脱域的共同体"呢？

对此，本尼迪克特·安德森提出了"想象的共同体"概念，认为民族就是一种想象的共同体，"因为即使是最小的民族的成员，也不可能认识他们大多数的同胞，和他们相遇，或者甚至听说过他们，然而，他们相互联结的意象却活在每一位成员的心中。"③"想象的共同体"概念进一步去除了"共同生活"这个要素，而代之以"相互联结的意象"，我们甚至可以说，"想象的共同体"并非是"实际存在的共同体"，而只是某种理念的认同和情感的归属感。很显然，这种"想象的共同体"与传统的共同体不同，它可能是自然生发的，也可能是基于理性的选择而人为建构或两者兼有的。从"想象的共同体"概念来看，在任何一种社会形态中，建构共同体都是可能的。进而言之，在现代社会中，如果说能建构某种共同体的话，也极有可能是一种不同于传统共同体的新型共同体，这种新型共同体必然与情

---

① ［英］齐格蒙特·鲍曼：《共同体》，欧阳景根译，江苏人民出版社2003年版，第5页。

② ［英］安东尼·吉登斯：《现代性的后果》，田禾译，译林出版社2000年版，第14页。

③ ［美］本尼迪克特·安德森：《想象的共同体——民族主义的起源与散布》，吴叡人译，上海人民出版社2005年版，第6页。

感、理念相伴随，从而形成一种观念性的、文化的共同体。这种共同体由于不完全是自然形成的，就必然需要政治、经济、文化、教育等种种外力的介入，需要有目的、有计划地建设。这样一种新型的文化共同体，可以是区域的、民族的，也可以是国家的、人类的。这是我们提出"现代城乡文化共同体"的理论依据。

二 "现代城乡文化共同体"的构成与实施策略

由于现代社会与传统社会相比，文化特征已经发生了很大改变。因此，"城乡文化共同体"的构成必须结合现代化和城市化要求通盘考虑。那么，究竟如何建构"现代城乡文化共同体"呢？这里有两大问题，一是城乡文化共同体应包含哪些层面；二是建立城乡文化共同体应有哪些策略。这两个问题相互交织、相互依存。

（一）"现代城乡文化共同体"的构成

本书认为，"现代城乡文化共同体"主要包含三个层面：一是观念层面；二是情感与记忆层面；三是器物与符码层面。

就观念层面而言，建设城乡文化共同体就必须树立现代观念，坚持现代性取向。"五四"新文化运动以来，我们对现代文化与传统文化关系的认识经历了一个不断反复、深化的历史过程。事实上，我们已经走上了现代化道路，只能坚定不移地走下去。现代性本身也是一个中性词，并无好坏之分。在城市化的过程中，它不仅是推动城市发展的重要力量，同时也是催化传统文化和乡村文化实现自我转换与升级的潜在动力。艾恺曾经指出，"现代化是一个古典意义的悲剧，它带来的每一个利益都要求人类付出对他们仍有价值的其他东西作为代价"。① 墨西哥大诗人欧塔维欧·帕兹也说过，现代化也许不是一个福音，却又别无他途②。这也就是说，虽然现代化有种种弊端，但它是适应现代工业文明而产生的，符合时代的发展变化的，即使它存在一些负面的因素，我们应当做的也必须是扬弃而非回避。

---

① ［美］艾恺：《世界范围内的反现代化思潮——论文化守成主义》，贵州人民出版社1991年版，第231页。

② Octario Paz：The Search for Values in Mexico, *Asian Wall Street Journal*, 1994（6）.

现代性的观念中有两个相互关联的组成要素，一是现代城乡文化的特征和要素必须具备，即法治、民主、平等、科学以及人道主义等。这些随着现代化已经进入城市文化中，并成为现代城市文化精神的内核。这些诞生于西方的观念很多是农耕文明所不具备的，它们已被证明了不仅不是城市文化所独有，而且是推动乡村变革和进步的关键要素。世界历史已经证明，人类所创造的现代城市文化促进了城乡在物质和精神两方面的巨大飞跃，我们建设"现代城乡文化共同体"，就必须将传统和现代这两者的合理要素融会贯通，充分发挥两者共有的包容、开放和进取意识。这才是城乡文化整合的最终目标。因此，必须首先确立现代思维、现代观念。

二是传统文化不能缺位和断裂。古代的农业文化中有一些观念并没有过时，对于今天的文化建设仍有补益甚至是重要的作用。如中国传统农业文明中人与自然和谐共处的"天人合一"思想，可以纠正我们工业化以来对于环境和自然界的极端做法；乡村生活的田园风情和诗意是抚慰现代人心理的良方，同时可以调节紧张的城市生活；乡村社会中相对淳朴的人际关系对于现代社会人与人之间的交往也有启发；农业文化缔造的"土地情结"、饮食文化、一些朴素的民风良俗等，蕴含有诚信、伦理等人类核心的价值观，更可以进入我们的文化继续传承，并弥补现代文明带来的金钱至上、利己主义、道德失范等精神和社会危机。凡此种种，基于农业文明所形成的和谐、系统、生态等文化理念，可以为现代城市文化所吸纳，以补现代工业文明之褊狭。尤其是在市场化大潮中，这些理念更是城市文化的急速发展中所欠缺或失落的，传统农业文化正可以提供这样的文化智慧重新使之回到良性发展的轨道上。

在情感和记忆层面，实际上就是通过共同的文化情感和记忆，来最终建构城乡共同的文化精神。这种精神体系不仅是属于乡村的，也是属于城市的，更是中华民族流淌在血液和植根在灵魂中的"集体情感和文化记忆"。西方学者荣格和弗雷泽等都研究过这种深藏在民族文化中的意识，提出了"原型理论"。弗雷泽认为，欧洲国家五朔节的风俗即源于古老的树神崇拜，至今仍在许多国家流行①。尽管节日的内涵可能演变为狂欢，脱离了

---

① 参见［英］J. G. 弗雷泽：《金枝》，汪培基、徐育新、张泽石译，商务印书馆2012年版。

原来的祭祀和信仰意义，但是这种与大自然的关联已经成为西方文化和文学的一部分，这就是"原型"。荣格更是认为伟大的艺术就是在用意象说话，甚至可以用来平衡时代文化心理，恢复人性①。荣格所指出的人性缺失也正是在现代城市化和工业化过程中人类所面临的精神危机。由此我们可以这么说，中华民族对于乡土文化的记忆，实际上也早已植根于我们的各种"原型"之中了，如我们的各种节庆习俗，如二十四节气，就是对于农耕传统的一种追忆，虽然其原初的意义已渐渐消失，但现代人依旧保留了一些生活习惯，比如"北吃饺子南吃葱，铜锅羊肉好过冬"，就是立冬时的南北方饮食习俗，其中也包含了对土地和自然的温情。而现代城乡文化发展过程中的不平衡，以及各种弊病和缺失，某种程度上源于这种记忆的断裂，因此需要去修复已经失衡的情感和已经破碎的记忆。"现代城乡文化共同体"正是可以借助集体情感和文化记忆，以唤起文化认同和文化自觉。

首先，"现代文化共同体"作为一种精神家园，它需要情感和记忆层面的文化认同与文化自觉。德国学者扬·阿斯曼特别看重"文化记忆"。他认为，"文化记忆"作为一种集体使用的，主要（但不仅仅）涉及过去的知识，一个群体的认同性和独特性的意识就依靠这种知识②。通过文化记忆，每个社会和每个时代不仅可以巩固和传达自己的自我形象，保持文化的延续性，而且集体记忆还提供了解读当下生活意义的重要维度。毫不夸张地说，每一个中国人都携带着或多或少的乡土记忆。乡土记忆作为传统乡村共同体的文化积淀与智慧结晶，一直流淌在每一个来自乡村的社会成员的血液中，这是一种维护群体归属感的非常牢固的社会纽带，是建构"现代城乡文化共同体"的情感基础。有的乡土记忆直接来自乡村的生产、生活，以及地方性的文化知识与习俗；有的乡土记忆是一种间接经验，或来自父母、祖父母的讲述，或来自古代的田园诗、现代的乡土文学等文学阅读经验，即使在长期的城市生活环境中，这种意识都不会消退，而是会以潜意识的方式隐藏在精神深处。在建构城乡文化共同体过程中，这种共同情感

---

①　参见马新国：《西方文论史》（修订版），高等教育出版社1994年版，第355页。

②　[德]哈拉尔德·韦尔策：《〈社会记忆〉代序》，《社会记忆：历史、回忆、传承》，哈拉尔德·韦尔策编，季斌、王立君、白锡堃译，北京大学出版社2007年版，第5—6页。

体现为以更加包容的文化观念对待乡村文化，充分尊重来自乡村的地方性文化知识与文化记忆，为多种多样的地方性文化与现代城市文化之间良性的双向交流搭建通道，为建构城乡文化共同体提供更为丰富的文化资源，奠定更为宽广的群众基础。例如在广州越秀公园景区中心的客家山歌墟，从早上 8 点到中午 12 点，不仅有大量客家人来此自发地唱山歌，而且台下聚集了很多听众。① 这是一个城市文化包容乡土文化，在城市文化空间积极为乡土文化建构通道、搭建平台的典型案例，也从一个侧面说明了这种文化情感对于城乡居民的共通性。同时，对于各种城乡民俗，不应视为和现代人的情感、生活相背离，而是应该看到，城市和乡村的"童年记忆""故乡情结"在本质上是殊途同归的，尽管表现形态各异，但其传达的是共同的文化积淀。

其次，这种文化情感的形成和记忆的稳固，不仅是一个长期的历史过程，也是一个复杂的系统工程，不能单纯依靠举办一些形式上的民俗活动来推动，更要设法将新的城乡文化精神植根于城乡居民的内心深处。以西方的万圣节为例。这个节日带有典型的欧洲乡土和宗教色彩。欧洲的凯尔特人把天主教的"天下圣徒之日"（每年的 11 月 1 日）往前推了一天，当作夏天结束、冬季开始的日子："那时人们相信，故人的亡魂会在这一天回到故居地在活人身上找寻生灵，借此再生，而且这是人在死后能获得再生的唯一希望。而活着的人则惧怕鬼魂来夺生，于是人们就在这一天熄掉炉火、烛光，让鬼魂无法找寻活人，又把自己打扮成妖魔鬼怪把死人之魂灵吓走。之后，他们又会把火重新燃起，开始新的一年的生活。"② 到了古罗马人那里，把这个节日和庆祝丰收融合在了一起，变成了一个乡土节日，最终在美国人手中转变为一个狂欢放纵性质的"鬼节"，使其具有了娱乐和游戏的功能。这种演变有两方面的文化意义：一是保留了节日原有的乡土本色，没有把其中所谓的"迷信"成分全盘否定和去除；一是进入城市后注入了现代人的心理需要，让城市人特别是年青一代具有了文化上的认同

---

① 高小康：《霓虹灯下的草根：非物质遗产与都市民俗》，江苏人民出版社 2008 年版，第 210—211 页。

② 马敏：《清明节与万圣节的节日符号解读》，《牡丹江大学学报》2010 年第 8 期。

感。因此，至今像万圣节这样的传统节日依然是西方文化情感和记忆重要的组成部分。而西方文化的扩张和强势地位又迅速使原本和我国传统文化无关的这些节日，渐渐渗透进了我们的青年文化群体之中，且获得了高度认可。

同样，我们的乡土文化在营造情感氛围的时候，并不需要刻意区分城乡差别，因为很多文化记忆既属于农村人也属于城市人，是祖祖辈辈流传下来的"集体无意识"。在这里，荣格的理论同样适用，因为他所说的"原型"，就是千百年沉淀下来的集体经验所形成的。"荣格认为，原始意象或原型对于所有民族、所有时代和所有人都是相通的。它们是人类早期社会生活的遗迹，是重复了亿万次的那些典型经验的积淀和浓缩。"① 由此我们可以这样说，要想建构这种关于新型城乡文化的集体经验，就必须培育类似的文化土壤，就必须深入了解青年人的文化心理和期待。为什么我们富含乡土文化记忆的民俗和节庆日益式微，远不如像万圣节这样的"外来异质文化"更受青年人的喜爱？原因就在于文化情感的缺失和文化上弱势的地位。我们的传统节日往往流于形式，主要的内容就是放假和旅游，已经没有多少实质性的文化内涵，与流行文化以及青年亚文化是脱节的，与新型的传播媒介缺少有效的互动。这才会出现"土节不兴、洋节火爆"这样一种局面，而这样是无法建构起城乡文化的共同情感和记忆的。要让乡土文化成为向大众流行文化一样的共同文化记忆，就要努力营造一种"身份认同"，更需要新时期中国文化整体的带动。以美剧为例，它的流行就有这种因素："网络传播所带来的几乎同步的全球化收看以及无删节的、全球同一版本的媒介内容，其背后所隐藏的是一种全球化的想象——尽管我们身处弱势语境社会当中，但我们与强势语境社会的人们几乎在同一时刻，消费着同样的媒介内容。这样的同一感，强化了美剧迷想象性的全球化身份，以及这种身份所带来的满足感。"② 城乡文化共同性情感也需要这样一种文化资本。

---

① 马新国：《西方文论史》（修订版），高等教育出版社 1994 年版，第 355 页。
② 黄淑贞：《文化资本与身份认同——以美剧在中国的传播为例》，《江苏行政学院学报》2012 年第 3 期。

从器物、符码、形象层面来看，这是将"现代城乡文化共同体"从观念层面、心理层面落到实处的重要方面。无论是具体的器物还是符码，它是文化记忆、文化情感和民族审美的凝聚和物质载体。就乡村文化而言，乡村的很多器物代表了一种古朴的智慧和生活方式，虽然在现代城市中有的已被淘汰，但作为一种文化记忆的承载却值得保存。这方面的代表就是各种农具。虽然对于现代化的机械生产来说它们已不需要，但作为农业文化的历史，却可以给城市带来完全不同的生活体验。而乡村的建筑更是可以作为活态传承的乡土记忆一直留存。典型的例子来自日本："从富士山开始，到石川的能登，再经福井、岐阜两县，最后取道名古屋返回东京，沿途考察时多见宏伟的庙宇、传统的民居、受保护的农村古代建筑形态、传统装束的居民，而这些都是经过战后半个多世纪的西化发展后的景象——发达的经济社会并未对日本农村居民在历史文化的传承方面造成根本的影响，这确是极有特色。"① 日本所采取的保护乡土文化的模式值得我们借鉴，因为中日两国在这方面有不少相似之处。

从研究来看，日本乡村不仅在整体生活质量等方面与城市差距不大，更有一种深切的、对传统乡土器物的敬畏，民间信仰中甚至有被人丢弃的物件日久成精的传说，提醒人们善待每一件经历了时间打磨的器物。在此基础上，传承乡土文化的"文脉"才成为可能。我们在建设城市和乡村的过程中也可以借鉴这种理念。虽然现代农业在走向智能化和机械化，但是很多农业器物象征了我国传统农业文明的历史，只是因为保护成本较高而被舍弃。日本不惜代价保留了很多古旧建筑，对其适当改造以符合现代生活要求，因此现在日本可以看到几个世纪前的民居、神社、城堡，为什么我们做不到？很重要的一点是行业利益，新建比保护费用要低。实际上，没有物质作载体的文化是无法生存的，城市中的人要想认识故乡、乡土，必须有器物、建筑等物质以形成有效的直观体验，情感才可能凝聚。

"乡土记忆"是城市人和农村人都具有的一种深层文化意识，只是在一定的时空内才会被激发出来，在乡村表现为一种"土地情结"，在城市则演化为"故乡情怀"，二者相互融合就是现代城乡文化的"乡土记忆"。因

---

① 陈春英：《富有特色的日本农村建设》，《城乡建设》2005 年第 10 期。

此，有必要着力打造这种文化空间，寻找适合的载体加以传播，使看惯了城市文化景观的人们看到这些乡土艺术形象时，会获得一种"陌生化"的艺术体验；而来自乡村的城市新居民看到这些乡土艺术形象时，则会获得一种由于文化上被他人所接纳而产生的深层次的社会融入感。在城市文化空间中，有规划地设置一种融合城市文化与传统文化的符号体系，是建构城乡文化共同体的一个重要层面。通过保护非物质文化遗产、开发传统民间艺术的现代价值等，在城市空间中塑造、播撒乡土文化的符码，可以在潜移默化中改变人们对传统的、乡土的艺术形象的认识与评价，通过一定的时空重新建构乡土文化的符码。实际上，传统的乡土艺术展现于现代城市文化空间中不仅不显得"土气"、不合时宜，而且这些艺术品由于被改变了固有的语境，反而会产生某种特殊的、让人感到亲切的艺术意味。事实上，在许多大城市的公共文化空间中，我们随处可见各种各样的乡土艺术符码，如城市公共设施的外部装饰，有的运用了剪纸、年画等民间美术元素，尤其是民俗艺术的展示和表演，包括民间工艺、民间歌舞、地方戏曲等艺术，都还在居民生活中活跃与传承着，这些都可以为城市保存乡土文化记忆，从而为建构新的城乡文化共同体提供资源。

除了非物质文化遗产保护，乡土文化整体的活态保护与开发也很重要。所谓乡土文化的活态传承，就是要让这种文化找到适宜其生长的土壤，使其能够在不断生长和发展中获得传承，而不是只在博物馆中被小心翼翼地保护，这也是目前很多文化遗产保护和传承的主要路径。这类活态传承的例子在世界上也能找到很多，例如英国的乡村被当作是"英国的灵魂"，欧洲大陆上如德国、瑞士等国家的田园风光至今仍是各自国家重要的文化旅游名片；日本有"一村一品"，重视和强调开发不同区域的乡土个性①。现在日本的乡村不仅有传统的文化内核，更具有现代文明的优越条件，因此这种乡土文化实际上还在持续生长，从很多影视作品中可见一斑，如今也已成为日本文化的代表之一。我国在这方面也有较为典型的案例。有研究表明："近年来展演的川剧大戏，正是通过对历史与人性问题的拷问，对充

---

① 参见贺平：《作为区域公共产品的善治经验——对日本"一村一品"运动的案例研究》，《日本问题研究》2015 年第 4 期。

满民间生活情调和地域风情的蜀地文化性格的重塑，以集成的、精品的、超越物质的演出形态，不断激活、增殖着川剧文化的传统价值和现代精神内涵。从会演、调演、展演推出的以《青铜魂》和《尘埃落定》为代表的一批经典大戏剧目看，川剧的展演活动可以说越来越显示出它从原生的演出形态中自然延伸、挖掘和开辟出来的一种活态基质的力量。"① 其他如黄梅戏等诞生于乡土文化中的地方戏曲、民歌等艺术形式也在利用包括影视、网络新媒体在内的新的载体探索发展的渠道，并取得了不少的经验。对于乡土文化的器物和符码等而言，要实现永续传承，活态发展应当是最根本的原则。尤其是对于现代审美文化，因为多元性是其主要的特征，这就为很多乡土文化元素的活态传承提供了可能性，正如高小康所言："其实在许多已远离乡土文化传统的大环境中仍然存在着特定范围的文化生态壁龛，这些壁龛养育着相对复杂多样的文化生态，传统审美趣味就在文化生态壁龛的围护中继续生存。如果我们相信文化多样性发展对于审美文化来说是必要的和可能的，那么保护各种文化生态壁龛中仍然活态存在的传统艺术形态和趣味就是必要的和可能的，如今已开始进行的文化生态保护工作则为这种审美文化提供了活态传承和发展振兴的机会。"② 这些都说明，城乡文化共同体中，乡村文化的整体活态传承是不可或缺的一环。

（二）"现代城乡文化共同体"的实施策略

在此我们提出两个重要的方面：一是多种途径把潜藏的乡土记忆转化为人们耳熟能详的文化产品、文化形象、文化旨趣、文化情感。这需要借助文学、影视、动漫、造型艺术、音乐等各种方式。二是在此基础上进一步提升，形成一种"文化资本"，也就是一种持久性的公共价值、文化品牌、文化观念、文化精神，使之变成全社会各个人群的文化共识。用以增强文化记忆与文化认同，使"现代城乡文化共同体"具有实践上的意义和可操作性。

首先，文化的情感认同，不仅包括老一辈拥有乡土记忆的人群，也包括年轻一辈缺少乡土记忆的人群。年轻人缺乏这种记忆，不代表没有对故

---

① 丁淑梅：《川剧展演与非物质文化遗产的活态传承》，《中华文化论坛》2011 年第 3 期。
② 高小康：《传统艺术活态保护与当代美学建设》，《文艺研究》2013 年第 7 期。

乡以及乡土的印象，而从广义上讲，这里所说的故乡和"乡土"，在概念上也是有交叉的，在青年人的精神中更是如此。虽然青年亚文化的主要特征是批判、颠覆和边缘，这看上去似乎就是针对传统文化的，但其中也含有文化上汲古和创新的意义。青年亚文化中也潜藏着某些乡土集体记忆，他们对于传统乡土文化的批判实际上是一种扬弃而不是丢弃。如果要说到对传统文化的情感，青年人的潜意识中是存在这种故乡和乡土意识的，而且改革开放以后成长起来的青年具有文化上的自信，如果我们以适当的方式去激活和进行现代转换，就可以把这种文化记忆变成城乡共同的文化脉络传承下去。

无论是汲古还是创新，实际上都需要通过现代传播媒介和文化形态去实现，否则只能是空中楼阁。在这方面，文学、影视、动漫、绘画及其他造型艺术、音乐等都可以加以利用。

在动画及一些表演艺术中，这种乡村文化的汲古创新表现得最为生动。像《天书奇谭》渗透了许多乡土文化的元素或精神，借用动画艺术来给年轻人输送乡土文化意识。这一点国外早已做得很好，如曾获奥斯卡奖的作品《摇椅》，就是作者巴克表现加拿大魁北克地区已逝的田园生活，其诗意令人感动。我国的木偶、皮影等不少定格艺术在传播城乡文化记忆方面具有很大的优势。比较典型的例子就是布袋戏。这原本是起源于17世纪福建地区的戏曲表演艺术，在一些迎神庙会中常能见到。进入20世纪以后，随着城市化进程，庙会这种形式已经不足以承载布袋戏的繁衍和发展了，但我国台湾地区的布袋戏艺术却借助影像大行其道，尤其盛行于青年亚文化群体中，霹雳布袋戏和金光布袋戏等广受年轻人喜爱，其影响已经超出了闽南语地区。不能不说，这种诞生于乡土的艺术已经重获生机，成为了城乡共同的文化记忆。这里面有几个原因：一是借助新兴媒介，大胆变革艺术表现形式和内容，发扬传统乡土文化艺术的长处。布袋戏原本就以动作明快、善于表现武打情节见长，霹雳布袋戏运用现代影视手段，展现天马行空的仙侠和武侠故事，正好扬长避短；二是适应了现代年轻人的文化心理，求新求变，使得古老的布袋戏更加多元化、现代化。国内的很多游戏设计，如《剑侠情缘》，这类传统元素也比比皆是，年轻人同样很喜爱。由此可见，乡土文化的激活不是没有可能的，它一样能进入现代文化的体系中，甚至重新成为流行文化的一部分。

绘画、设计、摄影、建筑、雕塑等很多造型艺术中，也有许多元素可以唤起城乡文化的相互认同，有利于将彼此的文化精神融为一体。例如现代农民画的代表上海金山农民画，虽冠以"农民"二字，但作品中早已渗透了前卫的元素，与时代结合产生了许多创新之处，像陆永忠的作品，既有乡土特色，又不乏现代性的夸张。再如以生动具象、变形卡通等为特征的现代插画艺术，深受青年人喜爱，其表现新的文化元素再合适不过。很多手绘插画作品，如南京青年画家樊心若的《时间上的南京》在这方面具有独特的优势，在青年人的心中产生共鸣，其中所蕴含的"不忘初心"正是一种典型的"童年与故乡情怀"。这种情怀尽管内容各异，但对于城市与乡村的青年一辈而言，情感上的"乡愁"意识却是相通的。书籍装帧设计家朱赢椿的作品《虫子旁》《虫子书》等也是把对自然的敬畏和对生灵的平等观照融进了现代艺术设计中，这些正是我国传统乡土文化中的重要思想内涵。城市和乡村的雕塑、建筑艺术也有许多可观之处。"乡土性"并不回避现代审美和实用功能，像日本很多城市里面的商店街、传统神社等，与现代建筑群处在一起丝毫不显得突兀，相反容易勾起人们对故乡故国的浓浓亲情。摄影艺术更是能直观让人们感受乡愁与亲情，如2015年北京出版集团、FOTO – VIDEO数码摄影杂志社联合主办的"乡愁·中国"主题征稿大赛，把村落民居、生活形态、历史遗迹等用摄影这一现代传播方式展现出来。对于人类而言，语言有差别，但对于故乡的情感本质上是一致的，因此造型艺术在建构城乡文化共同体的过程中显得十分重要。

音乐方面具有代表性的是周杰伦的《稻香》和李健的《风吹麦浪》，两位城市流行音乐创作者不约而同选取了乡土文化的元素进行创作。如《稻香》歌词："乡间的歌谣，永远的依靠。回家吧，回到最初的美好。……所谓的那快乐，赤脚在田里追蜻蜓，追到累了，偷摘水果被蜜蜂给叮到怕了……"俨然就是乡间童年的回忆，一个城市中疲惫的人，通过乡土记忆带来了生活的力量。《风吹麦浪》歌词："远处蔚蓝天空下，涌动着金色的麦浪，就在那里曾是你和我爱过的地方。当微风带着收获的味道吹向我脸庞。想起你轻柔的话语曾打湿我眼眶。"营造了一种远离城市嘈杂的、轻松的诗意。以上这些例子无不说明，建构"现代城乡文化共同体"，需要各种形式的传播路径相互配合，各自发挥优势，从城市和乡村多元角度入手，把文化烙印进人们的心里，凝结在精神的深处。那么，所谓"乡愁"，将会变成城市与乡村人共同拥有的文化自信和文化印记，永不磨灭。

其次，对于"现代城乡文化共同体"而言，观念和思维、情感和记忆、符码和形象最终都要转化成文化精神，以一种文化资本的形态固化在城市与乡村居民的灵魂中。"集体文化意识"一旦转变成一种强势的文化资本，共同性的、传承性的文化情感自然就形成了。张鸿雁曾对"文化资本"有如下解释："'城市文化资本'的本质意义是公共财富的制度性安排和历史结晶，具有典型的公共价值，这是区别于一般文化资本的核心与本质，……'城市文化资本'作为一种群体性的公共财富、具有群体意义的符号性、群体意义的实践性、群体意义的认知性、群体意义的历史性和某种区域空间价值的唯一性及垄断性的特征。"① 这里我们可以把这个概念进一步延伸，城乡文化共同体也是一种文化资本，它一旦形成，就会成为推动城乡文化一体发展的、不会枯竭的动力。城乡新文化资本的形成，不能单纯依靠传统固化的农业思维或工业化的城市思维，更需要从城乡良性互动的角度来认识。

资本原来是一个经济学的概念，它既是一种有形或无形的财富，更体现为资源分配的权力，是长期经济活动积淀的结果。文化也可体现为资本。这种资本不是只属于城市的，它也属于乡村。我们强调城乡文化互动，就是提高过去不太受重视的乡村文化的主体性地位，让其成为文化资本的有机组成部分。把城市文化中的包容性和开放性优势发挥出来，把公共财富通过有意识的安排让城乡共享，让城乡文化无论是在器物、符码、形象还是情感方面都让人们自觉接纳。我们每一个居住在城市和乡村的居民，如果要认同自己所处的文化环境，前提必然是有一种归属感和主人翁的意识。这种感觉来自于城市空间与文化为他提供的可以支配的共享资源，因此新的城乡文化一定要使所有的空间对每一个社会成员平等开放，在居住、教育、娱乐、信息、消费等各方面营造一个共同的、非对立性的氛围，以实现马克思所说的人的全面发展。按照张鸿雁的说法，形成"社会全员享受

---

① 张鸿雁：《城市文化资本论》，东南大学出版社 2010 年版，第 3、5 页。

的价值实现机体"①，这是城乡文化互动的本质目标。英国的城镇化案例在这方面比较典型。他们很早就提出所谓"见山望水"的田园城市思想，让人们不分城乡都能记住乡愁，把花园城市演化为英国城乡文化和可持续发展的资本："绿色花园城市的规划和建设离不开民众参与。城市建设要以民众为核心。城市建设先做总体规划，然后让民众参与到规划设计中，并采纳民众合理方案，按使用者的需求规划城市建设。来自莱奇沃斯城市管理基金会的专家认为，政府不仅应让民众参与城市规划，还应完善管理机制，让民众参与城市管理。此外，绿色花园城市不仅具有绿色、低碳、可持续发展的特点，还应有一些特征，比如城市建设要与自然生态环境相协调；城市发展的空间形态符合当地发展现状、遵循当地自主发展逻辑等。"② 这不是形式上的完美，而是追求城乡居民共享的一种文化资本建设思路，与文化资本的内涵本质上是一致的，即努力创作一种全民认可的、文化多元互动的发展模式。这种城市就不再是过去意义上的都市，而变成了与农村和谐共处共同发展的一种真正的共同体，一种公共资源。我国的新型城镇化本质上也将走上这样发展的道路："坚持遵循自然规律和城乡空间差异化发展原则，科学规划县域村镇体系，统筹安排农村基础设施建设和社会事业发展，建设农民幸福生活的美好家园。"③ 这个美好家园也必然是城乡文化互动的结果，具备文化资本的特性。同时，文化资本的基本特征决定了它要以各种表现形态呈现出来，于是前文所述的文学、影视、动漫、各种造型艺术、音乐等文化形态，最终都通过文化的良性互动凝结为公共价值和文化精神，以文化资本的整体面貌完成这个过程。这种文化资本一旦形成，就不再像过去一些文化产品一样是暂时性的，而是具有永续发展特征的。

　　总之，理想的"现代城乡文化共同体"应该尽可能地求同存异，以最宽容的态度对待各种文化形态，吸纳、融合城市与乡村两种文化形态的具有生长性的要素，既保留城市文化的合理内涵，又尽可能吸纳传统的、乡

---

① 参见张鸿雁：《城市形象与城市文化资本论》，东南大学出版社 2004 年版。
② 陈婧：《英国：望山见水的城镇化之路》，《中国经济时报》2015 年 01 月 16 日 A11 版。
③ 《国家新型城镇化规划（2014—2020 年）》。

土的元素，充分利用丰富的乡土文化资源，包括乡土社会的文化观念、民间信仰，以及各种各样可以转化为现代视觉经验的文化符码与民间艺术形象，以唤起来自乡村居民的文化记忆，增强其文化认同感，进而凝结为强烈的集体归属感，最终形成可持续的文化资本。这不仅不会造成文化认同的矛盾与冲突，影响社会的现代化转型，相反，"认同的多样性和复杂性是一种资源和繁盛的源泉"①，它有利于保护文化的多样性，形成一种和而不同的新型现代文化。我国面积辽阔，民族众多，各地区的乡村和城市均有很大的差异，城乡文化共同体的建构不应被简单理解为用一种模式统摄所有的地区，应当根据当地实际情况综合考量。二元的消除不是为了一元，而是为了多元。从本质上说，建构"现代城乡文化共同体"是为了使它们由对立走向和谐共存、共同发展，这才是"现代城乡文化共同体"的实践意义，也是它的历史使命。

---

① ［美］戴维·莫利、凯文·罗宾斯：《认同的空间》，司艳译，南京大学出版社 2001 年版，第 32 页。

第三章 城市化进程中的"文学乡村"

在社会现代转型过程中，文学中的乡村形象与现实乡村的社会历史发展过程有着密切的对应关系，文学中乡村形象的变迁可以折射出社会现代转型过程中城乡社会与文化关系的历史变化。因而，研究文学中的乡村形象是我们理解当代城市化进程中城乡文化互动的一条重要路径。

第一节 1990 年代前乡村形象的三种书写方式

20 世纪 90 年代，大规模城市化在中国兴起，引发了乡村文学叙事的变迁。但文学从来都是在传承中发展的。在叙述 90 年代以来的文学乡村之前，我们有必要简要回顾一下 90 年代之前的文学乡村叙事。

"20 世纪以来的中国文学，乡村中国一直是最重要的叙述对象。因此，对乡村中国的文学叙述，形成了百年来中国的主流文学。"① 在百年文学长河中，不同时代出现了不同的乡村叙事：20 世纪 20 年代有鲁迅等人的乡村批判小说；30 年代有沈从文的乡土风情小说；40 年代有赵树理的解放区乡村小说；新中国成立后有十七年的乡村小说，新时期出现了"新乡土小说"……综观 20 世纪 90 年代之前的乡村叙事画卷，我们可以看到三种主要的乡村书写方式：一是批判性地描写愚昧的、落后的、承载着传统劣根性的乡村；二是想象一个风光优美、人性朴实、充满诗意的乡村；三是紧随时代脚步，描写社会现实变革进程的乡村。

---

① 孟繁华：《百年中国的主流文学——乡土文学/农村题材/新乡土文学的历史演变》，《天津社会科学》2009 年第 2 期。

一　启蒙批判小说

在现代文学史上，鲁迅最早以现代性的"他者"的目光审视乡村，通过与现代文明的对比，"发现"了乡村的贫穷、愚昧、落后，建构了一个承载着传统劣根性的病态的乡村形象。愚昧、落后的乡村表征着整个社会的病态，作家就像医生一样审视地描绘并解剖这个"病体"。在《风波》中，一场剪辫子事件让我们看到了东南沿海地区的乡村是多么封闭、愚昧、保守，村民们是何等自私、麻木、冷漠、盲从。在《离婚》中，爱姑在"七大人"的权威之下，竟不敢申述自己早已想好的话，此间可以看到乡民对官与势的恐惧早已深入骨髓。在《阿Q正传》中，阿Q经济上一无所有，精神上只能在自欺的麻木中获得一时的快活，他被赵太爷打了，却并不觉得耻辱，反倒觉得是一件光荣事。"未庄通例，倘如阿七打阿八，或者李四打张三，向来本不算一件事，必须与一位名人如赵太爷有关，这才载上他们的口碑。一上口碑，则打的既有名，被打的也就托庇有了名。至于错在阿Q，那自然是不必说。所以者何？就因为赵太爷是不会错的。"不仅"未庄"这样一个偏僻的乡村愚昧到近于荒诞的地步，就是乡村小镇也未必有一丝现代文明的曙光。在《祝福》中，鲁镇是一个冷漠的乡村小镇。在那里，祥林嫂的不幸遭遇从未得到真正的同情，她最终在新年的祝福声中满怀对阴间的恐惧死去了。在鲁迅的影响下，20世纪20年代起，一大批作家开始以批判的视角描写现实的乡村社会，通过描写落后的乡村中冥婚、冲喜、典妻等陋习，揭示乡民思想上的愚昧与闭塞。在王鲁彦的《菊英的出嫁》中，8岁就夭折的菊英，在她死了十年之后，她的母亲为她订了一门阴亲，并倾其所有准备了极其丰厚的嫁妆，吹吹打打、热热闹闹把她"嫁"到了男家。在彭家煌的《活鬼》中，荷生的祖父为了家族人丁兴旺，居然怂恿妻子和儿媳妇与外人偷情。在台静农的《烛焰》中，吴家少爷已经病入膏肓，为了给其"冲喜"，正值妙龄的翠儿嫁给了他，但不久吴家少爷就死了，翠儿成了寡妇。在柔石《为奴隶的母亲》中，阿秀居然被丈夫典给了别人，帮人家生孩子，只好无奈地离开了自己的孩子。为别人生了孩子之后，阿秀回到了丈夫、孩子身边，却又要痛苦地与新生的孩子分离，此间揭示了传统乡村习俗的残忍、麻木不仁。

以批判的视角描写现实的乡村社会，这种乡村叙事方式一直影响到20世纪80年代。在朱晓平的《桑树坪纪事》中，桑树坪是一个封闭、落后的西部黄土高原的小村，李金斗、六婶子们为了生存，艰难地抗争着，却又制造了一幕又一幕惊心动魄的人间悲剧。在他们的逼迫下，彩芳投井自杀了。人们困苦、愚昧的生存和生活现状，几乎令人窒息。尤其是张炜的《古船》，对乡村的批判深入到了文化传统层面。小说中有大量历史传说、风俗习惯、日常生活、人物文化心理积淀的描写，"生动地呈现了民间道教末流的生存之道及其与地方政权沆瀣一气的中国社会特殊文化现象"，从中可以看到"张炜对现代民间道教末流基本持批判态度，尤其对道教末流和现代政治媾和生出的怪胎如赵炳、长脖吴之类更加厌恶和警惕。"①

鲁迅不仅冷峻地描写了承载着传统劣根性的病态的乡村，而且饱含同情地描写了农民的贫穷与不幸，塑造了苦难的乡村形象。在《故乡》中，鲁迅见到了儿时的伙伴闰土，此时的闰土"先前的紫色的圆脸，已经变成灰黄，而且加上了很深的皱纹……他头上是一顶破毡帽，身上只一件极薄的棉衣，浑身瑟缩着；手里提着一个纸包和一支长烟管，那手也不是我所记得的红活圆实的手，却又粗又笨而且开裂，像是松树皮了"，见到"我"，这个少年时的伙伴居然叫了声"老爷"。闰土可以说是苦难的乡村的一个隐喻②。苦难的乡村形象成系列出现是在20世纪30年代的乡村小说中。其时，由于外国资本的侵入，中国传统自给自足的小农经济纷纷破产，"丰收成灾"成为当时乡村文学创作的鲜明主题，代表作品有洪深的《香稻米》、茅盾的《春蚕》、叶圣陶的《多收了三五斗》、叶紫的《丰收》、荒煤的《秋》等。在这些作品中，我们看到了一种被剥夺、被践踏、充满苦难的乡村形象。在茅盾小说《春蚕》中，老通宝听到汽笛声突然从那边远远的河身弯曲的地方传了过来，就在那边，蹲着又一个茧厂，自己田里生出来的东西就一天一天不值钱，而镇上的东西却一天一天贵起来，他父亲留下来的一份家产就这么变小，变做没有，而且现在负了债，到了最后，蚕养成

---

① 郜元宝：《为鲁迅的话下一注脚——〈古船〉重读》，《当代作家评论》2015年第2期。

② 鲁迅对乡村的苦难是有直接认识的，他说："我母亲的母家是农村，使我间或和许多农民相亲近，逐渐知道他们毕生是受着压迫，很多痛苦，和花鸟不一样了。"（鲁迅：《英译本〈短篇小说集〉自序》，《鲁迅全集》第8卷，人民文学出版社2008年版，第389页）。

了，却白赔上十五担叶的桑地和三十块钱的债。叶圣陶的《多收了三五斗》中万盛米行的账房先生冷笑着对前来粜米的农民说，"你们不粜，人家就饿死了么？各处地方多得是洋米洋面；头几批还没有吃完，外洋大轮船又有几批运来了。"农民愤懑而无奈地发着牢骚，但是"第二天又有一批敞口船来到这里停泊。镇上便表演着同样的故事。这种故事也正在各处市镇上表演着，真是平常而又平常的。"茅盾等人的乡村叙事不仅描写了现实乡村的苦难，而且深刻地分析了造成这种苦难的社会原因。

二　诗意浪漫小说

在现代文学史上，沈从文创造了另一种想象乡村的方式，即描绘一个风光优美、人性朴实、充满诗意的乡村，以与现代都市文明形成鲜明对比。在他 20 世纪 30 年代的文学创作中，以一种近似白描的手法创作了一系列描绘湘西乡村形象的文学作品。沈从文笔下的乡村是一幅诗意隽永的山水画。《黔小景》中的雨中云、云中雾、雾中山一派诗意，"外面的雨似乎已止住了，天上有些地方云开了眼。云开处都成了桃红颜色，远处山上的烟雾好像极力在凝聚。一切光景在黄昏里明媚如画，看那样子明天会放晴了。"《白河流域几个码头》中湘西的深水潭如唐朝柳宗元的《小石潭记》中的小石潭那样清幽："若溯流而上，则三丈五丈的深潭清澈见底。深潭中为白日所映照，河底白白小石子，有花纹的玛瑙石子，全看得明明白白。水中游鱼来去，皆如浮在空气里。两岸多高山，山中多可以造纸的细竹，常年作深翠颜色，逼人眼目。"清澈的白河沿岸景色奇险轻灵，玲珑剔透，安谧和谐，令人陶醉。

沈从文笔下的乡村不仅景美，而且乡情更美、更真、更纯。《边城》中"两省接壤处，十余年来主持地方军事的，注重在安辑保守，处置还得法，并无变故发生。水陆商务既不至于受战争停顿，也不至于为土匪影响，一切莫不极有秩序，人民也莫不安分乐生。这些人，除了家中死了牛，翻了船，或发生别的死亡大变，为一种不幸所绊倒觉得十分伤心外，中国其他地方正在如何不幸挣扎中的情形，似乎就永远不会为这边城人民所感到"。《白河流域几个码头》最后两段对湘西妓女的描写，尤为值得注意。这些妓女虽然职业下贱，但却有情有义，情真意切，追求着一份令人向往的自由爱情。

　　沈从文把乡村描写成一个充满诗情画意、人性淳朴的世外桃源，这直接影响了汪曾祺笔下的乡村形象。在汪曾祺的小说中，苏北乡村一如沈从文笔下的湘西"边城"，人们虽然生活极其穷苦，但却淳朴可亲，古道热肠。在《受戒》中，寺庙全无清规戒律，仁渡和尚会唱山歌小调："姐儿生得漂漂的，两个奶子翘翘的。有心上去摸一把，心里有点跳跳的。"其间人情、人性之自然、健康、美好，令人油然心向往之。在《大淖记事》中，我们看到苏北的乡村虽然兵荒马乱、人民生活困苦，但却洋溢着人性美、人情美。在《岁寒三友》中，乡村文人如此重情重义，着实令人感慨。

三　社会变革小说

　　20世纪40年代，特别是延安文艺座谈会召开之后，解放区的文学从内容到形式都发生了很大转变，产生了一大批紧随时代脚步，描写乡村社会现实变革的小说。作为一位地地道道来自于乡村的农民作家，赵树理耳闻目睹了乡村社会关系的巨大变革，以及在变革过程中人们精神的巨大飞跃，身临其境地感受到一大批在共产党领导下已经觉醒了的农村新人形象登上了属于他们自己的历史舞台，展示着他们从未有过的自豪和兴奋。作者以幽默细腻的笔触，描写了觉醒了的农村新人与邪恶势力以及封建思想作斗争的过程。《小二黑结婚》描写了为争取婚姻自主，边区农村中新生的进步力量小二黑和小芹同落后愚昧的迷信思想及封建反动势力之间的尖锐斗争，并最终在新政权的支持下获得幸福婚姻的故事，彰显了民主政权的力量和新思想的最终胜利。小二黑和小芹代表着新的历史时期的新农民，他们身上产生了民主、自由、平等的新品格和对爱情执着追求的新思想。《李有才板话》重点描写抗日时期在改选村政权和减租减息斗争中农民和地主之间复杂尖锐的矛盾斗争，准确真实地反映了农村社会各阶层的心理变动。地主阎恒元采取拉拢腐蚀、营私舞弊等各种手段，牢牢把持着敌后根据地阎家山的村政权，居然骗取了"模范村"荣誉。李有才有段"板话"一语中的指出模范村的虚假："模范不模范，从西往东看；西头吃烙饼，东头喝稀饭。"李有才带领小字辈，以板话为武器与地主阎恒元作斗争，终于在老杨同志的组织领导下斗垮了阎恒元等一群恶霸。尤为值得注意的是，在《三里湾》中，赵树理紧紧围绕秋收、扩社、整社、开渠等乡村工作，叙述了马多寿、范登高、袁天成、王宝全四户人家一桩桩日常生活中的小故事，在这看似鸡毛蒜皮的日常故事中却交织着种种错综复杂的社会关系，展示了合作化的农村在经济、政治、思想、伦理、道德诸方面发生的巨大变化。

在中国社会现代转型过程中，由于变革往往发端于乡村，从 20 世纪 40 年代后期开始的土地改革、50 年代中期的农业合作化，到 80 年代开始的家庭联产承包责任制，无不是整个社会的政治与经济结构性转变的先导。因而，以史诗性的手法描写乡村社会现实变革成为这一时期乡村小说的主要叙事方式。在土地改革时期，丁玲的《太阳照在桑干河上》（1948 年）细腻地描绘了在共产党员张裕民带动下，长工程仁等群众的革命意识觉醒了，成为乡村变革的中坚力量。在新中国成立后的文学中，乡村小说巨著大量出现，如梁斌的《红旗谱》、赵树理的《三里湾》、冯德英的《苦菜花》、柳青的《创业史》、浩然的《艳阳天》等。这些作品讴歌新时代的乡村巨变，将时代的风云寓于民俗风情之中，借人物命运演绎了乡村社会的历史变迁。20 世纪 80 年代初，家庭联产承包责任制再次唤起了农民的热情，乡村呈现出一片欣欣向荣的景象，乡村变革再次成为整个社会变革的先导，以现实主义手法描写乡村社会现实变革再次成为乡村小说的主要叙事方式。如贾平凹的小说《山地笔记》以一个个短小的故事，像一幅连环画一样展现了陕南山区农村新人、新事的动人的生活画面；在其中篇小说《腊月·正月》中，韩玄子在竞争中迅速败北的结局，充分展现了经济变革对农村社会人际关系，以及对农民观念意识带来的巨大影响与变化。再如，高晓声的《李顺大造屋》《陈奂生》等小说，通过对大时代普通农民命运的叙述，充分揭示了乡村社会变革的广度与深度。

第二节　1990 年代后"文学乡村"的多副面孔

20 世纪 90 年代起，随着商品经济时代的到来、高速城市化进程的启动，乡村社会发生了深刻裂变。首先，越来越多的农民进城打工，乡村人口锐减，有的村落在消失，有的土地荒芜了，出现了留守妇女、留守儿童、留守老人等严峻的社会问题；其次，都市消费文化与大众文化对乡村影响不断深入，乡村社会变得多元无序、纷繁芜杂；最后，相对于城市，乡村仍然比较封闭保守，不但在经济形态、物质生产上与城市有着很大的距离，而且在思想文化上也有着巨大的差异，一些乡村还保留着强烈的宗法观念和封建迷信思想。此外，不同地域的乡村出现了明显的分化：有些乡村与城市已经基本实现了城乡一体化，有些乡村沦为"空心"村，有些乡村受益于乡村旅游、农家乐等，发展为一种新形态的乡村。面对日趋多元化的现实乡村，90 年代以来的乡村叙事既延续了现代文学史上的三种主要书写方式，又出现了诸多新的变化。择其要者概括：其一，对乡村贫困现实依然给予强烈关注，但对乡村社会文化的审视、批判少了①；其二，社会变革主要由城市开始，因此城市化影响下的乡村颓败、空心化及其社会问题成为乡村叙事的焦点。其三，同样描写诗意的乡村，但对乡村生活的诗意想象往往被赋予了疏离、对抗城市化的新内涵。

一　贫困的乡村

20 世纪 90 年代，中国改革开放全面深化，市场经济体制逐步建立和完善，国民经济得到了快速的发展。但是，由于长期以来城乡二元体制的制约，乡村在基础设施建设、生活水平保障、文化事业投入等诸多方面与城市悬殊，特别是一些老少边穷地区的乡村，更为破旧、颓败。一些山村几乎与外界隔绝，还处于前工业化时期的男耕女织状态。山大沟深，山区道路坑坑洼洼，土地贫瘠，次生灾害频发，交通滞后，出山赶集需要好多天时间，没信号覆盖，手机只能当闹钟用。村民们住的还是木石结构的简易房屋，基础设施薄弱，产业发展缓慢。在许多偏僻的乡村，由于村子里的姑娘外出打工不再回村找对象，其余的外嫁到平原地区或者条件比较好的地方，贫困的青年农民已到正常婚配年龄，却娶不到、娶不起、娶不来妻

① 批判乡村落后观念的作品也是有的，只是相对少了。在阎连科的小说《黑猪毛白猪毛》中，他描写了乡村对权力几近于荒诞的崇拜：李屠夫家被县委书记住了一夜，从此就获得了一种巨大荣耀；镇长开车撞死了人，居然很多人争先恐后地抢着去顶罪。"《黑猪毛白猪毛》中的李屠夫、刘根宝以及众村人，可以说都是阿 Q 的后代。"（丁帆等：《中国乡土小说的世纪转型研究》，人民文学出版社 2013 年版，第 123 页。）尤为值得注意的是李佩甫的《羊的门》与蒋子龙的《农民帝国》，这两部小说对农民思想观念的批判达到了一个新的高度。

子，这不是个别情况。

　　90 年代以后，站在启蒙立场、批判乡村落后风俗与思想观念的作品大大减少了。相比较而言，面对中国社会经济城乡之间、区域之间严重不平衡的现状，很多作家将关注的目光更多地投向了偏远地区乡村令人触目惊心的贫困状况。在何申的《年前年后》中，"有一个老汉披着嘎吧新的绿棉大衣，他说多亏了受灾啊，要不受灾这辈子恐怕穿不上这好衣服。"① 这看似不经意间的一笔，让我们不禁为农民的贫困生活感到心酸。在罗伟章的《变脸》② 中，云开县一年四季只能喝清汤寡水的稀饭吊命，外县人经常取笑他们，说云开县人喝稀饭的声音，飞机上也能听见，并为他们编了一首歌谣："一吹一个泡，一喝一条槽，十天一泡屎，一天十泡尿。"而云开县在外打工的冉老头家又算穷的，所以他拼了老骨头，甚至连命都不要出来打工。在拌混凝土的时候，他腰弯一会儿就直不起来了，脸都痛紫了，等腰缓过劲来又继续干活。在白连春的《拯救父亲》中，父亲身上的那件黑色的毛线衣，"是谷禾上高中时穿的，一直穿到大学毕业。袖口、领口、背上和胸上以及下摆处有好几个地方都烂了。因为没有相同的毛线了，母亲就拿其他颜色的毛线把那些地方缝补。后来二弟又穿。二弟穿到大学毕业，毛衣更烂了。母亲干脆用布缝补那些烂处。最后，这件毛衣不是毛衣、布衣不是布衣的五颜六色的花衣服就归父亲穿了。"③ 在夏天敏的《好大一对羊》④ 中，德山老汉屋里可谓一贫如洗，只有一个说不清年代缺了一扇柜门的碗柜，靠墙角挖了一个火塘，火塘边用土舂了个台阶，就是坐的了。屋不大却空旷开阔，丢个石头也打不到啥的。"那屋也真叫人惨不忍睹。土舂的墙裂了许多口子，最长的一道从墙根裂到墙头，娃儿的手都伸得进去。终年烟熏火燎，屋里黑漆漆的。"在这荒野的山村，看到的只是漫无际涯的卵石和黄黄的尘土，寒天里的高原山区人家，连吃的都恨不得生吃，舍不得烧草根和着泥巴而成的海垡烤火，天一黑，一家人钻在一起，哆哆嗦嗦

---

①　何申：《年前年后》，《人民文学》1995 年第 6 期。

②　罗伟章：《变脸》，《人民文学》2006 年第 6 期。

③　白连春：《拯救父亲》，《人民文学》2009 年第 9 期。

④　夏天敏：《好大一对羊》，《当代》2001 年第 5 期。

混到天亮。在苏童的《堂兄弟》① 中，德臣和道林家盖房子的钱大部分都是借的，为了还债，两家都勒紧裤腰带过日子，开始两家天天煮稀饭，但看到孩子饿得受不了了，德臣后来规定每隔一天煮一顿干饭，德臣家一煮干饭，道林家的小孩就闻到了米饭的香味，就也哭闹着要煮干饭，最终德臣和道林两家约定，煮干饭两家一起煮，事先要互相通报。一天，德臣家来了两个干部模样的客人，买了猪肉招待。这让道林家的孩子嘴馋得哭闹起来，不吃饭而要杀猪吃肉，在左打右哄也不见效的情况下，道林一气之下手一挥，把桌上的饭碗都扫到了地上，跳上桌子喊道："来，你们都来吧，把我吃了吧！"在饭桌上又捶自己的胸，说，"来，割这里的肉，把我吃了吧！"最后捶自己的腿，说，"来，割这里的肉，把我全吃了吧！"贫困令人无限的心酸与悲凉。在陈应松的《马嘶岭血案》② 中，九财叔家徒四壁，三个女娃挤一床棉被，那棉被渔网似的；常年种洋芋刨洋芋用一张板锄一张挖锄，第三张锄都没有的；他家房里作牛栏，牛栏破了没瓦盖；有一年他胸口烂了一个大洞，没钱去镇上买药，就让它这么烂，每天流出一碗脓水；去年村长找他讨要拖欠的两块钱的特产税，他都没有。

"贫困既不是东西少，也不仅仅是手段与结果之间的一种关系；更重要的是，它是人与人之间的一种关系。贫困是一种社会地位。"③ 与贫穷、无助相伴而生的更深层次的苦难是人格被侮辱，被践踏。铁凝的《秀色》④ 中，村庄严重缺水，为了能留住打井队，秀色村的女人们义无反顾地到打井队的窝棚里，村里的小姑娘张品主动献身李技术员。李肇政的《傻女香香》⑤ 中，香香家乡陕西那儿白茫茫一片黄沙地，堪称鬼不生蛋的地方，香香记得的老家，是苞谷粉和山芋干的天下。香香读初中时，就有女同学卖身挣钱，香香的母亲甚至也要香香卖身弄钱去。为了能在城市里生存下去，香香甘愿让大盖帽们抓挠，最后嫁给了大自己二十多岁的报社记者。胡学文的小说《向阳坡》中，一个老板看中村民马达家在向阳坡上的一块三亩

① 苏童：《堂兄弟》，《上海文学》2004 年第 7 期。
② 陈应松：《马嘶岭血案》，《人民文学》2004 年第 3 期。
③ 卢周来：《穷人经济学》，上海文艺出版社 2002 年版，第 75 页。
④ 铁凝：《秀色》，《人民文学》1997 年第 1 期。
⑤ 李肇政：《傻女香香》，《清明》2003 年第 4 期。

地修墓，马达虽说舍不得这块好地，但在村长莫四的威逼利诱和老板提供的护墓工作之下，他屈服了。因为对马达而言，自己陡增了许多收入。每月看墓费就是一千元，"一年就是一万二。老板让马达看墓，肯定不是一年，而是十年、二十年……马达一辈子不愁吃不愁喝了。马达当然高兴。"① 然而，接下来的葬礼却令马达惊诧不已，葬礼威风十足，有十几辆车护驾保航，前面的全是黑色轿车，后面是一辆白色面包。而棺材通体漆黑乌亮，几乎晃眼，就连见过世面的村长莫四也从来没见过这么好的棺材。但棺材里面躺着的竟然是一条穿着西服、系着领带的大狼狗。活人竟然不如一条死狗，马达的父亲罹患重病，整日咳嗽不止，想吃一口可口称心的饭餐却因无钱而放弃。两相对比，马达明显感受到了莫大的屈辱。

　　乡村的贫困一方面源于资源匮乏；另一方面"以农养工"、工农业之间的"剪刀差"等政策也是造成农民贫困的主要原因。包产到户的土地改革一度调动了农民的生产积极性，解决了农民的吃饭问题，但家庭分散式经营的小农经济也限制了土地增殖，在土地产出到了一定的程度后，农民收入开始减慢，尤其是农产品一直是计划经济，而工业产品却实行市场经济，由于工业产品物价上涨太快，农民收入甚至出现了负增长。加之90年代初中期，国家实行财政包干政策，中央和地方分灶吃饭，地方政府财少责重，对于全国大多数的县和乡镇来说，由于没有稳定的税源，许多县和乡镇连公务员和事业单位的工资都不能按时发放，不少地方党委和政府向农民收取或者变相收取各种各样的税费，包括土地承包费、以资代劳费、生猪屠宰税、教育附加费、公路集资费、捐资助学费……诸如此类，名目繁多。农民一年到头在地里忙活的收入，远远不够强派硬摊的各种税费。刘春来在《七铁匠传奇》② 中写到，90年代"我"的家乡农民不但要向国家交农业税，还要向镇政府交"上缴"，向村上交"提留"。"上缴"的名目繁多：乡村公路建设费、义务教育附加费、义务兵优抚费、五保户优抚费……这费那费后，还有临时集资：卫生院添部急救车要农民集资，水管会修堤坝要农民集资，村小学的窗玻璃烂了也要农民集资。村委会也要活命，也不

---

①　胡学文：《向阳坡》，《当代》2009年第3期。
②　刘春来：《七铁匠传奇》，《湖南文学》2015年第6期。

示弱，顺便搭车各项"提留"也就少不了。"提"出来的钱"留"在村里，村干部才有工资，村委会才有办公费，当然也包括农民最痛恨的各方面的接待费。农民天天喊负担重，中央也天天喊要减轻农民的负担，但就是减不下来。2000 年湖北省棋盘乡党委书记李昌平在《我向总理说实话》中痛切地写道："农民真苦、农村真穷、农业真危险"。关仁山的《天高地厚》中，种粮大户卖粮、卖棉遭遇打白条现象十分普遍，乡镇收购打白条后又压级、压价，最后逼得农民梁罗锅一把火烧掉了一车的棉花。邓宏顺的《退税》① 中的乡镇干部老张，为了完成农业税，能两脚踩在猪粪上捉猪，能把别人的谷仓锁打烂担走谷子，能在别人孩子的哭声中将电视机抬走，能在村民的刀斧下爬上屋脊下瓦片。千丘田村是一个十分贫困的山村，靠天吃饭，每年收税时，鸡飞狗跳墙，人往山上藏，见面动刀枪，村民就骂干部为土匪。废除农业税后，乡镇干部到千丘田村退税，这本来是好事，但是在村民看来，估计还是来要税的，一些钉子户甚至头披着麻袋躲藏在牛粪堆下也不敢出来。邓宏顺的另一篇小说《告状》② 中，松山脚下新修一条公路，村民麻姑连命都不要了要和岩炮一起爆炸，因为修这条公路的负责人欠着她家的工钱，还欠着她家的庄稼补偿费，她去要过多少次都没能兑现。之所以出现这样的问题，基层政权非法截留经费是主要原因。小说中交代，现在这条新修的公路，明明电视说了国家投资多少万元，但是，到了村民头上，修路的工钱兑不了现，青苗补偿费也兑不了现。

　　面对贫困，以及恶劣的生存环境，农民没有绝望，也没有逃避，他们吃苦耐劳，不怕牺牲。然而，令人痛心的是，富裕起来的城市不仅没有反哺乡村，反而给乡村带来了更为深重的苦难。在阎连科的《日光流年》中，三姓村生存环境恶劣，村里的人都会患一种致命的喉堵症，很少活过四十岁。为了改变生存环境，三姓村人修了灵隐渠，为此付出了巨大牺牲，先后直接因修渠死人（不包括喉堵症死者）18 个，断臂少指类的伤残 21 人。为修建灵隐渠凑资，三姓村人共去教火院卖人皮 197 人次，907 平方寸，直接因卖人皮死去 6 人。女人到九都做人肉营生 30 余人次。最困难时，卖尽

---

①　邓宏顺：《退税》，《当代》2005 年第 4 期。
②　邓宏顺：《告状》，《时代文学》2008 年第 6 期。

村中棺材和树木，卖尽女儿陪嫁和小伙的迎娶家当，连村里的猪、鸡、羊都一头一只不剩，仅余下一对老牛做耕地之用。对于三姓村来说，工程如此巨大，代价如此残酷，可结果却更让他们伤心欲绝，当他们迎来了灵隐渠通水的那一天，等水渠里的水流过耙楼山渠的时候，看到的却是浓浓的猩红猩白的如夏天各家院落门前酵白的粪池的黑臭味的水，原来灵隐渠道的渠头上，那儿的县城升格为市，城市的发展带来了严重污染，水边没有了鸟，水里没有了鱼，只有河面上面汤般的黏丝、发霉的草木、女人的红裤头，还有死猫、死猪、死雀。胡学文《淋湿的翅膀》中的青年马新带头到造纸厂闹事，要求赔偿，一个重要的原因就是原来与恋人约会的地方，曾经熟悉的水鸟不见了，清澈的水面不见了，水淖聚着黑乎乎的污泥一样的东西，并散发着恶臭，令人恶心、窒息。生态环境的恶化破坏了乡村原有的青山绿水。

二　"空心化"的乡村

　　早在 20 世纪 40 年代，费孝通就说过："中国都市的发达似乎并没有促进乡村的繁荣。相反地，都市的兴起和乡村衰落在近百年来像是一件事的两面。"[①] 没料到这居然成了 20 世纪 90 年代社会状况的预言。在 90 年代开始的快速城市化进程中，城市越来越繁华，越来越庞大，而乡村却越来越凋敝，越来越败落，河流污染，资源枯竭，草原退化。"无论按国际组织的标准，还是普通人的观察、体验，目前至少可以说中国的城市都已超过小康水平。现在纷纷争着提前实现现代化。一方面，城市与世界'接轨'，其速度一日千里，彼此互相攀比，其声势令人眼花缭乱。另一方面，农村大范围经济发展停滞不前，乡村债务严重，农田水利、基础设施、农村教育、卫生严重滑坡。"[②] 一些乡村彻底溃败、荒芜、"空心化"，乃至消失了。文学作家看到了这个新问题，忧虑地描述着，冷静地思考着。李勇指出，90年代后文学话语的背景与 80 年代的文学话语背景显著不同，一系列深层的社会矛盾和问题显现，改革话语所构筑的未来图景开始受到冷静的审视、

---

① 费孝通：《乡土中国·乡土重建》，上海人民出版社 2007 年版，第 254 页。
② 程贯铭：《农村社会学》，知识产权出版社 2006 年版，第 91 页。

质疑，"'后改革'时代的乡村小说叙事就是在这样的背景下展开的，而它所展示的乡村图景也呈现出与'改革'的'乡村'截然不同的特征：'改革'的'乡村'如果说是浮躁但却承载希望的乐土的话，后改革时代的'乡村'则已经退去了所有的诗意，成为一派荒凉而寂寥的'废墟'。"①

　　早在20世纪90年代，有些乡村叙事已经敏锐地觉察到了城市化造成了田园荒芜、乡村没落。关仁山在《九月还乡》②中写到，城市是乡村贫困、凋敝的罪魁祸首，城市化不仅带走了乡村绝大多数青壮年，还抢占了乡村粮田土地，导致村民变得唯利是图。在梁晓声《荒弃的家园》③中，翟村的干部集体外出打工，其后，一拨拨的翟村的青壮农民们，相约着扛着简单的行李卷，纷纷离开翟村……又过了不久，年轻的女人们也背井离乡，身影消失在世界的四面八方……继年轻的女人们之后，纷纷离开翟村的是十七八岁乃至十四五岁的少女们，三十五六岁乃至四十五六岁的妇女们。有些腿脚利落的老太婆们，也鼓起闯世界的勇气，原本五百七八十口人的翟村，总共剩下了还不到六十口人，尽是些卧床不起的、重病缠身的人，有残疾的人或神经有毛病的人。翟村只剩下老人、孩子和狗。在刘醒龙的《黄昏放牛》④中，在城里帮大儿子带了五年孙女的老汉胡长升回乡后发现，土地几近荒芜了，到处都是不绝于耳的麻将声。

　　乡村的空心化直接造成了乡村的没落。主要有两种情况。一是城市近郊的乡村由于城市版图扩张而消失了。"随着城市化的发展，城市规模的扩大，城市边界不断向周围郊县延伸扩展，逐渐蚕食乡镇，使城市行政区域范围逐渐扩大。这种模式在特大城市和大中等城市采用较多。"⑤贾平凹的《土门》⑥就讲述了城市近郊的仁厚村在与城市的抗争中变成了城中村，然后一点一点地被城市蚕食，最后消失在林立的高楼与水泥街道中。主人公

---

　　① 李勇：《论1990年代以来的乡村小说叙事》，武汉大学博士论文，2010年。

　　② 关仁山：《九月还乡》，《十月》1996年第3期。

　　③ 梁晓声：《荒弃的家园》，《人民文学》1995年第11期。

　　④ 刘醒龙：《黄昏放牛》，北京出版社1998年出版。

　　⑤ 杨匡汉、孟繁华：《共和国文学50年》，中国社会科学出版社1999年版，第254页。转引自刘君德等《海口地区市县利益冲突及行政区划体制探索》，《战略与管理》1994年第3期。

　　⑥ 贾平凹：《土门》，春风文艺出版社1996年版。

成义留恋旧有的生活方式，不断抗争着，为了筹钱甚至去盗兵马俑，最后被枪毙了。成义的结局是不幸的，这不幸的结局恰恰暗示了城市化的力量是不可阻挡的。90年代贾平凹在写作《土门》时虽然批评了城市的生存方式，但认为其扩张以及吞没乡村是合乎历史潮流的，而在新世纪的乡村叙事中，我们看到越来越多的作品对城市的盲目扩张持严厉批判态度，担忧、同情乡村的没落、消失。

乡村没落的第二种情况是，农民离土进城了，村子空了。这也是文学中乡村没落的主要形象。"城乡居民收入比从1978年的2.6∶1，扩大到2007年的3.33∶1，城乡居民收入差距扩大趋势仍未得到有效遏制。城乡居民消费水平总体上相差10年左右。"① 城乡差距越来越大，大批农民背井离乡，到城市寻求致富的机会，民工潮成为中国城市化、现代化过程中最具中国特色的一幕。孙惠芬在《上塘书》写道："反正，出去变得越来越容易。反正，不出去越来越不可能。"徐则臣写道："那时往城里跑的人多，现在更多，在以后的若干年里可能会越来越多"，"土里长不出黄金，地种得大家越来越穷。"② 而大量农民的外出，特别是年富力强的青年男女的离开，使村庄显得越发没有生机与活力。范小青的《城乡简史》中，村民王才无意中看到了城里人自清的一本记事用的笔记本，里面记载有香薰精油，感觉到城市生活如此的色彩丰富，而自己却枉活了半辈子，连香薰精油都不知道，于是毫不犹豫地拖家带口来到了自清所在的城市打工。"村庄里的新房越来越多，一把把锁无一例外地生着锈。与此同时，人越来越少，晃动在小路、田头、屋檐下的只是一些衰弱的老人。整个村庄被房前屋后的荒草、废墟所统治，显示着它内在的荒凉、颓败与疲惫。就内部结构而言，村庄不再是一个有机的生命体，或者，它的生命，如果它曾经有过的话，也已经到了老年，正在逐渐失去生命力与活力。"③ 罗伟章的《小镇喧哗》中，"我"的老家，那是一栋好几十年前建的木板房，到处穿眼漏壁。而依山而建的老镇区，其破落的景象随处可见。房屋垮的垮，塌的塌，上上下

---

① 张继业：《中国农村：30年变革与生发》，《当代畜禽养殖业》2009年第2期。
② 徐则臣：《看不见的城市》，《北京文学》2013年10月。
③ 梁鸿：《中国在梁庄》，江苏人民出版社2010年版，第21页。

下地走了很远，难得见到一个人。詹文格的《杀不死的年猪》① 中的胡屠夫希望两个在外打工的儿子早点回来，不要再在外面漂了。"老大不小的，也该娶妻生子，续接香火。可山里这些后生都在山外迷了魂，着了魔，他们背道而驰，专门与家里的老人唱反调。不仅是后生汉子走光了，连大姑娘小媳妇也涌向了城里。家里已经留不住这些人，更留不住他们的心。"翰儒的《家园》中描写劳作一天坐在门槛上休息的尤大松对村庄的感慨：村子真像家里的米袋啊！原来满满的一袋米，一天天一顿顿一勺勺地往外掏，渐渐地瘪了下去。村里的人就像袋里的米，这一二十年来一个个净往外面跑，不傻不呆的青壮年大都跑了，剩下老幼病残，村子都快成孤儿院和养老院了。尤大船住的四合院原来满满当当住着十多户人家，如今只剩下三户了。一张张汇款单从外面像信鸽一样飞进竹林村后，村里年轻的甚或连四五十岁的都坐不住了。日出而作日落而息的简朴的农耕生活彻底被打破，唾弃，像洪水决堤一般②。乔叶的《拾梦庄》中，"我"一进村就震惊了，"这么旧，还旧得这么漂亮，这么完整。宽阔的青石板路，苍苍郁郁的古树，闪烁着斑斑金翠的瓦当和脊兽，细腻精美的木雕砖雕和石雕俯仰皆是，还有处处可见的字体讲究的门匾，有的是'作善降福'，有的是'厚德载物'，还有的是'守身为大'……虽然细看时就会发现很多房屋有残落破败的痕迹，但仍然能够鲜明地感受到当年的威严和气派。"如此美丽的小村庄由于青壮年大都出去打工了，只剩下了老弱病残，使得"老房子里的烟火气很淡。若不是有些院子里搭着一些零零落落的衣服，简直都想不到还有人在住着"③。

　　由于乡村人口外流，乡村空了，原本安居乐业的乡村出现了大量的留守儿童、留守妇女和留守老人，妻离子别，骨肉分离，孩子得不到照看，妻子得不到照应，老人得不到照顾。据全国妇联的调查数据显示，截至2010 年，我国农村目前的留守儿童数量达到了 2300 万人，其中 79.7% 由（外）祖父祖母抚养，13% 被托付给父母的亲戚或朋友，剩下 7.3% 的孩子

① 詹文格：《杀不死的年猪》，《福建文学》2014 年第 4 期。
② 翰儒：《家园》，《花城》2008 年第 4 期。
③ 乔叶：《拾梦庄》，《长江文艺》2013 年第 2 期。

没有确定的监护人。丛林在《小村、老人与少女》① 中描写了一位留守少女的孤独心境，"这世上没有什么比一颗少女的心更神秘的了。而一颗留守少女的心，就更孤独难测。村子里孩子很少，少女几乎没有同伴。放学回家之后，这个寂静的山湾就成了她一个人的王国。宁静的池塘、凋枯的水草、斑斓的橘园，还有屋后那幽静的松林，松林里调皮的小松鼠、野兔和鹡鸟，这些全都是王国里她的朋友、她的臣民。它们疼爱她，体察她的心思，珍藏她的眼泪和欢乐。它们默默地对她说话，陪她玩耍，以沉默的爱的力量守护她成长。然而少女对此是浑然不觉的。"王巨成的《穿过忧伤的花季》② 写了一群农村留守少年的成长故事。为让孩子过上富裕的生活，他们的父母将孩子托付给家里的老人或者亲戚代管，自己到城市里流血流汗地打工挣钱，这些孩子在父母的亲情和监管双重缺失的情况下，情感和精神变得荒漠，像野草一样生长。小说一开始就描绘了一个让人心碎的早晨上学的场面：和奶奶相依为命的留守女生陆星儿，天不亮就起来去上学。在太阳即将升起的薄雾朦胧中，一扇门嘎吱地响了一声，然后从里面出来一个人影，还有一条狗的身影。天地间的静被打破了。奶奶的叮咛和咳嗽，孙女带上门的乖巧与懂事，狗的忠诚与顽皮，这些所呈现出来的是温馨中的满地凄凉。留守女孩星儿的每一天就是这样开始的。她去镇上中学的时间是算计好了的，等她到镇上，将近六点半。学校早读课开始的时间是六点三十分。这个早晨上学的场景几乎可以说是留守儿童生活的一个令人心痛的象征：一个极易被损伤的弱小、贫困、孤独、无助的生命体。郑小驴的《故乡欢歌》中，描写了留守在家的儿子见到回家父亲的情景："我"因同村的少斌在工地上受了重伤回家给少斌的父亲捎信，九岁的儿子东东最初见到"我"陌生而羞怯，随后他就骄傲地骑着"我"在村里四处炫耀"你们没有爸爸，就我有爸爸！"，读来让人感到心酸。

留守在乡村的妇女，不仅要承担男人做的体力活，还得默默忍受夫妻两地分居的痛苦。沈梦溪的《留守女》中写道，元宵节一过，上刘庄的男人都先后外出打工去了，村里一下安静了下来，留守女人樱桃一边搓着衣

---

① 丛林：《小村、老人与少女》，《湖南文学》2015年第5期。
② 王巨成：《穿过忧伤的花季》，明天出版社2008年版。

服一边对另两位留守女人春妮、春红说："其实我们这代人是最苦的了。当年出生时也没啥好的条件,现今条件是好点了,但这条件好都是家里男人外出打工赚来的,要么我们自己不在家,要么老公不在家,唉,让我们这些人都跟着守活寡啊。"① 晓苏的《花被窝》② 叙述了一个留守女人秀水和李随的暧昧情事。一次与李随出轨后,感觉被自己的婆婆发现了,在随后的焦虑之中,为了让婆婆替自己守住秘密,保护自己的家,对婆婆好了起来,让住在破陋房中的婆婆搬过来与自己住在一起。花被窝见证了两代女性的共同命运,当年秀水的公公到外地修铁路,一修就是大半年,而如今秀水的丈夫也同样长期在外打工,夫妻间间隔的时空距离酿成了婆媳两代人如出一辙的出轨模式。花被窝所负载的沉重的道德包袱,在婆媳二人对饮同醉的结局中似乎淡忘和消解了,但给人的回味却是酒醉后的难言之痛。在存文学《人间烟火》中,村里大部分男人和女人都外出打工了,兰珍的丈夫云生外出离家半年后,兰珍就开始注意到村里唯一的男人松林的一举一动了,她发现,村里其他的小媳妇也在关注着松林的举动,她们一个个如饥饿的豹子、老虎、豺狼在窥伺着,随时准备朝他"下口",她觉得自己不"下口",其他人迟早也会"下口"的,她得赶在她们"下口"之前。

留守乡村的孩子、妇女固然很不幸,但他们毕竟还有青春,还有希望,而留守老人失去了天伦之乐,其孤独则更为难耐。王十月的《小民安家》③中写自己乡下的父亲孤独地生活,父亲实在孤独了,又没有人可以倾诉,就用写诗来排遣心中的寂寞,把他的诗刻在房子周围的竹上:"一人在家苦闷头,无事出门漫步游。耳闻邻居童歌颂,进出只有锁相逢。"

三 失范的乡村

城市化进程使得以农耕文明为基础的价值观念和行为模式无以为继,但新的价值理念和行为模式又无法在短时期内确立起来,因此,整个乡村出现了社会规范权威失落、伦理功能丧失、人性底线失守的"失范"状态。

---

① 沈梦溪:《留守女》,《上海故事》2013 年第 1 期。
② 同上。
③ 王十月:《小民安家》,《作品》2008 年第 9 期。

其中以乡村伦理道德的失范、乡土权力的失范最为典型。

　　乡村伦理道德的失范尤以家庭伦理（亲情伦理、婚姻伦理）的嬗变、金钱伦理至上的流弊最为突出。90 年代之后的乡村叙事中，描写乡村传统道德沦丧，人与人之间的真诚、友善逐渐消失，成为一种突出的文学现象。在社会变革过程中，原有的诸多乡村美德渐渐地淡薄，利己主义的市侩哲学到处横行，重义轻财、舍生取义、乐贫好施被见利忘义、贪生怕死、罔顾廉耻所代替。梁鸿的《中国在梁庄》描述了现实生活中的梁庄乡村传统道德沦丧的景象。正如评论者所言，"梁庄的人心已如一盘散沙难以集聚，乡土不再温暖。更严重的是，梁庄的破产不仅是乡村生活的破产，而且是乡村传统中的道德、价值、信仰的破产"。①

　　在这种趋势之下，人们所有的关系都被湮没于金钱交易之中，就连我们最为推崇的家庭伦理也不例外。在范小青《生于黄昏或清晨》中，不肯赡养老母亲的两个不孝的儿子，虽然各有新房，却让老母住旧屋，对没有生活来源且有些精神恍惚的老母，也不愿意提供生活费，甚至在派出所作出判决后，也互相推诿。李佩甫的《生命册》中，虫嫂和老姑父蔡国寅的悲剧命运无不与自己的子女有着莫大的关系。虫嫂和丈夫老拐的残疾使得他们面临着异于常人的生存压力，为了能让这个家过下去，为了自己的子女活下去，虫嫂放下尊严，先是"偷东西"，后是与人苟合，破罐破摔，因此，成为无梁村女人的公敌，被当众扒光、殴打泄愤。就是这样一个卑微的女人，为了子女的尊严可以以死相逼，可以痛改前非，可以进城捡破烂，可以为了子女的前途与子女宛若路人。但她的子女却让她在三九天无处可依，被迫回村。即使临死时，也未能见上他们一面。颇具讽刺意味的是，当闻知她的纸扇子中藏有 3 万元时，他们回来了。亲情终究抵不过金钱的诱惑，可悲可叹！"老姑父"一辈子对自己的三女儿蔡苇香怜爱有加，却不知自己叛逆的女儿以"与父为敌"为乐，她活着就是为了让自己的父亲痛苦。她离家出走，卖淫，与母亲一起折磨父亲。当她摇身一变成为蔡总蔡思凡时，可以为其他人一掷千金，可以为父亲办一场空前绝后的葬礼，却

---

　　① 孟繁华：《怎样讲述当下中国的乡村故事——新世纪长篇小说中的乡村变革》，《天津社会科学》2011 年第 5 期。

不肯给自己的父亲一丝真切的安慰。这样的情况不胜枚举，已经触及人性的底线。

传统道德中要求对婚姻忠诚，要克制身体欲望，在城市化浪潮下也发生了改变，乡村甚至默默认可了婚前性行为、一夜情、婚外情、养小三等行为。在陈玉龙的《乡村婚姻》中，农民九毛在外打工五六年不回家，而且在外面和一个女老板生活在一起，完全把家里的老婆和女儿抛弃掉了。在孙慧芬的《歇马山庄》中，月月把身体与性看成是可以交换的筹码。人们不再信守美德，朴实的农民居然"笑贫不笑娼"了。在晓苏的《幸福的曲跛子》中，"我"是一个打工妹，三年前在村里油菜坡上盖起了全村的第一栋楼房，建起来的时候，差不多轰动了全村。建这栋房子的钱都是自己从南方寄回家的，村里的人不问钱的来路，都羡慕得不得了，好多女孩子都央求把她们也带到南方去打工，说也想挣了钱回家建楼房。在这个时代，外遇行为甚至被视为是"能力"的象征。孙惠芬《后上塘书》中，从乡村走出来的刘杰夫有一个众所周知的"情人"孔亚娟，没有人觉得有什么不对。因为人们普遍认为，"情人"是男人能力的象征，有钱有权、呼风唤雨的男人必然会占有更多的女性资源。这就是为什么贾平凹的《高老庄》中子路因外遇而离婚一事成为乡村美谈，认为他的能耐大，对之甚为羡慕。《秦腔》中庆玉与黑娥在清风街明目张胆地偷情，逼迫其发妻离婚后还大张旗鼓地摆宴席。

由于商品经济在社会生活中的影响日益凸显，农民的消费观念发生了很大的变化，农民曾经引以为豪的勤俭节约观念土崩瓦解了，逐渐表现出畸形消费的特征。在徐宝琦的《二嫫》中，二嫫的丈夫刘七品原是有着很高权威的村长，但在商品经济社会中，刘七品的威信日渐下降，而他们的邻居吴瞎子买车跑运输成了村里的首富，攀比心理促使二嫫下定决心买一台全县最大的彩电，为了实现这个目标，二嫫卖篓子、钉花箱、卖鸡蛋乃至卖血挣钱。彩电可谓是城市消费观念的一个隐喻。在城市化的进程中，物质生产和消费造就的繁荣刺激着人们的消费欲望，由此导致了原有价值观念的嬗变、混乱，以自我为中心的利益至上的商业交际和行为正逐步蔓延，人与人之间的关系被赤裸裸的金钱关系所取代，含情脉脉的亲情之下也同样掩藏着金钱的影子，金钱肆意地撕裂着传统的亲情。在胡学文《淋湿的翅膀》中，村民赵美红不惜装疯卖傻，以破坏自己的形象来获取利益。在女儿艾叶进造纸厂一事上，一连死缠烂打村长三个月仍不气馁，不屈不挠。为了能得到一天五十元的上访费用，主动与过去的宿敌马新站到一边。在这篇小说里，村里的姑娘小如经常挨嫂子的打骂，甚至乳房都被嫂子打得伤痕累累，自从进了造纸厂，嫂子就开始巴结她，什么活儿都不用她做，平时看她的脸色，当小如被造纸厂辞退后，嫂子对小如又恶语相向起来。

古人云："天下熙熙，皆为利来；天下攘攘，皆为利往。"但若取之有道，不能算恶行。然而，现在面临的情况是为了追逐金钱而突破伦理道德的底线。阎连科的《炸裂志》中，朱颖的全部财富来源于卖淫。就是这样一个人，政府却为她树碑立传，敬为上宾。村人趋之若鹜，让自己的女儿加入卖淫的行列。孔明亮组织村民偷火车上的货物借以发财致富，不慎死亡的人被追认为烈士。炸裂村就是在孔明亮的"偷"和朱颖的"卖"中发展成为一个超级大都市。贾平凹的《老生》中，孕妇因吃柿饼流产后："她家里人就到销售地点闹，那户人家掏了全部药费，又赔偿了两万元。这事传了出来，有人就反映当归村的豆芽吃了拉肚子，西红柿、黄瓜、韭菜吃了头晕，这类事情反映得多了，县药监局和工商局就派人暗中来当归村调查，发现鸡场里的鸡有四个翅膀的，有三条腿的，多出的那条腿在屁股上吊着。猪养到八个月就二百多斤，肥得立不起来，饲料里除了激素，还拌避孕药和安眠药。各类蔬菜里更是残留的农药超标三十倍。"[1]而且上下沆瀣一气，上有政策，下有对策。一旦有风吹草动，村长戏生就通风报信。甚至官员为了自己的政绩，不惜弄虚作假。

范小青《右岗的茶树》中，子盈村生产一种上等好茶，叫玉螺茶，但是产量太小，供不应求。为了赚钱，当地人完全抛弃了传统炒茶的制作工艺，有的暗地里用电炒锅炒茶，甚至到外地购买次等茶叶冒充玉螺茶。村长老叶说，我们子盈村，几百年的玉螺茶历史，做下来又怎么样呢？村子里家家户户破房子，这两年，一做假玉螺茶，家家户户翻新房，造楼房，我要是不让群众做，他们还不把我当茶叶给泡了。当二秀说这样会毁掉玉螺茶的声誉时，村长老叶说，谁说只有子盈村产玉螺茶，现在到处都生产

---

[1] 贾平凹：《老生》，人民文学出版社 2014 年版，第 239 页。

玉螺茶，人家不能认定假玉螺茶就是我们子盈村生产的呀。当二秀在回家的长途汽车上碰到许多买玉螺茶的乘客时，告诉他们买的都是假玉螺茶时，有的说假的便宜多了，差好几倍的价钱呢，有的说买假的玉螺茶送礼，又不犯错误又有档次，收礼的人也喝不出来。

　　"乡土权力的失范"也是乡村失范的重要组成部分，主要体现在"强人治村""地痞治村""基层权力泛滥"等方面。我国农村正处于转型时期，一些不法势力以宗族势力把持着部分农村基层的管理，扰乱农村社会生产生活秩序，操纵农村选举工作，甚至左右村政；同时农村黑恶势力不同程度地介入农村的经济活动，破坏农村经济秩序。与之相应地，90 年代以来的乡村叙事中，社会变革中的乡村政治，尤其是乡村黑恶势力以及基层滥用权力现象，成为乡村书写的重要内容。在曹征路的《豆选事件》[①] 中，村干部与地方黑恶势力结成了盘根错节的利益集团，农民方继仁面对村长方国栋一家无理欺压，不仅一直隐忍、沉默、退缩，甚至默许、鼓励妻子与方国栋的哥哥、乡长方国梁私通，以换取对自己较为有利的生存环境。在关仁山的《红月亮照常升起》中，乡里书记李尔熊、侯二村长请陶立将二十吨大米贴上红苹果牌标签，陶立坚决不同意，说这样会将刚刚建立好的牌子砸掉，结果后半夜陶立所承包的九十亩苹果园区被抢劫一光，看园的雇工也被捆绑起来，嘴里还被塞进一只烂苹果。在陈应松的《松鸦为什么鸣叫》中，三妹的公爹用儿子王皋的死亡补助款烧木炭，却遭到支书的横加干涉，不仅房子被没收，还被赶往四壁透风的锯木场里。在陈应松的《独摇草》中，镇长、派出所所长等乡镇干部都在当地的矿上持有股份，结果矿上"砸死人只当砸了头猪"。刘醒龙的《挑担茶叶上北京》中，丁镇长召开全镇村长会议，布置各村采冬茶的事。采冬茶，且必须是落雪时采茶，为的是一个"鲜"字，以奇制胜。此事由镇里段书记发明，后来引起县里的重视，成了县里头头们打开省城与京城大门的秘密武器，亦成为基层干部的晋身之阶。因为"虽然只是一点茶叶，由于是冬天下雪采的，别人没有，领导一下子印象就深刻了，而且别的东西都是大路货，收多了还有行贿受贿等腐败之嫌，斤把两斤茶叶算什么呢，不就是见面递根烟的平

---

① 曹征路：《豆选事件》，《上海文学》2007 年第 6 期。

常礼节吗!"①然而，人人都知道，采冬茶有违自然规律，"莫说掐它那命根子芽尖尖，就是那些老叶子也不能随便动，不然的话，霜一打，冰一冻，茶树即便不死也要几年才能恢复元气。"② 天柱山茶场采几斤冬茶，致使茶叶产量下降，茶场利润剧降。尽管如此，镇干部还是纷纷效仿，丁镇长还是以任务的形式摊派下来，勒令必须完成。无奈之下，石家大垸村村长石得宝只好伙同宣传干事老方欺骗自己的父亲，将自己家的好茶一采而光。基层权力缺乏有效监管，滥用权力，瞎指挥导致的下场可想而知。在陈应松的另一篇小说《乡长变虎》中，乡长不做任何调查研究就要村民集体种甘蔗，"逼民致富"。但"神农山区这地方从历史上就没有种过甘蔗，你现在要大家种甘蔗，地薄，田瘦，你就是把蜂蜜种下去，化成水也是淡的。"③部分基层干部不切实际，唯我独尊，一心谋个人前途的作风可见一斑。

在社会的大转型时期，大到社会结构、经济体制建设，小到生活方式、行为规范都在发生"裂变"，但新的社会价值形态尚未建立，泥沙俱下，其藏污纳垢的一面呈现出来，加上历史的浩劫所带来的压抑使得欲望的闸门一旦开启，便会给人以"洪水滔天"的感觉，因此，伦理道德的乱象自然会显得触目惊心。但也要认识到，城市化进程忽略了对乡村秩序的重构，如果不能在乡土中国重建一个符合现代价值的文化伦理，"失范"的局面必将长久地存在下去。

四 诗化的乡村

与越来越繁荣、富裕的城市形成鲜明对比的是依然贫困的乡村，而与忙忙碌碌、尔虞我诈、人情冷漠的城市形成对照的则是温馨的田园生活。在90年代之后的乡村叙事中，我们仍然可以看到诗意的乡村，当然，城市化语境中的诗意乡村已经有了一种别样的意味，它更多地表现了作者对乡土的想象，寄托着人们对精神家园的向往。故此，我们称之为"诗化"，以凸显其对"诗意"的想象和建构。

---

① 刘醒龙：《挑担茶叶上北京》，《青年文学》1996 年第 3 期。
② 同上。
③ 陈应松：《乡长变虎》，《芳草》2001 年第 2 期。

在书写诗意乡村的众多作家中，张炜是具有代表性的。90 年代之后的张炜思想发生了逆转，我们再也看不到他笔下像《古船》①那样愚昧的、人性扭曲的乡村了，相反，"就时常出现诸如'乡村''土地''大地''野地''玉米地''场院''清水潭''葡萄园'等同一类的意象，其中所寄寓的往往都是作家对淳朴、自由的乡村田园风情的咏叹，或对祥和、温情的社会和人际关系的憧憬。"② 在张炜的《我的田园》中，小村就是这样一个淳朴、自由、洋溢着生命活力的家园。后来，由于小村地下被"掏空"，小村人只好无奈地迁徙了，最后主人公在半岛海边的一座葡萄园里找到了失去的乐园，又诗意地吟唱了，他与土地形成了一种崭新的亲密关系。在《九月寓言》中，一个闭塞的海边小村里，男人与女人们春耕秋收，冬天睡着暖和的热炕头，吃着地瓜和瓜面开花大馍。小村里光棍虽然多，本村姑娘却都不外嫁，饮食男女虽不能完全满足，却也其乐融融。然而，由于矿区的开拓与发展，"整齐的麦畦和秀丽的瓜田沉陷下去，芦苇蒲草遍地滋蔓"，小村终于在一次矿井冒顶事故中坍塌，被湮没在废墟中了，于是"一切都消失殆尽，只有燃烧的荒草……"面对满目疮痍的废墟，感到"大碾盘在阵阵歌声中开始了悠悠转动，宛若一张黑色唱片。她是磁针，探寻着密纹间的坎坷。她听到了一部完整的乡村音乐：劳作、喘息、责骂、咯笑和哭泣，最后是雷鸣电闪、地底的轰响、房屋倒塌、人群奔跑……所有的声息被如数拾起，再也不会遗落田野"③。我们看到，张炜并非是在重复前人对田园生活的诗意想象，他总是把诗意的乡村与城市对立起来，不管是《我的田园》，还是《九月寓言》，乡村都毁灭于象征着城市的厂矿。正如评论者所言，"张炜心许的人物，几乎都很喜欢返回到真正的自然中，大口呼吸自然的空气。这种空气在城市里已经日益稀薄而且变得极其肮脏的了。他们总是渴望冲出城市的海洋，在远离人群远离社会的荒原野地守望人类生存最后的家园，看护被喧哗的

---

① 张炜：《古船》，人民文学出版社 1987 年版。

② 吴培显：《"小村"的挽歌与"融入野地"的理性突破——关于张炜〈九月寓言〉的两点辨析》，《中国文学研究》2012 年第 4 期。

③ 张炜：《九月寓言》，《收获》1992 年第 3 期。

人间事所动摇所忘失的性灵之根——人和自然以及大地本原的亲近与和谐。"① 张炜自己也直言，"城市是一片被肆意修饰过的野地，我最终将告别它。我想寻找一个原来，一个真实"。② 在张炜的文学世界中，乡村的诗性不仅仅是因为乡村的野性、自然、充满生命活力，而且来自乡村社会的伦理与文化。在《柏慧》③ 中，张炜对于有文化操守的善的家族大唱赞歌，认为善的家族是纯洁的、高贵的，充满着人性的和理想的光辉。

迟子建是另一位重要的诗性乡村书写者。在《额尔古纳河右岸》中，小说细腻地描写了额尔古纳河右岸的山山水水与鄂温克族人生存与生命的血肉联系，描绘了鄂温克族人特有的生老病死与婚丧嫁娶的方式，呈现了鄂温克族家园特有的生态存在之美。在鄂温克族人心目中，田园不仅仅是栖息、生活之地，而且是神性的，有生命的。鄂温克老人说："我这一生见过多少座山，已经记不得了。在我眼中，额尔古纳河右岸的每一座山，都是闪烁在大地上的一颗星星。这些星星在春夏季节是绿色的，秋天是金黄色的，而到了冬天则是银白色的。我爱它们。它们跟人一样，也有自己的性格和体态。有的山矮小而圆润，像是一个个倒扣着的瓦盆；有的山挺拔而清秀地连绵在一起，看上去就像驯鹿伸出的美丽犄角。山上的树，在我眼中就是一团连着一团的血肉。"④ "我不愿意睡在看不到星星的屋子里，我这辈子是伴着星星度过黑夜的。如果午夜梦醒时我望见的是漆黑的屋顶，我的眼睛会瞎的；我的驯鹿没有犯罪，我也不想看到它们蹲进'监狱'。听不到那流水一样的鹿铃声，我一定会耳聋的；我的腿脚习惯了坑坑洼洼的山路，如果让我每天走在城镇平坦的小路上，它们一定会疲软得再也负载不起我的身躯，使我成为一个瘫子；我一直呼吸着山野清新的空气，如果让我去闻布苏的汽车放出的那些'臭屁'，我一定就不会喘气了。我的身体

---

① 郜元宝：《"意识形态"与"大地"的二元转化——略说张炜的〈古船〉和〈九月寓言〉》，《社会科学》1994 年第 7 期。

② 张炜：《融入野地——〈九月寓言〉代后记》，《张炜文集》，上海文艺出版社 1997 年版，第 340 页。

③ 张炜：《柏慧》，《收获》1995 年第 2 期。

④ 迟子建：《额尔古纳河右岸》，北京十月文艺出版社 2005 年版，第 131 页。

是神灵给予的，我要在山里，把它还给神灵。"①迟子建虽然没有像张炜那样决绝地将诗意的乡村与城市对立起来，但是，她对城市也是疏离的。在《额尔古纳河右岸》中，伊莲娜是鄂温克族人第一个接受了高等教育的青年，她成了著名的画家，在城市有了体面的工作，但她后来辞去了工作，回到了额尔古纳河畔的故乡。因为，"她厌倦了工作，厌倦了城市，厌倦了男人。她说她已经彻底领悟了，让人不厌倦的只有驯鹿、树木、月亮和清风"。

　　在如诗如画、诗情洋溢的故乡叙事中，实际上隐藏着作家迟子建对城市文明的疏离和怀疑。在《原始风景》中，作者运用时间推移，采用对比的方法集中而投入地反映了这一思想。她先写了姥爷、父亲及傻娥等乡亲与黑土地的相依相亲、水乳交融，又直接写了我来到城市后的恐慌、困惑和失落："我背离遥远的故土，来到五光十色的大都市，我寻找的究竟是什么？真正的阳光和空气离我越来越远，它们远远地隐居幕后，在不知不觉中已经成为我身后的背景；而我则被这背景推到前台，我站在舞台上，我的面前是庞大的观众，他们等待我表演生存的悲剧或者喜剧，可我那一刻献给观众的唯有无言和无边的苍凉。"② 作家毫不掩饰地、酣畅淋漓地表达对故乡的热爱和眷恋，痴迷地发掘着乡邻之间那种真诚的关系和他们美好的人性。也许作家自己也知道，这样一幅自然和谐的乡村美景只能是一种"原始风景"了。她对城市文化扩张带来的种种弊端深表忧虑，为乡村前景担忧。在《原始风景》的"尾声"中她写道："我写过了，我释然，可那遥远的灰色房屋和古色古香的小镇果真能为此而存在了么？我感到茫然。"这样的一份"茫然"，更多的是一种无可奈何的伤感；而这份伤感中，又透出一种坚忍和抗争。面对经济发展和文化转型所导致的城市与乡村的种种弊端和伤痛，面对传统文化与现代文化的冲突和矛盾，迟子建以自己的文化想象方式建构理想的生活方式，并希冀以回归乡土的方式来化解由城市文明带来的紧张、焦虑、臃肿和混乱，为现代生活中的人们寻找一种原始的生机和鲜活的力量。

---

① 迟子建：《额尔古纳河右岸》，北京十月文艺出版社 2005 年版，第 3—4 页。
② 迟子建：《原始风景》，《人民文学》1990 年第 1 期。

　　刘庆邦笔下诗性的乡村也是值得注意的。他不像张炜、迟子建那样以寓言化的叙事来建构理想的家园形象，在他的作品中，我们看不到城市与乡村、现代文明与传统的激烈的对抗与冲突，乡村就是现实生活中的那个乡村，但是，由于乡村中生活着一群美丽动人的乡村少女，如梅妞、高妮、喜如、猜小、改、格明、小姐姐等，乡村就变得无比动人了。在《红围巾》中，乡村少女喜如15岁已经自觉地开始分担父母的辛劳，天还没有大亮，她就起来了，扛上钉耙，挎上荆条筐，到地里去扒红薯。太阳落下去，直到星星都出来了，喜如才回家，她如此年幼，却如此懂事，实在让人感动。在《小呀小姐姐》中，年幼的小姐姐因为贫困，早早就辍学在家薅草，放羊，但她并无怨恨，也没有泯灭良善之心，对残疾的弟弟关怀备至，给弟弟捉头发里的虮子，教弟弟唱歌谣，放羊时捉蚂蚱回家烧给弟弟吃，为了捕鱼给弟弟吃，不幸滑入了深水中，沉下去之前还在喊："平路，姐姐对不起你呀……"在《梅妞放羊》中，羊要下崽了，梅妞"在心里默默地替羊念话，孩子孩子疼你娘，羊羔儿羊羔儿快出来……念着念着，不知为何，她鼻子酸了一下，眼圈儿也红了。"这些细腻地描写，实在是最为动人的诗篇。乡村少女的善良、美丽，是诗性乡村的精灵。

　　城市化促进了社会的发展，带来了乡村的变化，但毫无疑问也给乡村的政治经济文化带来了猛烈的冲击，使尚处于前现代状态中的许多乡村走向溃败。当代乡村叙事对乡村贫困、失范、空心化的大量书写，真实地反映了乡村在现代化进程中的艰难困苦，也对城市化的快速和无序提出了质疑，更通过对乡村的诗意想象，表达了对人类诗意生活方式的探求和对精神家园的向往。

第三节　文学中的"社会主义新农村"

　　我国幅员极其辽阔，社会、经济、文化诸方面地区差异很大。在城市化进程中，有些地区的乡村"空心了"、衰败了，甚至消失了；有的地方的乡村已经基本实现城乡一体化，如江苏的苏州地区等，基本分不出哪里是乡村，哪里是城市了；有些地方历史文化资源丰厚，发展乡村旅游，重新激活了乡村经济，乡村呈现出一种新面貌。城市化背景下乡村社会的分化、变革，需要作家深入生活，全面了解乡村生产生活方式以及人们生活理念、思维方式、价值认知等方面的变化，进而塑造出具有时代特征的中国新农村形象。事实上，在当代乡村叙事作品里，既有上文所描写的乡村的贫困和失范现象，也有新农村建设给乡村带来巨大变化的文学表现。尤其是2005 年之后，国家倡导新型城镇化建设。其核心不仅仅是让城市化稳步推进，更要与此同时推进城乡间的融合。这种融合，不是过去依靠行政手段让农村单向为城市牺牲的模式，而是城市和农村共同发展、融为一个整体实现社会进步的过程。在此过程中，政府不仅取消了农业税、各种乡村统筹、提留等，还实施了多方面的补贴，加强了农村的基础建设和文化建设，许多乡村的状况为之一变。乡村新变的方方面面在当代乡村叙事中都有所反映，2006 年以来，出现了一大批书写"社会主义新农村"的作品。

第一，新农村之"新"，首先表现在村容村貌焕然一新。晚近几年，随着中国政治、经济改革持续深入，国家出台了一系列惠农措施来分享改革成果，在经济上实行工业反哺农业、城市支持农村的新战略政策，加大了对农村地区基础设施建设的投入，在一定程度上改变了乡村交通不便、缺乏市政配套的不足。翰儒在《家园》中就描绘了乡村的这一新变化：尤大松所在的竹林村，去年坍塌不平的土坪铺上了水泥，四条从院子里流出来的污水沟被改造成涵管暗道。今年又开始准备铺一条村水泥路，村道打水泥路，上面给补助，剩下不足部分村里自筹，两公里长的村道铺筑四米宽的水泥路面。村子里已经望不见袅袅炊烟了，因为农家已不烧柴草、煤球，而是烧石油天然气了。家家户户建化粪池卫生间，挨在村子边的茅厕也不存在了，蹲茅坑拉屎，掏粪便浇菜也成为记忆。村子的气象焕然一新。关仁山在《麦河》中也描写了新世纪的乡村建设：三年前，麦河改道冲了老宅，恰巧搭上了新农村建设这班车，村里就重新规划建了新房①。其次，自然环境得到了很好的保护，生态逐渐恢复了。越来越多的村民逐渐认识到生态和谐的重要性，开始重视环境保护，特别是乡村生态旅游热，经济上获益使得村民更加自觉地热爱、珍惜、维护环境。阿来的《空山》中，城里人成群结队出现在与世隔绝了成千上万年的峡谷中，他们给当地带来了可

---

① 关仁山：《麦河》，作家出版社 2010 年版。

观的经济效益。为了保护环境，村民拉加泽里的公司招募大量员工栽树，仅仅五天时间就已栽下一万多棵树苗，拉加泽里说，现在我们这些人不去祸害砍伐，要好好栽树让山野重新变绿。①

当然，如果没有人，即使有再好的基础设施，再优美的环境，乡村仍然难以逆转没落的、逐渐消失的命运。我们在新农村文学叙事中看到了人才、人力开始向农村回流，乡村逐渐恢复了活力。首先是大批外出打工者回乡。这些经受城市现代文明洗礼的民工，不仅带回资金、技术，更有现代的思维和宽广的视野，成为重建乡村家园的重要力量。刘春来《七铁匠传奇》中，老村长长清先生为了动员"我"回村先做文书锻炼一下，说："现在的村干部好当得很了。再不收'上缴'也再不收'提留'，得罪乡亲们的事都不搞了。工资也是上面发，拿了镇政府的工资一样地种田，一样地养鱼，做个生意还比一般村民信息要灵通些！""我"当然知道这些情况，2000年取消农业税，再以后农民种田反而有补贴。报纸上说这叫作"工业反哺农业"，是现代化国家财力强大的自然表现。开始时还只补贴种粮，后来栽树也补贴，喂猪也补贴，再后来农民购个打稻机也得补贴，购个洗衣机也得补贴。"我"甚至也动员和自己在一起做乡派出所临时治安管理员的七铁匠说，"现在建设新农村才是真地在建设新农村哪！岂止不收上缴和提留了，国家把水泥路修到了各家的家门口，落雨天出门都穿得绣花鞋！小学生中餐免费，卫生院去看病只要意思意思付点费，听说再过得几年，乡里人和街上人一样，做不动了都可以吃低保！我看你哪，和我一起回村里算了。"光有一身蛮力的七铁匠也开始觉悟，决定不再当治安区的所谓治安管理员，回村好好地将新房建起来，建设自己的新家②。陈再见的《栋梁》③ 中，栋梁是村里的一个十分聪明的小伙子，到广东打工后腰椎受伤，回到家乡在镇里找到了一份工作，在一个五金厂里当起了师傅，把在深圳学到的本领用上了，颇得器重，工资也不错。像栋梁这样的青年，可谓是成千上万打工者中回家创业的一个典型代表。周大新的《湖光山色》中，

①　阿来：《空山》，《人民文学》2008年第4期。
②　刘春来：《七铁匠传奇》，《湖南文学》2015年第6期。
③　陈再见：《栋梁》，《天涯》2015年第3期。

返乡的暖暖重建乡村家园不是从传统农业开始，而是从商业出发来进行乡村开发。

第二，新农村之"新"，还表现在生产方式方面。在《麦河》中，曹双羊说，"农业税免了，种粮政府还给补贴。可我发现，有的农户，光用化肥，致使土地板结，产量不高。"家庭联产承包制的小农经济不仅无法解决科学种田问题，更为重要的是，不走规模化经营的道路，农业在全球化的经济竞争中就无立足之地。尤其是为了兑现加入WTO承诺，政府可能逐渐削减、甚至取消农业补贴，这样，国外低价粮食就可能更大规模涌入国内市场，农民的粮食卖不出去了，就会赔钱，就会抛荒。为了应对这样的形势，就必须转变农业生产方式，以现代大农业生产取代小农经济。在2005年国家《农村土地承包经营权流转管理办法》出台之前，关仁山就在长篇小说《天高地厚》中描绘了鲍真经营的产业化农业。由于土地转包缺乏法律依据，鲍真与村民产生了一系列无法解决的矛盾。2005年之后，农村土地承包经营权流转合法了，虽然在现实生活中，资本下乡大面积承包土地进行产业化经营才初露苗头，在关仁山的《麦河》中，他已经描写了一个典型案例，并进行了深入思考。鹦鹉村由于上城打工农民越来越多，土地出现撂荒现象，曹双羊劝导农民进行土地流转，好多人家的土地都入股了。曹双羊采用工业化经营管理模式，搞规模经营的现代农业。年轻一点的农民进了麦河集团的方便面工厂，另外一些农民在地头劳作，像工人一样穿着蓝色工作服给小麦浇水、打药和施肥，变成了"蓝领"。农民的生活得到了改善，住进了楼房，提高了收入。曹双羊不仅走规模化农业道路，还利用农业专家李敏的科研成果，保证了小麦的持续高产。麦河西岸有一片沙地，种麦低产，种啥都赔钱。这块地流转到了曹双羊的合作社，他请农业专家李敏给研究了一番，搞了一个"马铃薯、玉米和大白菜"三茬连种，每亩地增收六千多块，即刻成了香饽饽。为了扩大农业产品的附加值，麦河集团还积极研发小麦胚芽。《麦河》通过塑造曹双羊这样一位农村新人形象，以文学的方式解析了乡村生产方式变革的三部曲：第一步是土地流转，将分散的土地集中起来，走规模化农业道路；第二步是进行科学种田，确保粮食高效增产；第三步是兴办特色企业，提升农业生产的附加值。在《花堡》中，杨廷玉思考了另一种规模化农业道路，即将农民组织起来进行合作经营。在小说中，孙天鸽在下花堡组织农民走合作经营的现代农业道路，发展现代高科技农业项目，规模化地种植"双高大豆"，最终获得了成功。下花堡的农民全部住进自家的小楼，经济总量在"整个松苑平原名列前茅"，村里不仅有洗浴中心等城市里的消费性娱乐设施，还建有藏书量相当可观的图书馆。

由于农民没有经历过商业文明的洗礼，对商业道德缺乏深刻认识，在农村经济被纳入全球化的市场经济体系过程中，在转变经营方式时不可避免会产生一些见利忘义的行为。在贾平凹的《老生》中，就塑造了这样一位见利忘义的农村新能人形象。在小说中，老余大力改造当归村，发展集约经济，当归村的耕地差不多都变成了菜园子，家家户户搞多种经营，养猪养鸡磨豆腐发豆芽，收入明显改观。而老余和戏生又在山阴县看到他地的农民农副产品生产使用增长素、色素、膨大剂、激素饲料，回来也去市里购买各种农药，此后各种蔬菜生长得十分快，形状和颜色都好，一斤豆子做出的豆腐比以前多出三两，豆芽又大又胖，分量胜过平常的三倍，尤其是那些饲料，喂了猪，猪肥得肚皮挨地；喂了鸡，鸡长出了四个翅膀。戏生就专门经营化肥、农药和饲料，他家成了采购、批发、经销点。第二年的后半年，当归村的农副产品果然在回龙湾镇形成了名牌，老镇街上有了三个销售站，鸡冠山下的新镇街上有了五个销售站。当归村成为回龙湾镇人均收入最高的村，县五大班子的领导都来看过，老余的父亲是第一个来的，兴奋地说："好地方啊，啥叫美丽富饶，这就是美丽富饶，将来我退休了就住到这里来！"① 这说明，粗放型的发展追求效益，从领导到百姓都还没有意识到这种发展可能带来的不良后果。

第三，新农村之"新"，还表现在新的思想观念上。"建设新农村的过程，必然是催生农民蜕变和新一代农民显现的过程。而只有农民的变迁，才会是真正的具有划时代意义的变迁。新要新在农民上，只有有了新的农民，才会有真正新的农村。新要新在文化上，只有在具备新素质、新文化的农民身上，我们才会看到真正意义上的新农村。"② 新农村之"新"，不

---

① 贾平凹：《老生》，人民文学出版社2014年版，第234页。
② 胡殷红：《文学与建设社会主义新农村》，《当代贵州》2006年第9期。

仅表现于外在景观，以及生产生活方式的革命，最为重要的是，人们的思想观念发生了深刻变化。"中国社会由传统的农业文明向现代工业文明转轨，就其实质而言，这是一场深刻的社会革命，它不只是社会生产方式的转变，同时还必将导致人的行为方式、价值观念与道德意识的深刻变化。"①在当代乡村叙事中，我们看到了一大批有了新观念的新农民形象。在胡学文《淋湿的翅膀》中，马新组织了二十多人跟造纸厂谈判，以造纸厂占了黄村的土地、排出的废水给黄村造成污染为由，要求造纸厂给村民补偿。在传统乡村社会中，农民的经济地位、文化水平、信息获取能力等诸多不利因素，导致农民不能够充分认识到自身的主体地位和享有的权利内容，加之乡村是一个熟人社会，出于一种复杂而纠缠的利益关系之中，对农民的维权有着很强的制约作用，农民维权意识比较淡薄。但在城市化背景下，农民开阔了眼界，逐渐接受了新观念，依法维权、敢于维权、善于维权的意识不断增强。在邓宏顺《告状》中，我们看到农民面对非法的行政权力也不再沉默了。在周大新的《湖光山色》中，楚王庄村长为了获取更多的利润，与公司经理狼狈为奸，强行拆迁民房，占用耕地，扩建赏心苑，农民群起而攻之。在关仁山的《麦河》中，鹦鹉村村委会私留"机动地"，集体包出去搞了大棚菜，承包费却被村干部提留了，老百姓就联名上访。事情刚刚解决，村长陈锁柱又把好农田以租赁方式用于工业项目，直接威胁了国家粮食安全，即便村长陈锁柱有一个当县长的哥哥陈元庆，但村民们还是没有退让。在刘春来《七铁匠传奇》中，村民在交钱时开始要问个清清白白：这个钱做什么了？那个钱做什么了？你讲清了这个钱那个钱的用途，有人还要进一步问：收这个钱有什么政策依据？收那个钱有什么政策依据？尤其是公款招待有什么政策依据？

　　早在 1987 年，我国就施行了乡村政治体制改革，在法律上保障乡村自治。但由于村民自治主要通过基层政权组织来实施，村民无法直接参与村务决策，甚至知情权都得不到有效保障，因而，村民参政议政的热情并不高，甚至对村干部选举一事也往往漠不关心。我们发现，在新农村叙事中，农民不仅维权意识逐渐增强，而且参政意识也觉醒了，他们主动参与到村

① 张克明：《文学创作：应当重视农村题材》，《理论与创作》2001 年第 4 期。

级的各项事务之中，进行民主自治管理，包括民主选举、民主决策、民主管理、民主监督，农民的现代主体意识逐渐觉醒了。在李洱的《石榴树上结樱桃》① 中，描写了乡村选举村主任时的明争暗斗，这固然深刻地批判了权力崇拜意识下的人性扭曲。另外，恰恰在这争斗之中，我们看到了村民对参与权力运作的渴望。在李立泰的《爹吃面》中，村干部换届选举，面粉厂厂长二歪立马行动起来，请庄乡喝酒，"尽管面粉厂花了钱，舍了脸，村民投票现在动脑子了，不是从前的'谁愿意当谁当关我屁事'。"② 在何申的《村民钱旺的从政生涯》中，通过对钱旺的心理描写，细致地描写了村民参政意识的觉醒："以往说是当家做主人，但决定村干部，决定村里的大事，哪用得着你呀，最多让你说话时说个挺好呀我同意，出个别的音，你就等着挨收拾吧。眼下可是好多了，年后那阵子选村干部，别看黄金堂当选了，可也丢了百十来票，他一心想让他侄儿黄军当村主任，先是让村民给否了，黄主任压力大了，照这么个招法，往下三年他要是拿不出点正经像样的政绩，说不定下届主任这位子就得上新人。钱旺当时脑瓜里小火苗子呼啦闪过，都有选举权和被选举权，我就不兴也争他一把，也试他三年。……日后心静下来他慢慢合计，照这个路数往下走，村里的事还兴许就越走越公开公正了，只要踏踏实实给老百姓办实事办好事，村干部的位子，也未见得总让一两个人坐着……"③

由于当下新农村建设不同于 20 世纪 80 年代之前的乡村建设，是在市场化、城市化背景下进行的，因而不可避免地要受制于市场化，尤其是诸多乡村建设的路径是发展乡村旅游、农家乐等服务型行业。如果没有长远规划，只顾眼前利益，就会弄得越来越城市化，逐渐失去乡村的本色。新乡村叙事并没有回避这一点。在《麦河》中，当曹双羊计划在村里生产冰葡萄酒时，"我"就提醒他："你把一个美好的乡村愣是要变成一个大工厂，乡不乡，城不城的。"④ 罗伟章曾描述过这样的新乡村。他的老家在一个偏僻的小山村中，考古发现了古巴人的生活遗址，由此，这里就进行了旅游

---

① 李洱：《石榴树上结樱桃》，《当代》（长篇小说）2005 年第 1 期。
② 李立泰：《爹吃面》，《传奇·传记文学选刊》2015 年第 9 期。
③ 何申：《村民钱旺的从政生涯》，《人民文学》2000 年第 8 期。
④ 关仁山：《麦河》，作家出版社 2010 年版，第 334 页。

开发。于是树木伐倒，良田毁弃，野外的动物或杀或逐，以各种名目修建起来的高高低低的房屋沿河绵延，与十余里外的集镇连成一体。"超市有了，夜总会有了，保龄球馆有了，网球场有了。住在山脚的农人，因土地被征用，都变成了'居民'，成了城镇里的小商小贩；住在山腰的农人，种谷物的几乎没有，少数人家种蔬菜卖，多数人家在田地上盖了简易砖房，开成'半坡旅店'，让那些从远处来旅游的人上山来找乐子；就连与太阳离得最近的山巅上的人，也无心农事了。"① 郑小驴在《温泉夜话》中也甜蜜而惆怅地写到了旅游开发对乡村的破坏。湖南隆回县高州温泉尚未商业开发时，到温泉洗澡是最好的时光。每到冬天，路过温泉的时候，都会从家里带条毛巾一块香皂，美美地往温泉里泡上一澡。两间简陋的澡堂，男女分开，依稀能听见水汽氤氲的隔壁传来欢快的喧哗声，声声入耳。也没有灯，只能望见碗大的一口月亮，白花花地挂在房梁上。月光下，是劳累了一天的乡亲们，他们坐在温泉里，相互搓背，聊天，抽烟，家长里短国家大事，无话不谈。筋骨泡酥软以后，精神自然心旷神怡，整天的疲惫全交付给了一池温泉，这是造物主留给这方宝地的一份厚礼。但是，温泉被开发后，"我"再也没有去过。每次从温泉旁经过，不再有那种甜美的回忆，它被象征化、符号化和权力化，和众多别处的温泉一样，它也无能为力地被同质化，已泯然于众人矣。这样的新农村建设，使得乡村渐渐地失去了原有的乡愁、乡情和乡味，值得反思。

有社会学家认为，"农村城市化是落后的农村社区走向先进的城市社区综合的社会经济运动，是农村人口变为城市人口，农村固有特点的消失和城市特点的增长并逐渐发展为城市社区的过程。"② 诚然，一部分乡村随着城市化进程会消失，村民变成市民，但现存的乡村要避免城市化的随意扩张，尤其是未列入城市化计划的乡村，在新农村的建设过程中，不能照搬城市的那一套。乡村首先必须仍然是乡村，在政策与公共服务、社会保障等方面城乡需要一体化，但乡村应该有乡村的生产生活方式，有乡村自己的文化特色。刘亮程指出，城镇化与新农村建设必不可少，但是，"我们根

---

① 罗伟章：《农村永存》，《天涯》2004 年第 3 期。
② 张咏梅：《社会学概论》，兰州大学出版社 2007 年版，第 313 页。

子上的文化只有靠人们在乡村生活中一点一点地去积累、去传承，我们的爷爷把这样的生活观念和文化告诉给父亲，父亲告诉给我们，我们再告诉给孩子们，年复一年，一代一代往下传承，生活中最有价值的文化都是靠这样传承下来的。"① 因而，我们可以把现代化的观念和思想传播到农村，但不能把传统的珍贵的乡村文化全部扔掉，尤其是那些具有传承价值的文化遗产。

　　文学的乡村来自现实的乡村。在现实生活中，20 世纪 90 年代以来的城市化引发了中国乡村的裂变，文学的乡村由此变得愈发多元化，出现了多副面孔。无论是贫困的乡村、失范的乡村，还是诗意的乡村、社会主义新农村，都是文学对现实的真实反映和对乡村的真切想象。中国地域广阔，城乡之间、区域之间在城市化过程中经济发展不平衡，边远地区乡村贫困的生存现状得到了当代乡村叙事的更多关注，乡村叙事中出现了大量的贫困情景和一系列社会问题。新世纪以来，尤其是 2005 年实施工业反哺农业以及建设新农村政策之后，城乡对立状况逐渐缓解，晚近几年，农民进城意愿已经大大降低。相应地，在新农村叙事中，我们看到了城乡由对立向互补的转变，乡村的新面貌在文学作品中得到了积极反映。

---

① 刘亮程：《乡村是我们的老家》，《天涯》2010 年第 3 期。

第四章 乡村小说叙事之"新变"

从 20 世纪 90 年代初开始，我国进入了城市化快速发展的时期。城市的生活方式和价值观念迅速向农村扩散，使得广袤的中国农村发生了急剧转型。与之相应的，乡村叙事也发生了相应的转变，在叙事主题、叙事形态、作家的价值理念方面都呈现出许多不容忽视的新的特质。

第一节 叙事主题的变化

自 20 世纪 80 年代末 90 年代初以来，我国的城市化进程日益加剧，大批农民进城，大量的农村耕地转为工业用地，农村的经济结构发生了前所未有的变化，使得乡村叙事的主题也呈现出新的变化。除了前一章提到的伦理道德的失范等内容外，主要体现在"农民与土地的分离""传统文化的衰落""生态环境的破坏""乡土家园的重构"四个方面。

一 农民与土地的分离

关于"乡村"，国内外学者的定义不尽相同，但均认为乡村是以农业经济活动为基本内容，生产力水平较为低下，社会结构比较简单，流动人口较少，生活方式与自然景观均与城市截然不同的地方。概括起来说，就是以土为生，聚族而居，秉承传统文化与传统伦理道德观念，人与自然较为和谐，生态环境较少受到破坏。从古至今，我们对"乡村"的想象与陶渊明的"桃花源"颇为契合。"桃花""竹林""小桥""流水""质朴人家"是构成乡村的重要质素。而陶渊明的"桃花源"如此描述："土地平旷，屋舍俨然。有良田美池桑竹之属，阡陌交通，鸡犬相闻。其中往来种作，男女衣着，悉如外人，黄发垂髫，并怡然自乐。"这样的"乐土"虽不能与"乡村"画等号，但与我们想象中的"乡村"也相差无几。

　　20世纪90年代以来，我国的城市化进程日益加剧，给广大的中国乡村带来了翻天覆地的变化。城市化既是农村人口向城镇和城市集中的过程，也是城市文化、城市生活方式和价值观向农村扩散的过程。今日之乡村，已全然不同于传统的乡村。与乡土命运紧密相关的乡土小说的叙事主题也随之发生了变化，呈现出某种"新变"。

　　"农民与土地的分离"是今日农村最为显著的特征，也是20世纪90年代以来乡土小说的一个重要主题。传统农业社会讲究的是"安土重迁"，"土地"就是农民的图腾，他们"很重视得守着这直接向土地里讨生活的传统"[1]。当然，我们还必须认识到农民与土地的亲缘关系是建立在"土能养人"的基础上，一旦"土不能养人"，就会出现"背井离乡"的情况，而且，农民的文化心理本身就存在着诸多矛盾。张鸣在《乡土心路八十年：中国近代化过程中农民意识的变迁》一书中专辟章节《农民文化心理的二极结构》对此加以分析。他认为，与"安土重迁"相对的"开拓迁徙"同样是农民重要的文化心理，因为农业人口增长给农业生产带来的压力迫使农民不断拓展农耕区域，于是，就有历史上著名的"闯关东"、"下南洋"等[2]。青年学者梁鸿也一再强调"农民爱土地"这种观点是虚妄的[3]，这种说法固然有些偏激，却也道出了农民对土地的爱的功利性以及农民对土地的前所未有的冷漠关系[4]。随着城市化进程的加快，农民或主动或被动地与土地分离，另谋出路，而他们中的绝大部分就成为"农民工"。这在乡土小说的特殊门类"农民工题材小说"中表现得最为典型。

---

　　① 费孝通：《乡土中国 生育制度》，北京大学出版社1998年版，第7页。

　　② 参见张鸣《乡土心路百十年：中国近代化过程中农民意识的变迁》，上海三联书店1997年版。

　　③ 徐鹏远：《说农民爱土地是虚妄的——梁鸿访谈录》，《创作与评论》2014年12月号下半月刊。

　　④ 李云雷在《如何开拓乡村叙述的新空间？——以世界视野考察当代中国文学》一文中提出此观点，参见《江苏社会科学》2013年第4期。

新中国成立以来，农民与土地的关系经历了"合—分—合"三个阶段，对应的是"合作化"、"包产到户"、"土地流转"（部分地区已经实现，也是未来土地关系的发展趋向）三种土地关系。中国当代乡土文学以此为基础，演绎不同时代中国农村、农民悲欢离合的故事。这些故事有着"惊人的重复"（或许是"历史的惊人重复"造就了"文学的惊人重复"）：它们的起点均是农村的赤贫状态，过程均是围绕解决农民致富两派不同的人物互相争斗，结果均是新的土地制度建立，农民开始走向富裕。柳青的《创业史》一开始就讲述梁三老汉的"创业史"，他三次创业均以失败而告终。到了梁生宝这里，小说才笔锋一转，创业有了希望。路遥的《平凡的世界》中，一开始就是一个赤贫的场景设置，孙少平的穷与孙家的穷以及双水村的贫穷，促使了以孙家为代表的农民寻找出路。而其中两种不同路线的纠葛，以田福军为代表的家庭联产承包责任制最终取得了胜利，农民也因此过上了幸福的生活。而到了城市化日益发展的今天，问题则显得异常复杂。尽管也有诸如关仁山的《麦河》、杨廷玉的《花堡》等写出农民依靠"土地流转"发展现代集约农业，走上发家致富的道路，但这并未在中华大地上显现出普遍的致富迹象，也没有从根本上扭转"农民进城"的局面。诚如陈桂棣、春桃在《中国农民调查报告》中所说：

中国是一个农业大国，十三亿人口就有九亿农民，可是，很久以来，农民在农村中的生存状态究竟如何，绝大多数城市人并不清楚。只依稀记得，上个世纪七十年代末那场让整个世界都为之震惊的伟大改革，是从农村开始的，自从农村实行了以"大包干"为标志的家庭联产承包责任制，农业生产上连年获得大丰收，很快就出现了"卖粮难"，而且冒出了许许多多"万元户"。一时间，中国的农民好像已经富得流油了。然而，以后不久，随着城市改革的不断深入，我们就很少再听到有关中国农业、农村和农民的消息了。不过，稍后就发现，越来越多的农民，放弃了曾视为生命的土地，远离了曾经日夜厮守的村落和熟悉的农事，宁可忍受寂寞、屈辱与歧视，也要涌进各地城市，于是，数以百万计的中国农民掀起的"民工潮"，便一次又一次成为上个世纪最后十多年的一道奇异的风景。①

这道"奇异的风景"仍与农业的危机、农村的困境紧密相连，因此，也带有一定的"农民自救"色彩，但他们并没有想到的是，它会发展成一场声势浩大的"民工潮"。刘庆邦的《到城里去》通过对新中国成立后不同阶段内中国农民进城的动因的比较，反衬"民工潮"的来势凶猛。成为"城里人"是主人公宋家银生活的全部，为此，她精心设计自己的人生，还力图控制丈夫杨成方和儿子的命运，却在某种程度上成为悲剧的制造者和受害者。小说中有这样一段话："是不是可以这样判断？宋家银当初热衷于把丈夫杨成方往城里撵，是为了要工人家属的面子，是出于虚荣心。这是第一阶段。到了第二阶段，宋家银受利益驱动，就到了物质层面。也就是说，她让杨成方出去，主要是为了让杨成方挣钱。杨成方挣回了钱，垫高了家里的物质基础，她才能踩着基础和别人攀比。到了第三阶段，宋家银的指导思想就不太明确了，就是随大流，跟着感觉走了。这时候，外出打工，或者说农村人往城里涌，已经形成了浪潮，浪潮波涛汹涌，一浪更比一浪高。这样的浪潮，谁都挡不住了，谁都得被推动，被裹挟，稀里糊涂地就被卷走了。"② 刘庆邦对宋家银的行为失去了判断能力，对当下现实产生了无能为力的炫惑之感。但他知道，在进城成为潮流的今天，"不进城"就是无能的表现。正因为如此，范小青的《我的名字叫王村》中洗脚妹对自己已无家乡的事实不以为然，认为自己从家乡出来，进了城就是从地狱到了天堂。农民已经对自己的家乡，对自己赖以生存的土地没有了深厚的感情。

农民与土地的分离，与我国长时期的城乡分治有关。城乡分治依托户籍制度限制了农民的流动，而随着城市化的进程，户籍制度虽仍限制着广大的农民，但已经有了根本性的变革，"迁徙"日渐成为一种自由。如果中国的农民没有深切的城乡差异的体验，对城市的向往可能会更理性些。莫

① 陈桂棣、春桃：《中国农民调查报告》，人民出版社 2003 年版，第 1 页。
② 刘庆邦：《到城里去》，选自《到城里去：刘庆邦中篇小说新作》，中国广播电视出版社 2005 年版，第 209 页。

言曾说："当 60 年代一大批城市青年下放到农村之后,他们才能理解城乡差别的真正含义是什么,那完全是天堂和地狱的差别。所以从某种意义上讲,我们推翻了剥削、推翻了阶级,但农民和工人、干部之间的差别,甚至大于以前地主和贫农之间的差别。一个工人年轻时有工资,退休后有退休金,每月不管天灾人祸都有稳定收入,生了病有公费医疗;干部的待遇更高。而一个农民,天不收成那就要活活饿死,生了病要是没有钱那也只好在家等死。理论上人人平等,实际上根本就不是那么回事。新中国成立后消灭了阶级,但产生了阶层,阶层的贵贱之分不亚于阶级。由于中国有了这种特殊的背景,就特别强化了城市文明和乡村文明的对抗……"① 在巨大的心理落差中成长的普通农民,对城市的向往可想而知。而随着机械化等生产技术的推广,农业生产变得相对轻松,加上农业劳动的季节性特征使得农民有更多的空闲时间,这便形成了农民的季节性迁徙。

　　长期生活于乡村的农家子弟在心底均会有离开乡村的隐秘愿望,这种愿望往往假以追求文明、追求知识的合理面具,并带着祖祖辈辈改变命运的殷切期望。城市是什么?乔尼在《梦想之城》中这样描绘城市,"城市召唤着我们心中潜藏的梦想,因为广大与多样的城市世界,意味着幻想、希望、偶尔的满足和忧伤、期待、孤独……城市不仅是一个地方,也是一个'变化之地',一座'梦想之城'。"② 威廉斯(Williams)的《乡村与城市》中的基本观点同样可以广而用之,他说,"在乡村汇聚了自然生活方式的想法:平和、单纯、简朴的美德。在城市则汇聚了成就中心的想法:学问、通信、光。由此发展出强烈的对立观念:城市是喧嚣、庸俗、充满野心的地方,乡村则是落后、愚昧、狭隘的地方。"③ 尽管在今天,我们可能从生态主义和传统道德的层面去留恋乡村,但对农村人而言,它们根本不具备说服力。夏天敏的《接吻长安街》有力地证明了这一点:

---

　　① 莫言:《故乡·梦幻·传说·现实》,见《小说的气味》,春风文艺出版社 2003 年版,第161 页。

　　② 张英进:《中国现代文学与电影中的城市:空间、时间与性别构形》,秦立彦译,江苏人民出版社 2007 年版,第 98 页。

　　③ [美] 雷蒙·威廉斯:《乡村与城市》,韩子满等译,商务印书馆 2013 年版,第 1 页。

当我从报刊杂志上读到一些厌倦城市、厌倦城里的高楼大厦、厌倦水泥造就的建筑，想返璞归真，到农村去寻找牧歌似的生活的文章时，我在心里就恨得牙痒痒的，真想有机会当面吐他一脸的唾沫。这是作秀，这是假模假式，是吃饱了撑的。假设他（她）真想去农村，我和所有的乡下人毫不犹豫地愿意对调，他们应该长期在那里住下来，住泥土春的房子，热爱屋里的潮湿、阴暗，热爱煮猪食的馊臭味和黑压压的苍蝇，热爱门口的臭水坑和下雨后裹着牛屎马粪猪尿的泥泞，他们喜爱大自然，农村毫无保留地袒露着任他们去热爱。清晨可以牵着牛、扛着犁，踩着白花花的霜，裤脚被霜打湿，身上被荆棘划破、肚子里全是煮洋芋，晨曦染红天空，薄雾弥漫坡地，人和牛在地里耕耘、剪纸一般，诗意着呢。晚上，人和大自然更加亲近，门外万物俱寂，但有狗咬虫鸣，你不用担心熙熙攘攘如过江之鲫的人，摸黑在村里溜达一圈，碰不到一个人，回去煤油灯闪闪烁烁，摇摇曳曳，灯影把你一会儿曳长，一会儿缩短，诗意着呢。①

笔底嘲讽的语调已经显示着后现代式的乡村向往经不起现实乡村生活的考验。因此，小江一味地羡慕城市，想逃离故乡，背叛故乡。"在中国当代发展的情景下，农村成为他们想要挣脱和逃离的生死场，而不是希望的田野；希望空间，做'人'的空间是城市。"②

当然，"农民与土地"的分离还有一些被动的因素。"土地流转"、"招商引资"等一系列的"圈地运动"让农民"无土可依"。权力和资本相互勾结，使得中国广大的农村成为"城市的后花园"和"城市的垃圾处理厂"。乡政府等基层领导为谋政绩和一己私利，上报各类致富项目，盲目建各种厂矿，经济技术开发区，旅游胜地，休闲农庄、度假村等，而这都需要占领大量的土地。莫言的《生死疲劳》中西门金龙与庞抗美相互勾结，打着西门屯旅游开发区的名义，聚敛钱财，丝毫不顾及家乡人民失去土地的痛苦。贾平凹的《秦腔》中夏君亭决心要在清风街十八亩良田上建造农

---

① 夏天敏：《接吻长安街》，《山花》2005 年第 1 期。
② 严海蓉：《虚空的农村和空虚的主体》，《读书》2005 年第 7 期。

特产品贸易市场，结果只是白白浪费了土地。范小青的《我的名字叫王村》中洗脚妹的家乡没有了地，"那些城里人发了神经病，要到我家乡那种地方去建住宅，就把地征了，地就没有了，我们的命运就逆转了，我们就出来了。"① 而叙述者"我"终于带着"精神病弟弟"回到家乡时，家乡却面目全非，家乡的地全部被征用了。没有了家乡，没有了土地，何来"爱土地"呢？

城市化对农村最直接的影响可能就是与农民争夺土地。城市在吞没土地，关于这一点，最形象的表述可能是"城市来了"。李兴义的小说《城市来了》基本上采用了很多"反现代性"的写法，将批判的矛头指向了"城市"。"城市来了"，估计是每一个农民为之雀跃欢呼的事情，然而，"城市要把农村给吃掉了"。吃掉的最直接的就是土地，是农民赖以谋生的东西，这直接摧毁了农民世代因袭的生存方式，导致了农民与土地的分离。

二 传统文化的衰落

"传统文化的衰落"是今日农村的一个重要现象，自然也成为乡土小说的一个重要主题。长期以来，我们形成了一种二元对立的思维，将城市化进程与传统文化对立起来，认为传统文化会阻碍城市化进程，传统文化除了道德净化功能之外，糟粕者居多，因此，城市化进程势必会摧毁传统文化。

将传统文化的衰落一一道来是相当困难的，这里仅以中国作家最为关注的儒家宗族文化和民俗文化的衰落为例。"农民与土地的分离"是导致宗族文化和地方民俗文化衰落的直接原因，因为传承文化的主体是"人"，而"人"一旦离开了原有的文化沃土，原乡文化自然衰落。不言而喻，中国的农村世代聚族而居，有着很强的种族观念和家族意识。20世纪80年代末之前，乡村盘根错节的是亲戚关系，并以血缘亲情来结成一定的社会关系，这在费孝通的《乡土中国》中讲得甚为明了。宗族又通过各种家族活动、仪式渗透到人们生活的方方面面，以增强家族成员的凝聚力。因此，中国的乡村就是一个熟人社会。但这种状况在80年代末之后，发生了巨大的转

---

① 范小青：《我的名字叫王村》，作家出版社2014年版，第244页。

变。随着青壮年的持续性进城，原有的家族文化自然解体，"大家庭"变成了"小家庭"，家族观念逐渐淡薄。以"80后"为主体的"农二代"、"90后"为主体的"农三代"，以及尚处童年的"00后"们，对家族的理解基本上拘囿于"三代"（上至祖辈、下至自己），且长期在城市生活，对村子里其他成员并不熟识，经常会遇到"笑问客从何处来"的局面。此外，农民进城在很大程度上影响了中国农村的婚恋观，自由恋爱成为一种时尚，"外来媳妇"越来越多，基于"血缘"和"地缘"的"熟人社会"逐渐被打破。

总之，随着城市化进程的迅猛发展，家族伦理无以为继。同样是关中平原，陈忠实的《白鹿原》可以写出"仁义村"的种种"仁义"，人们世代因循的"克己复礼"，可以写出白嘉轩的族长权威，关中大儒的"大圣之风"。而贾平凹的《秦腔》却只能写出夏家的衰落和"仁义礼智"的消亡。夏家称得上是清风街的名门望族，这既可以从对夏家的简介中得知，也可以从赵宏声为土地庙写的那句"全靠夏家"的横额而得知。事实上，清风街的大小琐事确实要靠夏家来解决。夏天义和夏天智乃是清风街名副其实的权威，前者是政治权威；后者是文化权威（夏天智有点类似于"乡绅"）。大到清风街的重要决策，小到家长里短，都会搬出他们二人做个决断。然而，可惜的是，随着时间的推移，二人的权威日渐下降，甚至连自己的家务事都无从处理。夏天义与其侄儿君亭意见相左，君亭并不理会他的恋土情结。夏天义的五个儿子为了赡养老人一事斤斤计较，毫不相让。夏天智的儿子夏风违背其意愿与妻子白雪离异……凡此种种均昭示着家族权威的衰落，而且随着夏家三兄弟接二连三的去世，夏家彻底衰落了，而夏家的衰落也意味着传统家族伦理文化的解体，因为它越来越难得到后辈们的认同。譬如小说中有一个"吃团圆饭"的细节。这是中国"年文化"的一个典型特征，是家族凝聚力和认同感的象征，自然成为夏家的一个传统，成为其家风淳厚的象征。"男人们都各家轮着吃，媳妇娃娃在家硬等着，没有一年的三十饭能吃到热的！"但夏天礼去世后，"吃团圆饭"不免有些寡味，到了君亭这一代，大家已成散沙，夏家的传统无以为继。见此，夏天智就想借"吃团圆饭"凝聚人心。然而，往日热闹之势却难以重现。儿子们都漫不经心的，到了之后，也不顾老人的心情一个劲儿提倡过各自的"小日子",最终,一家人不欢而散。

> 夏天智说:"当年没分家时二十多口人在一个锅里吃,分了家这么走动,清风街也只有夏家!"梅花说:"我看亲热也不在于这样过年,各家吃各家的倒好。"夏天智说:"你尽胡说!吃饭最能体现家风的。"竹青说:"四叔好形式!"夏天智说:"该讲究形式的还得讲究形式,县上年年开人民代表大会的,会上还不是每个代表发了县长的报告稿,县长还不是在会上念报告稿。按你的说法,用不着代表过去了,用不着县长念报告了,把报告稿一发就完了么?这也是形式,可这形式能体现庄严感,你知道不?"竹青说:"我不知道,我只知道吃!"去盛了一碗米饭,对梅花说:"你也吃一碗,四婶做的饭香哩!"但做晚辈的却站起来,说:"你们老人们慢慢吃,我们先走呀!"就都走了。[①]

这可能是夏家的最后一次年夜饭,也是清风街的最后一次年夜饭。当然,也可能是我们记忆中的年夜饭,因为,今日中国的很多地方都在上演着这样的局面。

此外,带有地域性质的传统文化也因城市化的进程而遭到破坏,城市化不仅仅意味着地理意义上的乡村转变为城市,更意味着文化意义上的乡村生活方式向城市生活方式靠拢。民族传统文化的衰落最为典型的代表——民俗更是如此。因为民俗文化赖以生存的经济基础遭到破坏,再加上人们获取信息渠道多元化,娱乐方式多样化,导致传统民俗文化逐渐边缘化。成为一个民族的标志性的文化特征也被人淡忘,仅有少部分感兴趣的人做着薪火相传的工作。稍作留意就可以发现,诸多小说都对民俗文化与流行文化的角逐做了书写。贾平凹的《秦腔》、《老生》,范小青的《我的名字叫王村》,莫不如此。

贾平凹一再强化"秦腔"在小说中的分量,小说的情节设置、人物形象的塑造乃至时而隐现的"秦腔"曲谱均可体现。在他看来,"秦腔"就是秦人的魂,它的质朴、粗犷与豪迈孕育了秦地文明,正因为如此,它已

---

① 贾平凹:《秦腔》,作家出版社 2012 年版,第 451—452 页。

经和秦地乡村的日常生活乃至精神气质融为一体。但随着时代的发展，"秦腔"的命运堪忧。以夏天智为代表的老一辈"秦人"酷爱"秦腔"，而以夏风、陈星为代表的新一代"秦人"唾弃"秦腔"。夏天智唱秦腔，画秦腔脸谱，偏爱自己的秦腔演员儿媳妇。他身体力行，为秦腔树碑立传，拯救秦腔，但这并不能阻挡秦腔的衰落。抱有雄心壮志的中星的秦腔振兴计划破产，剧团解散，演员无法谋生，高雅的秦腔艺术沦为葬礼上的"说说唱唱"、"插科打诨"。小说中有一个细节耐人寻味。诸多演员在诉说各种无奈时，一个演员说："中午演到最后，我往台下一看，只剩下一个观众了！可那个观众却叫喊他把钱丢了，说是我拿了他的钱，我说我在台上演戏哩，你在台下看戏哩，我怎么会拿了你的钱？他竟然说我在台下看戏哩，你在台上演戏哩，一共咱两个人，我的钱不见了，不是你拿走的还能是谁拿走的？"① 而剧团的顶梁柱白雪的生活因"秦腔"而遭受波折，与厌弃秦腔的丈夫分道扬镳，坚守秦腔，不得不翻山越岭。在流行文化面前，"秦腔"注定成为消失的风景线，"秦腔演唱者和热爱者"只能成为孤独的捍卫者。作为乡村传统文化象征的"秦腔"也在夏天智、白雪等人的哀叹声中慢慢衰落，取而代之的是陈星演唱的流行歌曲大受欢迎。在中国广袤的土地上，多元文化并存的局面一直存在，但城市化的进程打破了这种局面。

我们所言的贾平凹的"秦腔"讲的是汉民族传统文化的消亡，那么少数民族呢？少数民族同样面对城市化，他们的文化同样受到冲击。在此，以迟子建的《额尔古纳河右岸》为例。该书是萨满文化的挽歌，具有比《秦腔》更为浓烈的悲怆意味。因为萨满文化的消隐意味着一个民族的消隐。鄂温克族乃一个游牧民族，以打猎为生，饲养驯鹿，信奉萨满。萨满主宰着他们的一切，包括生老病死；萨满也庇佑着这个多灾多难的民族，无论是日俄战争、抗日战争，还是中华大地上的土改、"大跃进"、"反右"、"文革"等等，他们都幸存下来了。但在城市化进程下，鄂温克族面对着消亡的命运。萨满文化的消亡既有被动的因素，如政府以文明的生活方式为由要求鄂温克族下山定居；也有主动的因素，如年青一代对城市的向往，年老的人需要现代化的医疗等等，但更重要的是，人们对萨满与生俱来的

---

① 贾平凹：《秦腔》，作家出版社 2012 年版，第 174 页。

悲剧性的警惕。尼都萨满特别是妮浩萨满的悲剧命运使得鄂温克族人阻止新的萨满的诞生。

> 妮浩走后的第三年，玛克辛姆身上出现了一些怪异的举止，他用猎刀割自己的手腕，他把赤红的火炭吞进嘴里。他喜欢在雨天的时候出去奔跑，大喊大叫；而到了天旱的日子，一看到大地出现了弯弯曲曲的裂缝，他就会抱头大哭。我们知道，他这是要成萨满了。
>
> 尼都萨满和妮浩的悲凉命运，使我们不想再看到一个新萨满的诞生。达吉亚娜把妮浩留下的神衣、神帽和神裙都捐给了激流乡的民俗博物馆，只留下一个神鼓。我们想让玛克辛姆与那股神秘而苍凉的气息隔绝。①

没了萨满，就没有了鄂温克族，而在某种程度上，没有了鄂温克族，就没有了独特的萨满文化（萨满文化是我国古代北方民族普遍信仰的一种原始文化，但各个民族的萨满又有不同）。"我们再也不用在搬迁时留下树号了，山中的路越来越多了。没有路的时候，我们会迷路；路多了的时候，我们也会迷路，因为我们不知道该到哪里去。"② 这个古老的民族在退化，每个人的命运依靠鄂温克族的最后一个女人来讲述，在她之后还存在鄂温克族吗？还有谁知道真正的萨满文化吗？那些巨擘的画笔只能绘其形不能绘其神，那些博物馆里的神物只能静静地诉说着一个民族的悲哀和一种文化的悲剧命运。如果不是迟子建的写作，有谁能知道最后一个游猎民族的故事。

一种文化因为一个民族的变迁而进了历史博物馆已经是很悲哀的事情了，而一种文化因为一个人的死亡而消失则是更悲哀的事情了。但这绝不是危言耸听。传统文化的流传方式很简单，口耳相传，世代因袭，一旦年轻人失去了传承的热情，它就面临着式微的命运。虽然艺人的种类繁多，包括生活类艺人如泥瓦匠、箍桶匠、木匠、铁匠等匠人，杂耍艺人，传统手工艺人，以及唱师、乐师、风水师等风俗类艺人，但乡土小说最为关注的还是风俗类艺

---

① 迟子建：《额尔古纳河右岸》，人民文学出版社 2010 年版，第 258 页。
② 同上书，第 260 页。

人，因为这类艺人具有天然的乡村神秘气息，他们往往是乡村的智者，或儒或道，往往"究天人之际，通古今之变，成一家之言"，以"最后一个"贯之的传统艺人的消隐意味着传统乡土社会神性的消隐和乡土文化品格的消隐，因此，更具有悲剧性。贾平凹的《老生》中，唱师死的时候无人为他唱阴歌，他的墓碑上只好写了这样一句话："这个人唱了百多十年的阴歌，他终于唱死了。"这是多么可悲的事情，又是多么无奈的事情！

三　生态环境的破坏

当我们将"农民与土地的分离"、"传统文化的衰落"——道来时，挽歌的气息已经极其浓厚。它们是乡村的内核，而乡村的外壳呢？依然面目全非，或许你可以说今日的中国乡村高楼拔地而起，现代化的设施并不少见，但我们蓦然回首，村庄依稀的背影，它是"一大片连绵的废墟"①。一望无际的田野色彩斑斓、溪流蜿蜒、树木葱茏、花舞飞雪、鸟鸣山幽，隐现其间的是村落人家，这种"桃花源"般理想的生存环境，基本上已荡然无存。传统的村落民居基本上已经成为"废墟"，"新农村建设"与"农民上楼"在很大程度上改变了聚族而居的传统村落结构。"以姓氏为中心的村庄，变为以经济为中心的聚集地。有能力的沿路而居，不分姓氏，形成新的生活场、新的聚集群落。这些人家无疑是村庄的新贵，代表着财富、权力和面子，因为这里的地并不是谁想买就可以买到的。没有能力的，或勉强住在破烂的房子里，进行各种缝补式的修缮，或购买那些搬走的家庭的房子。毫无疑问，村庄的内部结构已经坍塌，依家族而居的生存模式也已经改变。"② 而"村落结构的变化，背后是中国传统文化结构的变化。农耕文化的结构方式在逐渐消亡，取而代之的是一种混杂的状态，农业文明与工业文明在中国的乡村进行着博弈，它们力量的悬殊是显而易见的。村庄，不再具有文化上的凝聚力，它只是一盘散沙，偶尔流落在一起，也会很快分开，不具有实际的文化功能"③。在孙慧芬的《后上塘书》中，"上塘"

---

① 梁鸿：《中国在梁庄》，江苏人民出版社 2010 年版，第 26 页。
② 同上书，第 28 页。
③ 同上书，第 28—29 页。

作为一个地名始于刘杰夫。他将自己的乡村更名后，建立各种园区，其中西区是大鹏园区。这里既有徐家炉的、小王屯的、唐屯的，哪个屯的都有，传统聚族而居的生活方式被打破，取而代之的是村庄的新组合，依靠财富和能力进行划分。而村庄重新组合之后，原有村庄就显得更为破败落寞。因此，刘杰夫有种错觉，觉得他原有的村庄被时光挡在外面，多年不曾改变，只是一直破旧下去。

造成村落成废墟的另一个重要原因是生态环境的破坏。梁鸿提到了北方特有的"坑塘"。带给她记忆的"坑塘"，如今成了一潭死水，弥漫着腥臭。而更为可怕的是人对地下资源的攫取，这种攫取是釜底抽薪式的。因此，地下的矿藏，河流的鱼虾、泥沙，山上的植被等等凡是能带来经济效益的东西均被"有效利用"。英国利物浦大学教授贝特的《大地之歌》曾言："公园第三个前年刚刚开始，大自然却早已进入了危机四伏的时代。大难临头前的祈祷都是那么相似……全球变暖……冰川和永久冻土融化，海平面上升，降雨模式改变……海洋过度捕捞，沙漠迅速扩展，森林覆盖率急剧下降，淡水资源严重匮乏，物种加剧灭绝……我们生存于一个无法逃避有毒废弃物、酸雨和各种有害化学物质的世界……城市的空气混合着二氧化氮、二氧化硫、二氧化碳……农业已经离不开化肥和农药……而畜牧业，牲畜的饲料里竟然含有能导致人中枢神经崩溃的疯牛病毒……"[1] 就中国而言，上述现象并不陌生，已严重影响到我们的日常生活。2015 年 3 月 15 日，前央视主持人柴静自拍记录片《穹顶之下》，为正在饱受雾霾痛苦的国人写下一份投名状，警钟长鸣，迫使我们不得不关注当下的环境问题。在盲目地追求现代文明的过程中，我们以文明的姿态改造自然，以正义之名占有自然。而改革开放和市场经济使得曾经信奉"人定胜天"的"人类中心主义"思想的民族更是以牺牲环境为代价，严重摧毁了我们居住的环境。这为独特的"生态主题"提供了一个文学的新纪元。"20 世纪末以来，现代性与后现代性互渗的文化语境预示着一个新的文学纪元的到来，以人与自然关系为书写向度的中国乡土小说显示出空前的活力，涌现了一批有

---

① 王诺：《欧美生态文学》，北京大学出版社 2003 年版，第 231—232 页。

着各自'生态'表现风格和伦理立场的作家作品……"① 换言之，乡村生态环境的破坏有其相应的乡土小说类型，即乡土生态题材小说。在这些乡土生态题材小说中，来自不同地区的作家带着阵痛书写自己的故土或曾生活的土地上的"环境"危机，因此，我们可以看到阿来《空山》系列中藏族地区异域风情被无情摧毁，虽浴火重生，成为旅游胜地，却俗不可耐，被钢筋水泥所占有；也可以感受到科尔沁旗的"大漠之子"郭雪波在《哭泣的沙坨子》、《大漠狼孩》、《沙狼》等作品中对沙尘暴的痛恨，"大漠从前是草原"，是蒙古民族文明的发祥地，如今全被风沙埋葬；以及陈应松的《猎人峰》、《望梁山》、《豹子最后的舞蹈》等小说中对神农架森林破坏，动物被猎杀的生态预警。我们也可以看到作家对具有生态意识的人格的礼赞，如苗长水的短篇小说《自然之泉》、尤凤伟的短篇小说《幸运者拾米》、张健的短篇小说《母狼衔来的月光》等；我们甚至开始怀念狼（贾平凹的《怀念狼》）、崇拜狼（姜戎的《狼图腾》）。这里的有些文本并不指向农耕文明生态系统的破坏，而是指向整个城市化进程中，中国大地上所有生态系统的破坏，既包括农耕文明生态系统中的生命圈、生命链，也包括游牧文明中的生态链。而且，相对于农耕文明生态环境的破坏，游牧文明生态系统的毁灭显得更为可悲。因为，这一切的毁灭均被视为是"文明"的。

当我们以文明的姿态要求游牧民族退耕还林时，迟子建《额尔古纳河右岸》中那位90多岁的酋长妻子却认为鄂温克族人和他们的驯鹿始终"亲吻着森林"，反而是汉族人的过度采伐导致了林木稀疏，物种减少的局面。"十年过去了，二十年过去了，三十年过去了，伐木声虽然微弱了，但并没有止息。持续的开发和某些不负责任的挥霍行径，使那片原始森林出现了苍老、退化的迹象。沙尘暴像幽灵一样闪现在新世纪的曙光中。稀疏的林木和锐减的动物，终于使我们觉醒了：我们对大自然索取得太多了！"② 但一旦资源枯竭，所有的后果又要乡村来承担。这样说可能有些偏激，但事

① 丁帆：《中国乡土小说的世纪转型研究》，人民文学出版社2012版，第277页。
② 迟子建：《额尔古纳河右岸——从山峦到海洋》跋，人民文学出版社2010年版，第262页。

实的确如此。乡村特别是西部等边远地区的乡村基本上是资源（尤其是矿产资源、森林资源）的代名词。在迟子建、阿来、刘亮程等人的小说中，处处可见"开发"对当地生态环境的毁灭性破坏。"开发之后"呢？由于人们环境意识的薄弱，修复性的工作难以开展，使得广大的乡村化为一个个"空洞"。"回龙湾镇的鸡冠山金矿彻底停产了。鸡冠山的矿藏差不多挖完，到处是废弃的矿洞，崖坡坍的坍，垮的垮，成了一座残山，山下沟岔里的水也是剩水，不再流动，终日散发着恶臭。矿区的人全部撤走，那些厂房，工棚，以及商铺，旅馆，饭店都关了门。"[1] 回龙湾的村民戏称不管怎么折腾都是回到了"从前"。孙慧芬的《后上塘书》中，刘杰夫千辛万苦得到开采权的奶头山，"绿衣被撕破，一堆白花花的岩石翻上来。"这就是赤裸裸的现实，我们掘开了大地，大地却让我们沦陷。所以，才会有刘亮程的《凿空》。阿不旦的磁石被破坏了，树被砍倒了，驴被宰杀了，村庄的根基动摇了，一切有形的和无形的，都变成了"空洞"。

上述悲剧，时刻都在发生。但我们习以为常，因为这是发展的代价，是整个社会意识形态在作祟。德国哲学家卡尔·曼海姆将意识形态分为两种类型：一为特定意义的意识形态，处于这种意识之中的集团为了保障自己的利益，会通过对事实的装饰、掩盖、撒谎等各种手段歪曲真相；一为总体性意义的意识形态，意为"一个时代或者一个具体的历史——社会群体所具有的意识形态"[2]。不管是前者还是后者均强调了政治集团为了寻求合法性对群众采取的策略性宣传，由此使得整个社会形成了一种集体无意识。就中国乡村生态环境而言，有两方面的因素不容忽视。第一，是乡镇的自我城市化。其突出表现是 20 世纪 90 年代乡镇企业的大力发展；第二，城市扩张带来的污染转移。不管是哪种因素，我们都信奉"代价论"。张扬的《消息不宜披露》中描述了作为意识形态代表的政府在生态问题上的掩饰。H 市本来是一个小镇，借着改革的春风发展成为一个有着百万人口的大都市，但在发展的同时存在严重的环境污染问题，得癌症的人越来越多。市政府在发现渔场存在致癌成分时，没有加以整治，而是封闭消息。贾平

---

[1] 贾平凹：《老生》，人民文学出版社 2014 年版，第 269 页。

[2] ［德］卡尔·曼海姆：《意识形态与乌托邦》，李步楼译，商务印书馆 2014 年版。

凹的《老生》中，老余带头下的当归村为了致富造假，出了问题后，也只是找个替罪羊，造假之风仍然盛行。在这种情况下，中国乡村所面临的生态危机可想而知。蓝天白云难得一见，雾霾时刻侵袭着我们；碧波荡漾难复旧梦，绝望的死水散发着阵阵腥臭；"清水池塘傍茅舍，鸢飞鱼跃竹万竿"的情景更是消失得无影无踪。这样的"代价"实在是出乎意料。

《老生》中，当归村很多人开始翻盖新房，盖清一色的水泥楼房。村人学戏生，戏生学镇街人，而镇街人又是仿制城市。乡村的外观就变了样，都变成了城市的模样，成为城市的赝品。阎连科的《炸裂志》道出了一个事实，城市化就是将无数的自然村变为城市、都市、大都市。因此，在中国这片广袤的大地上，平均每天有20个行政村正在消失，我们行走于乡村只能听到房屋倒塌的声音（赵本夫的《即将消逝的村庄》），我们进入了一个"无土时代"（赵本夫的《无土时代》）。

"'乡土'，作为中国文化的起源和隐喻性的精神存在，是人们心理结构中发生强烈情感认同之地，是涵盖所有的自然与社会人文背景及历史文化，对个人具有高度生活意义及使命感的地方。如果说乡土的能指是指向物质实存的话，那么所指的意义主要指向一种诗性的，甚至有着宗教神圣感的形而上存在。也就是说，乡土、故乡、土地等物质形态往往会被赋予某些特定的文化内涵。"[①] 在一个"无土时代"，乡土日益成为一种精神资源，用以批判和对抗城市文明的利器，因此，在这个意义上，它消逝了，但却从未走远。

四　乡土家园的重构

乡土家园的重建，乃现代化的梦想，贯穿于整个20世纪。周作人等人组织的昙花一现的"新村运动"，梁漱溟与晏阳初所推行的乡村建设运动，黄培源所倡导的平民职业教育运动等，均是体现。而早在七十多年前，费孝通就提出了"乡土重建"的命题：既不简单模仿西方，食洋不化，也不执拗于对传统的迷恋，而是将工业文明和乡土社会巧妙地"嫁接"起来，

---

① 韩玉洁：《作家生态位与20世纪中国乡土小说生态意识》，苏州大学博士学位论文，2009年。

呼吁"现代工业的技术下乡"，以此改造和重建乡土。而在农业、农村全面萎缩，都市人"怀乡病"俯拾皆是的当下，新一轮的乡土重建迫在眉睫。

　　农业、农村的全面萎缩，从前面的三个主题可见一斑，在此不做赘述，仅对都市人的"怀乡病"作简要分析。何玉茹的《回乡》内容很简单，但却让人回味无穷。它叙述了当今社会如何与"乡村"保持一种亲缘关系。采摘园及采摘项目是现代人极为流行的休闲方式，也是人们亲近自然、重拾乡土记忆的重要方式。《回乡》即是一对夫妇如何借助"采摘园"还乡的故事。"我"因为千辛万苦才跳离农门，称农村为"火坑"，根本不认同丈夫老杨的"万庄情结"。但碍于夫妻情面及老杨的多次念叨，不得不跟随老杨一起来到万庄。万庄位于城市的郊区，改革开放三十多年来仍然保留着集体劳作的方式，但村人已无往日农民的宽厚。尽管如此，老杨还是在这里回归纯真，欣喜异常。小说中有一段对话颇具韵味：

　　　　老杨说，你这哪是采摘，你是回乡呢。
　　　　我不由得吃了一惊，那个生我养我的乡村如今已经不在了，莫非我是在想念它吗？那个曾被我叫作火坑的地方？
　　　　老杨又说，其实我也是在回乡。
　　　　我说，你回什么乡？
　　　　老杨说，回你的乡，就想起我的乡来了。①

　　这种"还乡"将都市人的"怀乡病"写得淋漓尽致。但这种"乡土"已非现实的乡土，是浸润着我们童年记忆与民族认同的乡土，是文化的乡土。诚如小说中所说："我们更多地谈论着万庄的前景，他认为万庄的集体模式不会坚持多久了，因为干活儿的人中已看不到一个年轻人。可我却坚持说外出的年轻人早晚会回来的，万庄会永远有一批上了年岁的人来经营，因为如今的年轻人，除了权力相逼还有金钱相逼，他们在这境况下很难坚持到老。只要他们回来，只要有棉花地还有梨园有耕地，我们就不愁没个着落。……"② 这个着落是

———————

① 何玉茹：《回乡》，《人民文学》2015 年第 9 期。
② 同上。

"青春的",更是"心灵的"。由此可见,乡愁无法安放的当下,重建乡土意义重大。事实上,几乎所有的作家在唱响挽歌的同时,也拉开了乡土重建的序幕。

作家的思考朝着两个维度——"过去"和"未来"。指向"过去"的,先验性地认为曾经存在着一个类似于"人间沃土"的美好乡村。阎连科的《受活》、张炜的《你在高原》、迟子建的《额尔古纳河右岸》、贾平凹的《秦腔》、阿来的《空山》等都在不同程度上预设了一个曾经存在的"美好乡村"。就像"受活"一样,世世代代居住在一个叫"天堂地"的地方,"悠闲自在,丰衣足食","自由,散淡,殷实,无争而悠闲"。今昔对比,不得不让人退守,退守在自己的"桃源"中,退得最为彻底的便是张炜了。

张炜的大多数创作都隐含着"从城市回归葡萄园(平原)"、"融入野地"的价值倾向,一部皇皇巨著《你在高原》,写的均是"城市"与"平原"的对立。主人公宁伽一直是在"寻找"中确认自己,救赎自己。这种"寻找"既是家族的"远行"基因作祟,更是对窒息的生存环境的一种自我反抗。90年代中期,下海风潮刮遍全中国,宁伽放弃工作来到东部平原承包了土地办起了葡萄园,还办了一份文学杂志和一个葡萄酒厂,但最后没有成功。此后他又继续行进在平原野地、高山峻岭,寻找一个新的乌托邦。在这个过程中,宁伽见证了中国城市化的"暴力"革命。这是一场有关土地、家园的没有硝烟的战争。乡村与野地、平原与丛林正在逐渐被吞没,被侵蚀,大自然已经被折磨得奄奄一息,千疮百孔。而痛失家园的农民成为一群流浪者,他们被城市拒之门外,成为了身份未明、定位飘忽的游走者和漂泊者。"在现代化进程中,农民就成了在路上疲于奔命的追赶者。"[①] 而侥幸能进入城市中心话语的人们,又被城市榨取了血肉之躯,只留下满目疮痍的灵魂。农家女荷荷被城市中的繁华和灯红酒绿所吸引,不顾未婚夫庆连的劝阻来到城市寻梦。但她不知道在城市的丛林中,到处都游荡着淫荡邪恶的"大鸟精"("大鸟精"其实就是一些玩弄女性的权贵阶层)。在那个与世隔离的"鸟的王国"中,荷荷既享受到天堂般的奢靡生活,也遭遇到非人的精神折磨,以致精神失常,且一生也无法逃脱这种精神的掌控。她被招录进了一个"大鸟精"掌控的公司,被老板折磨得不成

---

① 贺绍俊:《在路上还是在土地上》,《文艺报》2004年6月8日。

人形，而且得了疯魔的疾病，最后被城市所遗弃。一个只会留下伤痛的城市，促成了宁伽等人心目中的乌托邦冲动。宁伽所有的"寻找"与游走，均是为了"皈依大地"。在张炜看来，"大地作为精神的生母，它有巨大的鼓舞力和感召力，它仍然对向上的精神有一种不可逾越的引力。"现代社会掠夺式的开发开采、现代文明的暴力和道德堕落的种种丑恶使得大地上的人们无家可归，不得不走向精神的"荒原"。于是，张炜带着一种"乌托邦"情结，从"野地"到"高原"，寻求人与自然的和谐，抚慰痛失家园的人们。

物理上的乡村变得面目全非，精神上的乡村必然会逐渐消逝，因为没有具象式的乡村，抽象的精神的乡村又何处可依？这便有了第二种建设方案，即在城乡关系失调的当下，发展现代农业，鼓励人才、技术下乡，用乡愁反哺乡村。周大新的《湖光山色》，关仁山的《麦河》、《日头》，杨廷玉的《花堡》，王建琳的《永乐春》等都在此列。

这样的设计方案，既要有"顶层设计"层面的"制度突破"，如《永乐春》中一系列的"清明盛世"景象：中央采取的惠农政策（2003 年的税费改革、粮食补贴等），乡镇等基层干部大力配合、有所作为（如牛金明书记的务实作风，力主还地于民，造福于农），文化下乡（如马冲母亲马光兰创立的乡村图书馆等）。正是在这种情形下，马冲才迎来了依靠土地致富的"春天"，她才第一次意识到家乡的土地原来也可以拥有如此动人心魄的美丽。

在"顶层设计"的基础上，更要有一批有担当的农村青年，他们将自己的人生与家乡紧密地结合在一起。这些青年既包括在城市攫取人生资本的打工青年（如关仁山《麦河》中的曹双羊、桃儿，王建琳《永乐春》中的牛清明等），也包括立志农村的有为青年（如王建琳《永乐春》中成绩优异的马冲，她辍学后拒绝进城打工，而是留在家乡种地，研究农业创收的新途径）。质言之，"乡土重建"的主体仍是"乡土的儿女们"。因为只有他们才能彻底改变乡村"老弱病残"的局面，也只有他们在发展现代农业，恢复乡村原有生机的同时，注重乡村传统文化的传承。典型的如周大新《湖光山色》中的楚暖暖，她利用旅游业恢复了农村应有的生机，但在同时，也通过乡村文化的传统因子有效地制止了城市文化的负面影响。

事实上，我们一直强调的"乡土"，既有传统乡村的影子，也有现代乡村的影子，是传统和现代的统一体，是城乡融合的一种外在体现。"从城乡关系看城镇化，世界各国有不同的情况：一是城乡互相封闭的城镇化；二是乡村衰败的城镇化；三是城乡同质化发展的城镇化；四是城乡协调发展的城镇化。我国在提出新型城镇化的同时又强调'城乡一体化'，就是要避免前三种情况的出现，实现城乡之间协调发展的城镇化。城镇化的结果应该是形成以工促农、以城带乡、工农互惠、城乡一体的关系，整个国家成为一个发达的城镇和发达的农村紧密结合的有机整体。就这种意义上讲，'城乡一体化'可以看作是城镇化的同义语。"① 而这正是乡土重建的应有之义。

第二节　从宏大叙事到日常生活叙事

自20世纪90年代以来，我国的城市化进程迅猛发展，并成为乡土文学最大的背景，直接影响到乡土文学的叙事主题、叙事形态等。就叙事形态而言，作家纷纷采用日常生活叙事来表达原有社会结构的断裂与重组、传统文化与城市文化、现代文化的颉颃、经济发展与资源环境的破坏等。在他们的笔下，乡村生活变得细节化、审美化，成为他们与现实建立意义的重要手段，以及张扬世俗人间情怀、重构传统乡村文化精神的场所。

一　乡村叙事中的"日常生活"书写

日常生活作为人类生存的基本依托，它是"以个人的家庭、天然共同体等直接环境为基本寓所，旨在维持个体生存和再生产的日常消费活动、日常交往活动和日常观念活动的总称，它是一个以重复性思维和重复性实践为基本存在方式，凭借传统、习惯、经验以及血缘和天然情感等文化因素加以维系的自在的类本质对象化领域"②。按此逻辑，日常生活的核心要

---

① 厉以宁、艾丰、石军：《中国新型城镇化概论》，中国工人出版社2014年版，第150页。
② 衣俊卿：《现代化与日常生活批判——人自身现代化的文化透视》，黑龙江教育出版社1994年版，第31页。

素比如说饮食人生、婚嫁丧娶、风俗人情、伦理亲情等并不因时代、历史的变迁而销声匿迹，但日常生活又是变动不羁的，它因人、因时、因地而异，是特定历史时期、特定地域、特殊人群生存方式的外化。从这个层面来讲，城市化进程中的乡土文学一直在两个维度上演进：其一，以历史横断面的方式，直面乡村在城市化进程中的裂变，通过对当下乡村日常生活的叙写来传达包括"农民与土地的分离"、"传统文化的衰落"、"伦理道德的乱象"、"生态环境的破坏"等内容。其二，作家深入日常生活的内部体味在漫长的人类时空中那种恒常、稳定与充满温情的乡村文化带给我们的温暖与寄托。与之对应的，是日常生活叙事的两种形态：一类是直面日常生活，确立日常生活的本体地位，将之视为独立的审美对象，以日常生活架构故事。典型的有铁凝的《谁能让我害羞》，贾平凹的《高兴》、《带灯》，鬼子的《瓦城上空的天空》，孙惠芬的《民工》、《歇马山庄的两个女人》、《吉宽的马车》、《上塘书》、《后上塘书》，罗伟章的《我们的路》，阎连科的《柳乡长》，林白的《妇女闲聊录》等；另一类则是在宏阔的历史背景中描摹中国乡村的日常生活图景，将历史事件消融于琐细的日常生活中。典型的如迟子建的《额尔古纳河右岸》、《群山之巅》，阿来的《空山》，莫言的《生死疲劳》，刘醒龙的《圣天门口》，贾平凹的《秦腔》，关仁山的《日头》，李佩甫的《生命册》等。在此分别以林白的《妇女闲聊录》和迟子建的《额尔古纳河右岸》为例。

　　林白的《妇女闲聊录》极具"狂欢"精神。它以"闲聊"的方式将木珍老家王榨这个地方的历史与现状、风俗习惯、家长里短等和盘托出，聚焦于偷鸡摸狗、男女偷情、婚嫁丧娶等几个中心事件。在这里，没有秩序，没有中心，也没有意识形态的干扰，甚至道德的牵绊，有的只是实实在在的质感的日常生活。乡村娱乐生活与精神文化的贫瘠与匮乏，"空心化"与留守儿童堪忧的教育状况，贪小便宜与急功近利的国民劣根性，乡村原有伦理秩序的倾颓和价值理念的混乱等，这些极易与"启蒙、社会转型"等宏大话语联系在一起的话题，在木珍这里都是自然而然的，都是符合生活的逻辑的。所以，她才说"王榨的人都挺会享受，要有点钱就不干活了，就玩麻将，谁不会玩就会被人看不起"，"王榨的人不爱种东西"，爱偷，整天晚上都商量着如何偷东西，而外出打工的人则到处坑蒙拐骗等乡村实情。

即便是常人认为极其不正常的乱伦、借种生子、村妓、姐妹俩共同拥有一个情人、翁媳通奸、视结婚为儿戏等令人惊愕的事情，让很多读者特别是文学批评者条件反射性去探究其背后的文化内涵，在木珍这里，只不过是日常生活而已，不需要任何的阐释。木珍在叙说的时候，不做臧否，甚为平静，只是"平铺直叙"。如木匠从海南带妓女回家嫖娼，妓女回家后，他又与双红进行性交易，而他的母亲心疼钱，"当着大儿子（木匠——笔者注）、二儿媳妇的面跟三儿媳妇喜儿说，你大哥跟别人好还要花钱，不如跟你好算了，你闲着也是闲着，他大哥也不用给别人钱。"等到三儿子回家时，当妈的就把三儿子反锁在房间里，让大儿子和喜儿到她的房间去睡觉。又如叫"和尚"的女人丈夫坐牢后，经常在家偷情，她的公公横加干涉，"和尚就骂她老爹爹，说老不死的！老畜生！老儿！哪个要你管这些闲事！骂老儿是最侮辱的。"而"和尚的丈夫也知道。……他说，我没儿子只有两个女儿。他知道那两个儿子不是他的"。又如"木菊跟她大姐看上同一个男的，趁她姐夫不在家，这两姐妹就跟这个男的睡，三个人睡在一张床上"。诚如贺绍俊先生所说："这些性事在一般的文学叙述中无疑会成为引发思想和情感激烈冲突的重要情节，像是具有巨大能量的炸弹，一旦爆炸就会血肉横飞。但在木珍的叙述中，这些看似惊天动地的性事完全被日常生活化了，这种日常生活化显然表达了一种民间的世界观。一方面，人们并不认同这类性事对于伦理道德秩序的破坏；另一方面，既然这类性事发生了，也就被生活接纳了下来。伦理道德秩序就是一种公理和逻辑，它构成了炸弹的能量，所以木珍的叙述就像是做了一件摘除'引线'的工作，这些炸弹的能量虽然并没有消失，却不再具有杀伤力。"①

在一个"宏大叙事"向"日常生活叙事"转向的年代，仍有相当一部分作家葆有宏大叙事的激情，在宏阔的历史背景中展示庸常的生活形态和个体遭际命运。就城市化进程中的乡土文学而言，很多作家将历史的时空浓缩至一个村庄，乃至个体的细部生活，关注五十年甚至百年来中国农村、农民的变迁，在历史的对照中，传达自己的价值理念。如果说，纯粹地以

---

① 贺绍俊：《叙述革命中的民间世界观——读林白的〈妇女闲聊录〉》，林白：《妇女闲聊录》前言，新星出版社 2004 年版。

日常生活架构故事的作家队伍中尚有部分作家由于时代和个人阅历的局限，以及与日常生活的亲缘关系，使得他们天然选择了个体所感知的生活（最典型的如"打工作家"），那么，在"宏大叙事"的历史帷幕上上演具体而细微的日常生活的作家，往往带有一种"史诗"冲动，在人类历史的长河中发掘社会的变迁，彰显那些超越历史宏大背景的世俗生活以及恒常的人性。最典型的莫如迟子建的《额尔古纳河右岸》了。

小说一开头就将我们置身于一个意味深长的"等待"的场景："我是雨和雪的老熟人了，我有九十岁了。雨雪看老了我，我也把它们给看老了。如今夏季的雨越来越稀疏，冬季的雪也逐年稀薄了。它们就像我身下的已被磨得脱了毛的狍皮褥子，那些浓密的绒毛都随风而逝了，留下的是岁月的累累瘢痕。坐在这样的褥子上，我就像守着一片碱厂的猎手，可我等来的不是那些竖着美丽犄角的鹿，而是裹挟着沙尘的狂风。"① 作为一个民族历史的见证者，"我"见证了这个民族的多舛命运，包括"日本侵占东北，伪满洲国的成立"、"建国后的土改运动"、"合作化运动"、"三年自然灾害"、"文革"、"一九九八年的森林大火"等重大历史事件。但对这个民族而言，这些历史事件只不过是静水微澜，因此，他们可以置若罔闻，过着自己世外桃源般的生活。事实上，迟子建将笔触更多地投向了这个渴望平静生活的民族的日常生活与萨满文化，尤其是后者。小说通过尼都萨满与妮浩萨满的超自然神力及悲剧命运，展现了这个民族所特有的悲悯。正是这种悲悯跨越了民族界限，超越了政治斗争，消解了一切的历史恩怨。尼都萨满可以为日本人吉田疗伤，而妮浩可以为偷驯鹿的汉族人疗伤，在她们身上体现着这个民族的"大爱"。如果说尼都萨满的悲剧与因爱而压抑的灵魂有关，那么，妮浩萨满的悲剧则与其丧子之痛有关。生命是平等的，妮浩每救活一个人，就必须死去一个孩子。这就是代价。但尽管如此，妮浩仍坚守自己的职责，直到付出自己的生命。

任何的历史事件，都抵不过鄂温克族人对信仰的坚守。他们饲养驯鹿，逐水草而居，物物交换，天然地排斥定居、教育、医疗、艺术、工艺等。他们在外界的冲击下，艰难地生存，生老病死，婚嫁丧娶，恩恩怨怨。风

---

① 迟子建：《额尔古纳河右岸》，人民文学出版社 2010 年版，第 1 页。

云变幻的历史，特别是主流话语所阐明的历史大事件，都以鄂温克族这个民族的变化特别是"我"的个人生活的变迁隐蔽地呈现出来。这种变化是从死亡开始的，"我说了，我的记忆开始于尼都萨满那次为列娜跳神取'乌麦'，一头驯鹿仔代替列娜去了黑暗的世界了。"随后，"我"又经历了父亲、母亲、伯父、两个丈夫、弟弟、弟媳、儿子、几个侄子、孙女以及许多熟悉的人的死亡。正是无穷无尽的死亡和无处不在的外力侵蚀，使得这个民族面临着退化的危险。正是这种无处不在的沧桑的历史，才建构了对一种文明消逝的隐忧，探究了这种文明何以消逝的缘由。

> 生活在山上的猎民不足两百人了，驯鹿也只有六七百头了。除了我之外，大家都投了去布苏定居的赞成票。激流乡新上任的古书记听说我投了反对票时，特意上山来做我的工作。他说我们和驯鹿下山，也是对森林的一种保护。驯鹿游走时会破坏植被，使生态失去平衡，再说现在对于动物要实施保护，不能再打猎了。他说一个放下了猎枪的民族，才是一个文明的民族，一个有前途和出路的民族。我很想对他说，我们和我们的驯鹿，从来都是亲吻着森林的。我们与数以万计的伐木人比起来，就是轻轻掠过水面的几只蜻蜓。如果森林之河遭受了污染，怎么可能是因为几只蜻蜓掠过的缘故呢？①

鄂温克族那建立在"死亡"与"神性"基础上的日常生活，也逐渐成为一种消逝的过往，而这恰恰是假以文明的权杖。正是在这个意义上，迟子建找到了批判城市化的有力武器，而这恰恰是诸多作家的立足点。乡村及传统文化的救赎意义与拯救功能在具体而微的日常生活层面体现出来。

"日常叙事是一种更加个性化的叙事，每位日常叙事的作家基本上都是独立的个体……但是，在致力表现'人生安稳'、拒绝表现'人生飞扬'的倾向上，日常叙事的作家有着同一性。拒绝强烈对照的悲剧效果，追求'有更深长的回味'，在'参差的对照'中，产生'苍凉'的审美效果，是

---

① 迟子建：《额尔古纳河右岸》，人民文学出版社 2010 年版，第 259 页。

日常叙事一族的共同点。"① 事实上，不管是林白式的狂喜，还是迟子建式的伤怀，作家均找到了自己应对城市化的方式，那就是乡村日常生活叙事。

二 "日常生活叙事"的表现形态

日常生活叙事最为显著的特征便是现实主义创作手法的运用，以此反映中国社会结构的整体性变动，农民离乡移民城市的过程，以及由此带来的一系列社会问题。但因为日常生活叙事对细节的依赖，以及现实的复杂性和现实主义的局限性，作家在消解小说故事性的同时，又兼顾了现代主义和后现代主义的创作手法，比如说自然主义和魔幻现实主义的运用。在此，仅以贾平凹的《秦腔》、阎连科的《炸裂志》为例。

"细节"是日常生活叙事的枢纽，为了获取饱含生活汁液的细节，作家不再注重情节结构，甚至一再悬置、延宕故事情节的发展，降低故事的表达强度。贾平凹的《秦腔》就采用这样的方式。贾平凹将《秦腔》的写法视为一种"新的文本"、"新的尝试"，将之称之为"密实的流年式的叙写"，也即关注日常生活的横断面，一切按照生活的原貌展开，放弃传统小说对"典型环境、典型性格"的要求，代之以饱含生活气息的细节。它抽去了故事和情节等传统小说的叙事要素，既无核心情节，也无核心人物，更无结构线索，以拉家常似的闲聊还原日常生活，力图保持文学形式与社会历史内容的一致性。

日常生活绝非严密有序，而是零散的，诚如引生所说："清风街的故事从来没有茄子一行豇豆一行，它老是黏糊到一起的。你收过核桃树上的核桃吗，用长竹竿打核桃，明明已经打净了，可换个地方一看，树梢上怎么还有一颗呢？再去打了，再换个地方，又有一颗。核桃永远是打不净的。"② 小说正是对乡村日复一日的生活的描摹，在家长里短、鸡零狗碎的生活中发现乡村的裂变。叙事散漫，拖沓，亦如闲聊。"每一次闲聊还不都是从狗连蛋说到了谁家的媳妇生娃，一宗事一宗事不知不觉过渡得天衣无缝！"生

---

① 郑波光：《20世纪中国小说叙事之流变》，《厦门大学学报》（哲学社会科学版）2003年第4期。

② 贾平凹：《秦腔》，作家出版社2012年版，第87页。

活如此,《秦腔》也如此。

"这种密实的流年式的叙写,……只因我写的是一堆鸡零狗碎的泼烦日子,它只能是这一种写法"[1],"描写一段社会大变革时期尤其是目前农村转型时期的作品,需要的是真实。20 世纪 50 年代形成的抽象和编写离奇故事的方式,不能真实地反映农民的原生态。当时所抽象出来的典型农民和农村形象是虚假的。我在《秦腔》里呈现出的农民和农村形象不仅仅是还原,也有抽象和典型,但区别是相比原来的假抽象、假真实,《秦腔》更接近生活本色。"[2] 这就是"细节"的力量,也是贾平凹不遗余力地展示生活细节的原因。

"真实"是自然主义的"灵魂"和"核心要义",也是《秦腔》获得好评的重要原因。在一个对"真实"的呼声愈来愈强烈的今天,无论是主流作家还是 20 世纪 80 年代以来兴起的一批草根作家,都或多或少地自招为自然主义的信徒,当"现实"的记录者,奉行自然主义代表理论家左拉所倡导的"当真实的工匠"、"有关人的文献的编撰者"、"如实地感受自然,表达自然"的理念。"在这个年代的写作普遍缺乏大精神和大技巧,文学作品不可能经典,那么,就不妨把自己的作品写成一份份社会记录而留给历史。"[3] 贾平凹的观念何尝不是大家的心声呢?

如果说"自然主义"以"记录"来反映现实,魔幻现实主义等则以"夸张"的手法来反映现实。事实上,在目前的文本中,没有哪一部作品是纯然的"自然主义"或者纯然的"魔幻现实主义",而是"你中有我,我中有你"的局面。城市化进程中的乡土文学对魔幻现实主义等创作手法的运用、革新,对诸如鬼神、宗教、幻梦等非理性内容进行描写,使得"文学形式"和"创作手法"获得了空前的意义。仅 2014 年,我们就可以看到"寓言体"(关仁山的《日头》)、山海经体(贾平凹的《老生》)、书信体(孙慧芬的《后上塘书》)、方志体(阎连科的《炸裂志》)等。在这些别具一格的"体例"中,魔幻现实主义手法的运用是显著特色。贾平凹《秦

---

① 贾平凹:《秦腔·后记》,作家出版社 2005 年版,第 501 页。
② 贾平凹:《为农村说出想说的话》,《中国青年报》2005 年 6 月 6 日。
③ 贾平凹:《我和刘高兴》,作家出版社 2007 年版。

腔》中引生的超人禀赋，《老生》中通阴阳的唱师，老黑、徐县长等人物，以及一些神神秘秘的万物，一切关系，一切人和事，均在天地间合理地存在着。关仁山的《麦河》和《日头》均是以现实主义为根基，力求展现城市化进程中的农村变革和农村新气象，但其间又夹杂着现代主义和古典主义的手法，使得小说拥有一种神秘的气息。村夫野老，特别是那些带有儒释道气质的老者，重新化身为乡村的拯救者。阎连科的《炸裂志》中的孔东德及四儿子孔明辉带有的挣脱主流意识形态的乡野气息、神秘气息和预言功能，特别是孔明辉企图通过万年历拯救孔家及炸裂市，都看得出乡村文化的内化及作家对其的顾盼。

换言之，我们看到越来越多的作家开始改变乡土小说创作惯用的现实主义笔法，注重"怎么写"，注重小说的"形式感"，借鉴现代派或后现代主义的言说方式，寻找中国式的审美现代性。阎连科的《炸裂志》便是其中的典范。

2013 年，阎连科《炸裂志》的推出无疑是中国文坛的重要事件，它以"志"的形式道出一个村庄的转型故事。无论是在该书的介绍还是阎连科的访谈中，此书都成为"神实主义"的力作。关于"神实主义"，阎连科曾有一个简单的定义，"在创作中摒弃固有真实生活的表面逻辑关系，去探求一种'不存在'的真实，看不见的真实，被真实遮盖的真实。""神实主义疏远于通行的现实主义。它与现实的联系不是生活的直接因果，而更多的是仰仗于人的灵魂、精神（现实的精神和事物内部关系与人的联系）和创作者在现实基础上的特殊意思。有一说一，不是它抵达真实和现实的桥梁。在日常生活与社会现实土壤上的想象、寓言、神话、传说、梦境、幻想、魔变、移植等等，都是神实主义通向真实和现实的手法与渠道。"[1] "现实主义是全因果，荒诞派是半因果。而我说的神实主义，它汲取了现实主义，也汲取了魔幻主义等，但是更注重的是内因果，就像是河床与河水的关系，我只关心河床为什么凸凹不平、激流湍急。"此外，阎连科对"神实主义"的独创性深以为然，他拒绝了"荒诞现实主义大师"这个称号，认为"中

---

[1] 阎连科：《阎连科：神实主义——我的现实，我的主义》，《中华读书报》2013 年 11 月 23 日。

国批评家是最懒的一拨人，对中国所有的小说都用荒诞的、魔幻的、现代的、后现代的这类词，但凡推荐评论，一定要借助西方理论或西方的成名作。我比批评家勤快一点，也希望给自己的写作找个出口，于是去思考十八九世纪的文学到底是什么样子的，用中国作家的眼光重新梳理一遍，就发现了'神实主义'。所谓'东方的现代性'不一定是神实主义，但至少神实主义是东方的、中国的……"① 平心而论，"神实主义"并没有提供更多的新的理论内涵，但确是充满了荒诞、神奇的元素，恰如该书封面所言："最现实"的"最寓言"，揭开"不存在"的真实，展示看不见的真实，凸显被真实掩盖的真实。绕来绕去，还是围绕着寻找表现真实的艺术形式，而运用各种叙事手段。因此，本文就从"神实主义"的内核"荒诞"入手，考察《炸裂志》。

　　荒诞首先体现在《炸裂志》的主要人物孔明亮、孔明耀身上。孔明亮这个人乃"异人天相"，可以呼风唤雨，用语言掌控万物。当十七岁的秘书程菁稍有不满，他说让她哥坟头山连棵野草也不生，于是，她哥坟头真得寸草不生。而一旦程菁意识到这一点，顺从其心意，他哥的坟头就开了花。这里面没有任何的逻辑，就像"上帝说要有光，于是就有了光"一样，孔明亮说什么就是什么，他说如何如何，结果就如何如何。作为炸裂村的权力代表，孔明亮就是这样掌控着人们的命运。他可以让三年半死不活的铁树重新焕发生命并开花，让花草树木、虫鱼鸟兽俯首称臣，随时听候命令，也可以让程菁的衣服自动剥落；签了他名字的白纸可以治病救人、起死回生，可以让干旱的冬天下起大雪……真的是"炸裂是他的，世界是他的"。

　　除了孔明亮有特异功能之外，其弟孔明耀也有这样的功能，甚至超乎孔明亮之上。草木可以为孔明耀开得姹紫嫣红，也可以因为他的枪声而全部枯萎。他为孔明亮选举示威之后，反对的刘家沟和张家岭因天遭冷寒，树枯苗死，粮食绝收，而支持孔明亮的炸裂村却风调雨顺，粮食多得吃不完。真可谓"顺我者昌，逆我者亡"。在孔明耀退役当天，寒冬腊月，树木花开，墙壁和训练场的军械设施上都盛开着各色花朵。而孔明耀退役后成为炸裂矿业总公司总经理之后，他几乎可以点石成金了：让军队对着烂楼、

---

　　①　阎连科：《用"神实主义"荒诞创造出生活真实》，《大河报》2014年6月4日。

未完工的立交桥、世贸大厦吹乐，走上一圈，未完工的立马竣工，就连工地都一尘不染。一个后工业时代的城市就这样不费吹灰之力建立起来了！为了让炸裂顺利成为超级大都市，孔明耀对哥哥孔明亮施以援手，用五千条假腿和一万个假手指头在五天内修好了世界上最大的飞机场和一二百公里的地铁线。他甚至可以以摧枯拉朽之势瓦解孔明亮所建立的政权……如此这般，真的是超乎逻辑之外。

除此之外，我们还可以从小说中无处不在的怪异景象看出来。苹果树上开梨花，梨树在七月结满红苹果，墙壁上可以结满各种果实，果实大的超乎寻常。一日内四季可以随时轮回，四季景象可以随时更迭，死去的人的相片可以说话，活着的人可以瞬间如同死去，再瞬间焕发容颜……所有的不可能的景象可以随着人的意志而出现，而且是瞬息万变。如此这般，让人感受到语言和文字的创造力，感受到阎连科式的"奇崛与想象"。

而世事变迁，乃靠孔明亮的父亲孔东德的预言，人物命运全系于初始的偶遇。就连《炸裂志》的结构也充满了荒诞性：志书结构，却并不与事实相符。但我们读起来，却处处可见现实的力量，看到权力、武力，看到欲望横流的现实，看到乡村的隐痛，看到城市化进程的负面影响。

无论是贾平凹式的"自然主义"的呈现，还是阎连科魔幻神实主义的审视，他们都用自己的笔触完成了对现实意义的重建，也带来了乡土小说形态的新变。

三 "日常生活叙事"的价值取向及文化缘由

乡土文学自诞生以来，就与启蒙、革命、国家建设、社会转型等纠缠在一起，自然对日常生活叙事保持警惕态度。五四新文学到 20 世纪 40 年代，乡村日常生活与启蒙、革命的复杂关系，1949 年之后对合作化道路等主流意识形态的配合等，都使得日常生活叙事难以真正获得本体性位置。直到 20 世纪 80 年代中后期，乡土作家才纷纷放弃了此前的宏大历史视角和理性价值判断，将视点下移至乡村的日常生活，总体上呈现出日常生活叙事的基本特征。这与社会的转型、作家经验的失效及宏大叙事和日常生活叙事自身的特征密不可分。

造成"宏大叙事的消隐与日常生活叙事的凸显"这一现象的根本原因

在于我们进入了"日常生活"的时代。20世纪80年代中后期，中国的社会生活发生了重大的变化，文化聚焦点从宏大的政治历史中逐渐退出，转向对日常生活的集中关注。众所周知，"改革开放"与"市场经济"使得个体权利得到承认，个体价值得到张扬，日常生活的独立价值开始得到社会的承认。吕西安·戈尔德曼曾说："在我们看来，小说形式实际上是在市场生产所产生的个人主义社会里日常生活在文学方面的搬移"，并认为文学形式和现实之间"存在着一种严格的同源性"①。城市化进程中的乡土小说就存在着这种"同源性"，它对日常生活叙事关注的热情与市场经济以来整个社会所形成新的生活方式、新的情感诉求乃至新的价值取向有关。作家开始着眼于乡土中国的震颤所带来的日常生活领域的变迁，将关注的焦点投射于乡村生活与城市生活的冲突、对峙、相互融合的过程中人们的生存方式、文化习俗、道德观念等方面的变动，以此来体现中国社会的结构性调整。

"宏大叙事的消隐与日常生活叙事的凸显"还与中国乡土作家既有乡土经验的"失效"有关。经验本无时效之别，因此也无"失效"的说法。但对今天的乡土文学创作而言，乡土文学的既有传统确乎失效。乡土写作的中坚力量多以"50后"、"60后"为主，他们绝大部分已经完成了自身的城市化，成为名副其实的城市人，远离了他们所熟悉的故土，自然也远离了滋养他们写作的文学现场。"现场感"的缺失，使得很多作家的写作失去了"真实感"。孟繁华在《乡村文明的变异与"50后"的遭遇》一文中指出："三十多年来，这个文学群体几乎引领了中国文学所有的主潮，奠定了其文坛不可取代的地位。公允地说，这一代作家对中国文学作出了不可磨灭的贡献，甚至将当代中国文学推向了我们引以为荣的时代。"但这个群体"基本还固守过去的乡村文明的经验"，"他们的经历和成就已经转换为资本"，所以"他们不再是文学变革的推动力量"。白烨在《也谈乡土文学与"50后"写作》中提到："进入新世纪以来，乡土文明在现代性的强力主导之下，以城镇化、产业化、空巢化等多种方式，从生存方式、生活形态，到

① ［法］吕西安·戈尔德曼：《论小说的社会学》，吴岳添译，中国社会科学出版社1988年版，第11页。

生产方式、人员结构等，都发生了剧烈又巨大的变化。这种变化不仅是结构性的，而且是根本性的。……乡村文明的整体性已不复存在，变动中的乡土现实又在多样性中充满不确定性。这些都给作家们认识现实和把握现实带来极大的难度，他们已有的文学经验与这种新的现实并不对位，因而难以在彼此之间建立起有效的内在勾连，这就造成'50后'们在乡土文学写作上难以逾越的写作困境。因此，直面当下乡土现实的长篇小说为数较少，而不多的写作涉及当下乡土生活的变异时，又多在惊诧与哀叹中表现出无力与无奈，这已是无可讳言的乡土写作现状。新的乡土现实的小说写作的这种困境，与其说是属于'50后'，不如说是属于这个时代。"[1] 两位先生均指出"经验的负累"对当下乡土文学创作的影响。同样地，60后作家也有着他们那代人特有的童年记忆与知识谱系，也更愿意将当下的乡村现状置于广阔的历史背景下去考察"变"，而不是直奔当下的叙事现场。这也就是为何抱有宏大叙事愿望的作家将叙事时间延长至50年，甚至100年，但这期间有明显的"断裂"，80年代末至今的乡村叙事分量较轻，且极为松散，难以与现实对位。莫言的《丰乳肥臀》、赵德发的《缱绻与决绝》等均存在这样的问题。李洱曾说："在描述当代生活方面，当代作家其实是无本可依的。古典文学、'五四'以来的现代文学，以及新时期以后进入中国的西方现代文学，这些文学经验都不能给我们提供一个基本的范式，让我们得以借助它去描述如此复杂的当代生活。与此同时，变化迅速的当代生活，很难在作家的经验当中形成某种形式感。……"[2] 而贾平凹在论及《秦腔》时，也曾感叹，乡村变化太大，"按原来的写法已经没办法描绘"[3]。在这个时候，"日常生活叙事"的拯救功能迅速凸现出来。事实上，我们的确能够感受到作家找到这一叙事方式时的隐秘欣喜，恰如林白将"最"字形容自己的"敞开的世界"与"新经验的获得"。她说："《妇女闲聊录》是我所有作品中最朴素、最具现实感、最口语、与人世的痛痒最有关联，并且也最有趣味的一部作品，它有着另一种文学伦理和另一种小说

---

①　白烨：《也谈乡土文学与"50后"写作》，《光明日报》2012年9月21日。

②　施战军：《生活与心灵：困难的探索——第四届青年作家批评家论坛纪要》，《人民文学》2006年第1期。

③　贾平凹等：《关于〈秦腔〉和乡土文学的对谈》，《上海文学》2005年第7期。

观。这样想着，心里是妥帖的，只是觉得好。如果它没有达到我所认为的那样，我仍觉得是好的。"①一个长时间沉浸在虚无缥缈的自我世界里的作家已然放弃自己的惯性写作，更遑论那些一直寻找与现实经验对位的作家了。

此外，"宏大叙事"与"日常生活叙事"本身的特征也是其叙事转向的一个重要原因。"宏大叙事（grand narrative）"是伴随着西方后现代理论对现代思维的解构而产生的。利奥塔在《后现代状态：关于知识的报告》中提出"元叙事"也即"宏大叙事"的概念。马克·柯里在《后现代叙事理论》中将其明确定义为"诸如精神辩证法、意义解释学、理性或劳动主体解放或财富创造的理论"等主题构成的叙事，"在这类叙事中，知识精英总是朝着理想的伦理——政治终端——宇宙的和谐迈进。"② 宏大叙事作为"完整的叙事"具有"主题性、目的性、连贯性和统一性"，自然就要求对历史的整体性把握。但城市化所带来的历史的碎片化决定了作家对宏大叙事的谨慎态度。而日常生活叙事作为"小叙事"，它讲述"小人物"、"小故事"，且"这些小人物小故事不再依赖强大的历史背景，也不再依赖高深的现代思想氛围，它仅仅凭借文学叙述、修辞与故事本身来吸引人，来打动我们对生活的特殊体验"③。此外，日常生活叙事以一种特殊的眼光洞悉这个世界，拓展了小说的表现空间，具有不可否认的审美价值。"日常生活决非没有良知与正义，决非没有对意义的维系和创造能力"，其中蕴含着"真生命、真追求、真理想、真精神和真品质"。正如格奥尔格·齐美尔所指出的："即使是最为普遍、不起眼的生活形态"，"也是对更为普遍的社会和文化秩序的表达"。④

总之，城市化进程中的乡土文学开始转向日常生活叙事，既是对社会转型的共鸣，也是文学追求现实品格的重要手段。在这里，我们既可以看到大流动时代中国农民的生存困境、认同危机、婚姻伦理的变迁，也可以

① 林白：《世界如此辽阔》，《妇女闲聊录·后记一》，新星出版社 2004 年版。
② 马克·柯里：《后现代叙事理论》，宁一中译，北京大学出版社 2003 年版，第 119 页。
③ 陈晓明：《小叙事与剩余的文学性——对当下文学叙事特征的理解》，《文艺争鸣》2005年第 1 期。
④ ［英］戴维·英格利斯：《文化与日常生活》，张秋月、周雷亚译，中央编译出版社 2010年版，第 4 页。

看到中国农村的文化困境、生态危机等。不过需要指出的是，"日常生活叙事"虽被赞誉，但其"现实品格"并没有得到学界的真正认可，文学与现实之间依然有着不可逾越的鸿沟，重建文学与现实的意义关联仍任重而道远。

第三节　叙事主体的价值取向与精神眩惑

毋庸置疑，现代化主要体现为城市化，即"变传统落后的乡村社会为现代的城市社会的自然历史过程"①。美国政治学家塞缪尔·亨廷顿在其代表作《变化中的政治秩序》中曾说："在很大程度上，城市的发展是衡量现代化的尺度。"② 在某种程度上，判断一个社会是否进入现代社会，它的现代化程度高不高，最重要的判断尺度之一，就是看这个社会的城市化达到了什么程度。而就社会发展的趋势而言，以城市化为显著特征的工业文明也是历史的必经阶段。2011 年，我国城镇化率首次超过 50%，按照城市化阶段划分，已经初步进入城市社会。中国"城市化"的事实与城市化的历史趋势一同决定了我们不可能对城市化进行决绝反抗。事实上，没有人会怀疑城市化所肩负的历史使命和它所带来的益处，问题在于，城市化的模式，城市化的速度，城市化的过程所带来的一系列社会问题，特别是它带来的文化洗牌的问题，让这个曾经的"乡土中国"今日的"新乡土中国"感到恐慌。存在于城市化进程的西方价值观念和中国传统文化之间的种种矛盾，使得中国作家陷入了随之而来的失落感和错位感中，因此，其价值游移与精神眩惑也在所难免。有的作家在肯定城市化进程的基础上，将关注的目光投向城市化进程的路径以及由此带来的乡村畸变，最为典型的如阎连科；有的作家以"无地彷徨"的心态书写着乡土的沦陷与"农民的终结"，并借助具体而微的传统文化的载体期冀拯救乡土，重建乡土文化秩序，最为典型的便是贾平凹；有的作家在向传统文化致敬的同时，以一种开放的心态接纳现代文化，重新审视城市化、城乡关系，期冀建立城乡一

---

① 高佩义：《关于城市化概念含义的研究》，《城乡建设》1991 年第 1 期。
② ［美］亨廷顿：《变化社会中的政治秩序》，王冠华等译，三联书店 1989 年版，第 66 页。

体化的新型城镇化体系，典型的如关仁山。

一 阎连科对城市化路径的批判

作为乡村畸变的缩影，阎连科的《炸裂志》道出了中国大跃进式的、漠视人文精神的城市化的诸多问题。"炸裂"由村到镇，再由镇改市，由市改为超级大都市，它并非是按照城市发展的自然规律，而是依靠政府的力量强力推进，是作为政府政绩的象征。而对"炸裂"的村民来说，这个城市的急剧膨胀是建立在"男盗女娼"的基础上的。从早期的扒火车，到火车提速后，男人进城为盗寇，女人进城为娼妓，再到后来的娱乐业等各种行业的弄虚作假。"炸裂的繁华，不单单是靠工业的兴起和土地的消失繁华起来的，那特殊行业的发达，才是炸裂综合经济大厦的脚手架。"①"炸裂"每一次的蜕变都打上了人性异化的印记，权力、欲望等如打开的潘多拉匣子一样，散落在世界的角落。如此根基不稳的城市化，自然会在一夜之间沦为"死城"，一个只剩下"老人、孩子、妇女和残疾人的死城"。

> 到来日，太阳应该依时东悬时，人们发现太阳没有走出来，天空中布满了炸裂从来没有过的黑雾霾，大白天三五几米就什么也看不清楚了。在那雾霾中，个个都咳成了肺病、哮喘病。当几十年不散的雾霾散去后，炸裂再也没有鸟雀、昆虫了。但那些活着的人们看见几十年前他们跪着走过的路面上，那些跪出的膝血和泪水打湿的泥，等日光落在那些血路上，几十年后不光开出了各样的花，还又长出了各种各样的树。②

这样的场景似乎并不陌生，是当下中国城市化的一个缩影。作为一部"地方志"，"炸裂"的毁灭自然引起市长孔明亮的不满，但小说最终还是以一场"六百年来最大的一场雨"和"一个都城繁华的尖锐也就从此变得

---

① 阎连科：《炸裂志》，上海文艺出版社 2013 年版，第 125 页。
② 同上书，第 371 页。

迟钝萎靡了"结尾。人人都知道，这样的城市化道路是存在问题的，可人人都自欺欺人，即便是有人发声，也被打压下去。

对"城市化"模式的批判并非始自阎连科，但是如此淋漓尽致地将中国城市化的病症呈现出来尚属少见。事实上，在阎连科的《受活》、《柳乡长》等小说中，城市化的病态表征已经呈现，它本是救赎贫穷的力量，但也从根柢上引发了另一种贫穷——精神的荒漠。在《炸裂志》中，随着"炸裂"的飞速发展，夫妻不像夫妻，父子不像父子，兄弟不像兄弟，唯一将他们维系在一起的就是权力和欲望，甚至仇恨。孔明亮和孔明耀凭借权力为所欲为，而这权力又成为缔结亲情的重要纽带。但权力所左右的一切又在欲望面前土崩瓦解，而这恰恰是朱颖控制孔明亮的有力武器。孔明光的离婚，其父孔东德的死，均与朱颖的故意挑拨有关，更与他们的内心私欲有关。这里所有的人都没有反对"炸裂"的发展，但所有的人无法预知未来的一切。诚如阎连科所说："必须承认这个社会经济的蓬勃发展，也必须承认这个社会让很多东西的扭曲，这个小说写了我们整个社会蓬勃、扭曲而不可阻挡的脚步。但是它也同时表达了作家乃至于很多读者对世界的焦虑和不安，谁都不知道这个世界要到哪里去，结局是什么样。"① 但很显然，每个人都能感觉到那种"摧枯拉朽"的气势，所以，阎连科在审视的同时，也设置了一个救赎性的人物，他就是孔明辉。作为在政界、军界、教育界均有叱咤风云人物的家庭成员，孔明辉可以不费吹灰之力就能获得别人无法企及的一切。但是，命运使他成为传统的坚守者，成为一个微不足道的救赎者。

作为一个少有的站在社会大趋势的立场上去审视城市化的作家，阎连科并没有为我们的乡村文化唱上一曲挽歌，而是以"神实主义"的手法将畸形的乡村城市化的缩影呈现出来。将城市文化与乡村文化在一个完全敞开的审美空间，一种不可逆的现实中，去审视我们这个民族、这个国家的精神蜕变史。

---

① 阎连科：《城市化不在房子户口在人性》。搜狐读书，http://book.sohu.com/s2013/yan-lianke/。

二　传统文化的消隐与贾平凹的"无地彷徨"

如果说阎连科致力于对城市化模式的批判，那么，贾平凹则致力于对乡村文化消逝的咏吟。"从城乡关系的维度看，当代中国的社会形态经历了一个城市崛起农村消逝此消彼长的同步演化过程。"[①] "在当代中国，城市的崛起与农村的消逝是一个同步并行的渐进过程，其大体可以分为三个阶段：农村支持城市、农村追赶城市、农村被城市所同化。第一阶段，将有限的资源投入城市，并从土地、劳动力流动、财政税收等方面对农村实行制度管控或政策约束，这在一定程度上为城市的崛起塑造了良好的外部环境。第二阶段，当经济社会发展到一定的阶段时，单纯的城市崛起不足以带动经济社会的全面发展，因而开始对农村进行制度松绑与政策倾斜，促使农村追赶城市。这在当下最为突出，即统筹城乡就是要加快发展农村，缩小城乡差距，不至于因为农村的落后而拖城市的后腿。第三阶段，当城市需要在空间上进行扩张时，农村就得提供土地、劳动力等方面的支撑，源源不断提供城市建设用地。"[②] 因此，不管承认与否，农村的消逝都是一种客观的存在。所以，贾平凹称《秦腔》是为"故乡树起一块碑子"，他的写作"充满了矛盾和痛苦"，"不知道是该赞歌现实还是诅咒现实，是为棣花街的父老乡亲庆幸还是为他们悲哀。""在 2003 年的春天动笔之前，我祭奠了棣花街近十年二十年的亡人，也为棣花街上未亡的人把一杯酒洒在地上。"[③]

在这里，贾平凹既写出了集体时代的集体人格的缺陷，他们身上的忠诚与冥顽不化，也写出了当前社会当下农村新人的政治抱负与变革乡村的激情，以及他们的腐化。君亭和夏天义、夏天智，贾平凹都没有将之轻易贬抑，而是游移不定，不似新时期那么决绝。君亭这样的人物何尝不是《腊月·正月》里的王才，夏天智又何尝不是韩玄子，只是到了《秦腔》这里，贾平凹也无法掩饰一种持久的情绪，对后者投去同情的一瞥，甚至

---

① 文军、沈东：《当代中国城乡关系的演变逻辑与城市中心主义的兴起——基于国家、社会与个体的三维透视》，《探索与争鸣》2015 年第 7 期。

② 同上。

③ 贾平凹：《秦腔》后记，作家出版社 2012 年版，第 500 页。

是致敬。夏天义秉承中国农民的"土地信仰"，孤注一掷地"淤七里沟"，但他身边仅有一条狗、哑巴和引生，其他人包括自己的儿女都持反对态度。"他不明白这些孩子为什么不踏踏实实在土地上干活，天底下最不亏人的就是土地啊，土地却留不住了他们！"但他也明白，这股"离土"思潮势不可挡，自己的愚公移山行径，除了慰藉自己的灵魂外，根本无济于事。

与此同时，夏天智这种乡村智者对"秦腔"的拯救工作也无济于事。他与"秦腔"的历史渊源，以及对"秦腔"的热爱，全然是一种个人行为。他的生活始终萦绕着"秦腔"，他听"秦腔"，画"秦腔"脸谱，自费出版"秦腔脸谱书"，就是住院也必须与"秦腔"为伴，对"秦腔"的热爱可谓至死方休。可他也只能眼睁睁看着"秦腔"从人们的生活舞台退出。自己引以为傲的儿子视"秦腔"为"农民的戏剧"，并与儿媳白雪离婚，而白雪则是坚守到最后的秦腔演员。这个古老的民间艺术所呈现出的衰颓之势，并非夏天智和白雪二人就能力挽狂澜。即便是打着振兴秦腔旗号的中星，也只是将之视为进身之阶。这不得不令人扼腕叹息。而没有了"秦腔"之后，清风街又用什么维系它的"秦人"之风？在如今这个通信与传媒高度发达的时代，任何流行歌曲都可以风靡天下，而众人又趋之若鹜，以"秦腔"为首的传统文化何来立足之地。

贾平凹的"无地彷徨"就在于，他对处于大变革时代的中国农民那种无所凭依的境遇有着深切的感悟。"进城"是一系列的惨状，赚钱无门，或为盗寇，杀人抢劫，或为妓女，卖身求荣。而退守乡村，"土不养人"、"无土可依"。且乡村淳朴之风荡然无存，赌博、卖淫、道德败坏、追风逐利，桩桩件件无不令人心痛。亲眼看见，维系着清风街的超稳定的乡村结构在一步步溃败，它无力阻止人们生活方式、道德准则的变迁。这让贾平凹再也找不到一种诗意的乡土，来抵抗带有暴力性质的城市化，独独剩下一种"彷徨"：

> 对于农村、农民和土地，我们从小接受教育，也从生存体验中，形成了固有的概念：我们是农业大国，土地供养了我们一切，农民善良和勤劳。但是，长期以来，农村却是最落后的地方，农民是最贫困的人群。国家实行改革，社会发生转型，它的伟大功绩是解决了农民

吃饭问题，虽然我们都知道像中国这样的变化没有前史可鉴，充满生机，但又都混乱着，只能扑扑腾腾往前拥着走。可农村在解决了农民吃饭问题后，国家的注意力转移到了城市，农村又怎么办呢？农民的问题不仅仅只是吃饱肚子。我的家乡没有矿藏，没有工业，有限的土地在极度地发挥了它的潜力后，粮食产量不再提高，而化肥、农药、种子以及各种各样的税费迅速上涨，农村又成了一切社会压力的泄洪池。体制对治理发生了松弛，旧的东西稀里哗啦地没了，像泼去的水，新的东西迟迟没再来，来了也抓不住，四面八方的风方向不定地吹，农民无法再守住土地，他们一步一步从土地上出走。①

逝去的无法挽回，而新兴的事物又无力拯救衰败的农村。"一个被真善美引导、控制的乡土传奇不复存在，商州文化开始在贾平凹的叙事中呈现为一种客观物，而不再是能够给他灵魂抚慰的文化母体。曾经作为一个万能救赎者的故土商州，如今成为一个亟待拯救的受难者。贾平凹也不再是沈从文式的人性讴歌者和蒋子龙式的社会变革的赞颂者，他从乡村的变化中意识到改革的负面：一场利欲熏心的社会变革，摧毁的是传统的价值观念，留下的是文化的废墟。这也同时侵害了他以前叙事的美学依据。……贾平凹从乡土田园式的书写情调中走出来，成为一个痛失家园且处于文化焦虑中的思索者。"② 这种最终的思索仍是希望通过"秦腔"等具体而微的传统文化的载体，重新支撑起那日益溃败的乡村。

三　乡土重建的破灭与关仁山的文化理想

贾平凹的"民俗载体"和张炜的"大地"情结，都是对"传统"的一种坚守。在他们看来，"只要这个传统的开端还活着，它就能拯救一切，把一切带入到和谐之中。同样，当它终结的时候，他就会毁灭一切，因为它对传统终结之后所导致的混乱和我们当今仍生活于中的无助，无话可说。"③

---

① 贾平凹：《秦腔·后记》，作家出版社 2012 年版，第 497—498 页。

② 丁帆主编：《中国新文学史》下册，高等教育出版社 2013 年版，第 172 页。

③ ［美］阿伦特：《过去与未来之间》，王寅丽、张立立译，译林出版社 2011 年版，第 14 页。

"一种传统的终结并不意味着传统观念已经丧失了对于人心的力量，正相反，就在传统丧失了活力，而人们对于其开端的记忆也逐渐褪色的时候，传统陈腐不堪的概念和范畴有时反变得更加暴虐，甚至于，传统可能只有在它终结之时，当人们甚至不再反抗它时，才充分地展现它的强制力量。"① 这也是关仁山的《日头》的出发点，只不过关仁山的思考又前进了一步。"这个传统"若存在问题，必将成为绊脚石，使一切新兴的东西均成为浮光掠影式的存在，那么，我们就有必要重新审视传统，审视一切。

威廉斯曾说："人类历史上的居住形式极为丰富。人们对这些居住形式倾注了强烈的情感，并将这些情感概括化。对于乡村，人们形成了这样的观念，认为那是一种自然的生活方式：宁静、纯洁、纯真的美德。对于城市，人们认为那是代表成就的中心：智力、交流、知识。强烈的负面联想也产生了：说起城市，则认为那是吵闹、俗气而又充满野心家的地方；说起乡村，就认为那是落后、愚昧且处处受到限制的地方。"② 这样的论断同样适合于中国的乡土文学。由于潜隐的"乡土"高于"城市"的价值判断，使得半壁的文坛江山都在强调一种论调：消逝的农村与传统文明。与之对应的是一种"怀旧的田园主义传统"，他们用城市化与工业文明的"暴力"推进反衬乡土文明的静谧、自然，符合道德、人性的生活方式，从而，缓解其心中持久的现代性焦虑。从这个意义上讲，关仁山的创作并无特异之处，所不同的是，他在"怀旧主义"盛行的今天，提醒"农民帝国"思维的不可行，在城市化进程中将隐没的农民的声音凸现出来，警惕城乡二元对立，为城乡一体化寻找一种切实可行的路径。以其新作《日头》为例。《日头》中的权桑麻、金沐灶、杜伯儒、槐儿等在某种意义上是某种文化的浮标，支撑着关仁山重建乡村文化，构筑文化共荣的理想。

从本质上来讲，权桑麻所代表的也是一种传统文化，只不过，他汲取的是传统文化因素中的"恶"的一面，特别是儒家的专制，法家的"权谋之术"、"斗争哲学"，譬如说"愚昧"、"野蛮"、"专横"、"占有欲"、"掠

---

① ［美］阿伦特：《过去与未来之间》，王寅丽、张立立译，译林出版社 2011 年版，第 22 页。

② ［英］威廉斯：《乡村与城市》，韩子满、刘戈、徐珊珊译，商务印书馆 2013 年版，第 1 页。

夺", 并以此为据点建构起一个固若金汤的 "农民帝国", 使权家人成为时代因袭的 "土皇帝"。小说正是从权桑麻打破 "日头村" 的儒家秩序开始的。他鼓动红卫兵以及老轸头的儿子汪猴头毁坏魁星阁和天启大钟, 并打死维护 "日头村" 文脉的金校长, 从此, "唯我独尊"、为所欲为, 若有反抗, 就会遭到惩罚, 甚至是毁灭性的打压。因此, 权桑麻毕生就是打压金家, 斩断文脉, 斩断金家所代表的文化秩序; 另外, 权桑麻培养御用奴才、打手等, 以此维护自己的专制统治。"文革" 前如此, "文革" 后亦如此。改革开放之后, 权桑麻利用金沐灶与袁三定的特殊关系, 招商引资, 开铁矿, 又利用村民暴动占有袁三定的铁矿。当金沐灶斥责权桑麻教唆村民滋事, "强奸民意", 践踏法律时, 权桑麻坚持自己无罪, 他说: "娘个蛋的, 日头村和披霞山是老子的地盘, 就得老子说了算。鸡下头蛋还带血呢, 我们是农民, 两手空空, 白手起家, 原始积累能不血腥吗? 我承认, 这是钻空子, 可钻空子也大有学问, 就看你会钻不会钻了。"[1] 之后, 权桑麻又利用国家资产空手办养猪场, 牟取暴利。而这一切均是打着 "民意" 与 "民心" 的旗帜。"民意"、"民心" 成为赤裸裸的 "权柄" 和 "工具", 成为权桑麻统治日头村的手段。他帮助日头村民, 却要让人跪着接受, 时时刻刻让日头村的村民臣服于他。状元汪树当年没跪着接受资助, 权桑麻欲擒故纵, 先让汪树享尽世间的一切恩宠, 又设计让他从人生的巅峰跌落下来, 一无所有, 精神失常。而在企业管理上, 却采取家族式管理, 资本与权力相互勾结, 最终, 让改革之利尽归权家所有。

权桑麻虽然死了, 却如幽灵一样控制着日头村。其子权国金继承遗志, 一方面打压金沐灶; 另一方面以强权控制日头村。每一次当权国金遇到难题时, 就啃权桑麻的骨头, 而一啃骨头, 权桑麻的灵魂就出现了, 日头村村民就无不惶恐, 唯命是从。其实, 权桑麻就是隐藏太阳的魔王。

而金沐灶就是寻找太阳的元彻父子。他是一个与权桑麻、权国金们展开政治文化较量的日头村的顶梁柱。关仁山显然将之视为农民中的理想主义者来刻画的。他一生的愿望就是为了重建魁星阁。为了建魁星阁, 他舍弃了自己的爱情、事业和大好前程, 成为一个不折不扣的苦行僧。袁三定

---

[1]　关仁山:《日头》, 人民文学出版社 2014 年版, 第 174 页。

为此叹息道:"说到魁星阁,我心里五味杂陈。你呀,当初要是听我的,到国外留学发展,就不会有今天的痛苦了。你想一想,你都六十岁的人了,一辈子的好时光都给了魁星阁。丢了官,丢了财富,丢了恋人,丢了后代,丢了本该属于你的快乐。人生在世,本该有丰富多彩的生活,你没有。你太苦了,当你闭上眼睛之前不后悔吗?"① 而金沐灶说:"我不后悔,你知道我和我姐的性格都随我爹,宁折不弯啊!我们这一代人,该经历的都经历了。权家压得我喘不上气来,资本追得我不得安宁,我们的根在故乡的土地上扎得很深很深了,生生拔出来,就是个死啊。"②

为了深挖农村贫困和苦难的根源,他先是为官,回报农民,在明白"权力与资本"勾结的真相时,又愤而辞职。然后,他跟随农村问题专家研究农村问题,兴办农业学校,最终无果而终。这一次的失败,他认识到现实中的魁星阁固然重要,但农民心目中的魁星阁更为重要。于是,他开始以超越的心态接纳一切,与权家握手言和,与袁三定这样的外来资本握手言和,让"资本"和"权力"分家。金沐灶说:"我们攻权国金这个山头,不容易,在这块土地上,权家的权威难以动摇。但是呢,也不是铁板一块。权国金用的还是他爹的背景和经营的关系网络。权力和资本经营的网络,还必须用资本和权力撕开。我们是平头百姓,没有权力,但是,我们可以动用资本啊!"③ 虽然,他没有真正让权力与资本分开,但他却成功地感化了权国金和袁三定,让二人回馈社会,回报日头村。

金沐灶的一生有三次重要的转折,第一次,弃官为民,探究农民的出路,力图发挥农民在城市化进程中的主体性;第二次,兴办铜厂,为民致富,寻求现代的企业理念;第三次,创办城乡合作社联盟,也即生产合作社和市民消费合作社,在城乡共荣的基础上寻找农民的出路。而他身上,也有三种难能可贵的精神:第一,堂吉诃德式的骑士精神,与权家斗争到底,重建魁星阁,重视传统文化;第二,是带有博爱色彩的宽容精神,与仇家握手言和,唤醒庸众,与歧见者为友;第三,是对文化的宽容态度。

---

① 关仁山:《日头》,人民文学出版社 2014 年版,第 422 页。
② 同上。
③ 同上,第 385 页。

金沐灶的母亲信奉佛教，父亲金校长是乡绅，秉承着儒家精神，其外甥信奉基督教，而时时救他性命开阔其心胸的杜伯儒信奉的是道教。所以，在他身上，可以看到佛教的宽容、道家的崇尚自然、儒家的坚守、基督教的博爱等。正是这种复杂性，在重建魁星阁时，金沐灶在塔顶即供奉着带血的《金刚经》，也供奉着西方的《圣经》。所以，当魁星阁建成之后，金沐灶跪地倾诉："魁星啊，我活着，是为了趁我还在人世的时候，做完我的事，把魁星阁建起来。我知道，你不站立起来，我将死无葬身之地。'文革'时，权桑麻将你烧毁至今，已经四十多年，快半个世纪了。请你饶恕我，拖延了这么长时间。你别怪别人，都是我金沐灶的过错，可是我没有任何私心，我不要虚荣和显贵，不求升官，不求发财，不求自己长寿，更不求文运亨通。你文脉幽深，恩德无边，你是人间的天堂，一切崇高和希望的支柱。可是，请你原谅我，我必须修改原来修建魁星阁的方案。世道人心，不破不立，破坏一切必须破坏的，建立一切必须建立的。我不停地恳求，只是想更接近你的精神。请你赐福给人们，为的是拯救人们的灵魂……"①

面对乡村文化的崩溃，金沐灶斗争过，绝望过，他既无法摆脱现实，又没有能力得到解脱，注定要燃烧自己来祭奠理想。但毕竟，他将诸多的思考留给了我们，将重建乡土文明的思考推进了一步。

作为道家思想的秉承者，杜伯儒一生所奉行的就是无为而治。在日头村，他救死扶伤，并让人悟道。权国金、猴头的最终忏悔，莫不如此，金沐灶的思索也离不开杜伯儒的帮助。他帮人、爱人，希望拯救日头村于衰落之中。他敬重黄钟，是因为："黄钟，意味着警示丑恶，意味着风水好、福气、发达。日头村正因为有了它，才会人丁兴旺、六畜欢腾，才会遇难呈祥、逢凶化吉。"而黄钟一个在地上，一个在天上，"黄钟幻境里边的日头村，那是一片富裕、清明的景象，人人平等，人人享受富足和博爱。没有贫富差距，没有污泥浊水，没有邪恶势力，没有尔虞我诈，没有痛苦伤悲，就像一个神仙居住的地方。"② 当这一切都完成的时候，杜伯儒终于在

---

① 关仁山：《日头》，人民文学出版社 2014 年版，第 428 页。
② 同上，第 443 页。

百岁时得道成仙。

以槐儿为代表的基督教文化，虽在日头村未发生多大的功效，但毕竟预示着"血淋淋的资本"和带有"罪恶"的原始积累必然会走向忏悔，中国的城市化进程必然会正视人的城市化，正视人的灵魂问题。那些弱肉强食的丛林法则，那些故步自封的专制做法必然会受到来自内心的惩罚。袁三定敲钟寻找灵魂的救赎，他要求投资建设魁星阁。他说："我刚从香港回来。纵看全球经济，处于巨变的转型期。中国经济也一样，处于阵痛中的转型期。过去，招商引资，贱卖国家资源，压低农产品价格和劳动力价格，给外资的条件超过国民待遇。我是受益者，但是受益了，就不能糊涂着，现在到了回报乡亲们的时候了。农民缺失权利，资本胡作非为，在这困难的时刻，我能袖手旁观吗？我能眼睁睁看着农民受煎熬吗？"① 魁星阁建立起来了，传统文化得以重建，但这种重建的文化带有西方文化的因子。这不正是今天中国乡村文化的出路吗？

20世纪，中国的传统文化遭受到两次致命的摧残，一次是"文革"，就是小说中权桑麻指使红卫兵烧掉魁星阁；另一次就是城市化进程。拆迁时，权国金气壮山河地说道："乡亲们，今天的日子应该记入日头村的历史。我们搞城镇化，搞现代农业，就得大量转移农民。必须不惜一切代价把农民转移出去，表面看，我们没离开燕子河，没离开这块地儿，其实，是质的变化，你们由农民变市民啦！这是大转型时代，大伙都忍点痛苦，作出一点牺牲，也是给国家作了贡献。我坚信，我们明天的日子会越来越红火，我权国金，代表村委会谢谢大家啦！"于是，"村口的石碑被挖了出来。蝈蝈挥舞大锤砸着，两声脆响，石碑断裂了。"石碑是一个象征性的事物，石碑的断裂表明日头村已不复存在。当乡村文明的载体已经被彻底颠覆的时候，乡村文明哪里还有藏身之地？当魁星阁建立起来时，金沐灶说："我对未来的魁星阁还是充满忧虑啊！是什么让我这样忧虑，它的深层原因到底是什么呢？"这样的忧虑又何尝不是我们的忧虑。各种文化纠结在一起，融合在一起，但这样的文化仍然没能拯救日头村。

关仁山的思考到此为止，他看到了今日乡村的复杂性，认识到乡村文

---

① 关仁山：《日头》，人民文学出版社2014年版，第432—433页。

化重建之路的艰辛，也以开放的姿态接纳各种文化，探究新型城市化的路径，但仍然没有摆脱乡村文明消逝的论调。

"乡村和城市自身以及它们之间的关系都是不断变化的历史现实。此外，在我们自己的世界中，它们代表的仅仅是两种居住方式。我们的真实生活经历不仅仅是对乡村和城市的最独特形式的经历，而且还包括对二者之间的许多中间形式以及对新的社会、自然组织的经历。"① 关仁山意识到了这一点，所以，他在思索乡土文化转型和新型城镇化路径的同时，审视农民身上的乡土意识，写出他们身上的阵痛以及转变。权桑麻与权国金武断式的斩断传统文化遭受到了巨大的阻挠，而金沐灶的求取城乡共荣的联盟这样的"中间形式"遭到激赏，便是力证。

当然，在一个以"乡土"为底色，以"乡土"为基本的审美经验的国家，几乎所有的作家均能轻易找到城市化的批判武器——基于乡土立场的道德评价体系。这种道德评价体系有三种重要的美学资源，即道家思想、生态主义美学思想、传统诗意生存的哲学思想。因此，不管是阎连科、贾平凹还是关仁山都或多或少地将"乡土"视为精神家园，都将"乡土"所蕴含的"传统"视为拯救性的力量，都将回望的目光投向悠久而厚重的历史，这在某种程度上导致了他们绵长的精神眩惑。

---

① ［英］威廉斯：《乡村与城市》，韩子满、刘戈、徐珊珊译，商务印书馆2013年版，第393页。

第五章　城市化进程中的"影视乡村"

在中国现代化进程中，乡村一度是社会变革的前沿与中心，备受文学与影视作品的关注。20 世纪 80 年代，直接反映农村现实生活的影视作品不仅数量多，而且影响非常大。电影如赵焕章的农村三部曲《喜盈门》（1981年）、《咱们的牛百岁》（1983 年）、《咱们的退伍兵》（1985 年），吴天明的《人生》（1984 年）、《老井》（1986 年），颜学恕的《野山》（1985 年）等，电视剧如《雪野》（1986 年）、《新星》（1986 年）、《篱笆、女人和狗》（1989 年）、《平凡的世界》（1989 年）等，在当时都引起了极大的轰动，几乎是家喻户晓。此外，当时其他题材的影视作品也往往以乡村为背景，如著名的电影《天云山传奇》（1980 年）、《黄土地》（1985 年）、《红高粱》（1987 年）等，由此可见乡村在 20 世纪 80 年代作为文化存在的重要性。时至 20 世纪 90 年代，随着城市化进程的快速推进，城市不管是作为现实存在，还是作为文化存在，对人们的影响都越来越大。与此相应，城市题材与都市背景在影视中被表现得越来越多，而乡村题材几乎处于被遗忘的角落。正如尹鸿所言，"随着城市化、市场化的发展，中国改革开放的起源点农村越来越失去了被表述的中心地位"。[①] 纵观 20 世纪 90 年代，比较有影响的乡村题材电影只有张艺谋的《秋菊打官司》（1992 年）、《一个都不能少》（1999 年）以及黄健中的《过年》（1991 年），其他诸如《香香闹油坊》（1994 年）、《喜莲》（1996 年）、《那山，那人，那狗》（1999 年）等乡村喜剧片，虽然想以温情的、喜剧性的乡村文化唤醒人们对乡村的文化记忆，但在都市文化凯歌高奏的一片喧闹声里，其影响却甚微；乡村题材

---

① 尹鸿：《世纪之交：90 年代中国电影备忘》，《当代电影》2001 年第 1 期。

的电视剧也只有 90 年代初的《辘轳、女人和井》（1990 年）、《古船、女人和网》（1993 年）、《沟里人》（1994 年）等数量极少的几部具有全国性的影响。其间，一些反映乡村现实问题的纪录片引起了较大反响，如反映西海固农村艰难生存现状的《阴阳》。拍摄于 90 年代的纪录片《阴阳》（1998 年）可以称之为其时中国乡村题材最深刻的作品。在乡村被遗忘的同时，离开乡村去城市打工的农民开始受到关注，出现了"农民工"题材的影视作品，如电影《特区打工妹》（1990 年）、《扁担·姑娘》（1999 年），电视剧《外来妹》（1991 年）等。乡村被遗忘的局面到新世纪又为之一变。21世纪以来，除了几部乡村题材的纪录片《乡村里的中国》、《棉花》、《鲁冰花》等，有影响力的乡村题材的电影数量仍然很少，但是，乡村题材的电视剧却大量涌现，而且收视率持续走高，如《刘老根》系列（2001—2003年）、《乡村爱情》系列（2005—2012 年）、《清凌凌的水蓝莹莹的天》系列（2007—2009 年）、《绝地逢生》（2009 年）、《走进大山》（2009 年）、《金色农家》（2009 年）、《潮人》（2010 年）、《湖光山色》（2011 年）等。在这些电视剧中，新农村成为新的题材，现代农业、生态农业、休闲农业、乡村旅游等成为新的关键词。新农村题材的电视剧不仅再现了当下乡村日常生活场景，还以艺术的方式充分思考了乡村变革的新路径，想象了未来的新农村景象。在这一章中，我们将着重考察 20 世纪 90 年代城市化进程高速启动以来，影视作品中乡村叙事方式的变迁及其隐含的文化想象，解读影像世界中的各种新型农民形象，分析城市化进程语境中影像叙事的意识形态性和大众审美文化心理。

第一节　"影视乡村"的叙事模式

乡村生活如何进入现代传媒艺术的视域，尤其是影视剧中如何叙述、建构乡村形象，这是一个重要的文化问题。道格拉斯·凯尔纳认为，"媒体的故事和图像提供了象征、神话和资源等，它们参与形成某种今天世界上许多地方的多数人所共享的文化"。媒体文化"通过主宰休闲时间、塑造政治观念和社会行为，同时提供人们用以铸造自身身份的材料等，促进了日常生活结构的形成"①。作为一种文艺形态，影视剧中的乡村形象凝聚着情感，承载着意义，暗含着对身份与文化的认同，包含着种种复杂的权力话语。20世纪90年代以来，随着城市化高速进展，城乡两种生活方式成为当代文化认同的焦点问题，影视剧中的乡村形象也由此而复杂化，先后出现了三种乡村叙事模式：一是现代性视域下的乡村叙事；二是喜剧性的日常乡村叙事；三是浪漫主义的新农村叙事。

一　现代性视域下的乡村叙事

鲁迅是最早以现代性的"他者"的目光审视乡村的先行者，他建构的充满象征意义的乡村形象不仅在现当代文学史上刻下了深深的烙印，而且影响了当代影视作品的乡村叙事，尤其在20世纪80年代末90年代初，影视作品中的乡村形象几乎都有一点"未庄"的影子。最有代表性的是张艺谋的作品。在其以乡村为背景的电影中，乡村形象往往并非当时乡村生活的再现，而是围绕传统社会裂变这个宏大主题建构的、充满寓言意味的传统社会的缩影。如《菊豆》（1990年），这个乱伦与弑父的故事讲述的其实是对旧秩序的反抗与绝望：菊豆与杨天青以"爱情"反抗活着只是为了续香火的旧秩序，但是，杨金山虽然死了，旧秩序的牢笼却无法打破，杨天白杀死生父意味着旧秩序以传统礼法严厉地审判了菊豆与杨天青的"爱情"，菊豆火烧染坊看似是反抗，其实透着对反抗的彻底绝望。故事所发生的空间是充满象征意味的，封闭、狭窄、到处悬挂着布匹的染坊隐喻着传统生活空间的逼仄与其间权力关系的错综复杂。这样一个陈旧、令人感到压抑的生活空间，要么彻底毁灭，就像菊豆火烧染坊一样，要么就会作为祖业一代一代传下去，让人看不到一点希望。在这部影片中，我们看到了传统与现代文明的对立，染坊及其所在的乡村作为传统社会的象征是社会发展的障碍，是需要彻底毁灭的。《菊豆》中的时空是"过去式"的，早已远离了20世纪90年代的社会生活。在张艺谋看来，现实的当代乡村仍然是封闭的、愚昧的，需要用力"打破"的。在《秋菊打官司》中，我们看到

---

① 道格拉斯·凯尔纳：《媒体文化——介于现代与后现代之间的文化、认同性与政治》，丁宁译，商务印书馆2004年版，第9页

村妇秋菊想讨个说法，即争取做人的尊严，是何等的艰难。为了凸显乡村的前现代性，我们看到了影片中诸多象征性的场景。在影片的开头，张艺谋以一个长镜头如纪录片一样"再现"了乡村集市，他没有剪辑，似乎绝对真实，然而，由于镜头后面的那双眼睛是来自现代文明社会的"他者"的，通过"他者"目光的审视，观众"发现"了熟悉的日常生活中那些面孔是多么呆滞，可以想见这些呆滞的面孔背后支配其生活的思想观念是多么冥顽不化。张艺谋还多次特写了乡村土路，道路漫长曲折，路上三三两两的行人或步行或骑着自行车，除了一辆手扶拖拉机，我们看不到其他机动车辆，乡村交通的闭塞暗示了乡村生活的封闭性。

作为传统社会象征的乡村形象不仅出现在张艺谋的电影中，还出现在范元等人的同时期作品以及当时的一些电视剧中，如电影《被告山杠爷》（1994 年）、《香香闹油坊》、《吴二哥请神》（1996 年），电视剧《辘轳、女人和井》、《古船、女人和网》等。在电影《被告山杠爷》中，山杠爷关押了不按时交公粮的王禄，将不孝的强英捆绑游街示众，还私拆明喜写给妻子的信件。他并不觉得这些行为是违法的，因为他认为"国有国法，村有村规"，他作为村长有权执行村规，只要自己一心为公，即使强英不堪屈辱在其门前上吊自杀，他也觉得问心无愧。山杠爷可以说是乡村的隐喻，是传统社会的化身，其落后的思想意识以及行为方式与现代法治文明之间形成了尖锐的对立。最后山杠爷被戴上手铐、走出祠堂的画面，让观众很自然地联想到传统的乡村是多么愚昧、可悲，是多么亟须现代文明的启蒙。再如电视剧"农村三部曲"——《篱笆、女人和狗》、《辘轳、女人和井》、《古船、女人和网》。其时，"改革开放"已经有 10 余年，但令人诧异的是，"电视剧所表现的却是 20 世纪 80 年代初期的'乡村景观'：破败的村庄、泥泞的道路、辽阔的土地和贫苦的农民。显然，这是一幅凝滞不动的'乡村图景'，整个乡村还处于'前现代社会'，村民们日出而作，日落而息，传统的生活方式主宰着乡村。"① 乡村社会不仅外在的生活场景与生活方式依然如旧，而且内在的社会关系与思想意识也依然如旧。在《篱笆、女人

①　曾一果：《影像传播与改革开放以来中国电视剧的"乡村叙事"》，《中国电视》2010 年第 4 期。

和狗》中，整个乡村社会仍然是"五四"启蒙知识分子所极力批判的父权社会、男权社会、习俗道德所主宰的传统社会。在大家庭中，茂源老汉高高在上、拥有绝对权威，铜锁经常打骂枣花，不管是枣花，还是茂源老汉都无法决定自己的婚姻与爱情……很显然，这是导演刻意"建构"的乡村形象，与现实的乡村生活有一定"时差"，导演似乎有意要让观众注意乡村是多么愚昧、落后、可悲。如果"细读"这些乡村题材的电视剧，也可以发现每部作品中都有一些象征性的符号，比如"辘轳"、"井"、"古船"、"网"，《篱笆、女人和狗》中的寂静的、泥泞的乡村小道等，暗示着乡村生活的古老、封闭。这些象征性符号与现代性宏大叙事共同建构了作为传统社会象征的乡村形象。

　　作为传统社会象征的乡村是被放置在与现代文明对立的宏大叙事框架中讲述的。贫穷、落后以及与现代文明的尖锐对立，可以说是20世纪80年代启蒙知识分子心中对乡村的"刻板印象"，乡村被想象成现代化进程中需要清扫的障碍。考察这一时期影视作品中的乡村形象，我们可以分明地感觉到当时人们对现代化进程的过度焦虑。其时，高速城市化进程刚刚启动，大规模的民工潮还未出现，不管是城市还是乡村，都还缺乏现代文明的洗礼，尤其在中西部地区，现代文明才初露端倪。面对这种状况，满怀启蒙理想的知识分子难免有点过度焦虑，这种焦虑心理表现于文化层面，影视叙事中就出现了一组有着对应关系的象征性的符号体系，一种是乡村形象及其所指的愚昧与贫困；另一种是现代都市形象及其所指的文明与富裕，如电视剧《公关小姐》中的现代大都市广州形象：有高档酒店、富丽堂皇的大商场、极其繁华的街道、丰富多彩的日常生活……这个象征性的符号体系折射出了当时的社会文化心理，在城乡两种生活方式的认同性上，人们几乎毫无保留地倒向了城市。时过境迁，90年代开始，现代化、城市化逐渐处于绝对强势地位，社会心理与文化认同发生了微妙的变化，相应地，影视作品中就很少出现作为传统社会象征的乡村形象了。

二　喜剧情景中的日常生活叙事

　　传统与现代二元对立的乡村叙事，其结局往往是悲剧性的，有的甚至自始至终都笼罩着一层"悲凉之雾"。随着现代化逻辑的展开，乡村作为农耕文明的最后一片土地注定要被滚滚向前的历史车轮碾过，在这样的语境下，宏大叙事往往致力于讲述历史的神话，神话中的英雄甚至还未出场就已经获胜了，因为英雄面对的不是恶魔，而是一个行将就木的老人。如果说宏大叙事讲述了历史的正剧，建构了悲剧性的乡村形象，那么，"小叙事"则往往讲述日常生活中鸡毛蒜皮的琐事，建构充满喜剧气息的乡村形象。所谓"小叙事"不仅是指讲述"小人物"的"小故事"，关键在于"这些小人物小故事不再依赖强大的历史背景，也不再依赖高深的现代思想氛围，它仅仅凭借文学叙述、修辞与故事本身来吸引人，来打动我们对生活的特殊体验"①。当然，并不存在完全脱离历史语境的叙事，相比较而言，"小叙事"更专注于日常生活本身，不再刻意赋予生活以某种目的，也不去过度诠释生活的意义。但是，恰恰是这些鸡毛蒜皮的家庭琐事的"自然"呈现，让我们看到了真实、亲切的乡村生活场景，透出了一种"真意"，即扑面而来的热烈的生活气息。"小叙事"的乡村喜剧建构了另一种乡村形象，即日常化的、无深度意涵的乡村形象。

黄健中的《过年》是 20 世纪 90 年代最有影响的一部"小叙事"的乡村喜剧片。与同时期张艺谋的乡村题材影片相比，《过年》显得缺乏"深度"，"影片内容也就是中国百姓常念道的'俗人''俗事'，什么'当家母亲顶梁的父，孝顺儿女泼媳妇；大年初一包饺子，提起钱字喜变忧'之类"②，影片的艺术手法也不够"新潮"，没有建构象征性的镜头语言体系。但是，恰恰是这些鸡毛蒜皮的家庭琐事的"自然"呈现，让我们看到了真实、亲切的乡村生活场景。作为日常生活空间，乡村本来就是混乱无序、无目的的，没有那么多可歌可泣的爱恨情仇，也没什么具有深度所指的符号体系，所谓的故事也无非是些家庭矛盾、邻里纠纷，就是这些鸡零狗碎日常琐事的"再现"，却透出一种"真意"，即扑面而来的热烈的生活气息。

日常化的乡村形象虽然无深度意涵，却有自己的美学原理。首先是凸

---

① 陈晓明：《小叙事与剩余的文学性—对当下文学叙事特征的理解》，《文艺争鸣》2005 年第 1 期。

② 李建宁：《难得一"俗"——影片〈过年〉品味》，《电影艺术》1992 年第 4 期。

显人情味。乡村是熟人社会，是人情社会，在一个村庄里，几乎所有人之间都以叔伯、兄弟、婶婶、姐妹相称，即使陌生人偶然相遇，一番客套之后也就建起了某种亲戚关系。在《过年》中，虽然表现了金钱对人情的腐蚀，却从另一面让我们看到了人情的可贵。在《喜莲》中，喜莲对婆婆体贴入微的孝顺、对丈夫全身心的热爱、对二虎的仗义帮助、与村里乡亲的和谐关系，都散发着浓郁的乡土人情味，让人感到无比温暖。在《一个都不能少》中，魏敏芝对学生朴素的感情是来自乡土的，这部影片之所以能"在司空见惯中拍出一份真切和力量来"①，无疑就在于魏敏芝身上的近于执拗的乡土人情。在《刘老根》、《乡村爱情》等电视剧中，也无不处处彰显乡土人情。在《文化站长》等电视剧中，最为动人的不是故事与人物，而是乡村"熟人社会"中的乡土人情味。其次是"自然"地而非象征性地再现乡村日常生活场景与种种乡村事物。在电影《过年》的开头，我们看过了即将过年的乡村集市，同样是远景特写，却没有《秋菊打官司》中集市上那些呆滞的面孔②，有的只是一派热闹；在《喜莲》中，有大量只出现高粱地、小狗、一群鹅、整个村庄、冰雪融化的河流、挂在院子里的玉米的空镜头，在电视剧《圣水湖畔》（2005 年）中，也有大量只出现草原、湖泊、村庄的空镜头，这些空镜头只是"自然"地再现"乡村特色"，却无象征性的深度意涵。再次是喜剧性。乡村生活艰辛而又单调，但是，中国农民却总是充满乐观精神，尤其是他们的艺术表现，无论是民间杂耍、戏曲、故事，还是泥塑、剪纸、小调，无不洋溢着快乐，透着一种诙谐。不能深刻地理解、把握农民的喜剧精神，就不可能真正理解农民、农村。③ 在乡村题材的电视剧中，尤其是再现日常生活的"小叙事"作品中，或多或少地总有一点喜剧性。如《过年》中大姐夫丑事被揭穿，程家小儿子与其在雪地上扭打起来，场面既混乱又很滑稽；《花腰新娘》中凤美的诸多"野性"的表现，令人为之莞尔；《刘老根》中丁香对刘老根的一再误会，药匣

---

① 张艺谋：《〈一个都不能少〉影片评析》，《当代电影》1999 年第 2 期。

② 《秋菊打官司》中有一处特写：县城的画摊上，周润发与财神爷挂在一起，港台明星、欧美明星与古典戏曲人物挂在一起，古今中外的"并置"、传统与现代的"混生"，让我们"看"到了社会的变革，而置身其中的村民们大都目光呆滞。

③ 季中扬：《论民间表演艺术的喜剧性审美经验及其文化功能》，《求索》2014 年第 7 期。

子多次弄巧成拙，营造了一个个笑点；《乡村爱情》中谢广坤、刘能、赵四等人的精彩表演，更是让人忍俊不禁；还有晚近的《不是闹着玩的》（2009年）、《乡村大嘴巴》（2012年）以及《就是闹着玩的》（2012年）等几部乡村喜剧片所表现的乡下人的种种"闹腾"。诸如此类，不胜枚举。总而言之，乡村喜剧片通过表现乡土人情、喜剧精神，以及独特的乡村景观，建构了一种轻松热闹的、散发着乡土气息的、审美化的乡村形象。

这种喜剧性的、充满人情味的、审美化的乡村形象早在20世纪80年代的影视乡村中就已经出现。90年代起，随着都市文化兴起，乡村题材影视作品产量锐减，乡村喜剧片只有寥寥几部，而且大体沿袭了80年代乡村喜剧片中的乡村形象，其影响力很微弱。时至21世纪，我们再次看到了一大批卓有影响力的再现乡村日常生活的喜剧片，电影如《花腰新娘》、《爱上油菜花》（2010年），电视剧如中央电视台一套黄金时间先后播出的《刘老根》、《圣水湖畔》、《乡村爱情》、《别拿豆包不当干粮》（2006年）、《插树岭》（2006年）、《喜耕田的故事》（2007年）、《文化站长》（2007年）、《清凌凌的水蓝莹莹的天》、《金色农家》（2009年）等。这一系列乡村喜剧片的播出，尤其是较高的收视率，足见在"后城市化"阶段人们仍然关注当下的乡村生活，留恋充满人情味的、审美化的乡村形象。

深入考察一下21世纪乡村喜剧片中的乡村形象，可以发现一些新特点。其一，着力表现非常怡人的乡村自然景观。与城市的热闹、喧嚣不同，乡村具有一种天然的原生态之美，有着一种自然、清新、隽永的生态诗意，是漂泊倦怠的人们不可或缺的精神家园和心灵驿站。在《黑金子》（2006年）中，展现了松嫩平原和谐而恬静的原生态美景；在《美丽的田野》（2005年）中，查干湖边迎风飘扬的芦苇，闪动珠辉的河蚌，清澈如镜的水面，自然的乡村如诗如画；在电影《暖》（2003年）中，曲折幽深的青石路、麦场里高高荡起的秋千、村口边潺潺流淌的小河、金黄色的稻田、堆得小山似的麦垛，犹如一幅幅充满诗情画意的风景画，恬静优美，含蓄隽永；在电视剧《插树岭》中，在浓浓的传统年味之中迎面扑来的是原生态的民风、民情、民俗，人们从影片中感受到清新又浓郁的乡土气息，看到的是一幅幅美丽的农村风景画，不由得唤起难以割舍的乡土情结；电影《花腰新娘》在开头就展示了云南花腰彝族村寨周围天下独绝的奇山异水，足以让人望峰息心、窥谷忘返；在《刘老根》第 3 集中，刘老根领着韩冰考察了乡村附近的山水，看到一路上火红的枫叶、一大片泉水，城里人韩冰不由得惊叹"太漂亮了"！在《乡村爱情》中，大远景特写了村外的远山，多次远景特写了进村路上那一大片清澈的溪流；在《清凌凌的水蓝莹莹的天》中，我们看到了风光宜人的水库与美丽的花岛。诸如《爱上油菜花》、《湖光山色》、《走进大山》、《圣水湖畔》等，更是极力"夸示"其自然风光之优美。在 90 年代影片中，也往往会"特写"乡村的美景，如《那山，那人，那狗》中迷人的湘地山区风光，清澈的小溪，层层的梯田，挺拔的翠竹，就像一幅静谧的山水画。但这里的乡村风光"特写"并非仅仅展示乡村的美丽，而是别有深意。

其二，展示了乡村的现代生活。在《圣水湖畔》中，我们看到农村人不仅有了楼房、电视、电话，而且室内装潢布置丝毫不亚于城里中等家庭；在《刘老根》、《乡村爱情》、《潮人》中，我们看到乡村有了便捷的乡村公路与现代化的交通设施，还有比较正规的乡村卫生所。更为重要的是，我们看到了农村人的目光不再呆滞，衣着不再土气，他们的精神面貌、思想观念已经完全现代化了。正如《潮人》中所说，1980 后出生的农村人与城里人几乎在完全相同的文化环境中成长，城乡差异已经微乎其微。乡村生活一方面可以尽享现代化的生活方式；另一方面又有优美的风光、清新的空气，乡村如此宜居，如何能不令人神往。很有意思的是，在 20 世纪 90 年代城乡二元对立的叙事中，作为现代文明之象征的城市占据了绝对优势，逐渐消亡似乎是乡村的现代宿命。十年之后，情况却发生了戏剧性的逆转，乡村不仅拥有了与城市平等对话的主体性地位，现代乡村生活甚至成为一种新的生活理想。在新农村题材的电视剧中，城市对农村人已经彻底丧失了《外来妹》中的那种诱惑力，它不再是农村人的梦想之地，相反，农村倒成了城里人创业、发展的梦想之地。《刘老根》中的韩冰、《清凌凌的水蓝莹莹的天》中的满一花、《潮人》中的夏茉等城里人就选择了在农村发展自己的事业；还有一些城里人希望在宁静的乡村中养老，如《潮人》的"三老"（一位农业专家、一位画家、一位音乐家）；此外，从农村出去的大学生、退伍军人、打工者也都陆续回到了农村，如《走进大山》中的王青山、《乡村爱情》中的谢永强、《湖光山色》中的禾禾、润润等，《插树岭》

中的马春、马壮、大改、二改等。

三 浪漫主义的新农村叙事

党的十六届五中全会提出建设"社会主义新农村"以来，新农村题材的影视剧中，不仅出现了大量的审美化的乡村形象，还出现了各种版本的对未来乡村生活的想象。未来的乡村究竟是怎样一种状况呢？在建设"社会主义新农村"的主流话语中，许诺了乡村交通、通信、教育、医疗等配套建设，乡村将通过集中居住，以小城镇为中心形成网状的乡村居民点，乡村只是居住的地方，在物质与文化上将与小城镇，乃至大都市逐渐实现一体化。我们发现，新农村题材的电视剧对未来乡村的想象与官方设想相比，既有迎合之处，更有诸多值得我们深思的新的理念。

首先，未来的乡村必将在生产方式上发生革命性的变革。经济基础的变革是社会变革的前提，乡村只有改变小农经济的生产方式，发展现代农业与第三产业，才能纳入现代经济体系之中，这是政府希望达成的一种共识。在《圣水湖畔》中，中年农妇马莲相信科学种田，在农业经纪人唐喜帮助下，改变了传统农业经营方式；在《金色农家》中，村主任靳诚积极带领村民走生态农业合作社道路，实现了经济效益的提高；在《清凌凌的水蓝莹莹的天》中，我们看到了休闲农业；在《潮人》中，我们看到了无土化的高科技的农业生产方式；在《金色农家》中，我们看到了生态农业合作社；在电影《黑金子》中，我们看到了农村税费改革、土地银行等新事物；在《插树岭》中，从城里学习回来的喜鹊、奚粉莲带着一群大姑娘小媳妇在编筐窝篓，热热闹闹地办起了柳编厂；在《女人的村庄》中留守妇女办起了生态养殖场，并吸引外出打工的男人们返乡共建美好的家园。尤为值得注意的是，在《走进大山》中，王青山为了摆脱集体经济与基层行政管理的制约，采用了公司制的经营方式，走出了一条实现乡村变革的新路。

其次，未来的乡村不仅在生活方式上是完全现代的，在衣食住行、教育、医疗、文化娱乐等方面能够尽享现代文明成果，还应该是生态的、和谐的；未来的乡村既是农村居民的乐土，又是城乡居民休闲、观光、度假的首选去处。在"新农村"题材的影视剧中，生态保护、休闲农业成为高频词汇，成为乡村发展取向方面的共识。在《牛筋儿》（2007 年）中，坝上贫困山区青年农民牛筋儿，为了挣钱娶媳妇，承包了村里的荒坡，数年来不断植树造林，后来，一个外地人来到村里，说牛筋儿的林场下有金矿，只要牛筋儿让出地方给他炼金，就承诺给牛筋儿一笔钱，还给全村的村民谋福利，牛筋儿却发现外地人准备上马的是污染水源破坏环境的非法氰化钠土法炼金项目，而土地一旦被污染，永远无法复原。牛筋儿毅然拒绝了外地人的要求，为了保护山区优美的生态环境与破坏水土的外地客商作斗争。在《绝地逢生》中，盘江村起先无视当地脆弱的生态环境，不断通过开荒来增加耕地，最终导致石漠化越来越严重，成了无法生存的绝地。为了拯救家园，村支书蒙幺爸带领大家"退耕还林"，不仅通过种植花椒脱贫致富，还成为远近闻名的乡村旅游景点。为了保护生态环境，盘江村甚至拒绝了镇里引进的开发大理石的大型投资项目。在《静静的白桦林》（2008年）中，护林员老孙头年轻时砍树，退休后忙于栽树，晚年守望着静静的白桦林。在《永远的田野》（2010 年）中，村主任黄榆身患绝症，用生命的最后力量保卫家园，实现退耕还林，退耕还草，大力开展生态环境的保护和发展，用剧中的话说："地球跟人一样，它是由无数个器官组成的，而且每一个器官都有它的功能：湿地是地球的肾，河流是地球的血液，石油是地球的脂肪，矿藏是地球的肝脏。现在人类把这些都破坏了，脂肪抽干了，血液干枯了，肝跟肾都坏了，你说这个人还健康吗？"在《清凌凌的水蓝莹莹的天》中，我们看到污染乡村环境的造纸厂被关闭了，取而代之的是发展起来的现代休闲农业，即把农村的农、牧、渔业生产与乡村旅游结合起来，让城里人到农村观光、休闲的同时，亲自捕鱼、捉虾，参与采摘蔬菜、水果等，体会农业生产之乐。在《花开的美丽季节》（2010 年）中，百合村将污染企业转为建筑材料厂，从而实现了绿色生态发展。在《金色农家》中，红草湾村也是关闭了高污染的造纸厂，开始种植绿色蟹田稻，办生态养猪场，建起了生态农业合作社。值得深思的是，几乎所有新农村题材的电视剧设想的新农村发展路径都不是城市化、工业化，而是发展现代农业与第三产业，尤其是旅游服务业。在《刘老根》中，我们看到了红红火火、蓬勃发展的龙泉山庄；在《乡村爱情》中，谢永强意外发现了温泉，王大拿由此投资了温泉度假山庄；在《走进大山》中，王青山公司的最大项目就是开发大魔谷的旅游资源；在《湖光山色》中，返乡农民工楚暖暖偶遇了考古专家谭老伯，她由此发现了乡村旅游的商机，办起了乡村客栈"楚地居"，引来了外资，成立了南水美景旅游公司，兴建了乡村旅游度假山庄"赏心苑"；在电视剧《插树岭》中，我们看到插树岭村也在搞生态旅游。为什么新农村题材的影视剧几乎是不约而同地想到了发展生态农业与乡村旅游呢？这一方面可以说编剧的想象力还不够丰富，也可以说这是为了迎合官方的"科学发展观"话语；另一方面，我们也应该看到，这是"后工业社会"对现代化进程中工业化道路的反思的结果，也是"后城市化"阶段对我国城市化进程的反思的结果。

在"后工业社会"、"后城市化"社会中，人们逐渐认识到了城乡的互补性，意识到了乡村的现代意义及其特性①，正是基于对乡村现代性的"再发现"，大多数新农村题材的影视剧都强调未来的乡村要保持农村的本色，很少想象未来的乡村彻底融入城市或形成小城镇。在《湖光山色》中，南水美景旅游公司想扩建"赏心苑"，村主任楚暖暖不同意，她问支持扩建的王乡长："如果只顾着搞开发、搞建设，开发得没了地，没了家，那这个新农村还建设个啥呀？"言下之意，新农村建设是建设家园，而不是片面地追求城市化而导致家园丧失。此间，我们发现了农村的主体性意识，它的自我认同不再为城市所异化，它不再自卑，甚至理直气壮地想在现代化空间中争取与城市平起平坐。农村主体意识的觉醒不仅表现在家园意识上，更深层次的表现是文化自信心不断增强，不仅为自己的文化传统而自豪，还在自觉继承乡村文化的基础上主动吸纳都市文化，不断创造自己的新文化。在现实生活中，由于政府部门对非物质文化遗产保护工程的大力投入以及乡村旅游的发展，客观上促进了农村人开始以"他者"的目光重新审视民间艺术，过去被认为不登大雅之堂的民间艺术开始在影视作品中被突出表现。在《刘老根》中，东北"二人转"成为重要看点。在《潮人》中，有很多刻意表现民间艺术的场景，如韩芦花的插花在苏南卖出了高价，在胖鱼头酒店开业典礼上展出了秀秀的剪纸作品"八仙过海"，在村主任选举庆

---

① 张孝德：《生态文明视野下中国乡村文明发展命运反思》，《行政管理改革》2013 年第 3 期。

典上村民表演了民间歌舞；杜水泉想象中的未来芦花村是农耕民俗文化村，要展出剪纸手工艺、村里妇女们的田歌、秧歌表演，甚至包括韩三牛的水牛、村里的几架老水车、老磨坊等。在《湖光山色》中，农村妇女王青葱甚至因剪纸艺术被邀请参加了法国巴黎世界非物质文化遗产博览会，这高度肯定了乡村艺术创作的现代价值。更有深意的是，我们看到农民甚至自如地玩起了都市文体活动。在《爱上油菜花》中，农民举行了乡村 NBA 联赛；在《就是闹着玩的》中，农民模拟"春晚"，轰轰烈烈地搞起了"村晚"；在《不是闹着玩的》中，农民自拍了电影《鬼子进村》……在影视作品的想象中，未来的城市与乡村不仅在交通、教育、医疗等基础设施与服务配套方面一体化，在文化方面也逐渐一体化了。

　　生活是艺术创造的源泉。改革开放三十余年来，社会生活发生了"三千年来未有之大变局"，尤其是高速城市化，造成了城乡的深度变革，引发了文化上对乡村生活的种种想象，产生了诸种形态的乡村形象。总而言之，传统的乡村、现实的乡村、未来的乡村这三种乡村形象既是文化想象的创造物，也是社会历史的产物，表征了中国快速城市化进程中人们对城乡关系以及城乡两种生活方式在文化层面认知的不断深化。

第二节　新型乡村人物形象

　　在社会变革与文化变迁过程中，最深刻的变化不是生活环境的变化，而是人本身的变化。20 世纪 90 年代以来，随着城市化的快速进展，农业社会向工业社会迅速转变，中国乡村居民出现了多元化趋势。一方面，"许多从农业中分离出来的从事工业、交通、建筑、运输业的劳动者，在户籍制度上仍然是非城市人口，但却实实在在地开始从事各种产业活动，改变了那种'面朝黄土背朝天'的传统意义上的纯农者的身份，农民具有了'农村居民'的丰富含义。"[①] 另一方面，在"后城市化"阶段，城乡居民出现了双向流动趋向，不仅大批农民工开始回流农村，还有退休的城里人、大

---

　　① 张雷声：《建设社会主义新农村农民必须是新型农民》，《福建论坛》（人文社会科学版）2006 年第 7 期。

学生、农业经济投资者等"非农"身份的人群来到农村定居，成为乡村居民。当代影视作品及时把握住了乡村社会的变化，塑造了一系列当代乡村的新型人物形象，其中具有典型意义的五种人物形象，一是乡村社会变革中的"领头羊"形象；二是乡村文化建设者形象；三是"非农"身份的乡村居民形象；四是"农民工"形象；五是乡村落后分子形象。

一 新型"领头羊"形象

在中国艰难的现代转型过程中，社会变革往往发端于乡村，如1950年开始的全国范围的土地改革，50年代中期的农业合作化，1980年开始的家庭联产承包责任制，无不是整个社会政治与经济结构性转变的先导。乡村每一次重大变革都会反映到影视叙事中，出现一系列榜样型的农民"领头羊"形象，如反映土地改革的电影《暴风骤雨》（1961年）中的赵玉林，反映农业合作化的电影《金光大道》（1975年）中的高大泉，反映家庭联产承包责任制的电影《咱们的牛百岁》（1983年）中的牛百岁，反映打工潮对农村影响的电影《黄土坡的婆姨们》（1988年）中的常绿叶等。新世纪以来，由于大批农民进城，不仅影响了农业生产，而且产生了诸多棘手的社会问题，为此，中共十六届五中全会提出了建设"社会主义新农村"的要求，拉开了农村新一轮改革的序幕。由此我们看到影视作品中涌现出了一大批新世纪的新型农民"领头羊"形象，如《圣水湖畔》中的马莲，《牛筋儿》（2007年）中的牛筋儿，《乡村爱情》中的王小蒙、刘一水、谢永强、赵玉田，《清凌凌的水蓝莹莹的天》系列中的钱大宝，《金色农家》中的靳诚，《潮人》中的杜水泉、芦花，《爱上油菜花》中的大全，《湖光山色》中的楚暖暖，《雪落牯牛河》（2013年）中的赵文章等。

新世纪影视作品中的农民"领头羊"形象有三种主要类型。一是道德楷模型。这种形象早在1980年代就开始出现在影视作品中，如《黄土坡的婆姨们》中的常绿叶，她既不是党员，也不是干部，只是普普通通的乡村妇女。出于对土地、对乡亲的最朴素的情感，她拿出自家准备盖房子的钱买来拖拉机，带领群众耕种荒芜的土地，成立饲料加工厂，主动担起了乡村干部的责任。在新世纪影视作品中，这类形象不算多，而且主要以老年男性和妇女为主，如《绝地逢生》中的蒙幺爸、《湖光山色》中的楚暖暖、

《女人的村庄》（2009 年）中的张西凤等。以《湖光山色》中的楚暖暖为例。她原本只是普通的乡村妇女，只是因为处事公道，不贪小便宜，就意外地被选为楚王庄的村主任。她上任后不计前嫌与原村主任詹石磴和解，阻止南水美景旅游公司出售娃娃鱼，重建村民参股的平价客栈"楚地居"，不同意占用耕地扩建赏心苑，这些赢得村民大力拥护的行为无不是讲宽恕、讲公道、讲良心等传统美德的表现，而非出于先进的政治觉悟。很有意思的是，《清凌凌的水蓝莹莹的天》中的钱大宝因为尊老爱幼、关心贫困家庭等传统美德赢得了村民的尊重，但其先进的思想观念，如为了保护环境而关闭弟弟钱二宝的造纸厂，却并未得到村民的理解与支持。我们发现，改革开放以来，影视作品中很少出现像《金光大道》中的高大泉那样的纯粹作为政治思想楷模的农民"领头羊"形象了。由于政治话语在乡村失去了有效性，最朴素的人情道德填补了这个权力话语留下的空白，影视叙事中农民"领头羊"形象的变化折射出了乡村社会意识形态的深层次问题。

第二类是致富能手型。这类形象出现于 1990 年代，如《坨子屯纪事》（1996 年）中的陈海亮。与陈海亮这个人物形象不同，新世纪的致富能手型的"领头羊"形象大都有文化，他们要么是高考落榜生，如王小蒙、刘一水、钱大宝、杜水泉、大全；要么是回到乡村的大学生，如谢永强；或者是曾经在外打工，见过世面的，如楚暖暖、《康家大院的新媳妇》（2000 年）中的康家新儿媳妇春花。他们不仅有文化、有技术，还很有经营头脑①，如《乡村爱情》中的王小蒙，偶然结识了王兵，发现了豆腐的销路，就果断地把家庭经营的豆腐作坊改造成了豆腐加工厂，后来又通过加盟上海大公司，成立了豆制品有限公司。他们不仅依靠技术，而且凭借现代社会的各种信息带领村民发家致富，如《康家大院的新媳妇》中的春花，她曾到南方打过工，回乡时恰逢小康村西瓜大丰收，但西瓜太多了一下子卖不出去，眼看瓜农们要受到巨大损失，春花通过电脑网络为村里的西瓜找到了销路，顺利将西瓜卖了出去。通过王小蒙、春花等人物形象，我们发

---

① 中共中央 2006 年"一号文件"《中共中央国务院关于推进社会主义新农村建设的若干意见》中指出："提高农民整体素质，培养造就有文化、懂技术、会经营的新型农民，是建设社会主义新农村的迫切需要。"

现新世纪的乡村不再是世外桃源，而是深深卷入了城市化、全球化浪潮之中。不仅如此，乡村人物在精神层面也出现了深刻的裂变，我们看到新世纪有些"领头羊"不再像过去的楷模那样几乎是传统美德的化身，他们表现出了人性的复杂和多侧面。如《潮人》中的杜水泉，他是高考落榜生，有文化，作为退伍军人，有一定的政治觉悟，而且流行歌曲唱得好，连来自北京的大学生夏茉都觉得他不像一个农村人。他反对老支书变相出售耕地建乡村别墅，为此他一再写信举报，甚至愤而辞去了村里副支书的职务；他还坚决反对韩江引进的红麻种植与造纸项目，表现出了过人的政治觉悟；他善于经营，不仅做大了水产养殖，而且盘下了城里的胖鱼头大酒店，甚至不顾众人反对，为争取自主品牌，不惜冒险打官司。但是，杜水泉先进的思想观念并没有振臂一呼就得到众人响应，他的"个性"也没有赢得群众的理解与喜爱，因为这个人身上缺乏传统农民朴素的道德与乡土情感——他与老支书的矛盾固然是因为老支书违法占用耕地，但是，老支书毕竟德高望重，而且是他的堂舅，他却表现得过于决绝无情；与胖鱼头大酒店老板之间纠葛的根源也并非完全因为对方是一个不良商人，其直接动因是他看到了品牌价值，就不计后果地单方撕毁合同；在老同学韩江尚未与夏茉分手之前，他就开始追求夏茉。

第三种类型是留守农村的中老年人中逐渐适应社会发展，进而脱颖而出的能人。众所周知，在现实生活中，大多数有知识、有文化的农村人都纷纷进城了，很难见到像王小蒙、刘一水、谢永强、钱大宝、杜水泉、大全这样有文化的年轻人，这些人物形象与其说是来自生活，不如说是来自理想。相比较而言，像《圣水湖畔》中马莲这样的形象倒是比较贴近生活，更为值得关注。马莲是一个四五十岁的农村妇女，她偶然结识了农业经纪人唐喜，了解到了现代农业生物技术，就一门心思想做一名农业经纪人。她经过不懈努力终于承包了村里的五垧地，种上了高产谷子，走向了成功。在这个人物身上，我们看到了现实生活中新型农民"领头羊"的影子，他们不再年轻，不可能去城里打拼，与年轻人相比，他们更渴望建设好自己的家园，而不是进城。他们虽然没什么文化，却相信现代科学技术，当然，他们能力有限，依靠其自身力量，往往很难获得成功，因此，他们需要专家的帮助与政府的支持。事实上，在城市化进程中，由于人才一直持续地从乡村向城市单向流动，农村人才极端匮乏。在建设社会主义新农村实践中，一方面应该及时制定政策鼓励城乡居民双向自由流动；另一方面还需要从乡村不断发现、培育热爱乡土的人才。

二　新型乡村文化建设者形象

人类学家认为，文化是"一种社会的、人民的、传统的生活方式，其特点是渗透所有事物并且使人觉得有归属感的品质"①，因而，只要有社群的地方就有文化。作为生活方式的文化应该是"自然的"、"无意识的"，无须外力有意介入。但是，中国古代儒家认为，底层人民是无知无识的，其文化是"教化"的结果。"五四"时期，知识精英一方面主张彻底批判传统；另一方面又不自觉地继承了儒家"教化"的传统，形成了现代中国"文化革命"的传统。② 在"五四"文化革命传统的影响下，民国时期曾经积极推行过废除旧历等移风易俗运动，新中国成立后，更是不断加强官方意识形态对民众日常生活的干预。官方意识形态所极力推行的文化是一种输入型文化，往往停留在观念层面，很难到达民众的情感归属层面，尤其在广大乡村，由于文化工作者极端匮乏，一旦传统文化遭到破坏，新文化未能及时跟进，就会出现文化"沙漠化"现象。在《爱上油菜花》这部电影中，我们就看到了一种令人不安的乡村文化现状：由于缺乏其他文化娱乐，莲花村不论男女老少都参与赌博。对于城市化进程中的乡村文化现状，张柠曾经满怀忧虑地写道："农民，这个被现代化工具宣判了死刑的阶层，正在等待寿终正寝的日子，对他们来说，土地的魅力已经完全丧失。他们唯一的希望就是现钞。……在最后的日子里，老农们显得十分平静。猪圈、牛栏拆除了。古老的农具变卖给收藏家了，锄头上的泥土已经清洗，高高地挂在了墙壁上。他们一边搓麻将，一边盼望着邮差的到来。"③

我们认为，整体上重建乡村传统文化是不可能的，突破困境的出路要么

---

① Geoffrey Hartman, *The Fateful Question of Culture*, New York, 1997, p. 211.

② 周星：《乡土生活的逻辑：人类学视野中的民俗研究》，北京大学出版社 2011 年版，第345 页。

③ 张柠：《土地的黄昏——中国乡村经验的微观权力分析》，东方出版社 2005 年版，第106页。

是进一步强化对乡村文化变迁的干预，要么是农民产生文化自觉，积极主动地追求新文化、认同新文化、建设新文化。早在 20 世纪 80 年代中期，有一部叫《迷人的乐队》（1985 年）的电影，就塑造了一个在文化上"觉醒的农民的典型形象"①。在《迷人的乐队》中，青年农民辛天喜从城里买来整整一卡车西洋乐器，异想天开地打算在家乡建一支农民管乐队。他的行为不仅在村里引起很大轰动，在全乡乃至全县都有反响。经过不懈努力，辛天喜的农民管乐队在乡里的运动会上大受欢迎，开始越办越红火。西洋管乐队在这里显然是具有象征意味的，它是外来的现代文化的一个符号。辛天喜对现代文化符号的认同并非是官方引导、教育的结果，相反，他的"不务正业"遭到了女乡长李春芳多次阻挠，他对现代文化的追求完全是自发的、自觉的，我们由此看到了现代化进程中最为保守的农民在文化认同上可能发生的转变。在 21 世纪的乡村题材影视中，我们也看到了一些在文化上觉醒的农民的典型形象。如《不是闹着玩的》中的蔡有才，他是乡村电影放映员，为了讲述自己村庄的历史，他四处借钱自费拍摄了一部以日本鬼子进村为题材的电影。这是一部根据现实生活中真实事例改编的电影。此间，我们不仅看到了农民对电影这种现代传媒文化形态的高度认同，还看到了农民渴望通过回顾自己地方性的文化历史建构文化记忆的冲动。再如电视剧《潮人》中的杜水泉，他不仅有着文化自觉意识，甚至有着清晰的、完整的乡村文化建设思路。在他的设想中，未来的芦花村应该保护古老民居，建成农耕民俗文化村，要展出剪纸手工艺、村里妇女们的田歌、秧歌表演，还要展出韩三牛的水牛、村里的几架老水车、老磨坊等。需要注意的是，杜水泉的乡村文化建设规划完全是站在城里人的"他者"立场进行设想的，他发现了农耕文化遗产在现代文化空间中的展示与消费价值，而对于乡村居民现实的文化需求却没有切实的对策与行动。辛天喜、蔡有才、杜水泉等人对建设乡村文化有着自发的、自觉的意识，但是，更多乡村文化建设者是需要引导的。如《爱上油菜花》中的大全，他一直在城里打工，是被村长"骗"回家乡的。村长之所以"骗"他回家，主要是某公司为了拓展农村市场决定选一个乡村举行一场篮球友谊赛，镇里对此非常重视，专门拿出 10 万元作为奖金，打算在 5 个村里选

---

① 　王海洲：《双脚踏上幸福路：八十年代的新农民形象》，《电影艺术》2008 年第 6 期。

出一支代表队。为了争取这 10 万元奖金，大全决定组建乡村篮球队参加乡村 NBA 联赛。在美女教练瑶瑶的帮助下，大全带队的莲花村的"莲之队"终于在乡村 NBA 联赛中脱颖而出，赢得了参加友谊赛的参赛权。在影片中，大全是在村、镇两级政府地不断鼓励、引导下走上了参与乡村文化建设的道路的，并逐渐对乡村的未来有了一些憧憬乃至规划。乡村文化建设不可能是某一个或者某几个村民的事，而是需要全体乡村居民积极参与的，在《就是闹着玩的》与《越来越好之村晚》（2013 年）等影片中，我们就看到了全民参与乡村文化活动的愿景。在这些影片中，我们还看到了乡村仍然散落着一批有绝活的文化能人，把他们对乡村文化建设的积极性调动起来，才是乡村文化建设的真正希望。在现实生活中，当代乡村确实仍然散落着一些文化能人，如纪录片《乡村里的中国》中的爱好文艺的农民杜深忠，他曾搞过创作，爱读书看报，热爱书法、音乐。

由于乡村人才长期不断外流，有着文化自觉意识的人才极其罕见，因此，乡村文化建设在很大程度上要依靠政府的扶持与引导，如加强乡镇文化站、村文化室等公共文化设施建设，积极开展群众喜闻乐见的文体活动，保护、发展有地方和民族特色的优秀传统文化等，这些工作主要由负责乡村文化建设的基层干部文化站长负责。在新世纪影视中，有一些作品就专门讲述了乡村文化站长的故事，如《文化站长》、《倒计时》（2008 年）等。《文化站长》成功地塑造了一位新农村文化建设者的典型形象。管文化原本是北留乡相府村一位热爱传统文化的普通村民，由于中央要求加强乡镇文化站建设，北留乡必须设置一名专职文化站长，他由此被乡政府选为编外代理文化站长。由于地方政府并没有真正认识到乡村文化建设的重要意义，再加上经费紧张，管文化不仅缺乏活动经费，甚至连办公的地方都没有。出于对文化事业的热爱，管文化克服了重重困难，有声有色地开展了乡村文化建设工作。没有办公地方，他就在家办公，后来又把村里的豆腐坊改造成文化站；没有经费，他就多方动员捐书，来完成文化站建设的考评目标；他偶然了解到了非物质文化遗产保护工程，就自觉地对民间老艺人的绝活进行抢救性保护。在管文化身上，我们看到了土生土长的乡村文化人对地方文化建设的一腔热情与高度责任感，与电视剧中那位只看重政绩的刘宣委形成了鲜明对比。作为一名乡村文化人，管文化不仅有着较高的传统文化修养，琴棋书画、吹拉弹唱样样精通，而且非常熟悉乡村文化状况，能够切实地进行文化建设。为了满足村民的文化需求，他组织了文艺宣传队，挖掘了传统的民间演艺形态，如跑旱船、跑驴、挑花篮、踩高跷等，主动送节目到村；为了激发村民参与文化活动的积极性，他组织了健身秧歌与国标舞乡村 PK 大赛；为了协助乡里宣传农产品，他精心策划了绿色家禽文化节……经过一年多的不懈努力，管文化领导的乡村文化建设取得了令人满意的效果。通过这个人物形象，我们看到了城乡文化现状以及发展路径的差异。城市由于资源的高度聚集，文化有着较强的自我创生能力，政府做好规范与引导工作即可，而农村地区不仅文化生态破坏严重，而且由于人才匮乏导致文化自我修复能力几乎丧失，更遑论创新。这就需要管文化这样的文化站长深入基层，激活村民参与文化活动的热情。

三　来自城市的"非农"乡村人物形象

在前现代社会中，城乡之间保持着良好的人才双向流动关系。在重土观念的影响下，绝大多数来自乡村的文化人都不会永久定居城市，而是把城市作为一时寓居之地，心里一直念想着落叶归根，最后都会选择"少小离家老大回"。随着中国卷入全球性现代化浪潮之中，这种和谐共生的城乡关系被打破了。在现代社会中，城市集中了绝大部分社会资源，不管是经济、文化，还是交通、医疗、卫生，都远远优越于乡村。离开城市，文化人不仅就业艰难，而且无法从事科学研究与学术交流。在这种情况下，人才由乡村向城市单向流动的历史开始了。尤其是 20 世纪 90 年代高速城市化以来，乡村人才更是大规模流向城市。通过高考，有文化的乡下人进城了；通过经商，有经济头脑的乡下人进城了；通过打工，有一技之长的乡下人进城了，而且往往是"黄鹤一去不复返"。在现实生活中，实现城乡居民双向自由流动也许还要一个过程，特别是目前政策上还限制城市户籍的人在农村落户。但在当代影视叙事中却出现了热爱乡村，选择到乡村生活、创业的城里人形象。这些人物形象的人生选择在现实生活中也许并不具有普遍性，但却是合情合理的，这些人物形象的出现折射出了"后城市化"阶段社会文化心理的新变化。概言之，在新农村题材的电视剧中，主要有四种类型的城里人来到了乡村。他们或为爱情、或为事业、或为理想、或为休闲养老,他们带来了先进的技术与理念,促进了城乡文化的良性互动。

其一,为了爱情,来到乡村创业、生活的城市居民。如《乡村爱情》中的谢小梅。谢小梅作为一名农林专业技术人员,本来在城里工作,因为爱上了刘一水,就主动来到刘一水的乡下养殖场做副场长。当然,谢小梅并非仅仅为了爱情而不顾一切,她是一个有主见的现代女性。来到乡村的另一个重要原因是,她学的是畜牧专业,只有在农村才可能大有作为,她以自己的技术参与刘一水的创业,可以实现自己的人生价值。再如《清凌凌的水蓝莹莹的天》中的满一花,也是因为爱情,才到乡下养鱼,甚至为此卖掉了城里的房子。还有电影《爱上油菜花》中的美女教练瑶瑶,最终爱上了大全,留在了乡村。很有意思的是,因为爱情来到农村的城里人大都是女性。也许在人们的习见中,女性总是感性的,为了爱情能够不顾一切;也许女性本身就具有某种象征意义,暗示了某种期待。

其二,大学生村官与大学生志愿者。如《花开的美丽季节》(2010年)中的曹沐春、马小凡,《潮人》中的夏茉、郁梦洁、薛帅,《永远的田野》(2010年)中的环保志愿者叶思语。早在20世纪90年代,江苏省就率先开始招聘大学生到农村担任基层干部。21世纪以来,尤其是2006年以来,全国几乎所有省市都启动了大学生村官计划,一大批有知识、有文化、有抱负,朝气蓬勃、充满热情的大学生来到了农村,开启了知识分子回流乡村的序幕。选择去农村当村官,固然有的是出于就业的困境,但更多的是因为理想。在《潮人》中,夏茉是清华大学的高才生,出身于北京干部家庭,又考上了香港科技大学的研究生,本来可以在大城市有良好的职业发展前景,生活也会比较舒适,但是,通过阅读有关村官的宣传资料,认识到做一名村官的重要意义,就毅然选择来到苏中地区做了一名村官。大学生村官由于缺乏工作经验,其专业知识也未必适用于农村地区,起初无疑要遭遇一些挫折。面对挫折以及理想与现实之间的巨大落差,有的人退缩了,开始混日子,有的人在挫折的磨炼下逐渐成熟了,如郁梦洁、薛帅,有的甚至成了引导乡村变革的"潮人",如夏茉。发人深思的是,《潮人》中的韩江是从芦花洲村走出去的大学生,学校推荐他参加大学生村官面试,他却对此不屑一顾,认为农民工都知道往城里跑,作为一名大学生回到农村去当村官,岂不是连农民工都不如吗?在韩江身上,我们看到了从乡村走出去的学生骨子里的自卑。恰恰是那些来自农村的大学生，他们宁愿"蜗居"在城里当"蚁族"，也不愿意回到乡村去建设自己的家园。城乡二元制以及相应的身份差异导致农村人迫切地希望跳出农门，贾平凹称之为"脱下农民这张皮"。一代代优秀的农村读书人不断逃离农村，逐渐形成了一种负面的社会文化心理，即逃离心理，他们从农村逃到城市，又从小城市逃到大城市，进而逃离到国外。

其三，曾经辛苦跳出农门的大学生，在城市有了工作，但为了实现人生的价值再次回到乡村发展和创业。如《永远的田野》中的青年人乔可心为了心上人天喜，更为了投入家乡的环境保护，毅然放弃了城里的工作回到望海村。又如《走进大山》中的王青山。王青山研究生毕业后为了实践其山区可持续发展的研究成果，改变家乡贫穷落后的现状，毅然辞去了省农业厅科长的职务，带着女朋友杨倩回到家乡青龙山区做一名普通农民。为了规避村里与乡里的行政干预，更好地按照自己的设想发展乡村，王青山婉拒了青龙乡副乡长的职务。他先是通过贷款，成立了公司，承包了铁路建设的石料供应工程，挣得了创业的第一桶金，然后利用这笔资金在山上植树，引导村民种植中草药，发展特种水产养殖，最终成功开发了大魔谷旅游景点，为村民建立了乡村别墅，落实了山区可持续发展计划。王青山在创业过程中，可谓阻力重重，不仅物质资源匮乏，而且要面临复杂的人际关系，以及基层政治体制的种种弊病的掣肘。众所周知，在经济落后地区，乡级政府往往面临财政困难，一些短视的乡镇领导就会杀鸡取卵地巧立名目不断向企业要钱，这是现实的国情，但在以往的乡村叙事中却很少表现，在《走进大山》中，我们看到由于乡政府想"吃大户"给王青山带来了一次又一次危机。在电视剧结尾，一直制约王青山吉雨公司发展的青龙乡政府被撤销了，重新成立了行政服务功能更强的吉雨开发区。我们看到，王青山的创业不仅在经济上改变了乡村贫穷的状况，还直接促进基层行政改革，实现了乡村深层次的现代转型。在新农村题材的电视剧中，王青山是一个非常值得深思的典型。首先，在以往的乡村叙事中，我们习见的带领村民共同创业的是村支书或村长，如《绝地逢生》中的村支书蒙幺爸、《清凌凌的水蓝莹莹的天》中的村主任钱大宝等，一个普通群众如果有带领群众共同创业的心胸，往往也最终会被村民选为村干部，如《湖光山色》中的楚暖暖，否则，不是领导如何能领导群众？似乎有点名不正言不顺。然而，王青山走出了一条新路，即并不依靠行政力量，而是以现代公司制度来领导村民共同创业，不仅有效地化解了基层政治体制的种种弊病，吸引了外来人才，而且充分调动了村民的积极性，培养了他们的责任心；与刚刚毕业的大学生不同，王青山已经有比较丰富的社会阅历和处理各种复杂事务的能力，而且思想比较成熟，具备了成功创业的基本条件。与大学生村官相比，建设新农村更需要这样的人物。王青山这个人物形象显然是理想化的，但其中无疑包含着一种热切的希望。

此外，还有一些退休的城市高级知识分子，因为热爱乡村的环境，或喜欢农耕生活，从而选择去乡村养老，如《潮人》中的农业专家顾耕耘、画家阿达，还有一位得过国际大奖的著名音乐家。这些人物形象的出现是具有寓言意味的。他们选择回到乡村并非为了某种功利性目的，而是出于对乡村生活的由衷热爱。这意味着乡村生活作为一种生活方式有着城市生活无法取代的功能与意义。不管城市化比率多高，城市最终也不可能完全取代乡村。我们认为，"乡居生活亲近自然与生命，具有劳作的多样性，这在现代社会中完全可以提升为一种高级的文化生活方式，就像农业文明中贵族们的狩猎生活一样"①。因此，条件适合的乡村可以大力发展乡村养老产业，满足顾耕耘、阿达等人的需求。这些人来到乡村生活不仅可以促进乡村服务业的发展，而且可以在文化上潜移默化地影响村民，从内部促进乡村文化的良性变革。李松柏通过对长江三角洲都市圈乡村休闲养老调研后发现，"城市老人的到来给乡村带来了一些文明的生活方式，也让城里老人感受到了乡村里一些纯朴的东西。村民长期以来乱倒垃圾和生活废水的习惯在城市老人入住后有了很大的改变。城市老人入住村里后，每天早上爬山锻炼身体，中午晒晒太阳、打打牌，到了晚上一起唱歌、跳舞。在本村老人的眼里，这些城里的同龄人很开放、活跃，活得有滋有味。"②

---

① 季中扬：《乡村文化与现代性》，《江苏社会科学》2012年第3期。
② 李松柏：《长江三角洲都市圈老人乡村休闲养老研究》，《经济地理》2012年第2期。

四　"农民工"形象

在当代乡村题材的影视作品中，一大批新时代的新型农民"领头羊"形象、乡村文化建设者形象，以及大学生村官、退休知识分子等各种类型的来自城市的"非农"乡村居民形象，直观而深刻地诠释了当代社会主义新农村的建设状况。此外，还有一类新型农民形象非常值得注意，即"农民工"形象。他们身在城市，"根"在乡村，连接着城市与乡村。"农民工"其实已经不是农民，是城市中的工人，但是，他们的收入只有一部分在城市里消费，另一部分往往寄回了农村家中。这大大改善了他们农村家庭的生活，支持了乡村建设。此外，他们回到乡村之后还把现代理念传递到了乡村。

20世纪90年代以来，随着城市化进程日益加快，城乡差距进一步拉大，越来越多的农民开始涌向城市谋生。据官方统计，截至2012年，我国有2.6亿多农民工。① "随着中国城市化与劳动力市场的变化，乡下人脱离乡土进城谋生，持续了一个世纪的行为，在当下语境中突然别具意义了。"② 影视开始叙述"农民工"的故事，塑造"农民工"形象。我们发现，当代"农民工"影视形象往往有着两面性：一是被损害者、被侮辱者；二是吃苦耐劳、质朴善良的乡下人。

农民进城了，却无法获得市民身份，他们大都从事着最底层、最辛苦的工作，还得不到相应的社会保障和福利，当政策逐渐放开对其落户限制时，城市的高房价又让他们望而却步。对"农民工"进城后生存的现实图景和精神创伤，当代影视叙事并不回避。以"农民工"为题材的影视叙事中大都有被损害、被侮辱的农民工形象，这是社会现实问题的反映。在电视剧《生存之民工》（2005年）中，一群来自全国各地的农民工来到松江市，他们在"香榭丽舍"这个高级公寓的建筑工地上辛勤劳碌着，栖息在极其简陋的工棚里。最后，他们的血汗工资却无情地被

---

①　国家统计局发布《2012年我国农民工调查监测报告》称：截至2012年年末，我国农民工总量达到26261万人，其中，外出农民工16336万人，本地农民工9925万人。见2013年5月28日新华网。http://news.xinhuanet.com/2013－05/28/c_ 115928483. htm

②　徐德明：《"乡下人进城"的文学叙述》，《文学评论》2005年第1期。

非法挪用了。为了生计，他们被迫集体讨薪，可是他们面对的却是暴力威胁和致命的恐吓。在电影《不许抢劫》（2009年）中，老板王奎一次又一次地食言不兑现"农民工"应得的工钱，朴实的农民杨树根忍无可忍，最后带领几个民工兄弟冲进了他的家里，以"熬鹰"手段才讨回了工钱。在电影《高兴》（2009年）中，我们"目睹"了刘高兴等来自农村的拾荒者在城市中的艰难生存状况。在《泥鳅也是鱼》（2006年）中，我们看到"农民工"不仅物质生活缺乏保障，生理需求、情感需求也往往得不到满足。尤其在一些纪录片中，我们可以目睹"农民工"的种种艰辛。在周浩的《棉花》（2014年）中，延威是河南上百万去新疆摘棉花的女工之一，她喂饱了三个孩子，挤在没有座位的绿皮火车里，坐了56个小时才到达新疆采棉基地。她与其他女工们一道住进了上下两层的大通铺，每天天不亮就坐上比绿皮火车更挤的卡车，到二十里地外摘棉，一直干到晚上十点才结束，这样高强度的劳动一直持续三个月。

与"农民工"悲惨遭遇形成鲜明对比的是，这些农民工大都吃苦耐劳、质朴善良，如《天下无贼》（2004年）中的傻根、《高兴》中的刘高兴、《不许抢劫》中的杨树根、《泥鳅也是鱼》中的女泥鳅等。在《不许抢劫》中，农民工为了不让建筑老板有什么损失，宁愿春节不回家，在城里加班加点地搞建筑，甚至面对谎言与欺骗，农民工杨树根仍坚守着一诺千金的古训，他说：是人，说出的话就算数，当真。在《农民工》（2008年）中，安徽阜阳农民大成带领兄弟茂盛、二牛、喜龙前往浙江打工，面对茂盛承包的伪劣工程问题，大成坚决要求返工重做，说："当初人家不把我们当人看，我们死乞白赖地想当个人，人家现在看重我们了，把我们当人看了，我们自己却不把自己当人看。"在当代影视叙事中，"农民工"不仅吃苦耐劳、质朴善良、诚实守信，而且即使生存再艰难也不苟且。在《泥鳅也是鱼》中，女泥鳅与丈夫离婚后带着一对双胞胎女儿来到北京，在火车上，她遇到了一个也叫泥鳅的包工头，男泥鳅一直试图说服她与他"晚上一起睡觉做个伴"，还经常说要给她"买个大宅子"，但女泥鳅始终不能接受没有爱情的性。当代影视叙事中不约而同地塑造一大批吃苦耐劳、质朴善良、诚实守信的"农民工"形象，不仅仅是为了反衬他们悲惨的生存处境，以博取观众的同情，这"不约而同"的背后深藏着人们对农民仍然是传统道德的坚守者的想象，在潜意识中期待着农民进城能够为"城里人"带来久违的传统美德。

五 农村"异类"人物形象

不管在现实生活中，还是在影视作品中，乡村都有几个不像"庄稼人"的农村人，如《刘老根》中的药匣子、《走进大山》中的蘑菇头、《文化站长》中的三愣子、《潮人》中的杜杜、《圣水湖畔》中的韩成等。他们大都既不善耕种，也不善经营，身上还多少有点劣根，或懒惰、或狡黠、或吊儿郎当、或一心为己。在乡村社会中，他们是"异类"，是边缘人物，甚至可以说，从来没有被看作是人物。其实，这些人大都头脑比较灵活，且有一技之长。如药匣子熟悉中草药、了解药性，三愣子会放电影，杜杜善于民歌、曲艺的即兴表演，韩成会口技。由于他们精通某种传统的民间艺术，因此往往自视甚高，想法不守常规，行为有点出格，而在现实生活中又不善于生产、经营，就成为村人眼中的懒汉、二流子。社会身份的反差与他们身上特有的乡土艺术气质的结合造就了他们的一言一行都有某种喜剧色彩，尤其是范伟饰演的药匣子，举手投足间都透着喜剧性，令人忍俊不禁。

在新农村题材的影视叙事中，这些乡村"异类"人物既是增添喜剧性的"调料"，也是衬托先进人物的"绿叶"。我们看到了在先进人物的感召下，这些人纷纷发生了转变。如《潮人》中的杜杜、《圣水湖畔》中的韩成，在新的社会环境中，他们都积极改变自身，投身于新农村建设，走上了一心从事生产经营的"正途"。再如《永远的田野》中的朱二，他一贯游手好闲，时不时地讨好小寡妇大美丽，在村干部黄榆的人格魅力感召下，渐渐发生了可喜的变化。他为了保护李会计身上买树苗的钱款不被小偷偷走，不顾给大美丽买好的衣服被抢走，自己也被小偷打伤，最终保护了买树苗的钱款。当满载树苗的大卡车驶回了望海村的村委会时，众人纷纷向过去无所事事的朱二致敬。

很显然，这些人物思想与行为的转变多少有些概念化。同时，这也反映了"以经济建设为中心"这种意识形态仍然在支配着人们的意识，甚至已经成为一种潜意识。在这些影视作品中，建设新农村这个主旋律容不得

"杂音",似乎只有这些"异类"、边缘人物都纷纷转变了,成为先进人物的忠实追随者,整个叙事才是和谐的。其实,恰恰是这些不守规矩的人物使乡村社会生动起来,他们的任性往往因为他们更有创造性。深入了解一下民间艺术史,我们会惊讶地发现,恰恰是这些乡下人眼中的不务正业的人是乡土文化的创造者,如果没有了他们,整日生产劳作的乡村生活会显得非常乏味。

第三节　"影视乡村"与"文学乡村"的差异及互补

作为大众传媒艺术,"影视乡村"受到政治文化语境约束、限制较多,因而,在主题选择、艺术表现等方面与"文学乡村"之间存在一些差异。对此,本节一方面将阐发二者之间的差异;另一方面将基于对二者之间差异的认识论述其文化价值方面的互补性。

一　"影视乡村"与"文学乡村"的主题差异

就上文涉及的乡村题材影视剧而言,在主题上大体可以分为四大类别:一是乡村爱情系列,如《乡村爱情》、《清凌凌的水蓝莹莹的天》、《花腰新娘》等;二是乡村创业系列,如《插树岭》、《走进大山》、《金色农家》、《潮人》、《湖光山色》、《圣水湖畔》、《绝地逢生》等;三是乡村文化建设系列,如《文化站长》、《倒计时》、《就是闹着玩的》、《越来越好之村晚》等;四是乡村日常生活系列,如《爱上油菜花》、《刘老根》、《别拿豆包不当干粮》、《喜耕田的故事》等。在这四大类别之中,数量最多的是乡村创业剧,即使那些并非以乡村创业为主题的影视剧中,也往往会涉及乡村创业,如《乡村爱情》中,谢永强大学毕业后回乡种植果树,王小蒙把豆腐作坊发展成乡村企业;《清凌凌的水蓝莹莹的天》中,钱大宝创办了休闲农场等。在本书第四章,我们讨论了城市化进程中乡村叙事主题的新变,认为20世纪90年代以来,当代乡村叙事大都围绕着"农民与土地的分离"、"传统文化的衰落"、"伦理道德的乱象"、"生态环境的破坏"、"乡土家园的重构"等主题展开叙述,表现了文学对现实生活的深切关怀。与"文学乡村"相比较,当代"影视乡村"同样关注现实生活，但在题材选择、主题思想及其关注的视点与视角方面却大不同于文学的乡村。

其一，"文学乡村"倾向于描写城市化进程中当代乡村的困境与问题，表达对乡村现状的忧思，而"影视乡村"较少关注城市化进程中乡村出现的诸多问题，主要关注乡村建设与发展，热衷于挖掘当代乡村经济、文化建设中的励志故事，塑造典型的"领头羊"形象。当然，当代"影视乡村"并非完全回避现实乡村所遭遇的困境与问题，在电影《美丽的大脚》中，我们看到了乡村教育之落后；在电视剧《农民工》中，我们看到了农民工对城市生活之向往与生存之艰辛；在《留守五姐妹》中，我们看到了乡村留守妇女的困境，他们不仅要照料老人、孩子，还要承担农业生产的重压；在《倒计时》、《文化站长》中，我们看到了乡镇文化站设施之简陋，资金之短缺。尤其是纪录片《阴阳》、《留守女人的村庄》、《鲁冰花》等，直面现实乡村，镜头所拍摄的乡村真实现状往往令人触目惊心。但客观地说，大部分影视剧中，上述这些问题往往并非是关注的重点、思考的主题，而仅仅是主人公所要克服的障碍或行动的社会背景而已。如《文化站长》中所反映的乡村文化建设现状，如果在文学作品中，也许是非常发人深省的问题，但在电视剧中却在主人公不懈努力下完全解决了，主人公形象虽然高大了，但现实问题却被遮蔽了。再如《美丽的大脚》中，贫困山村严重缺水，乡村教育极其落后，但这并非是影视叙事关注的焦点所在，而仅仅是衬托主人公高大形象的背景而已。即使在《留守五姐妹》中，虽然聚焦了留守妇女问题，但是影视剧中的留守妇女却不同于现实生活中或文学世界中的留守妇女，她们从不怨天尤人，也没有乱搞婚外恋，而是团结起来克服重重困难，在乡村坚守中共同走上了致富道路，最终甚至把在城里打工的男人们吸引回来了，在影视乡村中彻底解决了留守妇女问题。

其二，文学创作虽然也会以当代重大政策或事件作为题材或背景，但是，文学叙事在题材选择方面很少出现"扎堆"现象，当代重大政策或事件并不会成为文学叙事的焦点。而影视作品，尤其是农村题材的影视，大多是政府投资拍摄，往往要及时地反映国家有关乡村的一些重大政策，以影像诠释新政策、新观念、新事物，甚至在日常生活叙事中，也不会忘记"时政"大事。1998 年我国开始实行农村基层选举①，这是一项举世瞩目的重要的乡村政治民主化政策。此后，在《湖光山色》、《别拿豆包不当干粮》、《石榴树上结樱桃》等影视剧中，这一重要政策就转化成了影视形象；2005 年以后，政府出台了一系列政策，不仅取消了农业税，各种"提留"，而且对农民给予各种补贴，拉开了新一轮社会主义新农村建设的序幕，相应地，影视作品及时跟进，"新农村"题材的电视剧井喷而出，纷纷想象了社会主义新农村。在这些新农村题材的影视剧中，乡村旅游、生态农业、城乡一体化、土地流转、合作经营、非物质文化遗产保护等，一一被影像话语所诠释。当然，关注现实生活的"文学乡村"也不回避"时政"大事，但却不会亦步亦趋地及时跟进，也较少生硬地图解政策，而更倾向于发现问题，进行冷峻地思考。如在文学乡村中，我们就看到了农村基层选举政策在执行过程中遭遇的诸多现实问题，如李立泰的《爹吃面》中的贿选，何申的《村民钱旺的从政生涯》中各种势力对选举的影响、操控，李洱的《石榴树上结樱桃》中被选举人之间的明争暗斗等。在影视作品中，我们看到的却是农民能够主动地、理性地选择自己的领导人，农村基层选举政策落实得很好。在电视剧《湖光山色》中，楚暖暖本无意竞争村主任，但由于她平日为人公道，能想着大家，就被选为村主任了；在《别拿豆包不当干粮》中，村民们选举了一心只想着如何赚钱、攒钱的赵喜富当了村长，而赵喜富上任后居然不负众望带领郭裕村的父老乡亲们走上了共同致富的道路，让郭裕村成了"小康"村；在电影《石榴树上结樱桃》中，我们看到了农民已经成长为一群不被操控的理性的选民了，却看不到小红为了当选村主任而费尽心机的幕后小动作。

其三，与"文学乡村"倾向于深度叙事不同，除了《乡村里的中

---

① 1998 年 11 月 4 日第九届全国人民代表大会常务委员会第五次会议通过《中华人民共和国村民委员会组织法》，明确规定"村民委员会是村民自我管理、自我教育、自我服务的基层群众性自治组织，实行民主选举、民主决策、民主管理、民主监督"。此后，村主任不再由政府任命，而是由村民直选产生。

国》①、《犴达罕》② 等少数优秀的纪录片之外，大多数"影视乡村"叙事只是停留在个人命运与日常生活矛盾的叙述上，并未能上升到对社会制度的反思层面，社会政治、经济中的体制、机制等结构性矛盾往往被遮蔽。影片中触及到制度性问题时，制度性矛盾大多被人物感情故事所淡化，被主人公的个人品行所化解。譬如，在文学文本的《湖光山色》中，通过叙述旷开田当选村长之后权欲与私心的逐步膨胀，深刻反思了基层政治权力缺乏约束的危害，尤其通过旷开田利用权力帮助五洲公司强占宅基地与耕地扩建赏心苑一事，揭露了工商资本与基层权力相勾结对乡村社会秩序的严重破坏；而在电视剧《湖光山色》中，主要矛盾冲突被置换成旷开田与楚暖暖婚姻情感危机，矛盾最后在二人复婚的喜剧中化解了。

二 "影视乡村"与"文学乡村"的艺术表现差异

法国"新小说"杰出代表阿兰·罗伯—格里叶认为："文学——这是词汇和句子，电影——这是影像和声音。文字描述和影像是不相同的。文字的描述是逐渐推进的，而画面是总体性的，它不可能再现文字的运动。"③ 这也就是说，影像与文字是两种不同类型的艺术媒介，因而，两者艺术表现方面的差异是非常明显的。意大利导演比埃尔·保罗·帕索里尼指出："电影和文学作为表现手段之间的区别，主要表现在隐喻上，文学几乎完全是由隐喻构成的，而电影几乎完全没有隐喻。"④影视与文学在艺术表现方面的差异是多方面的，具体到"影视乡村"与"文学乡村"来看，两者在艺术表现方面最为显著的差异有以下两个方面。

其一，文学表现比影像表现更具个性特色，更为丰富多彩。在"文

---

① 这部纪录片通过塑造村长张自恩形象，反映了基层政治制度存在的缺陷。
② 《犴达罕》是顾桃完成于 2013 年的纪录片。影片忠实地记录了敖鲁古雅鄂族人告别森林与狩猎生活，成为生态移民的失落、痛苦、悲伤的心灵历程，深度反思了外力介入导致的急剧的文化变迁问题。主人公维加一再强调，枪被没收了，他们内心很痛苦。没搬迁前，他们很少喝酒，搬迁后，已经喝死八个了。维加对文化剧烈变迁有着清醒的认识，说："我们的文化，正在消失；语言和制度，也在消失。除了喝酒醉死，剩下的只能适应了。"言语之间的悲伤，令人为之动容。
③ 转引自《西方文学与电影》，见《广西艺术学院学报》1996 年增刊。
④ 同上。

学乡村"中，艺术个性与独创性是较为鲜明的，如同样是书写诗意的乡村，刘庆邦就与张炜、迟子建风格迥异。而在"影视乡村"中，大部分作品缺少创作者的个性风格，诸多新农村题材的电视剧在故事情节方面也多有雷同之处，如《圣水湖畔》、《插树岭》、《喜耕田的故事》都讲述了中年农民抓住时机成功创业的故事；《清凌凌的水蓝莹莹的天》与《金色农家》中都有与污染企业作斗争的情节；《潮人》与《湖光山色》中都有非物质文化遗产受到重视的细节；等等。

其二，"影视乡村"与"文学乡村"在总体风格上显著不同。由于"文学乡村"往往直面城市化进程中现实乡村所遭遇的困境与问题，因而，其总体风格大都是冷峻的，甚至有点悲怆，如贾平凹的《秦腔》、关仁山的《麦河》、孙惠芬的《歇马山庄》、周大新的《湖光山色》等，或多或少都有些悲剧色彩。而"影视乡村"叙事往往基调明快，充满着积极进取精神，弥漫着乐观的气息。这种精神气质具体表现在三个方面。一是"影视乡村"更倾向于表现美丽的、和谐的乡村，充满希望的、欣欣向荣的乡村。如《刘老根》系列与《乡村爱情》系列中热火朝天的东北农村的日常生活场景，《潮人》中苏中乡村充满希望的景象等。再如乡村创业，在现实生活中可谓困难重重，九死一生，但在影视作品中，我们却看到鲜花满地，要么不做，做则必成。在《插树岭》中，插树岭村的生态旅游成功了；在《湖光山色》中，南水美景旅游公司成功了；在《刘老根》中，龙泉山庄生意火爆；在《乡村爱情变奏曲》中，象牙山村成立了专业合作社，青年人都经营着企业，开办了公司；在《清凌凌的水蓝莹莹的天》中，在造纸厂因污染问题关闭之后，成立的上水村渔业公司也获得了成功；在《村官过大年》中，乡村合作社也成功了。诸如此类，不一而足。二是"影视乡村"叙事大多惯于塑造理想人物。如《美丽的大脚》中的乡村教师张美丽、《沉默的远山》中的乡村干部周国知等。尤其是那些回乡参与新农村建设的年轻人，他们不仅掌握新的生产技能，具有开拓市场的能力，而且有很高的道德水平，如《天高地厚》中的鲍真、《湖光山色》中的楚暖暖等，品格都近乎完美。三是当代乡村影视中虽然有一些直面现实问题的作品，如电影

《天狗》①，纪录片《乡村里的中国》、《阴阳》、《鲁冰花》等，但大多影视乡村叙事都是编织一些家长里短、邻里纠葛、夫妻误会、插科打诨的滑稽故事，配上无厘头的搞笑，喜剧性的氛围，夸张的表演等佐料，对现实生活的本质只是浮光掠影、蜻蜓点水式地呈现。

三　"影视乡村"与"文学乡村"的价值互补

就"影视乡村"与"文学乡村"主题选择与艺术表现的差异而言，我们也许可以说，"影视乡村"在思想深度与艺术性方面远不及"文学乡村"，但是，我们也应该看到，两者作为两种不同类型的艺术形态，在认识价值与社会价值方面存在着一定的互补性。

首先，两者在认识价值方面具有互补性。在文学世界中，我们看到了贫困的乡村、失范的乡村、"空心化"的乡村；而在影像世界中，我们却看到了热闹的、和谐的乡村，生气勃勃的、充满希望的新农村。这两种乡村形象究竟哪一种更为真实地反映了现实的乡村社会？我们认为，中国幅员辽阔，农村区域性差异很大，在中西部地区，由于人口外流，环境恶化，确实存在着诸多贫困的乡村、失范的乡村、"空心化"的乡村；而在东部沿海地区，受益于工业反哺农业政策以及城市化的带动，有的乡村已经成功实现了现代化转型，确实出现了一些生气勃勃的、充满希望的新农村。就此而言，"影视乡村"与"文学乡村"都从不同角度真实地反映了当代乡村社会，将二者结合起来，也许更能接近当下真实的乡村。另一方面，经过三十余年的改革与发展，农村的整体面貌发生了巨大变化，新的生产关系、生产方式和生活方式造成了农民的思想观念、感情态度、伦理道德的新变化，尤其在"领头羊"身上体现出了改革发展意识、科学创新意识、

---

①　李天狗是个战斗英雄，在战场上被打残了一条腿，回到地方后，被安排到偏远的国有林场泮源村护林点，当了一名护林员。李天狗的到来断了村里恶霸"三条龙"的财路，"三兄弟"有钱有势，称霸乡里，他们把持着泮源村，长年累月地盗伐国有山林，大发横财而富甲一方。他们拉拢李天狗不成，就勾结腐败的官员和被眼前利益驱动的村民一起向李天狗进攻，用种种手段整治李天狗，停了护林点的电，断了李天狗一家的水源，羞辱李天狗妻子桃花，将李天狗的宝贝儿子诱进了深山……在这部影片中，我们看到了飞速增长的物质财富掏空了人们的精神和灵魂，坚守社会共同利益、坚守人们绿色家园的李天狗居然成为了"人民公敌"。影片真实地再现了现实农村中的诸多问题，显示了创作者强烈的社会责任意识，促进了人们对乡村现状的思索。

开放意识、市场竞争意识等，这在"文学乡村"中虽然也有所反映，却不及"影视乡村"反映得集中、突出。尤为值得注意的是，在一些都市喜剧片中，还出现了一些"文学乡村"所忽视的乡村转喻影像，较为真实地反映了当下复杂的城乡关系。在《新结婚时代》、《双面胶》、《王贵与安娜》等影视剧中，男主角基本上都来自农村，可以看作是乡村文明的转喻，女方则来自城市，代表着城市文明，两者的结合一方面暗示了城乡之间原有的界限被打破了；但另一方面，我们也看到城乡文化交流是一个艰巨而长期的过程。《双面胶》中的男女主人公，在经过了长期的磨合后，最终以离婚而收场。《新结婚时代》中男女主人公同样也经历了离婚的风波。《王贵与安娜》中，安娜与王贵农村家庭生活习惯方面的冲突以及王贵娘对城市生活的不习惯所产生的矛盾，差点导致王贵与安娜离婚。

其次，两者在社会价值方面具有互补性。"文学乡村"善于发现问题，并进行深度挖掘，可以激发人们通过艺术形象深刻思考当代乡村变革，体现了深厚的人文关怀。"影视乡村"为了主动迎合、传播意识形态，限制了题材选择的广度，但是，一方面，这种题材选择与基调明快、充满着积极进取精神的叙事方式，切合了当代大众文化心理——那些历经千辛万苦挤进城里的农民和生活在城市里面的市民对拥堵不堪的交通、污浊的空气、难以放心的蔬菜瓜果、仅能容身的"蜗居"，难免产生田园之思，而和谐的、充满希望的乡村影像则给予了这种文化心理一种替代性的满足，也许正是出于这个原因，《乡村爱情》等电视剧获得了出人意料的较高的收视率；另一方面，"影视乡村"往往善于把社会问题转化为伦理问题，巧妙运用戏剧化的叙事策略，塑造典型的新农村村民形象，这可以给在城市化进程中困惑的人们揭示当代乡村生活应当或可能的未来图景，以艺术的方式促成人们认同社会主义新农村建设道路。

第六章 农民工：城乡文化互动的"触媒"

改革开放以来，由于我国社会制度的变革和社会结构的转型，特别是城市化进程的加剧，形成了前所未有的民工潮，农民工成为我国工业化发展和城市建设的重要力量。但由于户籍制度、城乡文化的差异使得农民工日趋"漂泊化"，成为"失根"（unrooted）的群体①，引发认同危机。然而，不容忽视的是，农民工在为城市化作出牺牲的同时，也对城乡文化的交流与融合产生了重要影响，是城乡文化互动的"触媒"，并正在成为新型城镇化和新农村建设的主体。

第一节 城乡"流动"与精神"漂泊"

由于职业身份与户籍身份的错位，"进城农民"不可能在短时间内融入城市，只能在城乡之间流动，形成有规律的"民工潮"——农忙时回家务农抑或春节返乡，其他时间均在城市务工。作为乡村文化主体的他们，进入城市之后，被动地完成了"自我现代化"。尽管，城乡文化的差异与冲突，使得农民工目前仍处于漂泊状态，但从文化传承与文化融合的角度来讲，他们必然会成为新的文化形态的塑造者。

一 城乡"流动"

"农民工"，是我国社会转型时期的一种特殊现象，有广义和狭义之分：广义的"农民工"包括两部分人，一部分是在本地乡镇企业就业的"离土

---

① 参见陈映芳：《"农民工"：制度安排与身份认同》，《社会学研究》2005 年第 3 期。

不离乡"的农村劳动力；一部分是离开本地去外地打工的"离土又离乡"的农村劳动力，其流入地主要是"北上广"（北京、上海、广东）等沿海及经济发达地区；而狭义的"农民工"即是指那部分"既离土又离乡"的农民。本书所指"农民工"主要是那些"离土又离乡"的农民。据统计，我国农民工的数量一直在持续增长，截至 2014 年，其总数已达 27395 万人（以国家统计局公布的 2014 年全国农民工监测调查报告为准），而且，可以预见的是，随着城市化进程的进一步加剧，未来还会有大量的农民加入这一行列。由此可知，农民工在相当长的时间内，仍然会以城市化的主角和历史的见证者的身份进入我们的视域。

在某种程度上，作为"制度设定"、"话语建构"、"社会合意"三重合力①之下的"农民工"俨然成为一个庞大而又繁复的"问题场"。可以说，整个社会均在寻求一种合理有效的方式去铲平这个词语背后的歧视色彩——"城乡壁垒"、"户籍鸿沟"、"底层"、"弱者"、"苦难"、"肮脏"等。更有甚者，相当一部分人提出更换"农民工"这一称谓，"新市民"、"新产业工人"、"援建者"（高骊等 4 名深圳市人大代表提议的）等，便是近年来涌现的命名。不同的命名，体现了研究者价值立场和问题意识的不同，但不管哪一个命名均没有改变农民工的命运。更确切地说，"城乡流动"或曰"候鸟"境遇才是"农民工"的生命底色。因为绝大多数农民工无法与故土彻底地断绝关系，甚至相当一部分人会选择季节性外出，农忙时回家，农闲时外出务工，即便是长期不回家的农民工也会在春节时回乡与亲人团聚，形成极具中国特色的"春运"。而"城乡流动"又非单纯的空间意义上的概念，而是指一种悬浮的文化概念，指向人物的漂泊状态。

毋庸置疑，在现实层面的"城乡流动"与我国特有的城乡制度有关。改革开放之前，农民是不允许流动的，这在路遥的《平凡的世界》中可以窥知一二。王满银是个爱折腾的乡村"跳蚤"式的人物，屡次外出，却也屡屡以"盲流"的名义被抓住，被公社干部送回来，他所受的"批斗"、"劳教"等处罚令孙少平一家十分丢脸。因为，城乡二元对立的户籍制度规

---

① 参见熊光清：《制度设定、话语建构与社会合意——对"农民工"概念的解析》，《中国人民大学学报》2011 年第 5 期。

定了农民的不可流动性。在这里，有必要对城乡二元对立结构的历史沿革做一简单回顾。20 世纪 50 年代前期尚没有明文规定禁止人口的自由流动。50 年代中期以后，由于顺应城市经济建设的需要，大批农民流向城市，但也给城市发展带来了压力，政府开始加强对人口迁移的限制，并设置了相应的户籍制度：1955 年国务院发布《关于建立户口登记制度的指示》，1956 年国务院下发《关于防止农村人口盲目外流的指示》，1957 年国务院又下发了《关于防止农村人口盲目外流的补充指示》，严令禁止"盲流"。而1958 年全国人大颁布的《中华人民共和国户口登记条例》，以立法的形式确立了城乡居民在户口上的隔离，城乡二元的户籍管理制度正式形成。这也意味着农民不能自由流动以法律的形式确定了下来。到了改革开放时期，经济逐渐放开，但相应的户籍制度没有放开，于是，中国文学开始书写这一群体的时候，仍然存在着大量农民工因没有"暂住证"、"身份证"、"外出人员务工证"而担惊受怕、诚惶诚恐的状况。但他们毕竟以惨烈的代价换来了流动的自由，过上了"流动性的生活"。

这种"流动性"不仅仅是指职业的不稳定性——农民工经常在各大城市及城市的各个岗位流动，更是指向城乡之间的流动。张彤禾在《打工女孩：从乡村到城市的变动中国》一书中既提到农民工的工作流动状况，又提到他们的城乡流动状况。"朋友间经常会失散，因为生活改变得太快。世界上最容易的事就是和别人失去联系"①。很多农民工为了在城市站稳脚跟，不得不"打一枪换一个地方"，顽强地与命运抗争，与生活较量，最典型的莫若荆永鸣的《北京候鸟》了。来泰因赌债而被迫离开家乡，闯荡北京。先是给"我"买菜，然后，在长途汽车站拉货物，开餐馆，最后，又回到拉货物的老路上，始终无法在北京拥有立足之地。而"我"餐馆里的很多员工，都是自由流动的，有的嫌钱少，有的是自己能力有限不得不"找下一家"。

如果说职业性的"城与城之间的流动"是生命的常态，那么"城乡之间的流动"则是农民工生命的底色。"从上世纪 90 年代开始，一批又一批

---

① ［美］张彤禾：《打工女孩：从乡村到城市的变动中国》，张坤、吴怡瑶译，上海译文出版社 2013 年版，第 4 页。

的乡下人纷纷告别'日出而作，日落而息'的生活模式，怀着美好的向往，义无反顾地闯进了不同的城市。如今已汇聚成让人叹为观止的亿万新移民大军，构成了中国历史社会结构变化中的史诗。"① 他们在城市谋生，家却在农村，如候鸟般往返于城乡之间，过着两栖的生活。

蔚为壮观的春运即是农民工城乡流动的一个侧影。罗伟章的《我们的路》就将春运一票难求的状况与农民工的迫切返乡心理刻画得淋漓尽致。为了凄苦的春妹能够返乡，大宝将仅有的一张车票给了她，自己守着冰凉的工地。但内心一直纠缠着"回不回去"的问题。

> 我的那两位亲人（两个月的工钱，笔者注）又进一步来说服我："你要是初五赶不回来，不仅把我们丢掉了，还会丢掉更多的亲人，因为你很难再找到一家愿意收留你的工地了。你不要看城市大得比天空还宽，城市里的工地到处都是，但城市不是你的，工地也不是你的，人家不要你，你就寸步难行。你的四周都是铜墙铁壁，你看不见光，也看不见路，你什么也不是，只不过是一条来城市里讨生活的可怜虫！"最后这句话让我伤透了心。不过也没什么了不起的，我在城里是可怜虫，回到老家去还不行吗？老家不会嫌弃我，在那片贫瘠的土地上，我不是可怜虫，而是一个真正的人！既然如此，我还等什么呢？走吧，走吧，回家去吧，那两个月工钱就不要了，那两个亲人我就白送给老板了，让他去打牌吧，让他去玩小姐吧，那是他的自由。我也有我的自由。我的自由就是不要那两个月工钱，提着东西回家去。②

最终，在一番挣扎之后，大宝还是踏上了回家的路，然后，在大年十二那天再次离开。这种状况会长久地存在着。因为绝大多数农民工没有变成"城市人"，即便是举家前往城市，他们的根仍在乡村，他们必然要回到农村。就像王安忆的《富萍》中的奶奶一样。奶奶在上海已经做了十年保姆，但她并没有将城市当做自己的家园，虽然她已实现了户籍身份的转变，

---

① 荆永鸣：《〈外地人〉自述》，文化艺术出版社 2006 年版。
② 罗伟章：《我们的路》，《长城》2005 年第 3 期。

但她一直做着告老还乡的打算。因为，她将乡村视为自己的精神家园。

二　精神"漂泊"

"流动"不仅指向外在的生命轨迹，更指向内在的灵魂漂泊状态。在二元对立的思维定式下，我们常常将乡村文化视为一种"低位"文化，而将城市文化视为一种先进文化。因此，代表传统文化的农民在进入城市之后，往往会成为挪揄与讽刺的对象。这在高晓声的《陈焕生进城》中可以窥见一斑。虽说，今天的农民工已与陈焕生有了显著差别，但在整体的文化素质层面，仍较低。在与城市文化的交流与碰撞中，不免产生错位之感。"文化"一词内涵极为丰富。学界第一个对"文化"的含义进行专门意义探讨的学者爱德华·泰勒，在其 1871 年出版的《原始文化》一书中指出："文化或文明，从其广泛的人种史的意义上说，是包括知识、信仰、艺术、伦理、法律、风俗以及一个人作为社会的一名成员所掌握的任何其他能力和习惯在内的一个复杂的整体。"[①]雷蒙·威廉斯认为，文化这个概念主要包括三层含义：一是指"思想、精神与美学发展的一般过程"；二是"表示一种特殊的生活方式"；三是"描述关于知性的作品与活动，尤其是艺术方面的"[②]。概言之，文化可以分为观念形态的文化、生活方式形态的文化、作品形态的文化三个层面。其中，生活方式形态的文化变迁较易，而观念形态的文化变迁较难。因此，很多新生代农民工在穿着打扮、休闲娱乐、甚至生活方式都与城市人没有什么差别。"她们看起来很像中产阶级。她们有车有房，或正计划近期购买。她们到驾校学习开车，出去度假；她们做指甲，节食减肥，学拉丁舞。她们总是知道最新开的巴西烤肉在哪里，最好的冰激凌是哪家。在另一些方面，农村似乎给她们的基因烙下了不可磨灭的印记。她们的公寓可能装修得很有品位，但卫生间里永远都是蹲坑。她们的医学知识往往是祖母辈的民间智慧：生病要康复，她们会用人参炖鸡肉；天气冷了，她们喝猪肺汤预防呼吸道感染。她们仍然坐火车和巴士长途旅行，几乎没有人坐过飞机。过年回家是传统观念在她们心里最重的时

---

① 曾小华：《文化制度与社会变革》，中国经济出版社 2004 年版，第 1—2 页。
② 雷蒙·威廉斯：《关键词》，三联书店 2005 年版，第 106 页。

候，一天之内重新走过多年来闯过的长路。"①

美国人类学家 R. 本尼迪克曾说："个体生活历史首先是适应他的社区代代相传下来的生活模式和标准。从他出生之时起，他生于其中的风俗就在塑造着他的经验与行为。到他能说话时，他就成了自己文化的大小的创造物，而当他长大成人并能参与这种文化的活动时，其文化的习惯就是他的习惯，其文化的信仰就是他的信仰，其文化的不可能性亦就是他的不可能性。"② 农民工进入城市后，无论是外在穿着，行为举止，语言习惯等，还是内在的精神信仰，都无法与城市真正融合。但因为处于城市文化的中心，他们必须去适应这一切。

换言之，作为乡村文化的主体，农民工进入城市就必然会受到"城市文化"的冲击。比如"结合紧密、以家庭和社区为纽带的乡村文化，与更加注重个人奋斗、更加注重竞争的城市文化的冲突"，"重视情谊的乡村文化，与讨价还价的市场经济理性文化的冲突"③ 等。在冲突情境中，农民工希望能在自己熟悉的乡村文化中获得某种安慰，但由于城市文化的熏染，使得他们与过去的自己发生了某种文化断裂，也无法真正认同乡村文化。在这种情境下，农民工就成了一种"在路上"的漂泊群体，重复着"离去—归来—再离去"的悲剧命运。

三　"归乡"模式及形式意蕴

"离去—归来—再离去"也称作"归乡"模式，是鲁迅小说的典型情节模式，代表性作品有《故乡》、《祝福》、《在酒楼上》等。这些小说由"我"的故事和他人的故事（闰土、祥林嫂、魏连殳）形成一种复调叙事，他人的故事是促使"我"离乡的重要原因。④ 而在《中国小说叙事模式的转变》一书中，陈平原认为"游子归乡"母题集中体现了"五四"作家着

---

① ［美］张彤禾：《打工女孩：从乡村到城市的变动中国》，张坤、吴怡瑶译，上海译文出版社 2013 年版，第 172—173 页。

② ［美］R. 本尼迪克：《文化模式》，何锡章、黄欢译，华夏出版社 1987 年版，第 2 页。

③ 宋林飞：《城市移民的文化矛盾与社会安全》，《社会科学研究》2005 年第 5 期。

④ 详见钱理群、温儒敏、吴福辉：《中国现代文学三十年》（修订版），北京大学出版社 1998 年版，第 32—33 页。

眼于情绪而不着眼于故事。"过去的故事之所以进入现在的故事，不在于故事自身的因果联系，而在于人物的情绪与作家所要创造的氛围——借助于过去的故事与现在的故事之间的张力获得某种特殊的美学效果。"① 在这里，"归乡"之后的情绪不同于古典意义上的"还乡"。何平在《现代小说还乡母题研究》一书中指出："现代文学中的'还乡'是在封建性与资本主义性文化双重夹击下的悲剧性氛围中展开的，置身其中的离家者和还乡者灵魂永远处在两者撕裂的痛苦和漂泊的疲乏中，安逸而温暖的家或家园只能在想象中、追忆中。"② 它纠缠着"'现代化'和'反现代化'、'异域'和'本土'、'都市'和'乡村'、'主流'和'边缘'以及'他者'和'自我'多重声音，针对着共同的'现代性'场域"③。以《故乡》为例。它从"回到相隔二千余里，别了二十余年的故乡"说起，起初因为受挤压、遭排挤而离开故乡，却在都市依然遭到如此困境，便渴望回到故乡寻梦，然而，"时时记得的故乡"在闰土的一声"老爷"中彻底破灭，田园般的故乡不过是一种幻影。于是，"我"再次由希望而绝望，并远走他乡。由于"我"与鲁迅之间的对应性，"我"的精神历程也成为知识分子精神历程的一个体现。他们不堪忍受封建宗法制度的吃人本相，又被"欧风美雨"所带来的西方现代文明所吸引，纷纷"走异路，逃异地去寻求别样的人们"（《呐喊·自序》）。但是，现代都市并没有将他们带离现实的苦闷境地，于是，怀乡梦成为他们的精神慰藉。然而，回乡之后，他们才发现给予自己心灵慰藉的故乡，除了现状更破败之外，乡土的那种生存态度和精神状态均未改变，于是，他们只好再次离去。对故乡的这种认同危机时刻伴随着现代知识分子，使之成为"侨寓者"，这便成为以鲁迅为代表的五四乡土小说的典型模式。作为一个世界性的母题，"归乡"模式反映了离乡者对家乡那种又爱又恨的情感和焦虑。因此，它频频在乡土文学中出现，一直延续到现在。

学界目前研究农民工题材文学（"乡下人进城"、"农民进城"等说法不一，但实质是一样的）的模式大多是按照农民工的生命历程和心理历程

① 陈平原：《中国小说叙事模式的转变》，北京大学出版社 2003 年版，第 52 页。
② 何平：《现代小说还乡母题研究》，复旦大学出版社 2012 年版，第 13 页。
③ 同上书，第 212 页。

来归类的，典型的如"'进城——遭遇挫折——返乡'、'进城——遭遇挫折——沦落'、'进城——遭遇挫折——死亡'"三种模式。① 显而易见，这样的概括真正的区别在于农民工最终的"归宿"上，但这些典型的模式仅仅道出了故事的表层结构，而其背后的心理历程并未揭示出来。事实上，小说真正呈现的是与鲁迅小说中极为相似的"归乡"模式："离去—归来—再离去"。因为"沦落"也好，"死亡"也好，都隐含着一种"故乡不再"的意味，前者"回乡"而"乡不认"的体验耦合了"归乡模式"，后者可以说是客死他乡，但若活着必然也会体验这样一个心路历程。因此，从根本上来讲，农民工题材文学也在广泛的运用"离去—归来—再离去"这一模式，并借此传达农民工的边缘身份和漂泊的精神历程。当然，我们也应该注意到，农民工题材小说中的"归乡"模式与"五四"时期的"归乡"模式的区别。"五四"时期的"归乡"模式更侧重于两种文明的冲突带来的心理情绪，而农民工题材小说中的"归乡"模式既有两种文明冲突带来的心理情绪，也有因故乡被工业文明浸染而带来的家园不再的破灭感。

事实上，社会对农民工的形象称谓——候鸟，本身就告知了一种循环的人生模式，这种生命的常态转化为文化的形式便是"归乡模式"。典型的作品如张继的《去城里受苦吧》、焦祖尧的《归去》、罗伟章的《我们的路》、吴玄的《发廊》、贾平凹的《阿吉》、孙惠芬的《吉宽的马车》、曹多勇的《一棵挪来挪去的树》、何顿的《蒙娜丽莎的微笑》、林深的《回家》、王十月的《无碑》、林白的《桃树下》等。当然，我们也可以对上述作品进行简单的归类，分为普通农民工归乡和妓女归乡两种模式。从严格意义上讲，此种分法并不严谨，但也能从不同侧面反映返乡者的心理和事态人心的变迁。前者，以罗伟章的《我们的路》、刘庆邦的《回家》、焦祖尧的《归去》、王十月的《无碑》最为典型；后者以吴玄的《发廊》、何顿的《蒙娜丽莎的微笑》和林深的《回家》最为典型。

不管是哪种模式，最初的"离去"都带有对处于弱势地位的乡村文化

① 见张文娟：《当下农民工题材小说模式化研究》，湖南师范大学硕士学位论文，2008 年。与之类似的还有向涛的《当代农民工文学叙事研究》，华中师范大学硕士学位论文，2007 年。文中将农民工题材小说的叙事模式归结为"回归乡土叙事"、"生活在城市叙事"和"归去——返回叙事"。

境遇的深切体认。"从世界范围来讲，现代社会以来，每一次重大的社会经济变革，都伴随着城市化进程的步伐，甚至可以说，现代社会的进步过程也就是城市化的过程。而城市化进程意味着社会的分化和裂变，许多天然的、稳固的社会阶层、生活方式、道德规范、价值认定等现实统统被打乱了，往往形成社会秩序的重新组合，与此相伴随的就是传统文化的危机或转型。在这一规模宏大的发展过程中，发展者、经营者大量需要的是物质生产的必需品：土地和人力，特别需要廉价的、从事初级开发性的劳动力，以及超强度的劳作。因此，所有原始的、传统的、文化的独立价值都会在这场剧烈的变革中土崩瓦解。遭受这种变革痛苦，首当其冲的就是农民及其生存的土壤——乡土文化。"① "城市中心主义"的兴起，在极大程度上满足了中国农民对改善自身经济境遇和文化境遇的需求，使得城市成为梦想的天堂和"做人的空间"。就像当年移民潮中广为引用的那句——"如果你爱他，就送他去纽约，因为那里是天堂；如果你恨他，就送他去纽约，因为那里是地狱。"将纽约换为深圳、上海、广州、北京等也一样适用，其根底就在于城市就是与农村截然不同的地方，那里有着"自由的空气"和"逼仄的空气"，而前者始终占了上风。

"城市文明作为一种诱惑，一种目标，时时吸引着大批的乡村追随者；而乡村追随者为使自己能融入城市，必须要经过一番脱胎换骨的思想蜕变历程。"② 范小青的《城乡简史》、鬼子的《瓦城上空的麦田》、夏天敏的《接吻长安街》、刘庆邦的《到城里去》等均体现了普通农民期望借进城而改变"农之子恒为农"的命运。以东西的《篡改的命》为例。这是一个祖孙三代想改变命运却被命运改变的故事。祖辈的汪槐因招工被人顶替而不得不困守农村，于是，他将改变命运的希望寄托于成绩优异的儿子汪长尺身上。不料，汪长尺也重蹈覆辙，被人顶替，无法通过读大学而改变命运。更为可悲的是，汪槐殊死抗争的结果仅仅换来了残废的双腿和更为贫困的生活。于是，父子二人将改变命运的希望又寄托在汪家的第三代身上。为

① 李友梅：《快速城市化过程中的乡土文化转型》，上海人民出版社2007年版，第243页。
② 柳冬妩：《从乡村到城市的精神胎记——关于"打工诗歌"的白皮书》，《文艺争鸣》2005年第3期。

此，他们费尽心机，先是要让汪大志出生在城里，享受城里人应有的一切。但天意弄人，汪长尺因工致残，求告无门。万般无奈之下，他做出了一个惊人之举：将大志送给有钱人。他对妻子贺小文说："……能说出这句话的，一定不是人，而是畜生。可是，我刷了那么多油漆，看了那么多有钱人的房子和家具。我羡慕呀，我生气呀，同样是命，为什么差别那么大呢？是我不够努力吗？或者是我脑壳比别人笨？不是，原因只有一个，就是我出生在农村。从我妈受孕的那一刻起，我就输定了。我爹雄心勃勃地想改变，我也咬牙切齿地想改变，结果，你都看见了。我们能改变吗？也许会有一点量的变化，比如，多挣几块钱，但绝对做不到质变。牛就是牛，马就是马，即使把它们牵到北京上海，也不可能变成凤凰，"① 他坚信今天的残酷，残酷的仅是他们自己，将来的残酷，那就是残酷自己的儿子。在这样的人生理念下，他将汪大志送给了自己仇人林家柏，并在林家柏知晓一切后，以自杀的方式消失于人世。对他而言，汪家的命运已彻底改变，他的历史使也已完成，令人唏嘘不已的是，汪长尺的灵魂想在家乡安息，却被汪槐及所有的村人赶往了城市，并投胎成了林家柏的私生子。而化身林方生的汪长尺，在偶然的办案过程中知晓自己的"原产地"，不仅没有为父伸冤，而是毁掉了一切的证据，彻底出卖了自己的灵魂。这难道不是"进城"的代价吗。但中国的农民为了改变自己的命运，哪一步不是在走钢丝呢？

可是，城乡人群一旦进入共同的生活空间，他们基于文化传统而导致的矛盾就日益凸现出来。以王棵的《我不叫刘晓腊》为例。它讲述的是城市原居民与农民工这个城市新居民之间的矛盾冲突，本是一个"作伪证"与"不作伪证"的问题却演化成城乡人群之间的矛盾问题。小说一次次从"撞人"事件游离开来，写到律师对刘晓娜的"作伪证"心态分析。林谨的第二个律师刘律师开微博对刘晓娜进行人身攻击，认为"因为身处农村缺乏对自我未来的经营，或缺少城市人脉而大学毕业后没有能够在城里找到工作——她回到了农村务农。过了几年，她跟那些没有念过大学的农村女性一样，成了一个真正的农村妇女。但是她不甘被命运摆弄，最终还是

---

① 东西：《篡改的命》，上海文艺出版社 2015 年版，第 242 页。

来到了城市，还拉上了她的丈夫方大亿。但城市虽大，工作虽多，她却没有得到正常的工作。于是，她只好开了个小卖铺，赖以为生。从某种角度说，刘晓娜是有很高心气的，但现实却迫使她在城里人特别是城里女性面前表现出卑微的态度"①。同时，刘晓娜很自负，是因为自己的丈夫被城里女人勾引了，满足了她极大的虚荣心。按照这个逻辑，刘晓娜的作伪证是自卑和自负人格的外现。"刘晓娜物质上的清贫，又令她清楚地意识到，她们强过她，因此，总的来说，她仍然是自卑的。那种道德上的优越感，并不能从本质上解决她的自卑，她处于自卑和自负的双重人格之中。也就是说，她在这两种情绪之间摇摆，这使她最终变成了一个有双重人格的女性，时而自卑，时而自负。她时刻都想撇掉那种自卑，相信自己与城里的女性是平等的，她一直在为此努力。在这样的努力过程中，所有看上去优于她的女性，都会成为她的假想敌。不幸的是，林谨无论从外貌、气质，还是打扮上，都是最适合成为刘晓娜假想敌的女性。这便是刘晓娜明明没有目击林谨撞吴秋兰，却坚称她目击林谨撞了吴秋兰的内心动因……"② 这一微博一经发出，不管刘晓娜是否故意作伪证，她都受到了许多人的攻击。她在城市的立足之地也差点失去，小卖铺的卷帘门上贴着大字报："红帽子巷不需要你们这种人！请速搬离！"而刘晓腊将联名驱逐令拿出来，扔到地上，用力踩，叫嚷着"我偏不走！就是不走！"可是，"不走"又能如何呢？

农民工想要的只是一份维持温饱的工作，一片微不足道的立锥之地，却要受到如此"驱逐"与"侮辱"。在这种情况下，那曾极力逃脱的故土重新成为救赎之地，他们纷纷还乡，期冀拯救自己孤苦的灵魂。这便有了具有丰饶文化意义的"还乡"。

可以说，罗伟章的《我们的路》是最得鲁迅的《故乡》神韵的小说。这里汇聚着如"五四"时期现代知识分子同样的认同危机。"我"一开始就纠结在是否回家的问题上，对常人而言，这几乎不成问题。但对"我"来说，难以取舍，一方面是两个月的工钱，一方面是"家"的召唤。最终在一番挣扎之下，"我"舍弃了"金钱"这个亲人而奔向家乡，期望不做

---

①　王棵：《我不叫刘晓腊》，《人民文学》2015 年第 4 期。

②　王棵：《我不叫刘晓腊》，《人民文学》2015 年第 4 期。

可怜虫，而做一个真正的人。但是，老君山是怎样的一幅图景呢？如《故乡》中的"故乡"那般破旧、贫穷、落后，这已使"我"的兴奋劲消失了大半，回到家触目所及是贫穷，处处需要钱，不打工无以支撑这个家。而在外面多少受了文明熏陶的"我"也与故乡产生了隔膜，想给妻子的拥抱以及对春妹之事的态度即是明证。凡此种种，促使了"我"的离开。"在历史上的某一个时期，城市和乡村是如此对峙又如此交融，我，你母亲，还有你，包括像你春妹小姑这样的所有乡里人，都无一例外又无可挽回地被抛进了这对峙和交融的浪潮之中。为此，我们都只能承受。必须承受。"①我们承受的结果就是漂泊异乡无以为家，成为双栖人。

　　焦祖尧的小说《归来》一开头就是"吴福被自己突然生出的念头吓了一跳"。"快快归去！快快归去"的念头迫使他义无反顾辞了工作回到乡村，但最终他无法忍受乡下的种种粗鄙，只好再次离开。从农民到工人，再从工人到农民，吴福的两次人生转变都给他的生活带来了很多困惑。当工人的时候，吴福怀念当农民的自由自在；当农民的时候，吴福又怀念当工人时的骄傲与自豪，对自私自利的农民意识颇为不满。当工人的时候，他体会到的是来自以工长为首的城市人的鄙夷以及村里人的怨羡和排斥；他再次当农民的时候，他体会到的是村里人的不理解和鄙夷。因为他开"170"的经历，他就成了一个灵魂的漂泊者，"城市人不承认他是城市人，农村人又不承认他是农村人"，他始终找不到自己的位置。

　　就刘庆邦所写的几篇农民工题材小说而言，他是最善于概括历史潮流的作家，他的小说常常以小见大，见微知著。《回家》一开始就颇费笔墨写梁建明回家时的天气（阴天、黑云消弭了天地间的距离，天地混沌如初，不辨来路）、路（镇上往村子里的路，村子里往他家的路）、家的位置、村里的狗，琐碎无比。然后，叙述者跳了出来，和读者发出一样的疑问："他这样趁着黑夜往家里潜，这样怕见人，行动如此鬼鬼祟祟，难道他在外面犯下了什么罪过？做下了什么可耻的、见不得人的事？不是，他什么丑恶的事都没做，只是外出做工没挣钱而已，只是回家不够风光而已，或者说只是有些落魄，有些自惭形秽。他不仅没挣到钱，连自己外出时带的铺盖

---

①　罗伟章：《我们的路》，《长城》2005 年第 3 期。

卷也没能背回来，还有两样对他来说更重要的东西，也被人家扣下了。"①
落魄回乡的梁建明是急需得到亲情的安慰的，但是这亲情却一再推开了他。
娘为了自己的面子不让他出门，又旁敲侧击使他难堪，甚至指桑骂槐让他
再次出门。此种情况下的梁建明如惊弓之鸟，感到风声鹤唳，不敢压水洗
脸，不敢喘气。如果说，城市那个所谓茶叶公司是有形的监狱，里面有电
棍、刀子折磨人，而家就是无形的囚笼，让人喘不过气来。在此种情况下，
梁建明别无选择只好再次出门。出去就是潮流，"好像只要出去，就是目
的，就是成功，不出去就是窝囊，就是失败。"被潮流裹挟其中的人们，谁
能感觉到他们的伤痛。背井离乡的人总免不了有怀乡病，怀乡病的最大特
点便是对故乡的一切抑恶扬善，原本平淡的东西也会在记忆中变得美妙神
奇，但这一切在现实面前都化为幻影。

　　如果将城市、欲望、贫困等几种因素集中于乡村女孩的身上，她们的
人生之路就似乎比较明朗化，那就是"尴尬—堕落—漂泊"。但是她们的结
局如何呢？或者说她们的出路在哪里？很显然，她们是无路可走的，既不
可能回家也不可能扎根城市。"在金钱与伦理道德的天平上，人们总是毫不
犹豫地选择了前者；而在淳朴的乡情亲情与伦理道德的天平上，人们又总
是毫不犹豫地选择了后者。"② 这是"我们"考察风尘女子"归乡模式"的
背景。吴玄的《发廊》中，方圆归乡的直接诱因是其丈夫李培林的死，她
失去了生活目标，处于失重状态，这个时候的回乡无疑是平复心境，清理
自己的芜杂的生活。尽管，吴玄并没有写出方圆的反省，但也足够看出她
对发廊的厌恶和与城市生活决裂的信心。然而，她在家乡的一段日子，是
相当难熬的。故乡西地没有给她任何安慰，而她的身心均不属于西地了。
"她还延续着城里的生活，白天睡觉，夜里劳作，可是在西地，夜里根本就
没事可做，更可怕的是，每到夜里两点，她的乳房就有一种感觉，好像李
培林的灵魂也跟到了西地，照常在这个时候吸奶。回家的第三天，方圆到
山下的镇里买了一台 VCD 机，发疯似地购买了二百多盘碟片，然后躺在家

---

① 刘庆邦：《回家》，《人民文学》2005 年第 12 期。
② 丁帆：《"城市异乡者"的梦想与现实——关于文明冲突中乡土描写的转型》，《文学评
论》2005 年第 4 期。

里看碟片。"① 一个月的返乡旅途之后，方圆再次踏上了去广州开发廊之路。

林深的《回家》出乎意料。柳愿离乡的真正原因，是"故乡"在家园意义上的沦陷。人们唯利是图，金钱至上的观念让柳愿难以接受，她只好落荒而逃。当年柳愿因两分与大学失之交臂，受不了家人和全镇人的冷脸子以及某些假同情赌气到深圳闯天下，上演了"打工、傍款、卖笑、发财"的四部曲，最终"曲终人散，踏上回家路"。但她是否能真的回家？小说的叙事非常缓慢，将柳愿的矛盾心理刻画得惟妙惟肖，她的心直跳，咬牙都挺不住，一直担心家人不认她。因此，林深刻意穿插了皇帝为妓女柳意儿立牌坊的故事，意在渴望柳愿能得到救赎。"生长在封建社会战乱年代的柳意儿老姑奶能从良英雄守良尽节扬名千古成一代烈女，为风尘女子做了表率。我生长在改革年代和平时期，为什么就不能追求个大好的未来？"估计天下所有从良女子都会做这样一番感慨，然而，古时青楼女子的诗意并没有在当代的农村女子身上显现出来。事实证明，大好的未来不过是柳愿们的一厢情愿。回到家乡的柳愿既有衣锦还乡、荣归故里、扬眉吐气之感，又有自知之明的愧疚之意。小说数次提到小镇的破败，人们的贫穷，这似乎为人们唯金钱至上的观念做了铺垫，也将批判的矛头指向了社会。躲债见钱眼开的哥哥称妹妹荣归故里；母亲认为"能赚钱就是好道，黑猫白猫抓住老鼠就是好猫"；紧接着"八面观音"汇聚一堂，另外七个俊女子央求柳愿带她们到深圳卖身赚钱……这些已经出乎意外，而后来的事情则令我们瞠目结舌了。柳愿为学校捐款二十万，为镇上捐款三十万，她被奉为榜样，受到镇长、县长的礼赞，这让她满头醉意："考上大学又怎么样？成名成家又怎么样？能挣回这大的面子？耀宗光祖也不过如此！深圳这几年值！花这几十万值！"似乎此时此刻的柳愿真的成了柳意儿，真的回到了家的怀抱。但父亲的斥责一语惊醒梦中人："你就是捐几百万，人家也是冲着钱给足你面子，在心里你该是什么东西还是什么东西。"不幸的是，父亲的话被验证了。院子里涌进了一群借钱的亲戚朋友，哥哥被绑架了，母亲开始摔摔打打埋怨她捐钱，让她趁着好年龄回去多赚钱，黑道也自称"劫富济贫工作队"来恐吓她……这个时候的柳愿只好连夜逃走，发现自己原来什么

_____

① 吴玄：《发廊》，《花城》2002 年第 6 期。

都不是。

由此可见，"故乡"不过是漂泊在外的游子的灵魂栖息地，可整个中国正处于社会转型时期，乡村在外在形态上以急遽的速度衰败着，而在内在机理上浸染了城市的诸种病症，这使得家园沦丧成为必然。因此，"归乡"及"归乡"模式也便长时间地存在着。

第二节　"文化边际人"与矛盾体

"面对城市主流文化的冲击，农民工群体实际上形成了群体亚文化，这种亚文化是乡村文化的延续和重构，从而使农民工在陌生的情景中还能找到熟悉的应对方式。理想的结果是这种亚文化能够合理地融入城市主流文化，而不是与后者相冲突，以至于成为一种边缘文化。"[1] 事实上，农民工成为"文化边际人"是一种真实的境遇，他们无法真正融入城市，也无法真正回归乡村。

一　农民工——"文化边际人"

"边际人"（marginal man）又称"边缘人"或"过渡人"，用于解释在社会文化变迁或地理迁徙过程中产生的一种转型人格，指处于两个或两个以上群体之间的，具有中间性和边际性的人们。它有广义和狭义之分。广义指未充分参与任何社会群体的个人，狭义指同时参与两个或两个以上文化模式的群体、其行为被不同群体所同化的人。美国学者帕克于1928年曾用此描述黑白混血儿。在他的《人类的迁徙与边际人》一文中，帕克指出，随着人口的流动和文化的迁徙，部分进入新环境的人成为这种变动中的"边际人"，"他们生活在两个世界中，其中任何一个都不是他们完全的归属。"对于这两个世界而言，"他们或多或少都是一个陌生人"。该术语后被社会心理学所采用。在社会心理学家眼中，"边际人"主要有两种类型：一种是历时态边际人或称之为"过渡人"。这种类型的边际人是处在两种社会

---

[1]　郭星华等：《漂泊与寻根：流动人口的社会认同研究》，中国人民大学出版社2011年版，第16—17页。

形态的转折点或者说是两种时代交界处的特定人格。另一种是处于两种文化接壤处的特定人格，可称为共时态边际人或"边缘人"。学者叶南客认为，"边际性是人的时间与空间、身份与区位的两重性矛盾在特定的社会、经济、政治、道德和文化条件下的表现方式，'边际人'既是两个文化体系对流后的产物，又是新旧时代接触后的文化结晶，因而在边际人身上不仅具有两种以上的文化期望和文化冲突，他的角色行为也常常是困惑的、矛盾的、边际性的。边际性角色和多元文化取向在单个个体中的交织重叠，便产生了边际人格……"①

从某种意义上来讲，农民工是一个数量巨大而且生存艰难的群体，他们因为农业收入无法满足生存之需，远离家乡闯进城市谋生计。从社会心理学的角度观照，这个群体是我们当代社会的"边际人"——即在社会文化变迁或地理迁徙过程中产生的一种转型人格。就历时态而言，农民工处在两个时代的交界处，和所有城市人一样，要经历中国社会由传统向现代转型的社会文化变迁，完成现代化；就共时态而言，农民工处在两种体制的接壤处，要跨越城市人不必跨越的城乡二元结构（这种二元社会结构是以二元户籍制度为核心，包括二元就业制度、二元福利保障制度、二元教育制度、二元公共事业投入制度在内的一系列社会制度体系），完成城市化。因此，他们承受着历时态与共时态的双重转型压力，面临着艰巨的"再社会化"的任务。这是一个改变原已习得的价值标准和行为规范，建立新的价值标准和行为规范，确立新的生活目标的过程。因此，"农民工"不仅仅是身份上的"亦工亦农"，还是文化上"半传统半现代"的"中间物"。

二　"文化边际人"的典型特征

这种"文化边际人"的角色决定了农民工的认同焦虑，而身份焦虑亦成为"农民工"最为典型的特征。具体而言，作为"边际人"，农民工有两个显著的特征：其一，有着显著的身份焦虑；其二，经历着文化人格的裂变。

---

① 叶南客：《边际人——大过渡时代的转型人格》，上海人民出版社1996年版，第7—8页。

　　一般而言，身份（identity，有时被译为"认同"）指个人与特定社会文化的认同，强调统一性、确定性和稳定性。这种经典的身份概念明显受到了质疑，现代建构主义认为身份是由社会所建构的，是一种建构的过程，是在演变中持续和在持续中演变的过程①。从身份建构理论来看，农民工的身份焦虑与认同困境产生于自我认同过程中与国家政策、社会关系网络的互动失常。城市化进程虽然为农民工带来了身份认同的新契机，但受文化差异及个体认知的影响，他们的身份塑造仍是一个长期的过程。乡村文化与城市文化的显著差异，城市居民与农民工之间资源占有与分配的不均与平等对话机会的缺失，以及农民工自身长期的生存压力与基于现实境遇的反思均使得他们难以融入城市。因此，任何细小的矛盾或不公平的待遇都可能引发他们对城市乃至世界的重新认知，强化他们的身份意识。在此，以贾平凹的《高兴》和余一鸣的《不二》为例。

　　社会学当中将"生活在某一文化中的人初次接触到另外一种文化模式的时候所表现出心理上的紧张和精神上的压抑称为文化震惊"②。农民工进入城市，不仅体现为一种地域空间的迁移、社会角色的转变，更体现为一种精神空间的迁移，即变农村意识、行为方式和生活方式为城市意识、行为方式和生活方式。在城市，每天感受的、参与的是一种完全不同于以往在农村生活时的文化氛围，这种巨大的"文化震惊"让他们不知所措，而又无法抗拒，从而对传统的生活方式和价值观进行消解或解构。③ 对自己的乡土意识和文化身份解构得最为彻底的要数刘高兴了。尽管，初次进城的"文化震惊"让位于五富，但对传统的生活方式及价值观进行消解或解构得最为明显的却是刘高兴。刘高兴首先断绝了与故乡（清风镇）的联系，卖房弃地，大有一去不复返之意。然后，刘高兴无条件地认同城市。遵从城里人的称谓，以及他们的语言，训导五富："咱既然来西安了就要认同西安，西安城不像来时想象的那么好，却绝不像是你恨的那么不好，不要怨恨，怨恨有什么用呢，而且你怨恨了就更难在西安生活。五富，咱要让西

---

①　钱超英：《身份概念与身份意识》，《深圳大学学报》（人文社会科学版）2000 年第 2 期。
②　郑杭生：《社会学概论新修》（修订本），中国人民大学出版社 1998 年版，第 98 页。
③　江立华：《论农民工在城市的生存与现代性》，《郑州大学学报》（哲学社会科学版）2004年第 1 期。

安认同咱，……你要欣赏锃光瓦亮的轿车，欣赏他们优雅的握手、点头和微笑，欣赏那些女人的走姿，长长吸一口飘过来的香水味……"① 具有主体精神的刘高兴，确实获得了某种虚假的认同：保姆翠花认为刘高兴不像乡下人，妓女孟夷纯也说他不像个农民，街巷里传言，刘高兴是音乐学院毕业的，因为家庭变故才拾破烂。甚至小饭馆老板的爹认为刘高兴是为了写一本关于城市拾破烂人生活的书才装成拾破烂的人。刘高兴在无数次的幻想中，几乎认为自己应该就是西安人了。

　　但与"认同城市"相伴而生的是"城市的不认同"。加拿大学者查尔斯·泰勒认为："一个人不能基于他自身而是自我。只有在与某些对话者的关系中，我才是自我：一种方式是在与那些对我获得自我定义有本质作用的谈话伙伴的关系中；另一种是在于那些对我持续领会自我理解的语言目前具有关键作用的人的关系中——当然，这些类别可能能有重叠。自我只存在于我所称的'对话网络'中。"② 其实，高兴背尸还乡时，警察的例行公事的盘问就足以证明城市对刘高兴的不认同。但真正摧毁刘高兴的梦幻的是韦达。刘高兴认为韦达就是拥有自己另一个肾的人。但韦达移植的是肝，而不是肾。因此，他认同城市的唯一实体关联，被证明是虚假的。除此之外，支撑刘高兴精神胜利法的"未来梦幻"，也在五富、杏胡儿、黄八、孟夷纯的悲剧命运中轰然倒塌。他不仅无法在城市立足，更无法去创造一种城市的生活。

　　在《高兴》中，我们注意到这样一个结局：五富想埋尸于故乡，却被火化了；而刘高兴是想留在城市，却失去了精神支柱。也就是说，拒绝城市、期望落叶归根的人却"留尸他乡"，而想留在城市里的人，却什么都抓不住。这种"求而不得"的困境，以及"漂泊状态"恰是当下农民的生存境遇。

　　如果说《高兴》讲述的是最底层的农民工的话，那么，余一鸣的《不二》讲述的则是"小老板"式的农民工。刘高兴和东牛均是具有主体意识的农民，都渴望改变自身的境遇，所不同的是，后者做到了，而刘高兴失

---

① 贾平凹：《高兴》，作家出版社 2007 年版，第 133 页。
② ［加］查尔斯·泰勒：《自我的根源：现代认同的形成》，韩震等译，译林出版社 2001 年版，第 50—51 页。

败了。东牛志存高远，不甘心只做一个目不识丁的泥瓦匠，渴望能成就一番自己的事业。在还是一个泥瓦匠的时候，他白天干活，夜晚自学工程预决算，研究工程图纸，为以后的成功打下了坚实的基础；在管理自己的建筑公司时，东牛虽没有脱离一般家族企业的做法，但决不任人唯亲，而是借鉴历代帝王治国的方法，将夫妻双方的亲戚全部弄进公司，让他们互相监督；更难能可贵的是，他一直思危、思变、思退。号召大家成立房地产开发公司，以结束仰人鼻息的日子，拓展了自己的事业……市场意识、竞争意识等将东牛与一般的"暴发户"脱离开来。但尽管如此，东牛仍时时遭遇"尴尬"。

　　"尴尬"是由东牛等人的身份决定的。东牛等人是进城的农民，虽在建筑行业站稳脚跟，也可以用钱随意摆布当官的，但是"城里人"并没有真正认同他们。一方面是来自于建筑行业的特殊性；一方面是城乡差异的历史惯性。前者可以从红卫公司的困境窥知一二。2006 年大雪导致了公司的危机，红卫资金周转不灵，四处躲债，是东牛号召大家出钱替他解围。这使得东牛认识到："一帮师兄弟进城闯荡二三十年了，看起来人五人六，喊起来这总那总，其实还得仰人鼻息，只一点风浪就可能樯橹灰飞烟灭。"①此外，我们也可以从东牛将孙霞"拱手相让"知道这一点。孙霞是东牛心中的"天使"，他十分珍惜。然而，他可以为了自己的事业，将之送给行长。而孙霞呢，她一步步走来，依靠的同样是"贿赂"——金钱和性。这些行业的丑陋就这样一一展示出来。城乡差异已经内化成人们的思维方式，不是轻易可以转变的。这就是东牛所说的，"乡里人把我当城里人，有钱有势。城里人把我当暴发户，吃了你的，拿了你的，转过脸骂你是个土包子。"拥有金钱和社会地位的东牛，仍然岌岌可危，他时时刻刻有种"当年提着泥刀背着被褥初闯省城的感觉"，感觉到自己的渺小，挡不住心中的惶恐和自卑，就连驱车去东郊，也感慨自己"只是一泡鸟屎中偶尔拉下的一颗缠树藤的种籽，爬得再高，也长不成这森林中的一棵小树"。在孙霞被行长占有后，东牛终于发泄了：

---

① 余一鸣：《不二》，《人民文学》2010 年第 4 期。

二十岁进城时，我是一只蚂蚁，城里人鞋跟一踩，我就变成粉末；

二十五岁在城里时，我是一只公鸡，一只被阉了的公鸡。他们一根一根拔光我的羽毛，做成毽子踢来踢去；

三十岁在城里时，我是一头羊，他们捋下我身上的羊毛，做成羊毛衫羊毛被全家温暖；

四十岁在城里时，我觉得我是一头大象，我亮着我的象牙迈着象步无人敢阻挡；

可我现在为什么在这所城市还是一头猪，一头只配在泥浊里粪堆上打滚的猪？①

这番无声的控诉，其实已经昭示他们融入城市的困难。当然，他们的身份困惑还与他们的自我认知有关。东牛等人虽说已经是"城市人"，但无法找到确证自我的方式。无论是红卫这个人物身上体现出来的一掷千金的暴发户心态，还是他们追求物质欲望和感官享受的生活方式，都使得他们显得更为"可怜"，更为"贫穷"，真的是"穷得只剩下钱了"。当然，东牛等人也没有把自己当作"城里人"，他们还认为自己是个农民：东牛干事业，总是有备无患，求稳，宁愿丧失做大做强的机会；红卫之所以不愿意离婚，是因为他骨子里还是个农民，为了颜面而活着；秋生一直寻找自己的爱情，身边有不少女人，但他始终爱宋一琼一人。其实，他爱的不是具体的那个人，而是一份纯真。事业、家庭、爱情，这构成了我们人生的重要内容，往往也是我们考察一个人是否现代的重要评判标准。但东牛等人，秉持的是一种传统的观念，用农民的思维去解决问题。对于事业，东牛熬不过亲情，知道姐夫的肆无忌惮也只能"睁只眼闭只眼"；对于家庭，他们看中的是那份外在的和谐，从来没想过是否真的合适，是否有感情来维系；对于"感情"，他们认为它是"奢侈品"，是"桌上的菜肴"，"床上那事儿才是饭"……连评论家一再强调的他们心底的那份纯真，也并非后现代主义思维下的田园思想，而是因为那是他们的过去，他们不愿也不能与过去彻底告别。

---

① 余一鸣：《不二》，《人民文学》2010 年第 4 期。

即便是已经获得城市身份的农民工也体会到了文化差异带来的认同焦虑。在此以"城男乡女"的爱情和婚姻为例。在农民工题材小说中，几乎所有的婚姻均围绕着如何改变自己身份这一主题，但户籍身份可以改变，文化身份却难以真正改变。李铁的《城市里的一棵庄稼》、铁凝的《寂寞嫦娥》、邵丽的《明惠的圣诞》即是典型代表。李铁将崔喜比作庄稼，而她的丈夫宝东则是其生长的土壤。这种寄生关系决定了两者之间的不平等。尽管崔喜成了城里人，但这丝毫没有改变她的内核，在丈夫宝东、婆婆等人的眼里，她仍是一个不折不扣的乡下人。嫦娥寂寞众所周知，但此嫦娥非彼嫦娥。铁凝笔下的嫦娥是一个作家的妻子，衣食无忧，加上性格豪爽，活得自有几分恬淡。小说刻意将她放置在文化圈内，意在凸显城乡文化的碰撞与冲突。文人的太太们也食人间烟火，只不过一见嫦娥，她们就故作风雅，把进口烟熏猪肉说成"培根"，称自家的微波炉为"吐司炉"，讲述化妆技巧，大谈"柴5"和"柴6"的不同感受等。若发现嫦娥能听懂其中的某一话题，她们就心照不宣地转换话题。嫦娥的寂寞是文化的孤独，而这种孤独，绝非嫦娥独有！《明惠的圣诞》中，肖明惠一进入城市就失去了身份，至死我们才从她的身份证上得知她的名字。这是否意味着城市对农民身份的"阉割"？我们不得而知，只知道圆圆（肖明惠）是个幸运的按摩女，被李羊群所宠幸，并成为他身边没有名分的女人。她过上了梦寐以求的奢华生活，但她只融入城市的表层生活，却未能融入它的文化生活。圣诞晚会让李羊群回到了羊群里，这个羊群是圆圆如何都进入不了的。正是这场晚会让圆圆感到了彻骨的难以融入之感，也最终酿成了她的悲剧。更为可悲的是，李羊群自始至终没有理解她的死。城市与乡村的隔膜，文明与文明之间的隔膜如此之深，令人愕然。

在没有获取城市身份之前，中国的农民在认识和想象城市身份的问题上总是带有梦幻般的色彩，因此，当他们进入城市之后，势必对自我身份进行调试和重新建构，但与城市文化整体上的隔绝、游离等状态，使他们难以真正与城市文化产生互动，新的身份自然难以建立。

在这种情况下，农民工的文化人格发生了某种裂变。拉什迪认为："传统上，一位充分意义上的移民要遭受三重分裂：他丧失他的地方，他进入一种陌生的语言，他发现自己处身于社会行为和准则与他自身不同甚至构成伤害的人群之中。而移民之所以重要，也见诸于此：因为根、语言和社会规范一直都是界定何谓人类的三个重要元素。移民否决所有三种元素，也就必须寻找描述他自身的新途径，寻找成为人类的新途径。"① 在前文已经提及，农民工是"城市新移民"的重要组成部分，他们也必然经历拉什迪所说的三重分裂。"失根"也就是失去原有的文化记忆；而"语言"或许对农民工而言不那么重要，因为毕竟他们没有进入一个全新的语言系统，但他们同样也进入了陌生的语言环境中；至于"社会规范"，更是如此。面对城市文化新的价值理念和伦理秩序，农民工由茫然失措到自我裂变，是必然的。这种裂变主要体现在如下三个方面：其一，从遵守传统伦理、道德文化到自觉接受现代的爱情、婚姻等观念。这一点集中体现在女性身上。由于劳动密集型产业的特殊要求，使得女性无论在求职还是在薪酬上都远远高于男性，成为家庭的顶梁柱。随着经济地位的重要，其在家庭的地位也明显改变，不再尊崇孝文化，不再信奉"父母之命媒妁之言"，而是敢于追求自己的爱情和婚姻。典型的如吴玄《发廊》中的方圆，进入城市后，毁掉与周作勇的婚约，而与李培林结为夫妇；其二，从逆来顺受的忍辱负重的传统文化人格中解脱出来，追求敢闯敢干的人生准则，奉行"命运掌握在自己手中"等生存理念。这一点主要集中反映在"新生代农民工"身上。他们对社会公平的要求比较高，不愿意像自己的父辈那样从事较低的职业，而是想从事稳定与体面的工作，因此，他们身上不可避免地带有一种强烈的"外省青年"气质。典型的如王昕朋的《漂二代》中宋肖新、张杰等人；其三，从重义轻利的传统文化人格转变为重利轻义，甚至不顾一切地追求财富。由于农民工进入城市后，原有的差序格局被打破，宗族伦理不复存在，他们必须依靠自己赚取金钱。再加上市场经济及市民文化的熏染，使他们也变得重利轻义。

　　当然，农民工文化人格的裂变并非这三点所能涵盖，而是存在着多种可能性。裂变的维度也可能是"正向的"，也可能是"反向的"，如"异化"、"疯狂"、"犯罪"等。这里强调的是"反向的裂变"。也即在身份焦

---

① ［美］布罗茨基等：《见证与愉悦》，黄灿然译，百花文艺出版社 1999 年版，第 340—341页。

虑的过程中，农民工的心理逐渐失衡，形成一种怨恨心理，并以极端的方式表现出来。这里以邓一光的《怀念一个没有去过的地方》和尤凤伟的《泥鳅》为例作简要分析。《怀念一个没有去过的地方》中的远子有梦想，有激情，但在闯荡城市、征服城市的过程中，他堕落了，吃上"黑道"的饭。他干过建筑，看过鱼塘，租过鞋摊，领着一群人正儿八经地"征服城市"。但他失败了，遇上疤拉眼寻衅滋事，他和他的同乡无法在武汉立足，他只好用以暴制暴的方式征服武汉，并最终丧命。《泥鳅》中的蔡毅江因工伤而被送进医院，但医生见死不救，老板又拒绝出钱，于是，他强奸见死不救的女大夫，由农民工变成黑社会老大。……而这种"异化"又加剧了他们的"边际人"的撕裂感，钝痛感，使得他们更难融于城市，实现身份的转变。

三 "文化边际人"的成因

农民工在城乡之间无所适从的漂泊状态，及内在的文化人格裂变，使他们与传统的农民截然不同。导致农民工成为"边际人"的重要原因有两个：其一是城乡文化冲突；其二是原乡文化的沦陷。

大体上来讲，目前，我国存在着两代"农民工"，即"农一代"和"新生代农民工"。"农一代"和"新生代农民工"之间，无论是在生存技能、工作行业，还是在文化诉求及身份意识上，都存在鲜明的对比。以"50后"、"60后"为代表的第一代农民工仅把自己当成城市的过客（典型的如王十月《无碑》中的老乌），以"80后"、"90后"为代表的新生代农民工是认同城市却难以真正融入城市的"悬浮人"（典型的如王昕朋的《漂二代》中的张刚兄弟）。"新生代农民工"虽有较高的学历水平，绝大多数有初中和高中（含职高、技校、中专）学历，部分人还受过高等教育，且自小没有务农经验，跟随父母在城市完成义务教育，或虽在农村读书，但因父母在城市务工的缘故，其生活与城市有很大的交集，形成假期性的城市游历，在心理上有强烈的融入城市的文化诉求。从这个意义上来讲，他们与城市居民之间不会产生更多的文化冲突。事实不然。我们课题组2013年在江苏地区调研发现，"80后"、"90后"外来务工人员与城市居民之间仍然存在严重的交往困难，其主要原因是文化观念不同①。"在工作之余，青年外来务工人员主要文化娱乐活动包括：听音乐、看电影或电视、上网、读书看报、去录像厅或歌厅舞厅，等等。多数企业都有党团和工会活动，定期组织和不定期组织的占52.4%，没有或不知道的也占了47.6%。也就是说，组织活动还不够普及，近一半的青年外来务工人员未参与其中；满意率占54.5%（满意和基本满意）；经常参加居住地社区组织的文化娱乐活动只占4.4%。"② 他们仍然拘囿于自己的圈子里，没有真正融入城市。汤姆·米勒在中国调研时也发现，"城里人很少跟外来务工人员说话，除非要找他们做事"。在城市里，"外来务工人员过着封闭式的生活，无论社交还是居住，都在自己的圈子里"。③ "阶层"之下的"空间"政治是极具意味的。走出村庄之后，农民工绝大多数聚集于建筑工地、工厂车间、发廊等，而生活在城乡接合部，形成了大面积的"都市里的村庄"，这也是很多评论者所提到的"飞地"，也有人称之为"贫民窟"。《泥鳅》中的"盖庄"、《漂二代》中的"十八里香社区"、《在天上种玉米》中的"善各庄"等莫不如此。这些"城中村"与"城市"有着颇为微妙的关系。一方面，它们是城市的一部分；另一方面，城市又拒绝认同它们，认为它们是城市的"毒瘤"。

在王昕朋的《漂二代》中，"本地人"与"外地人"正常的人际交往基本断裂，任何微不足道的事情都可能成为矛盾冲突的导火索。两个孩子打架，引起了很大的轰动，期间纠缠着各种复杂的社会力量。移民在抵达新的环境时，会自觉聚集在一定的居住区，这居住区多半是城市的边缘地带，与城市中心形成鲜明对比。"边界融合区"是两种文明碰撞、交流最为明显的地方，这里的人由于自身文化差异的原因形成了不同的人生观和价值观。《漂二代》讲的就是两个区域、两个阶层之间的对立。"十八里香社区"是农民工的聚集地，里面簇拥着各色小饭馆和美容美发厅，被视为脏乱差甚至犯罪聚集地的下等社区。这里的人整天

① 李静、朱逸宁、季中扬等：《新型城镇化背景下青年外来务工人员文化生活状况研究》，江苏省社科联《成果报告》2014年第1期。

② 同上。

③ ［英］汤姆·米勒：《中国十亿城民》，李雪顺译，鹭江出版社2014年版，第15、27页。

为生活奔波，为户口费尽心机，这里的孩子则无法享受正常的学校教育，或返回家乡，或过早地在社会上游荡。在许多本地人眼里，"十八里香"就是社会的脓疮，人人避之而不及。与之相对地，小说也写了汪光军所住的高档社区，那里有专门的保安看管，不允许外人随便进入，里面干净整洁、设施齐全，而那里的人一个个位高权重、生活优雅，甚至趾高气扬。那里的孩子一出生就养尊处优，受不得半点委屈。故事就发生在两个不同社区的冲突上，"十八里香"的孩子张杰、肖祥以及高档小区的汪天大因为口角而打了一架，本来也并非大事，可汪天大的父亲汪光军却借机发挥，认为自己是"十八里香"的恩赐者，自己的儿子怎么能被下层社区的农民工打呢？于是，他策划了"假伤门"事件，利用自己的权力和金钱栽赃陷害肖祥、张杰，并制造了一系列引人深思的悲剧。期间充斥着两个阶层之间的不可妥协的矛盾，他们相互仇视，任何一点小事都能发展成社会事件。

　　如果说在《哦，香雪》中，火车还能停留，司乘人员还能与台儿沟乡亲做短暂的交流，那么到了《谁能让我害羞》，城里人和农民工的"交流"完全无法进行。在这里，铁凝用的是一种极为平常的对立方式：少年与女人、自来水与矿泉水、呼机与手机、刀与枪。尽管，真正凸显底层与上层之间的对立是在少年第三次送水时：因为电梯坏了，少年必须爬到八楼。这是一件相当困难的事，因为少年簇拥着象征着城市符号的衣物，且又在路上受了伤。稍有同情心的人面对孱弱的少年，无不心生怜悯，但是女人仍然居高临下地俯视他，而正是女人的"俯视"使得空间性的对立借助"八楼"这个意象显现了出来。"高下"两种对立的情绪诱发了"害羞"之案。由此可见，现代化所导致的城乡差距使整个社会呈现出一种结构性的断裂，也使得中国现代性典型的"时间焦虑"转化为阶层意义上的空间焦虑。"阶层"本是指向经济差异的，并非指向户籍差异，但在农民工题材小说里却被频繁使用，用以指向现代性进程所导致的城贵乡贱的社会现实。虽然，铁凝并没有像许多作家那样刻意写出农民工对高楼的晕眩感，也没有直接写出高楼这个意象，仅仅以递增的叙事方法让我们看到少年这样的底层是无法爬向高楼的，是无法与高层对话的。假如香雪没有考上大学，汇入农民工的大潮，其结局也莫过于此吧！

在这种情况下，农民工也不可能将城市视为自己的故乡，而是有意识地保留自己的乡土意识。邢克鑫认为："乡土意识是指农民对于世世代代赖以生存的土地和乡村生活环境所表现出来的强烈依恋心理。"① 程歗把乡土意识定义为"乡里民众在共同的社会活动和历史传承过程中，形成了区别于其他群体的日常生活意识，包括人们的理想、愿望、情感、价值观念、社会态度、道德风尚等心理因素。这些心理因素是在文化贫困的群体活动中自发形成的，同文化层次较高的群体心理相比，它缺乏理性思维的机能，对于人生、历史和社会，表现出一种高于生存本能而低于逻辑运筹的精神状态"②。但对农民工而言，这种"乡土意识"既是一种生命的本能，也是一种深刻的认同。

贵州作家王华的《在天上种玉米》中一个远在贵州的"三桥村"集体搬迁，住进北京的"善各庄"。按照常人逻辑，王红旗有了王飘飘这样有能耐的儿子，应该在北京舒舒服服地安享晚年，其实不然，他过得一点也不好，不是物质上的，而是精神上的。于是，他想在北京复制"三桥"的生活，给"三桥"改名，让女人们都不准打麻将，在房顶上种玉米。改名的理由很简单，"三桥人大大小小老老少少都搬这里来了，而且团团地住在一起，实际上就是三桥挪了一下脚。人挪了脚不改名，村庄挪了脚也该一样。"但改名的过程却很复杂，派出所等机关不答应，就连当地居民也不答应。这也就意味着，消逝的东西是不会再回来的。即便是最后王飘飘将整个"善各庄"买了下来，"改名"的愿望实现了，但毕竟这是一种虚妄的"自我确认"，旁人是绝不会将"善各庄"当作"三桥"的；在村里制定约法，行使村长权力，表面上看来是为了禁止打麻将，实际上是为了恪守一种村庄的生活方式。然而，这也被证明是失败的；而在房顶上种玉米，不过是为了重建农民与土地的亲缘关系。搬家让农民离乡背井，失去土地，失去安身立命的"根"，于是在大雪降临后，王红旗突发奇想，号召全村人发扬"农业学大寨"的精神，走陈永贵的"造地"的路子，刨土盖屋顶，在屋顶上种玉米。在远离乡村的都市里，王红旗造出了自己的"田园乌托

---

① 邢克鑫：《农民乡土意识的历史嬗变与思考》，《探索与争鸣》2003 年第 3 期。
② 程歗：《晚清乡土意识》，中国人民大学出版社 1990 年版，第 12—13 页。

邦"。除此之外，王红旗和张冲锋两个老人念叨的是"叶落归根"，期望王飘飘能给他们租上一块地（这也是许多村人的意思），即便是不能如愿也要把双脚放在家乡的土地上。他们对家园的构想就是要有土地，没有土地就不像家。

城乡文化差异、矛盾不仅影响着进城农民的社会融入，更为重要的是，城市文化还严重摧毁了乡村的传统文化生态。有学者甚至认为："外来文化的异质难合与传统文化的过度解构，使当前的乡村文化呈现出'空洞'状态。"[①] 中国的广大农村一方面和城市一样，经历着从传统到现代的转型；另一方面，在这个社会转型中，广大的农村面临着青壮年劳动力丧失、支撑乡村有机发展的力量的流失的现实。在这种情况下，"原乡"神话破灭，使得农民工无法真正回家。吴玄的《发廊》一开始就言明自己的故乡"西地"是一个只盛产贫穷的地方，王梓夫的《花落水流红》一开口就描述了桃花冲陈瘸子的"穷"。一个只盛产贫穷的地方若还有亲情的维系，还有故园的美好，则不失"精神家园"的本色。可现在，这个家园满目疮痍，物是人非，人人见利忘义，丝毫不能慰藉农民工孤苦的灵魂。王十月的《无碑》中的老乌是怀旧的，一再选择回乡来慰藉自己漂泊的灵魂。小说中写到了老乌的两次回乡之旅：第一次回到家乡是从基德厂辞工后，准备立足家乡，大展宏图，却发现他已经不能适应家乡的生活，那里的人都变了，变得只爱钱了，变得"唯利是图"、"金钱至上"了，这使得他不可能在家乡存身了；第二次回乡，是害怕失去儿子乔乔，想带着他安静地在家乡待上半年，然后，将乔乔还给阿湘。在这里，我们需要注意一点，老乌给乔乔的"补课"。在他潜意识里，乡村从未远去，尽管他让乔乔受的是现代教育，却在骨子里认为有关乡村的传统教育是不能丢弃的。然而，他再次发现，乡村比城市的人更加"金钱至上"，谈起"二奶"、小姐、司机损公肥私、出纳利用职权为自己谋财等津津有味，全无半点责备之意。在这种情况下，老乌又带着乔乔返回了瑶台。林白的《桃树下》除了颓圮的围墙、难以为继的乡村教育、盲目崇拜的广场舞之外，还有四处可见的"性饥

① 丁永祥：《城市化进程中乡村文化建设的困境与反思》，《江西社会科学》2008 年第 11 期。

饿"，以及无处不在的"强暴"。振兰的回乡，不啻为一次失望之旅，她可以忍受自己丈夫的寻花问柳，可以用自己傲娇的身段、优美的舞姿吸引男性，可她万万没想到自己的"美"在一个倾倒的围墙内被强暴了。这是何等的嘲讽。

马尔科姆·考利的《流放者归来》在"无家可归"中创造家，读来令人扼腕：

> 这是你的家……可是在你的记忆之外它存在吗？等到你到达山顶或小路拐弯处，你会不会发现人已不在了，景色也变了，铁杉树被砍倒了，原来是树林的地方只剩下残桩、枯干的树梢、树枝和木柴？或者，如果家乡没有变，你会不会发现你自己大为改变、失去了根，以致你的家乡拒绝你回去，拒绝让你参加家乡的共同生活？没有关系：我们的童年之乡还存在，即使仅仅存在于我们的头脑之中，即使家乡将我们流放，我们仍然对它忠诚不变；我们把家乡的形象从一个城市带到另一个城市，就像随身必带的行李一样……①

有狗尾巴草的地方就是他的故乡。中国人的"故乡"或曰"原乡"是基于血缘与地缘的实体村庄及村庄风物，因此，"原乡意识"有很强的现实寄托，也直接影响了我们的身份归属感。故而，"原乡意识"的撬动意味着身份归属感的变动。在这里，"故乡"已经幻化为"行囊"和"生命的支撑点"，因此，只要心里有它，便可以处处为家。但这也恰恰强化了农民工的"边际人"心态。

第三节　城乡文化融合的"触媒"

"触媒"一词在《辞海》中的解释为：催化剂的旧称，比喻促进事物变化的媒介②。化学反应中的催化剂——少量的物质的存在，可以显著提升

---

① ［美］马尔科姆·考利：《流放者归来》，张承谟译，重庆出版社2006年版，第14页。
② 《辞海》，在线汉语辞海责询，http：//cihai supfree net/two asp? id＝295200

化学反应速率，而反应前后该物质本身的组成和质量不改变的物质叫作催化剂，即"触媒"。其特质在于少量而高效、有作为而不牺牲。这里采用"触媒"一词，意在提供一种类似化学反应中的"催化剂"帮助提高化学反应速率为特征的"催化"方法，解决城乡文化的设计问题。这种新型的文化理念，强调的是在不彻底的改变城市文化及乡村文化的特质属性的前提下，通过小规模的改造或引入新元素，达到乡村复兴与文化共融的目的。

"中国今天的农民在被动的'自我现代化'。这种乡下人进城的小说，写的是农民主体的变化，他们不再是传统的小农，也不再是阶级斗争时代的农民，也不再是 20 世纪 80 年代启蒙的农民，也不再是 20 世纪 90 年代既喜且忧的农民，而是一些'在路上'的农民，是一些正在'自我现代化'的农民。"① 这固然因为他们"传统"的一面无法与现代真正对接，但真正的原因还在于现代主体的生成较为困难。尽管如此，农民工作为城乡文化互动的触媒，在城乡一体化、城乡互融的过程中，正在逐渐起到桥梁与中介的作用。

一　"流动"与现代性的生成

齐格蒙特·鲍曼在《流动的现代性》中认为，现代性历史的"现在"阶段，和液体或气体一样，在外力作用下，外形一直处于变化之中，没有固定的空间外形，也没有时间上的持久性。在提出隐喻色彩浓厚的"流动性"时，他说："我承认，对于每一个熟悉'现代性话语'、熟悉这一常常用来解说现代性历史的专业词汇的人来说，这一主张会让他们大吃一惊、略作停顿。难道现代性不是一个从起点就开始的'液化'的进程吗？难道'溶解液体中的固形物'，不一直是它的主要的消遣方式和首要的成就吗？换言之，从现代性的萌芽起，难道它不一直是'流动性'的吗？"② 这与其说是在描述"现代性"的"现在"状况，不如说，鲍曼是借用"流动"来描述当代社会的状况，使得"流动"与"现代性"形成了某种同构关系。

---

① 雷达：《新世纪文学的精神生态和资源危机——当前文学症候分析》，作家出版社 2009 年版，第 20 页。

② ［英］齐格蒙特·鲍曼：《流动的现代性》，欧阳景根译，上海三联书店 2002 年版，第 1—2 页。

从这个意义上来讲，中国数以万计的农民工不仅仅是打破城乡壁垒的主体，更是中国农民获得现代性的重要渠道。

"整个现代生活的建构及其特质（或用时下流行的说法是'现代性'），作为'非传统'秩序，就是从文化离散、人事流走、命运悬置开始的。自觉或被迫地远离各种各样的'原初联系'（家族、土地、传统人伦等），进入一种'失根'和'漂泊'的状态，已成为无数人类个体痛切感应到的普遍处境。西方世界是这样，被西方世界所逼迫变革的第三世界更是这样。只不过前者的形态可说是主导发动、系统转换或有机过渡，而后者的形态则可说是根脉折断、结构破裂，甚或接近文化的分崩离析。"[1]　"近代以来，中国农民传统性的减弱、现代性的生长，是一个与他们逐渐走出土地、摆脱乡土关系的束缚相伴随的过程。"[2]　由此可见，"流动"不仅推动着中国的城市建设，还推动着中国的现代化建设，更对农民自身"现代性"的获得有着重要影响。

毋庸置疑，"城乡流动"与"精神漂泊"是农民工的生命常态。不必考察"流动"本身所具有的天然的现代性意义，也不必援引已经成为"城市新移民"和"已经回流且成为中坚农民的极少数人"，仅考察尚未成功转型的农民工就可以发现，"流动"对他们的精神状态与文化人格产生了重要的影响。郭正林、周大鸣通过调查从六个方面描述了外出务工对农村现代性的影响：离开村庄的频度、适应新环境的能力、生活方式的转变、对子女教育的期望、获得新技术与个人成就感、妇女社会地位的变化。他们认为"现代性获得过程的核心，是现代文化观念的形成以及生活方式的转变。对于不发达的村落社会，农民体验工业文明和现代生活方式，从而提高现代性程度，基本的途径和动力就是外出务工。"[3]　周晓虹通过对北京"浙江村"和温州农民 20 世纪三次大规模的进城流动进行深入分析，认为"流动对中国农村发展的积极影响是不言而喻的。对乡村社会来说，没有流动，

---

① 钱超英：《广义移民与文化离散》，《深圳大学学报》（人文社会科学版）2006 年第 1 期。

② 周晓虹：《流动与城市体验对中国农民现代性的影响——北京"浙江村"与温州一个农村社区的考察》，《社会学研究》1998 年第 5 期。

③ 郭正林、周大鸣：《外出务工与农民现代性的获得》，《中山大学学报》（社会科学版）1996 年第 5 期。

就不可能繁荣经济，就不可能转移剩余的农业劳动力，同样也不可能打破城乡之间及乡村内部的隔离状态。但流动带来的中国乡村的结构性变化只是其可能产生积极影响的一方面。另一方面，流动对作为社会主体的人本身的影响也是不可低估的"[①]。这些流动的温州农民逐渐形成了与城市相适应的价值观、生活态度和社会行为模式等。"即使未走进城市，单纯的流动经历也常常会在扩大农民的交往范围、增加他们的人生阅历的同时，对他们的个人现代性产生有益的影响。"[②] 以林白的《桃树下》和何玉茹的《三个清洁工》为例。

林白的《桃树下》中的振兰因为有了北京当保姆的经历，对传统的中国乡村的饮食习惯有了不同的看法，开始仿效主顾夫妻的饮食习惯，早晨吃面包、水果，喝酸奶，引起了村人的不满。村人大呼"吃不饱"，以之为怪。而振兰不以为然，我行我素。而后，振兰又掀起了一场"美的风暴"和"审美变革"，让人为之惊赞。振兰回乡恰逢乡里的广场舞比赛，她所在的村子里的留守妇女们都奋力地排练《三十二号嫁给你》。但此曲在振兰眼里俗不可耐，她欲另辟蹊径，跳能显身段、展现自己女性美的《太湖美》，并为自己量身定制了一件旗袍，成功地吸引了站长的眼球，博得了村庄男性的喝彩。倘若振兰没有习得一丝城市气息，其审美可能不会比老叶好多少，她四十三的年龄，可能已经阻隔她对美的追求。

何玉茹的《三个清洁工》中，城市工作经历让新月拥有了现代公民平等、参政议政意识。作为一个清洁工，新月和春阳、小雪似乎也没什么区别，工作卑微，时时刻刻担心自己会丢饭碗，虽日日与村委会重要人物相见，却并不与他们有过多的交集。在百无聊赖中求取语言的快感，琐碎叙谈，但又尽职尽责。所不同的是，新月有平等的意识，有参政议政的意愿，有敢于追梦的能力。在市政府当清洁工的时候，她向副市长提建议。在村委会工作的时候，又敢于向村长提建议。要知道，村长在春阳及其叔叔等人的眼里是绝对的权威。然而新月却做了，尽管这些意愿在春阳看来"还

---

① 周晓虹：《流动与城市体验对中国农民现代性的影响——北京"浙江村"与温州一个农村社区的考察》，《社会学研究》1998 年第 5 期。

② 同上。

没一个屁响"，统统没了下文，不如不提。但新月却认为："一个人的建议没响，一百个人一千个人一万个人的建议总会有响儿吧？怕的倒是你这样的，有你这样的人在，社会就甭想进步。"① 而且她也斥责了春阳等人没有梦想的可怕性。市政府工作的经历并非只是工作之余的谈资，炫耀的资本，而是一种比照的现实的"参照系"，是对村委格局、人事管理、工作态度、为人处世、梦想追求等加以审视的"导火线"，是另一种眼光和眼界。而这恰恰是现代性的一种体现。

眼界的开阔与对乡村审视的眼光，只是农民工"现代性"的一种体现。在获取现代性之后，农民工的文化中介身份，又使得他们不同程度地影响了"城市文化"与"乡村文化"。在他们身上，"传统"与"现代"并置，"城市"与"乡村"文化并存，概言之，他们成为两种截然不同的文化的契合点。

二 农民工的文化适应及对城市文化的影响

王晖在《冲突·认同·变迁》中说："两种不同的文化相遇时，产生的结果并非是一方吃掉另一方，倒有可能通过这种遭遇而产生出第三者，这第三者同时具有两种文化特征。"② 这就是所谓的"文化融合"或曰"文化互动"，其最终的结果是对文化的双栖性认同。虽说"农民工"这一称谓本身就意味着"边缘性"，然而，随着"农民工"拥有城市户口，并接受城市文明，我们就可以说这一类人群已经初步具有"现代性"了。这些初步具有"现代性"的人们以自己微薄的力量影响着貌似强大的城市文化，影响着城市人看问题的方式，唤醒他们蛰伏于内心深处的灵魂。在此，以铁凝的《寂寞嫦娥》、王十月的《无碑》、赵本夫的《无土时代》为例。

铁凝的《寂寞嫦娥》为我们塑造了一个不可多得的农民工形象——嫦娥。"嫦娥"和"大嫂"（罗伟章《大嫂谣》中的女主人公）是被评论家所称誉的两个底层女性，然而，她们的形象却大异其趣。可以说，《大嫂谣》中的大嫂是个传统女性形象，而嫦娥则是一个现代女性形象。之所以这样

---

① 何玉茹：《三个清洁工》，《广州文艺》2009 年第 7 期。
② 王晖：《冲突·认同·变迁》，《华文文学》2004 年第 4 期。

说，是因为罗伟章赋予大嫂的是传统文化品质，尽管他试图用"知识之光"来说明这个传统女性的不传统之处，但实际上并未超出前现代的审视目光。然而，嫦娥不一样。嫦娥有两件事是诸多进入城市的乡村女性做不到的：其一，和佟先生离婚；其二，坦然自若地在佟先生的大院里开创自己的养花事业。

在城乡二元对立结构的社会现实下，城乡婚姻可以说解构了一切婚姻所应有的情感内核，仅留下了婚姻的世俗性和功利性。同样的，嫦娥和佟先生的婚姻和大多数的"城男乡女"婚姻有很大的相似性。佟先生看上的是嫦娥身上的乡村般的健康和美，小说一再突出嫦娥的"香腮"、健壮、勤快和豁达，甚至她的"匪气"，这是迥异于城市女性的一种自然之美。这里面很可能是夹杂着浪漫主义的情愫以及对城市女人审美的餍足，但事实证明，佟先生娶嫦娥是实实在在的"现实主义"，她不过是一个健康的生命，可以替他做许多文化人不便做的事情。而嫦娥则获得了城市户口，过上了安定的生活，觉得自己是一步登了天。因此，她用农村人自有的隐忍和逆来顺受抵制住了众人的目光，更用自己的乐善好施赢得了众人的尊重。但她也明显感觉到自己和佟先生之间的距离，两个人不可能有心灵上的沟通，随着婚姻生活的消磨，她似乎又回到了保姆的位置上，这当然要激起内心的反抗。她是寂寞的，家里家外都是寂寞的，所以，她选择了老孔这个锅炉工和花匠，组成家庭。她的离婚是需要勇气的，佟先生是作家，是有身份、有地位的人，而老孔却是个从未受人关注的锅炉工。但是，嫦娥表现出了一般乡村女性没有的勇气，坚决离开了佟先生，决不贪图他的任何东西。

和老孔开拓养花事业是嫦娥与众不同的地方。她慷慨大方地给这个文人大院带来了生机，而自己也买了房子，将儿子、媳妇从乡下接过来，过上了真正的城市生活。嫦娥用自己的勤劳赢得了尊重，也用自己的豁达在城市里活得泰然自若。试想，嫦娥和其他乡村女性一样委曲求全地活着，能活出真正的自我吗？

在某种意义上，嫦娥是一面镜子，既看到了这个文人大院里矫情的清高，也看到了他们的务实的市民心理。出场的是一群太太，但也代表了整个城市。她们故意孤立嫦娥以显示身份，在嫦娥获得成功时又有几分艳羡。

　　无论是放在哪一种语境，嫦娥都会是一个备受争议的人物。但是，在这里铁凝突出的是嫦娥的"寂寞"，以及她反抗寂寞的方式。纵观农民工题材小说，"五四"时期所倡导的妇女解放并没有真正抵达底层女性，她们仍然用依附式的婚姻去换取生存层面的需求，而摒弃婚姻的精神内核。我们虽然看不到嫦娥的内在心理，也看不到她对婚姻的自觉追求，甚至可能认为她和老孔的结合是回归自我身份的必要方式，但不能否认的是她的勇气。

　　除此之外，我们还应该看到作为弱势的乡村文化是如何赢得城市文化的尊重，并影响着城市文化的。嫦娥的努力使得她可以坐在众人之中，佟先生的三女儿接纳她，并喜欢吃她做的饭菜，而麻太太甚至在无形中仿效嫦娥的言语习惯。那句"哼，奇他妈的怪！"正是其体现。

　　王十月《无碑》中的老乌是个传奇人物，是第一批南下的农民工。他们所就职的地方不是大的厂矿企业，而是得风气之先的"家庭小作坊"，老板不是资金雄厚的港商之类，而是地地道道的农民黄叔。黄叔既是老乌的老板，但更是对其照拂有加的救命恩人。正是因为这种奇特的关系，决定了老乌在公司的独特地位。而老乌身上所秉持的乡村文化，特别是忠诚、善良等，又成为黄叔、林小姐管理现代企业的一种重要手段。固然，这里的利用大于欣赏，但不可否认的是，在众多的农民工聚集的工厂，乡村文化必然会成为企业文化的一部分，老乌的存在必然发挥其重要的调适作用。

　　赵本夫《无土时代》中的"木城"作为一个实现了现代化的城市，高楼林立，环境污染严重，人与人的关系失衡，人们精神空虚。为了挽救这座城市，身为农民工的天柱试图将木城改造成乡村。在木城参加全国卫生城市评比时，天柱带领手下人，悄悄把城郊的麦苗移植进来，把木城三百六十一块草坪全部变成了麦田。此事引起轩然大波。但醉人的麦香唤醒了木城人血液中对土地的记忆，他们最终接受了这些麦田，并在成熟的季节争相收割。木城也在麦收中恢复了一个城市应有的生机。

　　总之，不管承认与否，农民工虽说作为"在路上"的漂泊者，但他们也在积极地适应城市，融入城市，成为城市文化的重要建构单元，并为城市带来了乡村文化的特质，调和城市文化的负面影响。

三　农民工的乡土情结及其对乡村建设的影响

流动在外的农民工，大都是年富力强的农村精英，他们对村庄与农村的发展有着重要影响。"农民工是农村里的精英。他们年轻，受过较好的教育，比留在村里的那些人更上进。城里人叫他们'流动人口'，仿佛在说一群漫无目的的乌合之众，但是大多数农民工离家出走的时候心里都有一个工作目标，也有已经摸着门道的亲戚或者老乡陪伴。而且，如今大多数年轻的农民工不再是种地出身，而是从学校出来。"① 并且"农民工将'见世面'、'自我发展'、'学习新技能'与增加收入置于同样重要的地位"②。在或短或长的打工生涯中，他们带回了资金、技术、市场信息以及先进的理念，是乡村变革的主力和先锋，并逐渐成为新农村建设中的"中流砥柱"。

《芳草·潮》2015 年第 2 期的"新创业史"栏目《大山深处崛起的"淘宝村"》就讲述了一个回流打工者王涛、王杰兄弟如何利用当地绿松石资源发展电商事业，带动全村人致富的故事。王涛有着大学文凭，接受新事物的能力强，"下营村"触网一事便由他发起。王杰作为王涛的堂弟，经过帮王涛看店的历练，在拉萨另起炉灶。他们都曾遭遇异乡的各种不适应，关闭实体店，回到家乡全力开网店。既不用出门吃苦，还能发财致富的事迹引发了骚动，"一带一"的"连锁回流"效应，使得下营村村民"抱团创市场发家致富"。原本散落在中国各地的下营村人回到了老家，下营村又恢复了一个村庄应有的生机。在成为阿里巴巴旗下的"淘宝村"的同时，村民将河堤、桥梁与公路的修葺，村居的亮化工程，学校的扩展，依靠淘宝村发展旅游等提上日程，使得下营村逐渐成为一个集商业、旅游、生态与人文于一体的美丽乡村。而如王涛兄弟这样的"回流打工者"还有楚暖暖（周大新《湖光山色》中的女主人公）、曹双羊和桃儿（关仁山的《麦河》中的男主人公和女主人公）、刘杰夫（孙慧芬的《后上塘书》中的男主人公）等"农村新人"。楚暖暖是利用农村传统自然与文化资源，发展乡村旅游业，以此重建乡土的代言人，而

---

① ［美］张彤禾：《打工女孩：从乡村到城市的变动中国》，张坤、吴怡瑶译，上海译文出版社 2013 年版，第 12 页。

② 同上书，第 13 页。

曹双羊和刘杰夫则是以商促农，实行土地流转，发展集约农业，探索新的乡土出路的代言人。虽然，小说突出的是他们回乡以后的"创举"，并没有将过多的笔墨投向他们的打工生涯，也未关涉两者之间的联系，但从他们的心灵蜕变中可以发掘"打工"对其的影响，可以看到两种文化是如何融汇在一起的。

楚暖暖因为母亲的乳腺癌而不得不从北京返回楚王庄，并因爱情与婚姻一事与村长詹石蹬结怨，走上了发家致富与反抗权力的道路。在因"假除草剂"一事而陷入人生绝境的时候，考古学家谭文博对楚长城的偶然发现让楚暖暖看到了赚钱的契机，开始萌生发展旅游业的念头，并逐步扩大经营，从"楚长城"到"凌岩寺"，再到湖心三角迷魂区，以及秋收观光等。从单纯的观赏，到地域文化的发掘，都可以看出楚暖暖的用心。但真正让楚暖暖走上拯救乡村道路的是薛传薪。薛传薪从乡村没落开始，诱导楚暖暖。他说："中国是个地广人多的大国，再怎么城市化也不可能没有农村。倘是有一天真的没有了农村，大批农地被荒弃，田园风光被破坏，那就是我们民族的悲哀。"① "如今，农村在对国家的经济贡献上，已经谈不上有多大价值，一个乡村能不能引起人们的重视，就看它有没有被看的价值，换句话说，就是看它有没有游览的价值，有，它就可能发展并且热闹起来；没有，它就可能衰败并且荒寂下去。"② 但薛传薪在本质上是一个商人，打着拯救乡村的名义牟取暴利，纵容卖淫、嫖娼等行为，扰乱了楚王庄的伦理道德秩序，造成了萝萝等人的悲剧命运。此外，薛传薪与旷开田相互勾结，扩建赏心苑，大兴土木，严重摧毁了楚王庄的本来面貌。无论是从内在还是从外在来看，这都违背了楚暖暖的本意，因为谭文博曾告诫他们夫妻二人，"在靠它吸引游客来赚钱的时候，一定要保护好它，不能让它再被损坏，不然，你们就是先人的不肖子孙了！"③ 为此，楚暖暖再次走上了告状之路，最终，扳倒了薛、旷二人，兴建了"楚国一条街"，复现了先人的生活场景，实现了谭文博的梦想。

---

① 周大新：《湖光山色》，作家出版社 2006 年版，第 204 页。
② 同上书，第 208 页。
③ 同上书，第 178 页。

"商业化头脑"、懂得现代经营等"现代性"质素与"守候传统"在暖暖身上辩证地统一起来，这里既有冲突，也有协调。冲突就在于暖暖对金钱、城市的向往，和她不断扩大的经营模式，无法与乡村伦理道德统一起来。而协调则是指在发掘文化资源并为其所用的时候，可以利用传统的道德资源遏制不良后果。这也是凌岩寺天心师父对暖暖说的："……此等事情的根源在于人的欲望，欲无底，望无边；最初唤醒人们欲望的，其实是你……这唤醒之举，倒也不是不对，只是唤醒了人的欲望之后，该做必要的节制，可你却没有去做，这才出现了此类事情；压抑人的欲望固然不妥，可唤醒人的欲望后任凭释放不予节制，也无益。在我们凌岩寺里，由于你带来了大量游客，使我等靠耕种土地为生的僧人改靠卖门票为生，钱来得容易了，一些年轻徒弟开始学习英语并期望使用手机，这不是坏事，但有一些端倪引起了我们的注意，有人嫌斋饭寡淡，有人嫌僧袍破旧，我们于是给予了提醒。……"① 换言之，在拯救乡土的过程中，"唤醒之举"与"警醒之举"、"商业文化"与"传统的伦理道德文化"同等重要。

周大新曾说："每次返乡看到乡村的变化，我都在思考，中国的农村该向哪里去？""在今天城市化过程中，土地存在的意义到底是什么？难道就任由房地产商无尽开发吗？"② 于是，他将家乡的"楚长城"和"丹江湖"与生态农村联系起来。在《楚长城和丹江湖促成了〈湖光山色〉》一文中，他说："因为是有一次回家乡，朋友们领我去看了楚长城，我以前听过，我以为它是非常简单的长城，但是到山上一看，很蜿蜒，很多山头，很远很远，非常壮观，触动了，当时想一定要写个东西，但是写什么没有想好。后来我到丹江湖周围的乡村走一走，和当地的老百姓做一些交流，后来我发现我小说中的人物开始出现，然后经过一番构思最后写出来。"③ 但并不是所有的中国农村都有"南阳盆地"这样特有的地域文化优势，能够通过发展旅游业拯救乡村，广大的中国内陆乡村可能还需要通过集约化生产，集体农庄等形式，拯救"空心村"。这便是关仁山的《麦河》和孙惠芬的

---

① 周大新：《湖光山色》，作家出版社 2006 年版，第 349 页。

② 傅小平：《诗意温情守望乡土——访作家周大新》，《文学报》2006 年 5 月 11 日。

③ 周大新：《楚长城和丹江湖促成了〈湖光山色〉》，中国作家网，http：//www. chinawriter. com. cn/2008/2008－11－03/29096. html。

《后上塘书》所提出的问题。

《麦河》的主人公曹双羊作为一个归来者，他非常清楚当下中国农村与农民的命运，因此，他致力于土地流转，创办麦河集团，成为一个为了乡民而创造大业的现代农民。曹双羊曾发誓要离开土地挣钱，于是，他与赵蒙一同开煤矿，为了行贿赵蒙，他可以将自己的恋人拱手相让；又为了扳倒赵蒙，他借流氓丁汉之手，除掉赵蒙，致使丁汉惨死狱中。此后，曹双羊进城，试图开辟新的经济领域，在一家方便面厂打工，做了副总。但因与老板张洪生的分歧，曹双羊带领一些亲信离开方便面厂，自己开发了"麦河道场"方便面。后来，他又回村搞土地流转，用现代工业的管理方式经营土地。

县长陈元庆曾说："土地不仅是财富的象征，也是农民的生存方式，自古以来就有着'土生万物由来远，地载群伦自古尊'的土地崇拜观念。我们必须承认，农民和土地之间难割难舍的关系，深刻影响着农民的生活方式，行为方式，道德观念还有价值取向。土地就像神灵一样被农民世世代代敬仰着，土地在农民心中深深扎下了根，人离不开土地。你别看不少农民进城打工，但是我敢肯定，他们中的大部分人最后还是得回乡种地的，进城打工是暂时的，阶段性的，回乡耕种才是长期性的，必然的，也是最后的选择，穷家难舍，熟地难离嘛！"[1]对于中国的农业现状，陈元庆也有清醒的认识："一谈到解决农村劳动力就业问题，一些人往往只想到单靠发展工业来实现，到城市去找出路，我个人认为这些看法是片面的，也是观念上的误区。应当大力发展农村现代经济，就是打造现代农业。这一点坚决不能动摇！"[2]而曹双羊对土地流转与现代农业规模经营的历史意义与现实困难同样有非常清醒的认识，譬如他认为，"如今没有严格意义上的农民了，就得一边当农民，一边当商人。""一家一户的土地承包，到市场化的今天，显得封闭、落后。土地必须规模经营，才能有大的效益。"但是，在曹双羊的管理下，土地虽获得了短暂的丰收，但又迅速板结。于是，曹双羊又开始治理土地，祭祀土地。麦河水汨汨流淌，洗净了曹双羊心灵的污

---

① 关仁山：《麦河》，作家出版社 2010 年版，第 167 页。

② 同上书，第 212 页。

浊；土地"连安"神秘的召唤，唤回了曹双羊迷惘的魂魄。涅槃后的曹双羊成为麦河、土地的精灵。

作为推动土地流转的"农村新人"代表，曹双羊推行土地规模化经营，运用现代农业科技，已与传统农业有了天壤之别。他用管理工业生产的方式管理土地流转后的农业生产，将新的集体劳动习惯、协同精神、工作纪律、效率观念和危机意识引入农村。他在商场上叱咤风云，有手腕，有魄力，极力打造自己的品牌，实施品牌战略，花重金在央视打造自己的麦河道场方便面品牌，因为售后服务出了点小差错，他亲自登门道歉，便是明证。他努力开拓市场，走"小区包围超市"的路径，组织盲人演唱团，一举攻克深圳市场，北京、上海等都显示出依托工业管理之后，中国农业焕发的新机。

如果仅仅依托工业发展乡村，是不够的，还必须保持乡村固有的文化。土壤专家李敏认为，鹦鹉村规划必须依托麦河文化。曹双羊也认识到这一点，在现代经营的同时，他努力打造以"小麦图腾"为首的麦河文化。推进麦河集团打开市场，走向国际的，是带着土地气息的麦河文化，是那些将要消亡的乐亭大鼓等。在企业文化上，他也奉行中国的传统文化，认为："要遵循中国传统的儒家文化，确立'德、信、和'为企业文化的基础。具体解释是，德，做人做事要讲公德、行业道德和职业道德；信，要讲诚信，守信用；和，企业跟社会、企业跟顾客、企业跟供应商、企业跟内部员工之间的和谐融洽。"① 而他自己也一再通过"麦河"、"麦子"、"土地"来疗伤。"土地"是他最后的堡垒和精神家园，他时不时"置之死地而后生"的叫嚷："咱是农民咱怕啥，大不了回家种地去！"他的撒手锏就是家乡流转的那一大片土地，认为土地才是我们的根。

桃儿也是《麦河》中一个全新的农民形象。她美丽、多情、坚强、勇敢、敢爱敢恨。为了改变家境和自身的命运，她投身城市。为了帮助恋人曹双羊，她闯荡市场，并委身于赵蒙；为挽救误入风尘的众姐妹，她苦苦支撑着保洁公司，并唤醒她们内心的渴望，用麦河的圣水洗涤她们的灵魂。她也曾不幸滑入卖身歧途，但能够痛改前非，洗心革面，回到农村，承受

---

①　关仁山：《麦河》，作家出版社 2010 年版，第 267 页。

来自乡村的道义批判，义无反顾地加入乡村的改革事业中。在曹双羊的麦河集团担任销售经理一职，成为他的得力助手，为其出谋划策。她打破常规，爱上瞎子白立国，并为之四方求医。在白立国复明后，她自己却失明了。这是一个从乡村走进城市、又皈依土地的农村女性，是一个由放纵欲望、到自尊自强、追求精神的新农民形象。

无论是曹双羊还是桃儿，还是那些走出土地的人们，最终都会回到土地的怀抱中，尽管他们身上带有了明显的现代意识，但他们仍然承受精神分裂的痛苦，譬如曹双羊认同自己的经营方式，却不认同自己的手段。在这种情况下，他们重新审视那片生养他们的土地，获取灵魂的给养，然后，浴火重生。

孙惠芬的《后上塘书》将笔墨指向脱离乡村文化之后的灵魂，寻求精神家园的问题，而对刘杰夫的土地流转，创办集约农业等举动轻易放过。该书的封面上写着："一部用死亡医治死亡的救赎之书，文学的温暖是把笔伸到灵魂的最黑暗处。"由此看来，编辑将此定位于"救赎"，但这也同时是一部"忏悔录"，是走出乡村的人们的忏悔录。刘杰夫挨家挨户流转土地，将自己家乡的土地集中起来，进行集约化经营，蔬菜园区、葡萄园区、蓝莓园区、温泉区，但却遭到人们的反对。以鞠长德为代表的老一辈农民，叫嚷着："咱老祖宗留下的历史，就这么说改就改啦！"绝大多数人没有异议，因为他们明白历史的不可逆性。但惨叫及徐兰的死，使得整个村庄开始反对。"惨叫"更引起了刘杰夫的忏悔，他开始反省自己：

——外面，似乎永远是乡村生活的彼岸。

可外面，当真是乡村生活的彼岸吗？[1]

他要的彼岸恰恰在乡里，那些第一批闯荡城市完成身份蜕变的女人们何尝不把故乡当成"彼岸"。刘杰夫终于开始正视自己，开始回归家庭，回归父亲的角色，回归一个农民的儿子的角色，回报乡土。

关仁山在《麦河》的"后记"中曾说："今天已经不存在一个整体的

---

[1] 孙惠芬：《后上塘书》，上海文艺出版社 2015 年版，第 323 页。

农民，农民的个体身份在分化，每个农民就是他自己，他有选择的自由，他有权力迁徙到大城市，当然他也可以选择留在乡村。农民只想通过自己卑微的劳动改变自己和子女的命运，任何人都不能扼杀他们的选择，凡是剥夺和扼杀，都是不义的。我们现在的农民不需要启蒙，也不需要同情，他们不再安贫乐道，更不愿意做牺牲品，他们也开始追求自己幸福的生活，他们需要城市，喜欢现代化，也喜欢美丽家园，更喜欢在蓝天下自由地享受生活。"[①] 换言之，城市和乡村并非是截然对立的，而是两种不同的生活方式，身处今天的农民有选择自己生活方式的权利和自由。

"乡村关注，乡村人的生态关注，已经更具备超越'族'而体现出'类'的性质。乡村的发展或沉沦业已跟城市息息相关，乡村的隐忧业已跟城市的隐忧形影相随，城市与乡村已经越来越无法规避那些共同的担当，城市和乡村物质和精神文明，在人类生存发展的前程中已经越来越成为相互制约、生死缠绵的共同体。"[②] 农民作为现代化主体的重要组成部分，对城乡文化进行新的整合，既是国家新型城镇化的需要，更是农民自身发展的需要。从这个意义上来讲，他们可以被视为城乡新文化的雏形，而他们也确实将自己的"迁徙"体验融入自己的生命历程，悄无声息地发生着一场新的革命。

中国特色的城市化必然是在建构现代民族文化的基础上，实现城乡一体化，这就是农民工作为城乡文化互动"触媒"的重要作用。

---

① 关仁山：《麦河·后记》，作家出版社 2010 年版，第 529 页。
② 黄毓璜：《文学与乡村》，《文学评论》2007 年第 1 期。

第七章 乡村文化的再发现

　　乡村文化是相对于城市文化而言的，主要是指基于乡村生活而形成的一种文化形态。几千年来，中国社会历经无数次战乱和破坏，但是乡村总能保持着自己的"原初性文化"①，在各种变化和破坏中不断调适、恢复和发展起来。在现代化、城市化进程中，乡村中传统的价值观念、风俗习惯、生活方式等虽然发生了剧烈变化，但其根脉尚在，仍然是当代文化建设的一种极其重要的历史文化资源。爱德华·泰勒认为，文化"是指一个复合整体，它包含知识、信仰、艺术、道德、法律、习俗以及作为社会一个成员的人所习得的其他一切能力和习惯"②。对于乡村文化来说，作为"一个复合整体"，不可能原封不动地在现代社会复兴、延续，只是其中具有现代价值的元素、形态可以融入到"现代城乡文化共同体"中。从"现代城乡文化共同体"的建构角度看，可以融入当代文化、具有再生能力的文化形态和元素有不少，但以下三个方面尤其值得探讨：一、乡村生活方式。③ 乡村生活与城市生活是人类最基本的两种生活方式，在现代社会中，乡村生活究竟有何特质与优势，这是当代乡村叙事所要努力发掘的。二、包含了乡土知识、信仰与艺术的民间习俗。传统乡村社会是礼俗社会，而现代社

---

　　① "原初性文化"是文化人类学的概念。傅安辉指出："族群原初性文化是指族群最初创造的文化事项经过了漫长历史演进仍然保持其本质特征和基本状态的文化现象。它具备原创时代的本真意义，保留着诞生时的基本状态，在历史长河中具有相对的稳定性。因自成体系而独立，又被世界所接纳。"参见傅安辉：《论族群的原生性文化》，《吉首大学学报》2012 年第 1 期。

　　② Tylor, E. B. (1871), Primitive Culture, London, 1913, Vol. 1, p. 1.

　　③ 人类学家认为，文化就是指一种特定的生活方式。参见萧俊明：《文化的误读——泰勒文化概念和文化科学的重新解读》，《国外社会科学》2012 年第 3 期。

会是法制社会，在现代社会中，传统礼俗究竟有何现代价值，这也是一个重要的问题。三、乡绅文化。乡绅治理是中国千余年实行乡村自治的传统乡土社会的基本管理形态之一，由此形成的乡绅文化对当下乡村文化建设具有何种重要参考价值，这是很值得研究的。

第一节　乡村生活方式的再发现

中国是传统的农业大国，几千年来，乡村一直保持着一种日出而作，日入而息，击缶而歌，掘井而饮，与大自然的节律相合拍的生活方式。与现代城市生活相比，传统的乡村生活是封闭的，缺少变化与活力的，是沉闷乏味的。在当代城乡对比思维中，"几乎一切的文化产品，整个社会的活动，似乎都在告诉人们：唯有城市生活才是值得去过的，才是可取的，乡村生活只是意味着落后、贫困，只是一个应该被取消的对象。"[①] 在现代城市生活方式及其意识形态的影响下，传统的乡村生活方式逐渐被"抛弃"了[②]。但是，面对城市化带来的问题，人们又越来越感到失落、漂浮，希望通过回归田园来安抚心灵。当代乡村叙事表达了这种渴望，用文学的方式重建了乡村生活的现代价值。

一　人与自然的亲和

在城市中生活时间长了，人们就会感叹，好久没有看到星星和月亮了，都不知道季节的变化了。只有生活在乡村，人们才能"悠然见南山"，才能真切地感受到天之苍苍，地之茫茫，星空之深邃，明月之清凉，才能静听草虫鸣叫，闲看猫狗争食、万物生长。乡村生活是一种最为亲近自然的生

---

① 周展安：《重新发现乡村——读韩少功的〈山居心情〉》，《当代作家评论》2006 年第 5 期。

② 在城市化进程中，农民纷纷进城了，留在乡村的农民羡慕着城里人的生活方式，尽可能地模仿城里人的生活。在周大新《湖光山色》中，新婚后的暖暖对丈夫开田说，他们这辈子即使在这楚王庄过了，可孩子不能再像他们，让他们就在这丹湖边上种庄稼，既不懂得啥叫美发、美容、美体，也不知道啥叫咖啡、剧院、公园，自己不甘心！在孙惠芬的《歇马山庄》中，小青从县城卫校毕业时说，她越来越清醒地认识到，她和乡村之间根本没有感情。

活。古代歌咏田园生活的诗人们，就发现了乡村与自然万物的契合无间，写下了"狗吠深巷中，鸡鸣桑树颠"、"绿树村边合，青山郭外斜"、"斜光照墟落，穷巷牛羊归"等诗句。古代的田园诗人们虽然发现了乡村生活之自然美，却并没有俯下身去"静静地谛听"①，他们只是旁观的欣赏者，而当代作家在历经城市生活之喧嚣之后，能够用心地"谛听"乡村。韩少功认为，"城市是人造品的巨量堆积，是一些钢铁、水泥和塑料的构造。标准的城市生活是一种昼夜被电灯操纵、季节被空调机控制、山水正在进入画框和阳台盆景的生活，也就是说，是一种越来越远离自然的生活。"② 他从城市来到乡村之后，觉得整个世界都安静了下来，感到耳朵仿佛苏醒过来了，是"再生的耳朵，失而复得的耳朵"，"很多虫声和草声也都从静寂中升浮出来"③。以苏醒了的耳朵来"谛听"乡村世界，他发现，"乡间空气新鲜自不待言，环境优美也自不待言"④，更为重要的是，可以直接感受到人与天地万物的亲近，与一花一草、一树一木、鸡狗鸭鹅的亲密无间。

刘亮程认为，古人以"屋内有猪"这个意思创造"家"这个字时，就已经表明："'家'是万物之家，天下万物是和谐共存的，我们的家园不仅仅有人，还更应该有其他的动物，我们人不仅仅跟人相处，还要跟人身边的其他生命和睦相处。事实上，现在许多乡村的村民仍然在过着甲骨文的'家'告诉我们的生活，在乡村，家里有菜园，院子里有家禽、家畜，还有树。"⑤ 只有在乡村生活，才可以感受到生命形态是如此丰富，才可以真正地亲近生命。对于生活在城市里的孩子来说，猪、牛、羊、鸡、鸭、鹅，等等，无非就是猪肉、牛肉、羊肉……但在生活在乡村的人们心目中，这些家禽、家畜都是活生生的生命，是温暖的，是有情感的。在刘庆邦的《梅妞放羊》中，梅妞看到"羊的眼睛，越看越像人的眼睛。羊的眼圈湿

---

① 金惠敏认为，谛听是麦克卢汉的"听觉空间"，是摒弃了"视觉空间"之透视主义而对整体世界的拥抱。"谛听"是庄子所谓的中央之帝"浑沌"，不"倏"不"忽"，在"统觉"中交通世界。"谛听"是孔子的"克己"，是列维纳斯的对绝对他者的承认。参见金惠敏：《回不去的乡村美学——〈返乡〉与"在"乡》，《艺术百家》2014 年第 6 期。

② 韩少功：《遥远的自然》，《天涯》1997 年第 4 期。

③ 韩少功：《耳醒之地》，《山南水北》，湖南文艺出版社 2013 年版，第 14 页。

④ 韩少功：《月下狂欢》，《山南水北》，湖南文艺出版社 2013 年版，第 164 页。

⑤ 刘亮程：《乡村是我们的老家》，《天涯》2010 年第 3 期。

润，眼珠有点发黄。羊的眼神老是那么平平静静，温温柔柔。看来任何人的眼睛也比不上羊的眼睛漂亮，和善。"王新军在《牧羊老人》和《大冬天》中，也写出了人对羊的深情。在王新军的笔下，鸡和狗不仅有情感，还有着令人惊讶的智慧①，老牛更是通人性，它与老主人"两个垂垂老矣的生命，像两只在大海上历尽风雨的大船，紧紧地停靠在一起。又像两条来自不同方向的河流，在经历了不同的风景和征程之后，最终汇聚在了同一片海洋里"②。在莫言的《生死疲劳》中，蓝脸对待他的驴子"老黑"如同兄弟一般，即使驴子残废了，他也不卖不杀，驴子累了，他还给驴子装好一锅烟，对驴子说："吸一口吧，老黑，吸口解解疲乏。"③ 蓝脸多次对儿子说，"他与那头驴，不是一般的主人与家畜的关系，而是心心相印，如同兄弟。"④ 在文学世界中，乡村里的人与动物之间的感情，已经进入一种物我交融的境界了。而在城市文学中，人与人之间都往往是疏离的、冷漠的，何况人与物之间呢？

在乡村，小草萌芽，桃树花开，麦子黄了，鸡仔破壳……万物生长都在人们的身边，人们随时可以留心地观赏。在刘庆邦的小说中，通过一些小女孩的视角，我们可以再次"发现"万物生长。在《一捧鸟窝》中，乡村女孩小青目睹了石榴花开的过程："石榴树发芽晚，开花晚。杏花开了桃花开，梨花谢罢枣花谢，石榴花才在绿叶中悄悄孕育花骨朵。石榴花的花骨朵是青果色，顶部发一点鹅黄，如一枚小小花生。某天清晨，小青看见绿得有些发暗的树冠上冒出一点红，有了一个亮点，呀，是花开了。"⑤ 她可以听到石榴树上初生的小鸟的歌唱，仔细打量小鸟的模样："如果仅听到小鸟的歌唱就让她感到惊喜的话，目睹到歌唱者本身，小青就获得了第二次惊喜，更大的惊喜。小鸟小小的，挑一个最小的白玉兰的花苞，恐怕都比小鸟的身体大。小鸟的身子轻轻的，它站在石榴树一根很细的枝子上，枝子都不向下弯。小鸟的脸是花的，是那种朴素的，黑白相间的花。花的

---

① 王新军：《大地上的村庄》，《上海文学》2005 年第 9 期。
② 王新军：《大地上的村庄》，《上海文学》2003 年第 8 期。
③ 莫言：《生死疲劳》，作家出版社 2012 年版，第 93 页。
④ 同上书，第 103 页。
⑤ 刘庆邦：《一捧鸟窝》，《上海文学》2005 年第 5 期。

图案一点都不乱，转折一点都不突然，流转处有着蛾眉和新月的柔和与弧度。"① 用心地看着石榴初开花，小鸟初长成，这该是一种多么纯粹、多么美好的生命体验呀！只有在乡村生活，就像石榴、小鸟一样生长在这个自然的世界中，才有这样的机会，才有这样的心境吧。

二　人与土地的亲近

在《山南水北》中，韩少功写道："总有一天，在工业化和商品化的大潮激荡之处，人们终究会猛醒过来，终究会明白绿遍天涯的大地仍是我们的生命之源，比任何东西都重要得多。"② 土地对于生命的重要意义似乎是一个常识，但是，却很少有人真诚地尊敬土地、热爱土地。尤其在晚近的乡村叙事中，我们看到了太多的土地被城市、工厂侵占，被荒废，被破坏。不管在文学世界中，还是在现实世界中，逃离土地是当代城市化进程中汹涌的大潮，正如刘亮程所言："所有的人们正在朝一个叫未来的地方奔跑，跑在最前面的是繁华都市，紧随其后的是大小城镇，再后面是稀稀拉拉的村庄。"③ 在人们纷纷逃离土地时，也有一些人坚守在土地上，甚至还有一些人正在回归土地，如《九月还乡》中的杨双根，《红月亮照常升起》中的陶立，《天高地厚》中的鲍真等。但是，这些年轻一代的乡村坚守者与回乡者往往对土地的认识还停留在"功利"层面，他们之所以坚守或回乡，或是为了依托土地带领乡亲致富，或是为了创业。他们看到的仅仅是土地对于人们生存、发展的资源性意义，还没有认识到土地对于人类更深层次的家园意义。

土地不仅养活了人，是人类赖以生存、发展的最重要的资源，还是人类活着时的住处，死后的埋身之处，承载着我们祖祖辈辈深刻的记忆。因而，居住在土地上的人们，尤其是一生都在土地上劳作的农民，如《创业史》中的梁三老汉，《不能走那条路》中的宋老定，《黄河东流去》中的海长青等，对土地有着深厚的眷恋之情。在当代乡村叙事中，也有许多挚爱

---

① 刘庆邦：《一捧鸟窝》，《上海文学》2005 年第 5 期。

② 韩少功：《山南水北》，湖南文艺出版社 2013 年版，第 55 页。

③ 刘亮程：《一个人的村庄》，春风文艺出版社 2013 年版，第 140—141 页。

土地的农民形象。在《太平风物》①中，李锐通过一系列农具将农民与土地的深情淋漓尽致地表现了出来：在《耧车》中，七十岁的老福田扶着耧车给孙子讲述着伏羲、女娲、盘古、鲁班爷和地母娘娘的古话，讲述中流露着他对土地深深的眷恋与挚爱；在《锄》中，六安爷明明知道脚下的百亩园地已经卖给了煤炭公司，但为了过把瘾，还是天天扛着锄去锄地，像是在完成一种仪式。在《人间烟火》中，存文学写道："松林的爹是个老实巴交的庄稼汉，他干活一向细致认真，他挖的地，就是地角落有一个拳头大的土疙瘩，他都要用把锄头把它敲得粉碎，他种的苞谷地、花生地、黄豆地是绝不允许有杂草出现的。在他看来，有这些东西出现，是一个庄稼人的耻辱，他觉得，只有认真伺候好自己的田地，才能算得上一个合格的庄稼人。"我们看到，这些老农虽然接受了现代观念，不再敬拜土地神了，但对土地还始终保持着一种虔敬、热爱之心。其实，不仅老农深深眷恋土地，我们每个人心底都有一种土地情节，都想亲近土地，在土地上亲自劳作。

当代乡村叙事发现，在后工业化社会中，亲自在土地上劳动作为一种生活方式有着城市生活所无法替代的重要意义。首先，农业劳动被认为是一种自由的劳动。在土地上劳作是极其艰辛的，尤其是农忙的时候，劳作的人都无比渴望逃避这样的劳动，对此，诸多农村题材的小说都曾描写过。如毕飞宇在《平原》中，甚至用了 5 页纸细细描绘了端方割麦子的痛苦经历。②之所以说在土地上劳作是一种自由的劳动，是因为农业劳动就其本质而言是无拘无束的，是一种合乎人性的劳动。韩少功就认为，与城市白领相比，"乡下农民倒多了一些自由，劳动方式的单调和呆板，在很大程度上也得以避免。……劳动的对象和内容还往往多变，今天种地，明天打鱼，后天赶马或者采茶，决不会限于单一的工序。即使是种地、播种、锄草、杀虫、打枝、授粉、灌溉、收割等等，干起来决不拘于一种姿势，一种动作，一个关注点。"③其次，在土地上劳作被认为是一种快乐的劳动，可以

---

① 李锐：《太平风物》，三联书店 2006 年版。
② 毕飞宇：《平原》，江苏文艺出版社 2005 年版，第 10—15 页。
③ 韩少功：《月下狂欢》，《山南水北》，湖南文艺出版社 2013 年版，第 164 页。

真切地感受到创造的快乐。城市里流水线上的工业生产者往往只生产某个零部件，看不到完整的产品，因而体会不到创造的快乐，而农业劳动者可以直接收获自己的劳动成果，真切体会到劳动的快乐。在《开荒第一天》一文中，从城市来到乡村生活的韩少功写道："阳光如此温暖，土地如此洁净，一口潮湿清冽的空气足以洗净我体内的每一颗细胞。从这一天起，我要劳动在从地图上看不见的这一个山谷里，要直接生产土豆、玉米、向日葵、冬瓜、南瓜、萝卜、白菜……我们要恢复手足的强壮和灵巧，恢复手心中的茧皮和面颊上的盐粉，恢复自己大口喘气浑身酸痛以及在阳光下目光迷离的能力。我们要亲手创造出植物、动物以及微生物，在生命之链最原初的地方接管我们的生活，收回自己这一辈子该出力时就出力的权利。"[1]言语之间，韩少功对在乡村土地上劳作的欣喜与期待跃然纸上。最后，在土地上劳作被视为一种现代休闲方式，是田园之梦的达成。在土地上自由地劳动，随心所欲，不必担心农时与天灾，可以收获自己的劳动果实，这是人们千百年来的田园之梦。在农耕社会，田园之梦永远只能是少数人的梦想，农人没有这个梦，而有这个梦想的人却不会在现实生活中去做个农夫。只有在后工业社会中，农业劳动不再是一种令人难以忍受的重负，人们可以在城市生活与乡村生活之间自由选择时，田园之梦才会成为现实。随着城市化的深度发展，我们看到城市近郊发展起了休闲农业，在城市中生活的人们节假日就带着孩子去采摘，亲自体验田间劳动的快乐；有的休闲农场还专门分割出50—100平方米不等的小块土地，然后转租给城里人，让他们按照自己的意愿进行种植，平时代他们照料、管理。

　　总而言之，与在城市中生活、工作相比，在广阔的天地之间，在土地上自由劳作，感受收获的喜悦，这也许是一种更为本真的生活方式。正如韩少功所言，"融入山水的生活，经常流汗劳动的生活，难道不是一种最自由和最清洁的生活？接近土地和五谷的生活，难道不是一种最可靠和最本真的生活？"[2]

---

①　韩少功：《开荒第一天》，《山南水北》，湖南文艺出版社 2013 年版，第 33 页。

②　韩少功：《扑进画框》，《山南水北》，湖南文艺出版社 2013 年版，第 3 页。

三　人与人之间的亲情

乡村社会是一个"熟人社会"。在传统的乡村生活空间中，人们祖祖辈辈生于斯死于斯，相互之间知根知底，每天低头不见抬头见，甚至一声咳嗽，或脚步声、敲门声，就能判断出对方是谁。在这样的社会空间中，显然是几乎没有任何秘密、隐私可言的。孙惠芬在《上塘书》中写道："现实的上塘，前后街人家，只要打开风门，就鸡犬相望了。前街人家要是有人不小心放了个屁，后街人家就可听到一声响亮的'不'，后街人家夜里睡觉不慎忘了挡窗帘，夫妻之间的亲密就被前街人家看了去。"① 乡村社会缺乏隐私主要不是因为生活空间距离不足，而是因为乡村社会是一个"熟人社会"，根本就没有隐私意识。在社会学家看来，"熟人社会"不仅缺乏隐私意识，而且人与人之间只有亲疏远近之分，社会结构表现为一种"差序格局"，在"公"与"私"之间没有明晰的界限，"一切普遍的标准并不发生作用，一定要问清了，对象是谁，和自己什么关系之后，才能决定拿出什么标准来。"② 由于公私不分，自然就难以形成权利与责任观念，就喜欢讲"面子"，找关系。受过现代文明洗礼的知识分子对于这种讲人情而不讲规则的"熟人社会"一般是持批判态度的，认为"熟人社会"是社会文明、进步的阻碍性力量。检点一下现当代文学史上的乡村叙事，批判乡村政治与人际关系的作品不胜枚举。

然而，在当代乡村叙事中，人们开始意识到，乡村生活中人与人之间容易形成亲和关系，这种亲和的人际关系对于执着于现世生活的中国人来说有着类似于宗教信仰般的社会功能。李佩甫在《生命册》中写道："人们都反对拉'关系'。岂不知，'关系'是人们赖以生存的土壤，人们是最离不开'关系'的。尤其在精神世界里，人们靠'关系'活着。"③ 与城市里的人际关系相比，乡土社会的人际关系是非常亲密的，且不说宗族关系、姻亲关系、邻里关系，在乡村里，一些偶然的机缘人与人之间也会结成至

---

① 孙惠芬：《上塘书》，作家出版社 2010 年版，第 7 页。
② 费孝通：《乡土中国》，三联书店 1985 年版，第 34—35 页。
③ 李佩甫：《生命册》，作家出版社 2012 年版，第 5 页。

交，比如赶集时偶然相遇因谈话投机成为挚友，因为某种恩情而结为干亲，拜为兄弟，甚至因一起冲突的和解而成为好朋友。这些关系因红白喜事的礼尚往来，因农闲时的相互走动，往往会维系终身，有时甚至会结为世交。费孝通指出，乡土社会中人与人之间的亲密关系是由乡村生活方式本身决定的。他说："生活上被土地所围住的乡民，他们平素所接触的生而与俱的人物，正像我们的父母兄弟一般，并不是由于我们选择得来的关系，而是无须选择，甚至先我而在的一个生活环境。熟悉是从时间里、多方面、经常的接触中所发生的亲密的感觉。"① 对于生活在乡村的人来说，人与人之间极其亲密的关系是非常重要的，在这种亲密的联系中，他们体会到了一种高于生存的生命意义。儒家的"礼"能够下行，融入到民俗之中，也许就是因为儒家宣扬的亲亲、孝义等人伦关系契合了乡村社会的深层结构。

其实，不仅生活在乡村的人需要这种亲密的人际关系，生活在现代城市中的人也非常渴望一种亲密无间的人际关系。与现代城市的"陌生人社会"相比，乡村的"熟人社会"往往更令人感到温暖，尤其是体验了现代城市之冷漠的乡土作家，更是格外怀念乡村的"熟人社会"，极力发掘其间的人情之美。在《平原》中，毕飞宇叙述了大集体时期一件乡村故事，劳动的间隙，一群妇女联手扒了队长的裤子，看到队长的窘相，"女将们笑岔了，队长被她们丢在了地上，不管他了。男将们也笑岔了，一个劲地咳嗽，满脸都憋得通红。"② 这里完全没有了隐私，也没有了男女之大防，但恰恰是这放肆的行为彻底消除了人与人之间的陌生感，让人体会到了人与人之间的亲密。

在现实生活中，乡村里的人际关系也有矛盾，也有冲突，甚至会发生大规模械斗，但是，他们毕竟世代生活在同一个空间中，因而，人情往往轻易即可化解矛盾。在电影《秋菊打官司》中，秋菊家与村长有矛盾，秋菊从乡里告到县里，再告到市里，但是，一旦秋菊临产需要帮忙时，村长立即找人将其送去医院，两家的矛盾一下子和解了。大体而言，乡村社会是一个重情的社会。在这里，人性本然的良善往往令人感

---

① 费孝通：《乡土中国》，三联书店 1985 年版，第 5 页。
② 毕飞宇：《平原》，江苏文艺出版社 2005 年版，第 19 页。

动。沈从文、汪曾祺的小说中都曾描写过本性善良、不记仇怨的乡下人，在当代乡村叙事中，我们仍然可以见到这样一群本性善良的乡下人。在《指甲开花》①中，姐姐柴禾的恋人阴差阳错和妹妹柴枝结了婚，成了上门女婿，后来柴禾成了寡妇，回了娘家，姐妹俩都觉得亏欠了对方，都在为对方着想，就一起生活了，而她们的男人也尽力照顾着老人、女人和孩子。在《逝者的恩泽》②中，陈寅冬在新疆修铁路十多年，与古丽生活在一起并生了儿子，古丽带着孩子到陈寅冬老家来找，结果陈寅冬已经死了，陈的妻子红嫂和女儿没有怨恨古丽，她们和睦地生活在一个屋檐下。我们且不以伦理道德来评价柴禾与红嫂们，她们的包容与良善足以打动每一位文明的城里人。在现代城市生活中，人与人之间不仅人情冷漠，而且到处弥漫着一种暴戾的气息，乡土世界里朴实的、善良的人情怎能不让人心动。

四　乡村"慢生活"

现代社会是一个讲究效率，追求速度的社会，人们已经普遍接受"时间就是金钱，效率就是生命"这样的观念。"人们纷纷进入了快节奏的社会浪潮中，速食、速写、速读、速效、速成、速配等生活和工作内容不断地'刷新'、'快进'，各种速度、时间、数量、规模的纪录不断地被打破。与此同时，整个社会也处于日新月异的变革中，快餐、快线、高速信息公路、高速动车、高速铁路、光速传播等物质技术，正在成为主导社会快速发展的重要载体和方式。"③追求效率与速度诚然能在较短时间内创造更多的社会财富，促进社会进步，但是，人们失去了闲暇时间与闲暇的心境，不再用心细细品味生活，成了天地间的匆匆过客，生命本身沦为快餐，这样的生活意义何在呢？人们开始反思快节奏的现代城市生活。米兰·昆德拉1994年专门写了一本叫《慢》的书，他在这本书中感叹道："慢的乐趣怎么失传了呢？啊，古时候闲荡的人到哪儿去啦？民歌小调中的游手好闲的

---

① 乔叶：《指甲花开》，《上海文学》2007年第11期。
② 鲁敏：《逝者的恩泽》，《北京文学》（中篇小说月报）2007年第4期。
③ 陆静：《慢文化与社会治理的和谐构建》，《当代世界与社会主义》2014年第4期。

英雄，这些漫游各地而在露天过夜的流浪汉，都到哪儿去啦？他们随着乡间小道、草原、林间空地和大自然一起消失了吗？捷克有一句谚语用来形容他们的甜蜜的悠闲生活：他们凝望仁慈上帝的窗户，凝望仁慈上帝窗户的人是不会厌倦的；他幸福。"① 其实，早在 20 世纪 80 年代，欧洲就出现了"慢生活"运动。1986 年，意大利记者卡洛·佩特里尼发起了"慢食运动"，并成立了"国际慢食协会"，还发布了"6M"宣言：Meal（美味的佳肴）、Menu（精致的菜单）、Music（醉人的音乐）、Manner（周到的礼仪）、Mood（高雅的氛围）、Meeting（愉悦的面谈）②，提倡一种放慢脚步、细细品味生活的优质的生活方式。在"慢食运动"影响下，"慢生活"理念逐渐为人们广泛接受。

当人们以"慢生活是一种高品质的生活方式"这样的现代观念来重新打量乡村生活时，就不再批判乡村生活缺乏变化、沉闷乏味了，相反，他们重新发现了乡村生活的悠闲、宁静，看到了一种本真的生活状态。在现实世界中，越来越多的人喜欢乡村旅游，越来越多的人渴望在乡村生活，而在文学世界中，我们也看到了对乡村"慢生活"的赞赏。在王祥夫的《上边》中，我们看到了对山村留守老人生活的别样的描写：

> 日子呢，是什么意思？仔细想想，倒要让人不明白了。比如就这个刘子瑞，天亮了，出去了，去弄庄稼去了，他女人呢，颠着小脚去喂驴，然后是喂鸡，然后呢喂那条狗。日头高起来的时候又该做饭了，刘子瑞女人便又踮着小脚去弄了柴火，把灶火点着了，然后呢，去洗山药了，洗好了山药，那锅里的水也开了，便下了米。锅里的水刚好把米埋住，这你就会明白刘子瑞女人是要做稠粥了。水开了后，那米便被煮胀了，水不见了，锅里只有"咕咕嘟嘟"的米，这时候刘子瑞的女人便把切好的山药片子一片一片放在了米上，然后盖了锅盖。然后呢，便又去捞来一块老腌菜，在那里"嚓嚓嚓嚓，嚓嚓嚓嚓"地切。然后是，再用水淘一淘，然后是，往老腌菜丝里倒一点点麻油。这样

---

① ［捷克］米兰·昆德拉：《慢》，马振聘译，上海译文出版社 2003 年版，第 3 页。
② 转引自陆静：《慢文化与社会治理的和谐构建》，《当代世界与社会主义》2014 年第 4 期。

呢，饭就快要做好了。饭做好的时候，刘子瑞的女人便会出去一回回地看，看一回，再看一回，站在院子的门口朝东边看，因为刘子瑞总是从那边上来。她在这院门口简直就是看了一辈子，从前呢，是看儿子回来，现在呢，只有看自己的男人。①

虽然"那房子便在人们的眼里一点点破败掉，先是房顶漏了，漏出了窟窿"，而且，"下边"的人也很少来看望他们，但留守在"上边"的刘子瑞老夫妻俩似乎并不觉得生活很悲苦，很孤独，寂寞难耐。他们日子很琐碎，就是劳作、吃饭、等待，但这样的日子并不乏味，喂驴、喂鸡、喂狗、弄庄稼，用心地做饭，看着鸡狗争食，植物生长，收获自己的劳动果实，等着牵挂的人回家。这样的生活难道真的比上班工作，回家看电视，假日逛商场、旅游，也就是所谓的现代城市生活无聊吗？王祥夫并没有批判现代城市生活，但毫无疑问，只有经历了现代城市生活的喧嚣，才会看到乡村生活的宁静、节奏缓慢而意味深长。

在当代乡村叙事中，并不讳言农村生活之辛苦，但农耕生活是有季节性的，如果没有徭役，没有抢收抢种时的劳累，大多数时间都是比较悠闲的，尤其随着农业生产逐步实现机械化，农闲时间更长了。毕飞宇在《玉米》中引用了一句民谚说："正月里过年，二月里赌钱，三月里种田。"由此可见，如果土地资源较为充裕的话，农民的生活其实比在城市里每天工作八小时的人要悠闲得多。由于传统的农耕生活完全是自然的节奏，无须刻意学习、训练，只要不为现代生活方式所浸染，乡下人自然而然地都过着一种健康的"慢生活"。就此而言，乡村生活对于渴望过上健康的"慢生活"的城里人来说，也许会越来越有吸引力的。

总而言之，乡村生活是一种可以亲近自然、亲近土地的健康的"慢生活"，是一种洋溢着人情味的、让人感到温暖的生活，乡村生活作为人类的一种极其重要的生活方式，它有着城市生活无法取代的功能与价值。然而，由于城市化进程中我们忽视了乡村建设，现实生活中许多地方的乡村甚至已经不再适合人居住了，而发展较好，基本实现城乡一体化的乡村又往往

---

① 王祥夫：《上边》，《花城》2002 年第 4 期。

丧失了乡村生活的特质。刘亮程认为，"乡村是我们精神文化的故乡"，"乡村问题是我们的精神问题，农村问题是我们的现实问题。"① 言下之意，文化的乡村与现实的农村是两回事。我们认为，在后工业社会中，现实的乡村完全可以发展为文化的乡村。对此，张孝德提出，高速公路、高速铁路和高速信息网等现代"三高"技术缩短了乡村与城市的空间距离，已经可以保障乡村生活不再落后于城市生活了，而生活在乡村有利于低成本使用新能源，因而，"在新能源支持的生态文明时代，中国乡村文明面临着复兴与发展新机遇"②。非常遗憾的是，在当代乡村叙事的文学世界中，我们还没有发现这样对未来乡村生活的令人信服的展望。

第二节　乡村民俗的再发现

"民俗是民众的风俗习惯"③，"是指产生并传承于民间的、具有世代相袭特点的文化事项"④。钟敬文认为，民俗是一个国家或民族中广大民众所创造、享用和传承的生活文化，它包括物质生产习俗（有关农业、狩猎、游牧、渔业、工匠、商业与交通的民俗）、社会生活民俗（有关饮食、服饰、居住、建筑的民俗）、社会组织民俗（有关宗教、社团、社区的民俗）、岁时节日民俗、人生仪式民俗（有关诞生、成年、婚嫁、丧葬的民俗）、信仰民俗、民间科学技术、民间口头文学、民间语言、民间艺术、民间游戏娱乐等众多方面。⑤ 民俗作为人类精神生活和行为方式的一种重要表现形式，是一个民族特有的生活方式、生活智慧、思维方式、想象力和文化意识的独特体现，不仅历史悠久，而且影响极其广泛，因而，在现当代文学史上，乡村民俗一直备受关注，甚至可以说是乡土小说的主要描写内容。20 世纪 90 年代以来，城市化进程对传统乡村文化影响巨大，诸多乡村民俗

---

① 刘亮程：《乡村是我们的老家》，《天涯》2010 年第 3 期。
② 张孝德：《城乡两元文明共生的中国特色城镇化模式——基于新能源革命、民族文化与"三高技术"的三维分析》，《国家行政学院学报》2012 年第 5 期。
③ 田晓岫：《中国民俗学概论》，华夏出版社 2003 年版，第 11 页。
④ 苑利：《中国民俗学教程》，光明日报社 2003 年版，第 1 页。
⑤ 侯忠义：《古代小说与民俗》，山西人民出版社 2005 年版，第 8 页。

逐渐消失了，对此，当代乡村叙事是如何面对的呢？是继续承袭此前乡土文学的书写方式，漠视其现实状况，或是仅仅唱一唱挽歌，还是探寻新的理论视角，发掘其当代价值呢？

一 乡村民俗书写的经典方式

在现当代文学史上，对待乡村民俗有三种主要态度，进而形成了三种经典的书写方式：一是认为乡村民俗主要是前现代文化的遗存，是社会发展的负面性力量，对此持一种批判性态度；二是认为乡村民俗是一种未被现代文明、城市文明污染的原生态文化，对此大加赞美；三是认为乡村民俗是地域文化的主要载体，可以呈现文化特色，无所谓先进、落后，是一种零度价值判断态度。

对乡村民俗，鲁迅在小说中开创性地进行了细描。在《祝福》中，他绘声绘色地描述了"福礼"的准备过程："这是鲁镇年终的大典，致敬尽礼，迎接福神，拜求来年一年中的好运气的。杀鸡，宰鹅，买猪肉，用心细细的洗，女人的臂膊都在水里浸得通红，有的还带着绞丝银镯子。煮熟之后，横七竖八的插些筷子在这类东西上，可就称为'福礼'了，五更天陈列起来，并且点上香烛，恭请福神们来享用，拜的却只限于男人，拜完自然仍然是放爆竹。"尤其在《离婚》中，他详细描写了一个乡村"休妻"民俗的场面与过程。在鲁迅的乡村民俗书写中，大多乡村习俗都是折射国民劣根性的"恶俗"，如《药》中以人血馒头治病，《风波》中的乡村谣言等。就是《祝福》中的"过年"，《离婚》中的"休妻"，看似只是普通习俗，其实是戕害祥林嫂、压迫爱姑的一种无形的社会力量。鲁迅对乡村民俗的批判性书写深刻影响了乡土文学的乡村民俗叙事，成为一种经典的乡村民俗书写方式。此后，在许杰的《惨雾》中，胡也频的《械斗》中，我们看到了宗族械斗的"民俗"；在王鲁彦的《菊英的出嫁》中，展现了浙东的"冥婚"习俗；在台静农的《烛焰》中，描写了乡下"冲喜"的习俗；在彭家煌的《活鬼》中，描写了小孩子娶大媳妇的习俗。这些乡村习俗大都是野蛮的、落后的，正如茅盾在谈及许杰的《惨雾》时所言："《惨雾》所表现的是一个原始性的宗法的农村"，显示了"农民自己的原始性的

强悍和传统的恶劣的风俗"①。通过批判民间的"恶俗"，这一批启蒙作家
建构了对现代与文明的想象，而且"通过批评'民'的习俗和民俗，并把
这些传统描述为与启蒙和理性相反的谬误，启蒙作家们就使自己以及自己
的读者与'民'划清了界限"②。不仅二三十年代乡土作家深受鲁迅对乡村
民俗的批判性书写影响，"在'土改'和'十七年'农村题材小说作品中，
几乎所有乡村民间信仰的主要参与者，都可以作为被批评教育的迷信、落
后的农民的代表。"③ 如《小二黑结婚》中的二诸葛和三仙姑，《太阳照在
桑干河上》中的女巫"白娘娘"，《欢笑的金沙江》中的彝族的毕摩（巫
师）等。

与鲁迅对乡村民俗的批判性书写相反，沈从文对乡村民俗的态度是温
和的，对朴素的人性有着近乎礼赞式的书写。在《萧萧》中，沈从文是这
样叙述乡村童养媳习俗的：萧萧是一个农村女孩，十二岁成为童养媳，其
时丈夫只有三岁，在与丈夫正式完婚前与长工花狗有了私情，还怀了孩子，
结果不仅没有依照当地的习俗被发卖或沉潭，还一直在夫家住了下来，一
家人其乐融融，儿子十二岁时也娶了一个童养媳。在《边城》中，他以一
种虔诚地对待宗教信仰一般的态度细致地描绘了端午龙舟竞渡的风俗，不
仅对龙舟的形态、色彩、存放地、操作手及其分工进行了详细的描述，还
极力渲染了龙舟竞赛时参与者和旁观者迷狂般的热情。在沈从文的笔下，
乡村民俗是一种原初的、健康的文化形态，没有"文明病"，处于善恶的彼
岸。也许正是出于对乡村民俗不同于启蒙作家的价值判断，沈从文"没有
发出礼教吃人的呐喊或是经营个人的癖好；相反地，他却在大变革的前夕
召唤对乡土中国的诗意想象"④。

对乡村民俗的批判性书写与礼赞式书写，构成了鲜明对立的两极，事

---

① 茅盾：《中国新文学大系·小说一集·导言》，良友图书印刷有限公司 1935 年版，第 30
页。

② 户晓辉：《现代性与民间文学》，社会科学文献出版社 2004 年版，第 158 页。

③ 肖向明、杨林夕：《"民间信仰"与诗化乡村——论"土改"和"十七年"农村题材小说
的民俗审美》，《扬子江评论》2015 年第 1 期。

④ 王德威：《茅盾，老舍，沈从文：写实主义与现代中国小说》，台北麦田出版社 2009 年
版，第 280 页。转引自刘秀美《民俗与人情——论沈从文〈萧萧〉》，《中山大学学报》（社会科学
版）2011 年第 6 期。

实上，即使是同一个作家，也未必坚持同一种态度。在鲁迅的《社戏》中，我们就看到了他对乡村民俗的温情，在《巧秀和冬生》中，沈从文描写了巧秀的母亲守寡期间与打虎匠有了私情而惨遭"沉潭"。甚至对同一种乡村民俗，作家的态度也未必是鲜明的。在《呼兰河传》中，萧红对跳大神的场面、过程和人们竞相观看的情形进行了细致的描绘，一方面批判其荒诞、愚昧；另一方面也流露出对其宽容甚至欣赏之情。相比较而言，我们发现更多乡村叙事对乡村民俗的书写跳出了这种非此即彼的价值判断方式，仅仅将乡村民俗作为一种有特色的地域文化来展示或塑造人物的手段而已，如周立波的《山那边人家》、《禾场上》、《山乡巨变》等。在《山乡巨变》中，周立波平淡地叙述了陈先晋过年时的"封财门"与"接财神"："他跟他婆婆，每到大年三十夜，子时左右，总要把一块松木柴打扮起来，拦腰箍张红纸条，送到大门外，放一挂爆竹，把门封了，叫作封财门。守了一夜岁，元旦一黑早，陈先晋亲自去打开大门，毕恭毕敬把那一块松木柴片捧进来，供在房间里的一个角落里。"对陈先晋的行为，作者既不批判其"迷信"，也不溢美，只是作为人物富有特点的一种行为来描写。在《平凡的世界》中，路遥在描写陕北秧歌时也是这样一种价值立场，他写道："一旦进入正月，双水村的人就像着了魔似的，卷入到这欢乐的浪潮中去了。有的秧歌迷甚至娃娃发烧都丢下不管，只顾自己红火热闹。人们牛马般劳动一年，似乎就是为了能快乐这么几天的。"

二 20 世纪 90 年代之后的乡村民俗书写

20 世纪 90 年代之后，乡村社会在举世罕见的快速城市化影响下，发生了三千年未有的巨大而深刻的变化，有的乡村民俗彻底消失了，有的乡村民俗弱化了，有的乡村民俗形在神亡了。相应地，乡村民俗的文学书写也发生了很大变化。

一是对乡村民俗的批判性书写往往是过去式的，即重在对历史上的乡村民俗进行批判。如周大新在《走出盆地》中，描写了解放前南阳地区"一门双承"的乡村恶俗，即弟兄俩如果只有一个儿子，就由弟兄俩人共同出钱为其娶两个老婆，新郎轮流去两个媳妇的屋里就寝，一夜一换，到哪个媳妇屋里就全身上下都换上该媳妇的婆婆所做的衣服，一个媳妇生子可以续接哥哥家的香火，另一个媳妇生子则续弟弟家的香火。很显然，将这种极度重视子嗣而产生的乡村"恶俗"放置在历史语境中，既是为了对之进行批判，也是为了展示一种民俗的"奇观"。

二是对乡村民俗的书写不再是浪漫主义的礼赞，取而代之的往往是充满温情的回忆。徐晓思在《外公》中回忆了幼时洋溢着浓郁的喜庆气息的过年习俗，有出门拜年、贴对联、印石灰印子、放鞭炮等，"爆竹声声除旧岁，每年大年初一父亲带着我们踏着满地的红红的炮仗皮子到外公家拜年。去外公家，老远就看到地上的兆顿子——白石灰装在蒲包里，拎在手上在家前屋后的路上一挫挫的，像盖章一样，打下一个个圆不圆方不方的石灰印子，传说是年的脚印，外公和我讲过年吃人的故事，有了兆顿子年就不来了。民俗讲的招财进宝。外公家门口的鞭炮屑子很多，有的小鞭炮没炸完，有的天地响炸开了花，比我家多得多，都是夜里抢财神放的。……外公家前门、后门、房门、猪圈上、鸡窝上、茅厕上都贴着对联。"① 由于城市化引发的乡村文化剧烈变迁，这些乡村习俗或已消失，或已失去了早日那浓郁的气息，往昔盛况只能留存在一代人的记忆之中了。作为文化记忆，往往会主动遗忘那些不愉快的内容，只留下温馨的、美好的一面。在郭文斌的《点灯时分》② 中，描写了乡村元宵夜点灯习俗：夜幕降临时分，几十个拳头大的灯盏点燃后端到了当院的月光中，让月神品赏，赏完月后灯盏分别被端到了各个屋里，每人每屋都要有的，包括牛羊鸡狗、磨子、水井。乡村元宵夜点灯习俗被描绘得如此美好，仿佛神话一般。

三是乡村叙事中涉及民间信仰时，不再粗暴地批判其迷信、愚昧，而往往是零度价值判断地描写，有时甚至是喜剧化地描写。比如孙惠芬在写"哭丧"时就写了一件趣事："下河口一范姓老人送丧，浩浩荡荡一群女人戴着孝帽跟在灵柩后面，前边女人发现道上有牛屎，就边哭边说，她二婶呀，地上有牛屎呀，留心别踩上呀。后边的女人边哭边接上，他大妈呀，俺听见了，谢谢你呀。"③ 我们发现，当代乡村民俗书写中的民间信仰已经

① 徐晓思：《外公》，《钟山》2013 年第 6 期。
② 郭文斌：《点灯时分》，《人民文学》2007 年第 8 期。
③ 孙惠芬：《歇马山庄》，人民文学出版社 2000 年版，第 40 页。

被"合理化"了，作家们已经深刻地认识到民间信仰在乡村日常生活中有着极其重要的意义，或是妇女们情感宣泄的渠道，如孙惠芬笔下的"哭丧"；或是沟通人情的一种重要方式，如莫言《蛙》中对各种民间信仰仪式的描写。即使是"迷信"行为，也被阐释为一种祈求吉祥的一般民族文化心理了。如王祥夫的《小鼻村记事》①中，小鼻村过年时家家必要去砍一株小松树来点天灯，这是家家户户早砍好的，这时便拖出来，细枝细杈都打了，在院子里把树朝天竖起，浇些黑黑的油根在上边点着，"噼噼啪啪"烧一夜，预示来年注定要发了，还要给火里浇些酒，叫作"给灯菩萨喝酒"。我们看到，"给灯菩萨喝酒"不再被描写成愚昧的迷信了，而仅仅是一种纯粹的乡村仪式化的传统民俗活动而已。

　　四是乡村民俗被视作传统文化的活态传承，尤其是蕴含着丰富的传统文化观念的礼仪民俗受到高度重视。礼仪民俗是人们在生活和社会交往中约定俗成的礼仪规范，是文化观念的仪式化。古代中国被称为"礼仪之邦"，十分注重礼仪，由此形成了诸多礼仪民俗，主要包括丧葬礼、婚嫁礼、诞生礼、成年礼等。乡村丧葬习俗直观地表现了儒家孝道观念，尤为受到重视。当代乡村叙事对丧礼仪式的描写是有选择性的，有深意的。众所周知，当下一些乡村丧礼有低俗化倾向，祭品中不仅出现了纸做的别墅、西装、金项链、手机、彩电、轿车等，甚至还有纸做的三陪小姐，个别地方丧礼上为了热闹，甚至有脱衣舞等淫秽表演，但当代乡村叙事中较少批判这些乱象，而是侧重于描写乡村丧礼对传统礼节的恪守。在愚石的《乡志》中，开篇就详细描写了鲁西南农村的丧礼习俗：仙鹤村精通民俗的颜景观非常讲究祖制和传统，全程负责柳恒稳母亲的丧事，指导着从报丧、吊唁到出殡的一整套礼仪，譬如，孝子孝孙从老人去世的那天起就不能沾床，不能坐凳子，只能跪在或坐在地上，以显示虔诚的孝心和哀伤；老人去世后，孝子孝孙见了邻居都要下跪，尊崇"老人死了小三辈"的传统。事实上，这样的描写并非只是再现性的。鲁西南虽然是儒家文化的发源地，但在现代化、城市化背景下，乡村传统礼仪也早就或简化、或废弃了。我们认为，当代乡村叙事对传统丧礼津津乐道，是在传统礼仪中发现了某种

---

①　王祥夫：《小鼻村记事》，《人民文学》1996 年第 9 期。

值得推崇的价值观念，在诸多与丧礼相关的传统礼仪民俗书写中，突出地彰显了仪式中所包含的孝道与亲情。在莫言的《蛙》中，万足为母亲"圆坟"时，"亲朋好友们都来了。我们在坟前烧化了纸马纸人，还有一台纸糊的电视机。……按照一个本家长辈的吩咐，我左手握着一把大米，右手握着一把谷子，绕着母亲的坟墓转圈——左转二圈右转二圈——一边转圈一边将手中的米、谷一点点撒向坟头，心中默默念叨着：一把新米一把谷，打发故人去享福。"① 在阿成的《放河灯》中，清明节的晚上举行送河灯的仪式，亡者的家属，一般都用罐头瓶子做一个"河灯"，里面放上一支点燃的蜡烛，将灯安在一个小木板上，让它载着这盏光明，顺水流而去，去寻找死去的故人……个中的大意，不仅仅是悼念故人，也含着为冥冥之中的亡者送去一点光明，一点爱的意思。毋庸讳言，在商品经济与城市文化影响下，现实生活中的乡村孝道沦丧现象相当严重，当代乡村叙事对传统乡村礼仪的选择性书写，有意识地发掘乡村礼仪中所携带的优秀的传统文化基因，不露声色地推崇了现代乡村社会所欠缺的孝道。对此，有的作家是有自觉意识的，如孙惠芬在《歇马山庄》中写道："乡间俗规，姑娘婚后第七天，必须双双回娘家给爹娘送酒，重视孝道的祖先为让出嫁女子永远记住孝敬父母，特意用一个规矩加以强调。"②

五是关注民间艺术的当代命运。民间艺术是乡村民俗的重要组成部分，是民间智慧的高度结晶。首先，当代乡村叙事继承了乡土文学对民间艺术的夸长性描写方式。在文星传的《吹个糖人来说话》③ 中，保收七八岁时跟他爹学吹糖人，嘴里含着一个麦秸秆，吹吹捏捏，捏捏吹吹，唐僧、猪八戒、孙悟空形象就活灵活现地呈现出来；在肖江虹的《百鸟朝凤》中，焦家班的唢呐吹得如泣如诉，丝丝入心，"先是一段宏大的齐奏，低沉而哀婉；接着是师傅的独奏，我第一次听到师傅的独奏，那些让人心碎的音符从师傅唢呐的铜碗里源源不断地淌出来，有辞世前的绝望，有逝去后看不清方向的迷惘，还有孤独的哀叹和哭泣。尤其是那哭声，惟妙惟肖。一阵

①　莫言：《蛙》，上海文艺出版社 2006 年版，第 152 页。

②　孙惠芬：《歇马山庄》，人民文学出版社 2000 年版，第 16 页。

③　文星传：《吹个糖人来说话》，《十月》2010 年第 1 期。

风过来，撩动着悬在院子边的灵幡，也吹散了师傅吹出来的哀号，天地间陡然变得肃杀了。"① 对民间艺术夸张性的描写，在一定程度上折射出人们对民间艺术价值的高度肯定。其次，更为值得注意的是，当代乡村叙事描述、思考了民间艺术在城市化进程中的遭遇。在快速城市化冲击之下，乡村的社会、经济、文化生态发生了巨大变化，民间艺人纷纷失业、改行了。在韩少功的《乡土人物（四篇）》中，"黑皮原来是吃铜锣饭的，唱乔仔戏。打电视普及以后，铜锣饭不如从前好吃，他就拜了个师傅，改从贩蛇之业，成天骑着一辆破脚踏车，挂着两只化纤口袋，在山峒里走村串户。"② 在江虹的《百鸟朝凤》中，游家唢呐班只剩下班主游天鸣和大师兄两个人，而一直坚守着唢呐手艺的游天鸣的师傅最终也去了省城，在徒弟蓝玉的工厂里做一个门卫。文星传的《吹个糖人来说话》中吹糖人保收后来觉得吹糖人也吹不出大名堂，就买了两个远红外烤箱，开了家温州烤鸭店。当代乡村叙事还敏锐地看到了民间艺术商业化所导致的文化变异。在杨少衡的《霸王阵》③ 中，真正的民间艺术被遗忘，甚至被破坏了，伪民俗成为招商引资的噱头，政府、商人名为保护民俗文化，实为经济利益。总而言之，当代乡村叙事对民间艺术的价值是有高度认识的，对民间艺术面临的危机是充满焦虑的。

三　新视角新方法与乡村民俗价值的再发现

20 世纪 90 年代以来乡村叙事对乡村民俗书写的新变化，一方面是因为城市化背景下人们对"城市病"的批判引发了对乡村民俗文化的重新思考；另一方面则源于一些新的理论和观念带来了民俗文化研究的新的视角和方法。这些视角和方法主要表现在：一是对现代性观念的反思；二是文化人类学理论；三是非物质文化遗产观念。在这些新理论与新观念烛照之下，作家们开始以一种新的眼光审视传统乡村民俗，发现了传统乡村民俗在现代社会的特殊价值。

---

① 肖江虹：《百鸟朝凤》，《当代》2009 年第 2 期。
② 韩少功：《乡土人物（四篇）》，《2006 中国小说排行榜》，北京工业大学出版社 2007 年版，第 13 页。
③ 杨少衡：《霸王阵》，《人民文学》2002 年第 9 期。

在"后现代"观念尚未传入国内之前，人们一般认为，现代性是建立在资本主义工业文明基础之上的，与乡村文化是异质的，它不断拓展空间，吞噬着田园牧歌的农业文明。而社会发展是有客观规律的，人的意志无法改变，农业文明与乡村文化既然已经被历史的车轮碾过，丧失了存在的合理性，那么破碎、消亡都是必然的，情感上依依不舍，唱唱挽歌，进行一下临终关怀，也是可以理解的，为了满足后人怀古的兴致，学者们还可以做点标本。除此之外，倘若谈论什么保护乡村文化、复兴乡村文化、重建乡村文化，等等，都是逆流而动，是螳臂当车。但是，随着"后现代"观念的传播，人们开始意识到我们所谓的现代性只是特定历史阶段产生的启蒙现代性观念，通过不断反思现代性，人们逐渐认识到现代性是多元的，而且"现代性脱离不了各个社会的文化传统"①。对现代性的反思为保护、发展传统文化及其现实载体乡村文化提供了思想基础。正是有了这样的思想基础，在20世纪90年代之后的乡村民俗书写中，很少有将乡村民俗视为愚昧、落后的前现代遗存而加以批判的，更倾向于回归民俗本身，仅仅将其作为一种有特色的文化形态予以表现。比如刘卫星在《天地吉祥》中是这样写"哭嫁"习俗的："在临出门前，新娘子坐在母亲被窝里，母亲最后一次为女儿做饭，一碗饭端过来，有鱼有肉，鱼是有头有尾，肉是五花肉，油光锃亮的。新娘子端着这碗饭就流眼泪，这是情分也是风俗，如果出现嫁而不哭的姑娘，会被邻里看作没有教养的人，没有姑娘家的矜持，会传为笑柄。"② 唐炳良在《桥》中写道："要造桥了。河边正在举行一个仪式，东岸的桥址上摆出了香烛、酒具和鸡鱼三牲，造桥人整一整衣帽，开始带领徒工、桥董以及两岸三十六个村庄代表的村民依次跪拜，造桥人双手合十，反复跪拜时，口中似乎向桥神许下了一个什么愿。"③ 我们发现，这种对乡村民俗的"零度写作"几近于民俗学家所做的田野笔记了。

对现代性的反思使人们认识到现代文化应该具有包容性，应该是多元共生的，每一种文化形态都有其存在价值，不能粗暴地贴上落后、过时等

① 金耀基、周宪：《全球化与现代化》，《社会学研究》2003 年第 6 期。
② 刘卫星：《天地吉祥》，《钟山》2013 年第 2 期。
③ 唐炳良：《桥》，《钟山》2013 年第 4 期。

标签，但是，乡村民俗这种文化形态在现代社会究竟有何特殊意义，却还不甚了解。对此，文化人类学理论为人们理解乡村民俗提供了一个崭新的视野。文化人类学家认为，所谓文化不仅有精英阶层所创造的大传统文化，还有普通民众所创造的小传统文化，所谓"'大传统'是指一个社会里上层的士绅、知识分子所代表的文化，它是由学者、思想家、宗教家反省深思（reflective）所产生的精英文化（refined culture）；而相对地，'小传统'则是指一般社会大众，特别是乡民（peasant）或俗民（folk）所代表的生活文化"①。"小传统"文化往往是一种无文字的文化，是一种"生活文化"，恰恰是这种作为生活方式的文化在"大传统"消失之后，它还能够借助仪式、文化记忆活态地传承下来，这对保持文化传统的延续性有着重大意义。正是出于对乡村民俗作为"小传统"的重要性的深刻认识，在当代乡村叙事中，承载着儒家孝道观念的传统丧葬仪式备受关注。乡村民俗不仅是文化传统的活态载体，而且在现实生活中还有着特殊功能。对此，有些作家自觉地以文化人类学理论予以阐释，比如孙惠芬在《歇马山庄》中是这样解释乡村婚庆与收礼现象的："在歇马山庄，儿女结婚的喜庆，是串在漫长的没有变化的日子间的一个金坠，让乡下人昼里夜里打发时光有了盼头，那么在喜事上回收的礼钱便是这金坠上的宝石，使乡下人时而地能够看见庸常凡俗的日子的光辉。……广阔的土地，日头连着月亮没有变化的苍郁和寂寞，实在需要人情的搅动，到别人家搅动是出礼钱，把别人唤到自家来搅动是回收礼钱，一出一收，便是乡村相对永恒的生活主题。"② 对于乡村婚庆中的收礼现象，孙惠芬不仅没有批判，反而大谈其中所包含的"人情"对于乡村生活的重要意义，如同文化人类学家一样"同情"地阐释了这种文化习俗的合理性。

对乡村民俗现代价值的新发现还得益于非物质文化遗产保护观念。2003年，我国成为联合国教科文组织《保护非物质文化遗产国际公约》的首批缔约国；2005年，政府开展了全国性非物质文化遗产保护工程，此间

---

① 翁频：《近二十年国内外大、小传统学说研究述论》，《漳州师范学院学报》（哲学社会科学版）2009年第4期。

② 孙惠芬：《歇马山庄》，人民文学出版社2000年版，第5—6页。

虽然存在诸多问题，但毫无疑问大大促进了人们对乡村民俗文化的文化遗产价值的认识。在我国非物质文化遗产保护目录中，十大类别几乎都与乡村民俗文化相关，尤其是民间艺术，占据了十大类别中一多半。在当代乡村叙事中，民间艺术格外受到关注，尤其是民间艺术的生存状况成为叙述的焦点问题，这不能不说是受到了非物质文化遗产保护观念的影响。在个别乡村叙事作品中，还提到了非物质文化遗产保护工程，甚至对此寄予厚望。在肖江虹的《百鸟朝凤》的结尾处，村长带着省里面派下来挖掘和收集民间民俗文化的专家来到了游家唢呐班子的班主游天鸣家，想听一听正宗的唢呐班子吹一场完整的唢呐。我们发现，以民间艺术现状为主要叙述内容的乡村叙事，往往采用这样一种基本结构：先是神化民间艺术的艺术效果，然后写其由于不合时宜而面临灭失的风险，其焦虑与关切之心溢于纸上。这种焦虑与关切显然是来自对民间艺术遗产价值的深切认识，认为民间艺术是先辈们创造的宝贵的文化遗产，我们应该珍惜、保护，而不能任其在现代化过程中自生自灭。

总而言之，90 年代以来的乡村叙事基于以上几种新理论、新观念，以文学方式阐发了乡村民俗的现代价值，促进了人们重新认识传统的乡村民俗。但是，民俗作为一种活态文化，必然是与时俱进的，现代乡村民俗也在积极地吸收现代城市文化，出现了一些新兴民俗仪式。这些乡村新民俗形态的出现反映了乡村文化的现代变革。对此，当代乡村叙事也应该给予足够的关注。

第三节　乡绅文化的再发现

中国传统社会长期实行乡村自治政策，由于皇权不下乡，自治主要靠乡绅①，逐渐形成了源远流长的乡绅文化传统。所谓乡绅文化，主要是指乡绅不是凭借权力、法律治理乡村，而是以其道德与文化在乡村中

---

① 中国传统的乡绅阶层主要由科举及第未仕或落第士子、当地较有文化的中小地主、退休回乡或长期赋闲居乡养病的中小官吏、宗族元老等一批在乡村社会有影响的人物构成，其地位居于官与民之间。

施行教化，通过教化民风民俗来治理乡村，走出了一条独特的乡村治理路径。20 世纪 90 年代以来，在关注乡村文化建设问题的乡村叙事作品中，乡绅文化得到了重视，一方面，传统社会的乡绅很少被刻画为劣绅了，在"还原"乡绅本来面目的叙述中，我们发现了对传统乡绅维系、传承乡村文化功能的重新肯定；另一方面，对乡村能人的塑造中，或多或少有着乡绅化的趋势，表现出对一种通过"新乡绅"建设乡村文化的期许。

一　从"民望之首"到"土豪劣绅"

自汉代起①，尤其是宋明以降直至清末，乡绅一直为乡村"民望之首"，在乡村社会中承担着管理乡村事务、维系乡村道德文化的重任。到了清末民初，在社会现代转型过程中，乡绅阶层发生了剧烈变化，乡绅的社会地位与功能每况愈下。首先，清末废除科举，"从制度上切断了传统乡绅与国家权力直接联系的管道"②，乡绅在乡村社会中固有的角色和功能就逐渐改变了。民国年间，由于战乱频仍，乡村土匪横行，社会治安恶化，一大批有着较高文化素养的乡绅开始移居城市，强横的土豪劣绅填补了他们的权力空白，恶化了乡绅阶层的形象。抗战胜利后，共产党开始在其控制的农村地区实行土地革命和"村选政治"，以各级"劳模"和"群英"为主体的乡村新式权威逐渐控制了乡村政治生活，从根本上改造了乡村社会结构，挖掘了绅权赖以存在的社会条件，传统乡绅已经在乡村社会的权力结构中消失了。③尤其是 1949 年之后，"解放区"的乡村治理模式推向了全国，中国乡绅阶层彻底消失了。

随着现实生活中乡绅阶层的没落、消亡，乡绅的文化形象也发生了显

---

① 秋风："汉代建立起来的大一统秩序，是钱穆先生所说的'文人政府'：文士凭借着自己的道德修养、经史知识、文学技巧而登上仕途，一变而成为'士大夫'。在朝他们是'士'，执掌权力；在乡则为'绅'，管理社会。此一大格局延续两千余年，一直到 20 世纪初，士大夫群体都是社会治理及政府活动的支柱。"参见秋风：《知识分子消解了，新士绅或许在诞生》，《中国图书评论》2008 年第 3 期。

② 王先明：《乡绅权势消退的历史轨迹——世纪前期的制度变迁、革命话语与乡绅权力》，《南开学报》（哲学社会科学版）2009 年第 1 期。

③ 同上。

著变化。早在清末民初，乡绅就已经由"民望之首"蜕变为"平民之公敌"①。"五四"新文化运动之后，乡绅形象进一步恶化、脸谱化："其状态，如老者，则蓄起八字须，手拿像杖一般大的烟袋，步行的是八字脚……少年绅士呢？则鼻上架了金丝或玳瑁眼镜，手拿一根士突克，行起来，必竖起两肩，摇着身子，一步一步，睬人不起的样子缓缓踱着。人家叫他'先生'一声，他不过点一点头……"②"今之所谓绅士，迂者八股外无所知，谲者把持公事，唯利是图。"③尤其在革命话语中，"乡绅"不再是"乡贤"、"士绅"、"绅士"了，成了人人得而诛之的"土豪劣绅"。

在现当代文学史上，鲁迅率先刻画了一系列代表着落后势力的"劣绅"形象，如《阿Q正传》中的赵太爷、钱太爷，《祝福》中的鲁四老爷，《离婚》中的七大人，等等。这些乡绅成为封建专制主义制度下旧礼教、旧道德的顽固维护者，是严重阻碍整个国家现代化进程的绊脚石。这些乡绅有钱有势，作威作福。阿Q本姓赵，但是赵太爷看不起阿Q，说他不配姓赵，于是整个未庄村的人都没有人再敢提起阿Q姓赵，最后大家都忘记了阿Q究竟是不是姓赵了。《祝福》中的鲁四老爷是一个讲理学的老监生，是一个不折不扣的封建礼教的忠实信徒，仇恨新党，典型的封建卫道士。鲁四老爷强加给祥林嫂的"败坏风俗"、"不干不净"的罪名，使祥林嫂精神受到极大的摧残，迫使她将辛苦赚来的工钱全部捐给了土地庙做门槛来"赎罪"，但是鲁四老爷不承认这样的赎罪，最终祥林嫂在新年爆竹声与祝福声中死去了。对于祥林嫂的死，鲁四老爷非但不同情、怜悯，而是大骂其"谬种"，指责她不该死在新年这"祝福"的时刻，充分暴露其冷酷和极端自私的性格特点。这些乡绅不仅在政治、经济上压迫人民，而且有着文化上的优越性，这使得乡绅在乡村的威权深深内化到民众的意识中。鲁迅指出，《阿Q正传》中的赵太爷、钱太爷"大受居民的尊敬，除有钱之外，就因为都是文童的爹爹"。

---

① 《绅士为平民之公敌》，张坍、王忍之编：《辛亥革命前十年间时论选集》第3卷，三联书店1963年版，第302页。

② 步鸾：《应该打倒绅士阶级》，《中国青年》第124期，1926年6月。

③ 王树槐：《中国现代化的区域研究——江苏省》，台北中研院近史所专刊（48）1984年，第199页。

鲁迅之后，现代文学长廊中出现了一系列"土豪劣绅"形象，如叶圣陶《倪焕之》中的蒋士镰，茅盾《动摇》中的胡国光，沙汀《淘金记》中的白酱丹，艾芜《故乡》中的龙成恩，等等。这些乡绅形象绝大多数是为非作歹、欺凌乡邻的恶霸形象。即便到了新中国成立后的"十七年"时期，现实世界中乡绅在权力结构中已经消失很久了，文学对乡绅的批判力度仍未减弱，这影响了几代人对传统乡绅的认识。如梁斌《红旗谱》中老谋深算的恶霸地主冯兰池，丁玲《太阳照在桑干河上》中垂死挣扎的地主钱文贵，周立波《暴风骤雨》中老奸巨猾的地主韩老六，赵树理《李有才板话》中顽固反动的地主阎恒元等。在这些文学作品中，受到阶级斗争观念的影响，乡绅形象几乎都类型化为"土豪劣绅"，清一色都是压榨农民、强霸民女的恶霸形象，与广大劳动人民有着不共戴天的阶级仇恨。

二　"还原"传统乡绅形象

晚清以降，乡村社会中确实有很多土豪劣绅。但是，客观地说，仍然有一些乡绅继承了乡绅文化的优良传统。他们作为"四民之首"，对乡村秩序与道德文化有着自觉地维护意识，不仅负责管理宗族，调解乡邻间的民事纠纷等，还大多热衷于地方公益事业，出资兴修农田水利，兴办学校，开展救灾赈灾等，在动乱时期，乡绅还承担着组建地方武装保境安民的重任，维护着村民的生命与财产安全。史学界对近现代乡绅的社会地位与功能早就进行了深入研究，并给予了较为公允的评价。但在文学界，在既往叙事模式的影响下，直到20世纪90年代，人们才逐渐认识到近现代史上的乡绅不全是"土豪劣绅"①，才开始跳出成见，重塑近现代史上的乡绅形象。

在《白鹿原》中，陈忠实塑造了白嘉轩这样一位"正面"的乡绅形

---

① 周同宾说："当时，我们村有两家地主，都是东家领着长工干活儿。锄地，收麦，都是东家走在前头；大忙时候，东家吃高粱面面花卷儿，给长工蒸白馒，东家吃辣椒、豆豉，长工的菜里总要有腥荤。父亲说过，那两家的地，都是三亩五亩买来的，历经几代，才置下那份家业。父亲一定是从他们那里得到启发，才发奋买地的。现在回想，那两户地主的模样，远不是我后来从小说中、电影里、图画上看到的地主的可恶形象。我相信，父亲如果成为地主，也不过和村中那两家一样，他决不会成为韩老六、黄世仁、周扒皮。"周同宾：《土地梦》，《北京文学》1999年第7期。

象。白嘉轩当上族长之后，修缮了祠堂，兴办学校，请朱先生修订乡规族约，毕生践行着儒家思想。他情深义重，资助鹿三的儿子黑娃上学，称长工鹿三为三哥。他体恤乡民，关注民生疾苦，勇于为民请命。在民众的眼里，白嘉轩腰板挺得"太直太硬"，"永远是一副凛然正经八百的神情，鼓出的眼泡皮儿总是使人联想到庙里的神像"。不论是谁的言行违反了礼法，冒犯了族规，他都会毫不手软。黑娃带小蛾回原上成亲，不符合传统道义，被其拒于祠堂之外。即使是自己的亲生骨肉违反封建礼教也不例外。为了反抗官府的苛捐杂税，他策划参与了鸡毛传帖与交农事件，迫使县长向民众道歉并取消印章税。后来当局迫害具体带动闹事的几个人，白嘉轩挺身而出，为他们讲情开脱。面对久旱不雨，他亲自扮马角祈天求雨，以自己的皮肉之苦来抚慰民众焦灼的心情。为了培养孩子耕读传家，白嘉轩让次子孝武及未成年的幼子孝义跟着长工鹿三到几百里以外的山里去背粮食。"他重名节，轻生死，明是非，守节操，靠劳动发家致富，用真情善待长工，乡井里主持礼俗，乱世中独善其身。"① 在他的带动和影响下，乡民们守乡规、知礼仪，整个白鹿原被称为"仁义白鹿村"。白嘉轩身上承载着传统宗法社会的正义、善良、正直和俭朴，是"儒家道德传统的忠实实践者，他所奉行的处世之本便是仁义"②。白鹿镇的医生冷先生也是一位传统的乡绅形象，他出诊不看门楼高矮，更不因人废诊，财东用轿子抬他或用垫了毛毯的牛车拉他去，穷人拉一头毛驴接他也去，连毛驴也没有的人家请他他就步行着去了。财东给他封金赏银他照收不拒，穷汉家给几个铜元麻钱他也坦然装入衣兜，穷得一时拿不出钱的人他不逼不索甚至连问也不问，任就诊者自己到手头活便的时候给他送来。他的身上同样闪烁着儒家文化中的乐善好施、扶贫济困的道德光泽，也成了当地很有名望的人物。

在陈忠实写作《白鹿原》之后，当代乡村叙事中出现了越来越多的白嘉轩、冷先生。在赵德发的《君子梦》中，律条村族长许正芝也是一位令人肃然起敬的传统乡绅。灾荒之年，为了不让族人外出讨饭，他借出了自

---

　　① 林爱民：《好一个"大写"的地主——试析〈白鹿原〉中白嘉轩形象的创新意义》，《名作欣赏》2008 年第 2 期。

　　② 李秋梅等：《〈白鹿原〉中白嘉轩形象对儒家文化的阐释》，《石家庄经济学院学报》2004 年第 2 期。

家所有钱粮积蓄，不仅如此，他还低价卖了几十亩地，气得忠心耿耿的老管家杨麻子辞职了，他见挽留不住，又不计利息高低地去借了二百大洋作为杨麻子的工钱，杨麻子深受感动当场跪倒在地。他的德行也感动了村民，穷汉油饼再次从他家借了活命钱，回到家掏出两块银元给老婆时：

> 老婆脸上露了露喜色却垂下泪来，说："族长割自己身上的肉给咱吃，咱真忍心吃呀？"
> 这话说得油饼低了头。他眨了一会儿眼抬头说："就这一回，以后再也不啦。"①

许正芝笃信明代大儒吕坤的学说，认为"修身是自明明德，但这还不够，还要将此推及众人，让大家都止于至善之地而不迁。也就是说不光自己做君子，还要让众人都做君子"②。为此，每有族人犯规，他不去以族长权力惩戒犯规者，而是当众在自己额头上用烧红的烙铁烙下一个烙印，以这个标记让族人不忘犯规的耻辱。他的行为震撼了族人：

> 看着族长额头上的烙印，闻着族长皮肉化成的焦煳味儿，除了三位族老，其他人一齐跪倒，许多人哭出声来。
> 八十七岁的许瀚珍望着这一幕老泪纵横，他颤巍巍走到家庙门口说道："小的们，记着吧！好好记着吧！再也甭生歹心做坏事啦！"
> 人群里有人叫起来："谁再那样，不得好死！"许多人立即随声附和："对，咱再那样不得好死！"③

当代乡村叙事重塑了一大批传统乡绅的正面形象，在努力"还原"传统乡绅形象。这甚至影响了一些并非重点塑造传统乡绅的作品。在一些涉及传统乡绅的作品中，也往往是白嘉轩、冷先生类型的，而不再是"土豪

---

① 赵德发：《君子梦》，安徽文艺出版社 2014 年版，第 119 页。
② 同上书，第 40 页。
③ 赵德发：《君子梦》，安徽文艺出版社 2014 年版，第 60 页。

劣绅"了。如莫言《生死疲劳》中的西门闹，小说虽然对其作为乡绅时的行为着墨不多，就在其简略的交代中，我们已经看到，西门闹是一个"读过私塾、识文解字、堂堂的乡绅"①，他"热爱劳动，勤俭持家，修桥补路，乐善好施"，高密东北乡的每座庙里都有他捐钱重塑的神像，高密东北乡的每个穷人都吃过他施舍的粮食，是"一个善良的人，一个正直的人，一个大好人"②。

　　当代乡村叙事对传统乡绅正面形象的重塑，不仅有利于我们全面认识近现代史上的乡绅，而且有利于我们重新认识乡绅在乡村社会中的重要功能。尤其是陈忠实浓墨重彩地塑造白嘉轩、冷先生，赵德发塑造的许正芝等恪守儒家传统的乡绅形象，突出了这些优秀乡绅的言行对村民的示范、教化意义，挖掘了传统乡绅文化对于建构良序的乡村社会的重要价值，这对我们今天开展的社会主义新农村文化建设仍然不失一定的启示价值。纵观乡绅文化的历史就会发现，传统的乡绅文化也是中华优秀文化传统的重要组成部分，是值得珍视的宝贵的文化遗产。在现代社会，虽然社会与文化变迁极其剧烈，但是，"乡绅精神和乡绅文化的传承者大有人在"，在广大农村还蕴藏着乡绅文化的种子和气息③，这在建设新农村文化过程中是应该用心发掘、传承的。

三　萌芽中的新乡绅

　　在 20 世纪 90 年代以来的乡村叙事中，我们发现了一些既有现代性一面，又有传统乡绅精神的"新乡绅"雏形。孙立平认为，在当代乡村社会中，以村干部为主的当代乡村精英其实就是现代的"新乡绅"④。这些乡绅化的乡村精英，不管是村干部，还是"农民企业家"，他们大多讲诚信、做事公道、乐善好施，对筑路、修桥、建水库等公益事业十分热心，对有困难的乡民能慷慨解囊，凭着自己高尚的人格魅力，获得了乡亲们的尊敬和

---

① 莫言：《生死疲劳》，作家出版社 2012 年版，第 9 页。
② 同上书，第 4 页。
③ 解晓燕、冯广华：《乡绅文化与新农村建设新探》，《山西农业大学学报》（社会科学版）2010 年第 4 期。
④ 孙立平：《1990 年代中期以来中国社会结构的裂变》，《天涯》2006 年第 2 期。

爱戴，在当代乡村社会中扮演着类似于传统乡绅的社会角色。

在赵德发的《君子梦》中，律条村新任负责人许景行无疑受到了嗣父许正芝潜移默化的影响，处处以身作则，以德服人。在缺吃少穿的 1960 年代，把自家所剩无几的地瓜送了半篮子给村里偷懒耍刁、好偷偷摸摸的许合昌，感动得许合昌当即保证再也不在夜里去偷集体的东西了。在蒋子龙《农民帝国》中，郭存先也是一位乡绅化的乡村精英。他非常有能力，有智慧，做事胆大心细。做队长时，他"利用"上面的政策大胆给农民"借地"，变相开创了家庭联产承包责任制。对上级调查组有意见却不说，而是动员党团员骨干带头，带动群众主动向调查组反映情况，协助他们搞好调查，以致郭家店的人像商量好了似的排着队到"调查组"反映情况，让调查组的人连吃饭上厕所的时间都没有，最后狼狈撤离。他除了让村民种好地，还找寻一切赚钱的门道，先后建立了电器厂、化工厂、砖窑厂、电磨房、建筑公司、木器厂、建筑材料厂……郭存先不仅有智慧、有能力，更重要的是，他有着人格魅力。他为人实诚，做木工活从不偷懒耍奸，在这家干完了才接另一家，这为他在乡村社会赢得了好声名。他生性强悍而不失善良，在南下"砍棺材"途中解救了遭饿狗围困的孩子，还把自己辛苦挣来的粮食分给饥饿的陌生人吃。他还古道热肠地倾其所有体面地埋葬了朱雪珍的父亲。他为善不图回报，当刘嫂以身相报时，他没有见色起意，说："我给你干活是我乐意，绝没想要你什么东西，我要是欺负你们孤儿寡母，还算个人吗！"像郭存先这样有智慧、有能力、有德行的乡村精英，在现代乡村社会中的威望丝毫不亚于传统乡村社会中的乡绅，而且这种威望主要来自于自身的德行，而不是行政力量。在李佩甫的《羊的门》中，豫中平原呼家堡的呼天成同样是一位在乡村社会中拥有极高威望的"新乡绅"。他一手打造了乌托邦一般的呼家堡，他不仅给呼家堡人带来了幸福生活，还言而有信，乐于成人之美，凭借着智慧与德行，赢得了呼家堡村民的敬仰。他先后领导了呼家堡四代人，呼家堡人甚至觉得"没有呼伯，我们怎么活呢？"在和军校的《薛文化当官记》中，薛文化也是凭借德行赢得了人心，当苏副乡长到村里宣布乡政府决定将薛文化停职调查时，他过去的"政敌"刘石匠揪住了苏副乡长的领口，赵木匠揪住了苏副乡长的头发，周秩序拧住了苏副乡长的胳臂……①这些当初的"政敌"全部成了薛文化的忠实拥护者。在关仁山的长篇小说《日头》② 中，金沐灶不仅处处为村民着想，帮村里招商引资，为村民推销大米，收养孤儿，甚至为重建魁星阁一辈子未结婚。金沐灶不仅有德行，而且有思想，在自己的厂矿使村里一片繁荣之时，居然开始反思发展经济对乡村资源与环境的破坏，面对短视的政绩追求与资本联手对乡村社会生态的严重破坏，他非常深刻地提出了"农民主体观"。

在当代乡村叙事中，"新乡绅"大都继承了传统乡绅以德服人的优良传统，但与传统乡绅相比，他们身上有着诸多时代的新因素。首先，这些"新乡绅"不仅为村民主持公道，妥善处理乡村事务，而且能够一心为公。一心为公是集体经济所要求的一种新道德，在实行家庭联产承包责任制之后，集体经济大大弱化了，相应地，一心为公已经很难成为人们所向往的美德了。但我们惊讶地发现，这些"新乡绅"往往通过兴办集体所有的工厂来带领全村人共同致富，不管是《君子梦》中的许景行，《农民帝国》中的郭存先，还是《羊的门》中的呼天成，都是一心为公的带头人，由此赢得了村民的拥戴，其间理想主义色彩是显而易见的。其次，"新乡绅"虽然个人有着良好的德行，但他们并不以此要求村民，教化村民，换句话说，他们并不把醇化乡风民俗作为己任，而是把为民谋取经济利益作为首要任务。《羊的门》也许是个例外，呼天成是非常看重在思想意识层面改造村民的，但却不是道德的改造，而是通过"唱红歌"等，进行意识形态的改造。

再次，这些"新乡绅"大多是土生土长的乡村精英，没有接受过系统的现代教育，有的缺乏现代文明理念，甚至缺乏法制意识。在《农民帝国》中，郭存先不知不觉地开始以郭家店的救世主、财神爷自居，"让整个村子以无限崇拜的方式过度依赖他这个经济强人。决策、管理、运行完全随他的心意，根本没有体制化"，最终变得肆无忌惮地行使着权力，纵容犯罪、包庇罪犯、妨碍执法，甚至非法拘禁执法警察，最后身陷囹圄。在《羊的门》中，呼天成不仅是呼家堡的上帝，还通过交接高层，影响、左右地方

---

① 和军校：《薛文化当官记》，《中国作家》2008 年第 18 期。
② 关仁山：《日头》，人民文学出版社 2014 年版。

政治，变成地方官场的教主。《农民帝国》与《羊的门》提醒我们，现代"新乡绅"必须对市场经济、民主政治等现代观念有深刻理解，才能真正成为维系乡村社会健康发展的精英，否则，就可能会畸变出一种怪胎。此外，现代乡村社会的乡村精英如果未能进入基层政权组织，他就几乎丧失了参与乡村自治的机会，也就难以称其为"新乡绅"。在现实社会中，乡村那些有德行的老人、退休的乡村教师等，很少有机会参与乡村管理，而在传统社会中，这些人则可以凭借乡贤身份，参与调解乡村纠纷，发挥其作为乡绅的社会功能。

就传统乡绅的社会功能而言，主要在两个方面，一是维持乡村自治；二是通过制定、执行乡规民约，醇化、维系乡村礼俗。这是有着密切内在关联的两个方面。相比较而言，当代乡村社会土生土长的"新乡绅"却将这两个方面割裂了，他们受到学识与思想所限，大多没有形成系统的伦理道德与政治观念，这就导致他们自身虽然具备诸多优良品质，却无力推己及人，移风易俗。相比较而言，那些退休回乡居住的老教师、老医生等，倒是有可能成为现代乡村社会真正的"新乡绅"。他们有文化，在乡村非常受尊重，言行在乡村社会具有一定模范意义，几近于传统社会中致仕回乡的官员，能在潜移默化中影响乡村社会礼俗。更为重要的是，他们一般都接受过系统的现代教育，有可能在乡村传播现代文明，促进现代乡村文化的健康发展。如贺享雍的《人心不古（乡村志）》①中，县中退休校长贺世普出任何家湾村"退休返乡老年协会"会长，利用自己的声望，开展村民事务调解，宣传普及法律知识，推行文明生活方式等工作。众所周知，在现实生活中，农村面临最严重的困境是"农村村庄空壳化、空心化、散沙化"，农村文化荒漠化，由于乡村精英不断流失，现代农村知识阶层断层问题严重②，来自乡村的知识精英退休后返乡也许是解决现代农村知识阶层断层问题的一个有效方法。在小说中，由于贺世普的现代理念与乡村习俗道德之间存在尖锐对立，贺世普最终无奈地再次离开了乡村，这说明久离乡土的知识分子返乡之后还可能遭遇"不接地气"问题。但这是一个因人而

---

① 贺享雍：《人心不古》（乡村志），四川文艺出版社 2014 年版。
② 阳信生：《现代"新乡绅"研究三题》，《文史博览》2013 年第 10 期。

异、可以克服的问题，并不足以否定知识分子返乡成为"新乡绅"参与乡村建设的可行性。

总而言之，当代乡村叙事对乡绅文化的再发现，尤其像《白鹿原》这样史诗般的巨著，形象而深刻地诠释了传统乡绅文化在乡村自治过程中的运行方式和价值意义，为当代乡村文化建设提供了新的参考路径，深化了我们对当代乡村文化建设过程中如何处理好传统文化与现代文明关系的认识。

余论　城市化进程与乡村叙事的文化互动

所谓城市化进程与乡村叙事的文化互动，概括说就是通过文学和影视的乡村叙事来探讨城乡文化互动的可能性以及这种互动对城市化进程的积极意义。长期以来，由于乡村现代化起步的先天不足，加之城乡文化二元思维模式的影响，我们更多地关注城市文化对乡村的改变和影响，希望通过一种单向度的路径将现代理念、先进文化等直接植入乡村而完成乡村的现代化。这种做法切断了城市文化和乡村文化的有机联系，导致了乡村文化的衰颓。针对如此情况，本书更多地从乡村文化角度着眼，在描述城乡文化现状的基础上，寻找乡村文化价值重建的可能，探寻城乡文化互动的路径，并进而构建"现代城乡文化共同体"。

一　城乡文化互动的可能性

城乡文化互动在中国有着悠久的历史传统。在前现代的农业社会中，城市与乡村在文化上是同质的，均属于农业文化，两者之间是一种和谐共生的有机关系，城乡文化的互动没有任何障碍。正如王钧林所言："乡村文化相对于城市文化而言，在传统农业社会里，两者只有分布上的差别而无性质上的不同……乡村始终是中国传统文化的汪洋大海，而城市不过是这汪洋大海中零星散处的岛屿。"①

而在现代社会中，城市与乡村意味着现代与传统两种社会形态，意味着文明与落后两种价值观念，甚至意味着两种社会身份。它们分属于工业文明和农业文明两种不同性质的文化。在代表着现代文明的城市文化的强

---

① 王钧林：《近代乡村文化的衰落》，《学术月刊》1995 年第 10 期。

势冲击下，乡村文化遭遇了严重的危机。这种种表征反映在乡土小说中，就使乡村集聚了前工业时代的贫困、工业时代的骚乱和后工业时代的荒诞，形成了驳杂、混乱、矛盾的乡村意象，凸现了现代城市与前现代乡村之间的二元对立关系。

但正如本书前面所述，即使在这种非理想的现实环境中，城乡文化的互动仍然潜在地存在，乡村文化作为一种审美文化资源仍然与城市文化发生着若隐若现的联系。随着城市化进程的深入，面对城市的物欲和贪婪，人们对传统乡村田园生活的向往越来越迫切，乡愁弥漫在国人的心中。现实的乡村虽然存在许多不美好，但千百年来它所凝聚的文化意象和呈现的诗意存在仍然是我们心灵的皈依，精神的家园。这也就是说，虽然目前乡村对大多数人而言更多只是文化上的意义，是一种形而上的存在，但这无碍城乡文化的再次拥抱和互动。城市的功利、欲望、拼搏，乡村的自在、宁静、悠闲，两者对人而言具有同等的重要性，缺失了乡村生活的文化诗意，我们就失去了理想的生活状态。

实际上，这样一种对理想生活的愿景和诉求来自于对城市化进程中出现的许多弊病的逃离和抗争。在政治变幻莫测，经济此消彼长，生活和精神漂泊无定的现代社会中，人已经被从地球上连根拔起。在这种无家可归的状态中，人类寻找着生存的意义，而乡村叙事对"精神家园"的追寻正是对人类存在的文化美学意义的探求，是想在生存与文化、与大自然的巨大鸿沟中重建人与世界、人与自然的有机联系。借用江堤对新乡土诗的评价："新乡土诗的本质指向，是人类生命永恒的家园，是精神处于悬置状态的现代人类对劳动者与大自然化合状态中呈现出的健康、朴素美德的追取……"[①] 也就是说，乡村小说回望故乡、回归家园，只是希望撷取故乡记忆中美好的、温馨的片断来构造和营建一个符合现代人精神需求的"诗意的栖息地"。在这个意义上，"乡土已经不是一种物质存在，而是被对象化的理念形态，是对抗着存在于传统或现实机体中一切理性或非理性之病恶的理想结晶，是人类赖以诗意地栖居的精神家园，所谓回家，也就不是一种现实行为，而只能是精神回家，是现实途径中的心灵休憩与理想烛照，是

---

① 江堤：《新乡土诗派作品选》，湖南文艺出版社1998年版，第332页。

指向未来的无由及之而心向往之的理想情怀。"① 从这个角度看，乡村叙事通过对乡村的想象和再造建构的"精神家园"是作家新的人文价值建构的一种尝试，是对现代性带来的负面影响的某种调适或拯救。

城市与乡村，代表着美好生活的两极。这一特征意味着城乡文化之间存在着天然的联系，城乡文化之间的互动是符合人的精神和心理需求的。我们可以吸收传统乡村文化中具有生命力、创造力的文化元素，吸收那些具有田园诗意的文化资源，共同参与建设理想生活，以增强人们的文化认同感、家园感，满足人们的心理和精神需求，进而完成现代城乡文化的新的融合。

二　乡村文化价值的重建

现代化进程一头连着城市，一头连着乡村，城市化不是城市的独角戏。从城乡文化一体化角度看，乡村文化内蕴的和谐、生态、天人合一等理念，乡村文化固有的民俗和民间文艺等文化形态对于我们了解乡村的文化历史，延续民族的文化记忆无疑有着不可替代的重要价值，都应该参与城乡文化的共建，以增强民族文化的认同感。

首先，乡村生活作为人类的一种极其重要的生活方式，它有着城市生活无法取代的功能与价值。在技术主义、消费文化的全球化语境下，人的生存和文化同时陷入深渊。自我、社会、自然、人类、传统、信仰以及思维都在漂浮中失落，人一方面追逐世俗的、物质的享受和放纵，变得日益平庸、从众、刻板、单一；另一方面在追逐现实功利的同时破坏了人与人、人与大自然、人与社会的和谐统一，而最终成为物的奴隶，人性因此而发生极大的扭曲和异化。

乡村叙事通过对乡村日常生活的发掘和想象，寻找到了一种来自乡村生活原型的理想生存方式——一种自由的、个体化和本真的生存状态，也即是海德格尔称之为"诗意地栖居"的生存方式。比如前面提到的韩少功的《山南水北》、孙惠芬的《上塘书》、迟子建的《额尔古纳河右岸》、刘庆邦的《月光依旧》等乡村小说，呈现给读者的是一幅乡村生态和谐的图

---

① 夏子：《乡土文学的家园意识》，《华中科技大学学报》（哲学社会科学版）2001 年第 3 期。

景：淳朴的民心、健康的人性、亲和的自然、和谐的环境。在这样的想象图景中，乡村生活是一种可以亲近土地、亲近自然、悠闲健康的"慢生活"。尤其是当人们以"慢生活是一种高品质的生活方式"这样的现代理念来重新打量乡村时，他们重新发现了乡村日常生活的悠闲、宁静，看到了一种来自于乡村的本真的生活状态。

孙惠芬的小说《吉宽的马车》讲述一个懒汉为了爱情离开自己心爱的乡村和马车，在城市经历了种种挫折、爱情失败重回家乡的故事。作者的高明在于窥见了吉宽喜欢乡村闲散生活背后的意义："我由此走进懒汉的世界，懂得梭罗在《瓦尔登湖》里'懒惰是一笔财富'的说法。在这样的价值观里，我找到另一个不曾发现的世界。"① 从吉宽身上，作者看到了另外一种生活："幸福生活的本意是宁静和安详，但在一切都快速发展的今天，宁静和安详永远只是梦想。"② 吉宽曾对一心想嫁给有钱人的许妹娜说过："有一种生活你永远不懂"，似乎印证了作者"懒惰是一笔财富"的说法。吉宽的马车，以落伍的形象，出现在当代人的视野，但它所带来的田野的朴素的气息和对没有羁绊的心灵生活的追求，令深陷在城市快节奏中的人们，感受到了一种别样的情调，一种对当下生活的怀疑和思索。总之，吉宽的马车，已经成为作者精神的象征，一种理想的返璞归真。它改变了作者以往通过描写农村人经过自己的奋斗而获得城市生活要想表述的一些东西，而是以另一种方式提醒人们，一个人拼命奋斗获得物质的过程，其实是人的一种异化的过程，是精神家园丧失的过程。因此，吉宽的返乡，不仅仅是人的返乡，而且是精神的回归。

其次，乡村民俗在促进文化认同方面具有重要意义，是维系我们文化记忆和情感的重要纽带。如前所述，民俗是一个国家或民族中广大民众所创造、享用和传承的生活文化，它包括物质生产习俗（有关农业、狩猎、游牧、渔业、工匠、商业与交通的民俗）、社会生活民俗（有关饮食、服饰、居住、建筑的民俗）、社会组织民俗（有关宗教、社团、社区的民俗）、岁时节日民俗、人生仪式民俗（有关诞生、成年、婚嫁、丧葬的民俗）、信

---

① 郝岩：《孙惠芬再写"乡下人进城"》，《大连晚报》2007 年 5 月 16 日。
② 同上。

仰民俗、民间科学技术、民间口头文学、民间语言、民间艺术、民间游戏娱乐等众多方面。① 乡村民俗作为人类精神生活和行为方式的一种重要表现形式不仅历史悠久，而且影响极其广泛，是一个民族特有的生活方式、生活智慧、思维方式、想象力和文化意识的独特体现。

文化人类学家认为，所谓文化不仅有精英阶层所创造的大传统文化，还有普通民众所创造的小传统文化。小传统"文化往往是一种无文字的文化，是一种"生活文化"，恰恰是这种作为生活方式的文化在"大传统"消失之后，它还能够借助仪式、文化记忆活态地传承下来，这对保持文化传统的延续性有着重大意义。总之，民俗作为乡村文化的符码和载体是维系我们文化记忆和情感的重要纽带，可以为流动的乡村和城市人群建构一种"无场所的记忆"。现代社会生活与文化空间中散落着大量的乡土文化符码与民俗，它能唤醒人们沉睡的乡土文化记忆，使我们无处不在的乡愁有所附丽。

三　城乡文化互动的路径

研究城乡文化的互动是为了弥补城乡文化发展的严重不平衡，寻找医治"城市病"、"乡村病"的药方，并从文化的层面促进城乡关系的协调发展。城乡文化互动的路径有很多，结合本书的论述，我们将主要观点归纳如下。

（一）建构"现代城乡文化共同体"

建构"现代城乡文化共同体"是城乡文化互动的前提和目标，也是城乡文化一体化的重要内核。所谓城乡文化一体化并非就是广电网络村村通，定期送文化下乡，建设乡村文化站，让乡村居民共享都市文化等，其关键是建构"现代城乡文化共同体"，深层次地解决文化失忆与文化认同危机问题，从而强化社会的内聚力，使得每一个社会成员都不再觉得自己是一个个孤独的个体，而是觉得每个人在精神上都是相互关联的。在此基础上，才能建构起新型的城乡关系，使得城市与乡村都成为宜居之所，使得城市与乡村仅仅意味着不同的生活环境与生活方式，而不是两个世界、两种社

---

① 侯忠义：《古代小说与民俗》，山西人民出版社 2005 年版，第 8 页。

会身份与两种文化身份。这种新型的"现代城乡文化共同体"与传统社会的城乡文化共同体有着本质上的不同。首先，它具有现代性，是在当代历史条件下，符合当代中国社会发展取向的，适应当代人精神需要的一种新型文化形态；其次，它不是同质的、均衡的，而是包容着多元性与差异性的统一体，它不仅吸纳、融合了城市与乡村两种文化形态的要素，而且吸纳、包容着不同的地域文化与民族文化；最后，它有着多层次的互动性，共同体内的各种文化元素不是松散地聚合到一起，而是形成了一种有机的相互联系，在互动过程中勃发着生机，从而不断生长、更新、发展，而不是像传统社会的城乡文化共同体那样具有一种超稳定性。

如前所述，我们设想的"现代城乡文化共同体"由三个层面构成，第一个层面是观念层面。城乡文化共同体一方面要坚持现代性取向，融入平等、民主、法制等理念，与时俱进，追求创新；另一方面，又要保持文化传承的连续性，在汲古中创新。基于农业文明所形成的和谐、系统、生态等文化理念，完全可以为现代文明所吸纳，以补现代工业文明之偏执。

第二个层面是共同的文化记忆，主要是乡土文化记忆。中华民族成员不管走到哪里，心底都有一种共同的乡愁，即对乡土文化的记忆与想象。乡土文化记忆不仅仅来自直接的乡村生活经验，来自我们生活的小城镇，作为一种文化积淀，它已经成为一种集体无意识，一直流淌在每一位中华民族成员的血脉中。

第三个层面是器物、符号、形象层面，包括大量的乡土文化符码与形象。这一整套符号体系使得文化记忆得以附丽，可以为流动的乡村居民建构一种"无场所的记忆"。在忙碌的现代生活中，乡土文化记忆往往处于沉睡状态，但是，它又时常会飘上心头，化为甜蜜的乡愁。只有现代社会生活与文化空间中散落的大量的乡土文化符码与民俗，才可能时常唤醒人们沉睡的乡土文化记忆，才能让乡愁有所寄托。

（二）建设人文城市群

人文城市群建设是城乡文化互动，尤其是城乡文化一体化的得力举措，也是破除城乡文化二元结构的有效途径。所谓人文城市群，就是超越过去对于城市和都市的局限，用城市群的模式来重新整合城乡文化关系，让城乡居民在身份、观念、心理等各方面达到相互认同。城市群原为戈士曼所提出的一种有别于单体城市和传统意义上大城市的概念，这种形态不仅仅是规模更大，更重要的是相互联系紧密，科学合理分布。对于城乡文化而言还有一层内涵，就是：城市与乡村并不是主次、高低、中心与边缘的关系，这与过去的城乡关系有着显著的不同，当然也就必然颠覆人们观念层面的城乡差异性，从而有助于加强城乡间的互动。

人文城市群有别于以往城乡关系中一方迅速发展而另一方却持续衰退的模式，是一种以城乡协调、共同发展为根本目标的新形态。正如有学者所言："在形态上具有'组团发展'特征、在机制上形成'共生互动'的'城市群'，逐渐成为当今世界城市化和区域发展的主流趋势，其特点和作用是通过高稠密城镇基础设施和高效率流通网络体系，建立合理的城市分工和层级体系，促进区域内大都市、中小城市、乡镇、农村协调发展。"①从这段话中不难看出，"协调发展"是城乡文化整合的应有之义。城市群的本质应是人文性，正是一种人与人、人与环境、城市与乡村共生的关系，这是城市群有别于过去城市和大都市的核心内涵。同时，城市群系统中的乡村也不再是边缘地带，而成为重要的一环。如果把城市和乡村结合起来思考的话，可以从我国千姿百态的区域城乡文化入手，充分认识广大乡村文化的多样性、丰富性以及乡村自身的生命力，在大视野中合理调配各种资源，不仅建设人文城市，同时建设人文乡村，让城市和乡村联动发展。这不是简单的"1＋1"，而是在文化互动基础上的一种融合，最终必然要表现为城市和乡村同时兼具的一种文化自信。在此推动下，使两者都能走上良性的轨道。这也是最终建构城乡文化共同体的宏观指导。

（三）重视农民工的文化培育

在乡村叙事的视野里，农民工是城乡文化互动的主要承担者，是城乡文化互动的触媒和桥梁。作为"在路上"的漂泊者，农民工一方面努力地适应城市，融入城市，他们中的一部分人将资金、技术以及文明带回家乡，逐渐成为家乡走向现代化的重要桥梁；另一方面他们又将乡村的文化记忆、美好人性带进了城市，温暖和改变着被物欲和金钱侵蚀的人性，成为名副其实的文化纽带。

---

① 刘士林：《中国城市群的发展现状与文化转型》，《江苏行政学院学报》2015年第5期。

但就农民工的整体现状而言，他们在城市的融入度还不高，对城市文化的认同尚存在障碍，如果要让他们早日成为城乡文化互动的媒介，成为城乡现代化的主力军，就有必要提高他们的文化素养，将农民工尤其是青年农民工文化生活纳入城市文化体系，帮助他们从边缘状态中走出来，真正融入城市。根据课题组调研情况，我们就青年农民工的文化培育提出如下建议。

1. 围绕青年农民工的教育需求，有针对性开展继续教育和职业教育。由于青年农民工文化程度普遍较低，迫切需要有针对性地开展继续教育和职业教育。一是加强基层调研，充分了解农民工的教育结构，增加对青年农民工的职业教育体系和文化提升渠道的投入，推动城市教育公平化，以解决他们的心理和家庭负担。二是对职业教育和培训体系进行改革，针对城市用工需要对青年农民工开展系统和长期的培训，鼓励兴办企业学校，加快完善劳动预备制度，对初、高中毕业生进行为期1—3年的就业前培训和职业教育，使其掌握一定的职业技能或取得相应的职业资格。三是充分利用开放教育体系，把课堂教育、网络远程教育、自学函授等结合起来，定期进行学业监控，对青年农民工的自学进行有计划的系统扶持帮助和引导。

2. 加大政府投入，将青年农民工作为文化惠民工程的重要群体。以常住人口数量核定文化活动的场地、经费的投入额度，将青年农民工的文化需求纳入城市公共文化服务体系建设之中，积极开展有针对性的文化惠民服务工程，推进公共文化服务均等化。一是实行文化活动价格优惠措施。政府要通过制定优惠政策、财政补贴、购买服务等形式，鼓励文化企业为其提供有针对性的、低价位的文化产品，比如中低价位的亲民演出、优惠的电影票、免费的艺术展以及图书折扣等。二是开展送文化上门活动。即送书、送演出、送讲座等上门服务，尤其是针对青年人的心理，定期开展文化讲座，全面提升他们的文化素质。三是加强流动文化服务网点建设。在某些农民工流动性较大的地方，可以设立流动文化服务网点，统一管理。

3. 建立奖励激励机制，努力营造关心青年农民工文化生活的社会氛围。第一，加大激励考核力度。以新型城镇化的总目标为切入点，把青年农民工的文化融入、艺术文化需求满意度作为相关部门的考核内容，积极营造城乡平等的氛围。以社区、企业区域为单位，对青年农民工从事文艺创作予以大力扶持和激励，如设置年度文学创作比赛、音乐比赛和美术比赛等，充分挖掘其创造性和潜力。第二，加大表彰奖励力度。每年召开青年农民工表彰大会，对涌现出的创作者、科技发明者和积极参与者给予奖励，提高他们参与教科文活动的积极性。大力宣传青年农民工的正面事迹，特别是对城市建设的巨大贡献，让城市居民了解他们，以消除城市居民和青年农民工的心理隔阂，为他们更好地融入城市文化生活创造条件。第三，加大宣传报道力度。引导企业和电视台、电台、报社、网站等建立信息联系，积极聚焦、报道青年农民工的生活状况，贴近他们的喜怒哀乐，传递他们的生活诉求。

四　结语

城乡协调发展是城市化的终极目标。没有农村的现代化就没有中国的现代化。所谓"城乡一体化"不是说乡村变得和城市一模一样，也不是让农民的生活变得和城市居民一个样，而是寻求一种良性互动的城乡关系，在城乡互助互利、效益互补、利益共享、责任共担的原则下，使每一方的发展都有利，形成一种城乡关系的良性互动。

城乡文化的协调发展是城乡协调发展的重要环节，没有人的现代化，就没有现代化的真正实现。中国现代化的迅猛推进，既为百姓生活带来了更多的福祉，也不可避免地造成了乡村的贫困和衰退以及城市的异化和精神的贫血。面对这样的困境，我们需要面对事实，对城市化进程中出现的文化问题进行思考。这种思考应该是基于现代化整体立场的思考，是基于传统与现代价值的充分融汇的批判性思考，既清除乡村文化中有悖于现代社会民主、平等、科学、理性等原则的消极性内容，又将淳朴良善的人伦风情纳入现代性精神建构的基本框架，以"有根的现代性"为指导，重建新的民族精神和城乡文化共同体。

参考文献

1. ［匈］阿格妮丝·赫勒:《日常生活》，衣俊卿译，重庆出版社 2010 年版。

2. ［印］阿马蒂亚·森:《贫困与饥荒》，王宇等译，商务印书馆 2001 年版。

3. ［英］阿诺德·汤因比:《历史研究》，曹未风译，上海人民出版社 1986 年版。

4. ［英］埃比尼泽·霍华德:《明日的田园城市》，金经元译，商务印书馆 2000 年版。

5. ［英］爱德华·吉本:《罗马帝国衰亡史》，黄宜思、黄雨石译，商务印书馆 1997 年版。

6. ［德］奥斯瓦尔德·斯宾格勒:《西方的没落》，齐世荣、田农等译，商务印书馆 2001 年版。

7. ［美］白苏珊:《乡村中国的权力与财富》，朗友兴等译，浙江人民出版社 2009 年版。

8. ［法］波德里亚:《消费社会》，刘成富、全志钢译，南京大学出版社 2008 年版。

9. ［美］伯恩斯等:《世界文明史》，罗经国等译，商务印书馆 1987 年版。

10. ［丹麦］勃兰兑斯:《十九世纪文学主流》，高中甫译，人民文学出版社 1997 年版。

11. ［美］布罗茨基等:《见证与愉悦》，黄灿然译，百花文艺出版社 1999 年版。

12. ［加］查尔斯·泰勒：《自我的根源：现代认同的形成》，韩震译，译林出版社 2001 年版。

13. ［英］戴维·英格利斯：《文化与日常生活》，张秋月、周雷亚译，中央编译出版社 2010 年版。

14. ［英］戴维－弗里斯比：《现代性的碎片：齐美尔－克拉考尔和本雅明作品中的现代性理论》，卢晖临、周怡、李林艳译，商务印书馆 2003 年版。

15. ［美］丹尼斯·米都斯等：《增长的极限——罗马俱乐部关于人类困境的报告》，李宝恒译，吉林人民出版社 1997 年版。

16. ［英］德波顿：《身份的焦虑》，陈广兴、南治国译，上海译文出版社 2009 年版。

17. ［美］杜赞奇：《文化、权力与国家》，王福明译，江苏人民出版社 1996 年版。

18. ［德］恩斯特·卡西尔：《人论》，甘阳译，上海译文出版社 1985 年版。

19. ［美］弗里德曼等：《中国乡村，社会主义国家》，陶鹤山译，社会科学文献出版社 2002 年版。

20. ［加］戈德罗：《从文学到影片：叙事体系》，刘云舟译，商务印书馆 2010 年版。

21. ［美］格尔茨：《文化的解释》，韩莉译，译林出版社 1999 年版。

22. ［比利时］亨利·皮雷纳：《中世纪的城市》，陈国樑译，商务印书馆 2006 年版。

23. ［英］亨利·斯坦利·贝内特：《英国庄园生活》，龙秀清等译，上海人民出版社 2005 年版。

24. ［美］黄宗智：《华北的小农经济与社会变迁》，中华书局 2000 年版。

25. ［美］黄宗智：《长江三角洲小农家庭与社会发展》，中华书局 2000 年版。

26. ［法］基佐：《欧洲文明史》，程洪逵、沅芷译，商务印书馆 2005 年版。

27. ［美］吉尔伯特·罗兹曼：《中国的现代化》，国家社会科学基金"比较现代化"课题组译，江苏人民出版社 2003 年版。

28. ［英］J. G. 弗雷泽：《金枝》，汪培基、徐育新、张泽石译，商务印书馆 2012 年版。

29. ［加］简·雅各布斯：《美国大城市的死与生》，金衡山译，译林出版社 2005 年版。

30. ［德］卡尔·雅斯贝斯：《历史的起源与目标》，魏楚雄、俞新天译，华夏出版社 1989 年版。

31. ［法］拉巴·拉马尔主编：《多元文化视野下的土壤与社会》，张璐译，商务印书馆 2005 年版。

32. ［美］兰德尔·菲茨杰拉德：《百年谎言》，但汉松等译，北京师范大学出版社 2007 年版。

33. ［美］李怀印：《华北村治》，中华书局 2008 年版。

34. ［美］刘易斯·芒福德：《城市发展史——起源、演变和前景》，宋俊岭、倪文彦译，中国建筑工业出版社 2005 年版。

35. ［法］吕西安·戈德曼：《论小说的社会学》，吴岳添译，中国社会科学出版社 1988 年版。

36. ［美］马尔科姆·考利：《流放者归来》，张承谟译，重庆出版社 2006 年版。

37. ［法］马克·布洛赫：《法国农村史》，余中先等译，商务印书馆 2003 年版。

38. ［德］马克思、恩格斯：《马克思恩格斯全集》第 2 卷，人民出版社 1957 年版。

39. ［美］马若孟：《中国农民经济》，史建云译，江苏人民出版社 1999 年版。

40. ［美］马歇尔–波曼：《一切坚固的东西都烟消云散了：现代性体验》，徐大建、张辑译，商务印书馆 2003 年版。

41. ［英］迈克·费瑟斯通：《消费文化与后现代主义》，刘精明译，译林出版社 2000 年版。

42. ［英］迈克·克朗：《文化地理学》，杨淑华、宋慧敏译，南京大学出版社 2003 年版。

43.〔法〕孟德拉斯:《农民的终结》,李培林译,中国社会科学出版社 1991 年版。

44.〔美〕米格代尔:《农民、政治与革命》,李玉琪等译,中央编译出版社 1996 年版。

45.〔英〕莫里斯·弗里德曼:《中国东南的宗族组织》,刘晓春译,上海人民出版社 2002 年版。

46.〔英〕尼格尔·泰勒:《1945 年后西方城市规划理论的流变》,李白玉、陈贞译,中国建筑工业出版社 2006 年版。

47.〔韩〕朴振焕:《韩国新村运动》,潘伟光等译,中国农业出版社 2005 年版。

48.〔美〕乔尔·科特金:《全球城市史》,王旭等译,社会科学文献出版社 2010 年版。

49.〔爱尔兰〕瑞雪·墨菲:《农民工改变中国农村》,黄涛等译,浙江人民出版社 2009 年版。

50.〔加〕桑德斯:《落脚城市:最后的人类大迁徙与我们的未来》,陈信宏译,上海译文出版社 2012 年版。

51.〔日〕山鹿诚次:《城市地理学》,朱德泽译,湖北教育出版社 1986 年版。

52.〔美〕托马斯、〔波兰〕兹纳涅茨基:《身处欧美的波兰农民:一部移民史经典》,张友云译,译林出版社 2000 年版。

53.〔美〕威廉·富特·怀特:《街角社会》,黄育馥译,商务印书馆 2006 年版。

54.〔英〕威廉斯:《乡村与城市》,韩子满、刘戈、徐珊珊译,商务印书馆 2013 年版。

55.〔意〕维柯:《新科学》,朱光潜译,人民文学出版社 1986 年版。

56.〔美〕西奥多·W. 舒尔茨:《改造传统农业》,梁小民译,商务印书馆 2006 年版。

57.〔英〕伊格尔顿:《文化的观念》,方杰译,南京大学出版社 2006 年版。

58. ［美］依迪丝·汉密尔顿：《罗马精神》，王昆译，华夏出版社 2008 年版。

59. ［美］依迪丝·汉密尔顿：《希腊精神》，葛海滨译，华夏出版社 2008 年版。

60. ［美］张英进：《中国现代文学与电影中的城市：空间、时间与性别构形》，秦立彦译，江苏人民出版社 2007 年版。

61. 《上海百年文化史》编辑委员会：《上海百年文化史》，上海科学技术文献出版社 2002 年版。

62. 包亚明主编：《现代性与空间的生产》，上海教育出版社 2003 年版。

63. 毕飞宇：《平原》，江苏文艺出版社 2005 年版。

64. 蔡志海：《农民进城》，华中师范大学出版社 2008 年版。

65. 曹锦清：《黄河边的中国》，上海文艺出版社 2000 年版。

66. 曹锦清等：《当代浙北乡村的社会文化变迁》，上海远东出版社 2001 年版。

67. 陈大彬：《中国农村改革纪事（1978—2008）》，四川人民出版社 2008 年版。

68. 陈桂棣等：《中国农民调查》，人民文学出版社 2004 年版。

69. 陈继会：《中国乡土小说史》，安徽教育出版社 1999 年版。

70. 陈俊杰：《关系资源与农民的非农化》，中国社会科学出版社 1998 年版。

71. 程贵铭、朱启臻：《当代中国农民社会心理研究》，首都师范大学出版社 2000 年版。

72. 程漱兰：《中国农村发展：理论与实践》，中国人民大学出版社 1999 年版。

73. 迟子建：《额尔古纳河右岸》，人民文学出版社 2010 年版。

74. 仇保兴：《城镇化与城乡统筹发展》，中国城市出版社 2012 年版。

75. 戴均良：《中国城市发展史》，黑龙江人民出版社 1992 年版。

76. 戴吾三：《考工记图说》，山东画报出版社 2003 年版。

77. 邓一光：《怀念一个没有去过的地方》，北岳出版社 2000 年版。

78. 丁帆：《中国乡土小说史》，北京大学出版社 2007 年版。

79. 丁帆:《中国乡土小说史论》,江苏文艺出版社 1992 年版。

80. 丁帆主编:《中国乡土小说的世纪转型研究》,人民文学出版社 2012 年版。

81. 董栓成:《中国农村土地制度改革路径优化》,社会科学文献出版社 2008 年版。

82. 杜虹:《20 世纪中国农民问题》,中国社会出版社 1998 年版。

83. 费孝通:《乡土中国》,人民出版社 2012 年版。

84. 费孝通:《江村经济》,北京大学出版社 2012 年版。

85. 付世明:《20 世纪初期俄国村社》,广西师范大学出版社 2005 年版。

86. 傅崇兰等:《中国城市发展史》,社会科学文献出版社 2009 年版。

87. 高化民:《农业合作化运动始末》,中国青年出版社 1999 年版。

88. 高珮义:《中外城市化比较研究》(增订版),南开大学出版社 2004 年版。

89. 高小康:《霓虹灯下的草根:非物质遗产与都市民俗》,江苏人民出版社 2008 年版。

90. 高秀芹:《文学的中国城乡》,陕西人民教育出版社 2002 年版。

91. 顾准:《希腊城邦制度》,中国社会科学出版社 1982 年版。

92. 关仁山:《麦河》,作家出版社 2010 年版。

93. 关仁山:《日头》,人民文学出版社 2014 年版。

94. 郭书田、刘纯彬:《失衡的中国》,河北人民出版社 1990 年版。

95. 国都设计技术专员办事处:《首都计划》,王宇新、王明发点校,南京出版社 2006 年版。

96. 何平:《现代小说还乡母题研究》,复旦大学出版社 2012 年版

97. 何一民:《中国城市史纲》,四川大学出版社 1994 年版。

98. 贺雪峰:《新乡土中国》,广西师范大学出版社 2003 年版。

99. 贺云翱:《六朝瓦当与六朝都城》,文物出版社 2005 年版。

100. 赫广义:《城市化进程中的农民工问题》,中国社会科学出版社 2007 年版。

101. 侯建新:《农民、市场与社会变迁》,社会科学文献出版社 2002 年版。

102. 侯永禄：《农民日记》，中国青年出版社 2006 年版。

103. 黄琳：《现代性视域中的农民主体性》，云南大学出版社 2010 年版。

104. 黄树民：《林村的故事》，素兰等译，三联书店 2002 年版。

105. 季羡林、陈昕编选：《长江文化议论集》，湖北教育出版社 2008 年版。

106. 贾平凹：《带灯》，人民文学出版社 2012 年版。

107. 贾平凹：《高兴》，人民文学出版社 2008 年版。

108. 贾平凹：《老生》，人民文学出版社 2014 年版。

109. 贾平凹：《秦腔》，作家出版社 2005 年版。

110. 焦必方:《日本的农业、农民和农村》，上海财经大学出版社 1997 年版。

111. 焦必方、孙彬彬：《日本现代农村研究》，复旦大学出版社 2009 年版。

112. 金观涛、刘青峰：《开放中的变迁：再论中国社会超稳定结构》，法律出版社 2010 年版。

113. 荆永鸣：《外地人》，文学艺术出版社 2006 年版。

114. 李洱：《石榴树上结樱桃》，江苏文艺出版社 2004 年版。

115. 李和森：《中国农村医疗保障》，经济科学出版社 2005 年版。

116. 李洁萍：《中国历代都城》，黑龙江人民出版社 1994 年版。

117. 李莉：《中国新时期乡族小说论》，中国社会科学出版社 2008 年版。

118. 李培林：《村落的终结》，商务印书馆 2004 年版。

119. 李培林主编：《农民工》，社会科学文献出版社 2003 年版。

120. 李佩甫：《城的灯》，长江文艺出版社 2003 年版。

121. 李佩甫：《生命册》，作家出版社 2012 年版。

122. 李强：《农民工与中国社会分层》，社会科学文献出版社 2004 年版。

123. 李强：《转型时期的中国社会分层结构》，黑龙江人民出版社 2002 年版。

124. 李晓翼：《农民及其现代化》，地质出版社 2008 年版。

125. 李孝聪：《中国区域历史地理》，北京大学出版社 2004 年版。

126. 李学勤、徐吉军主编：《长江文化史》，江西教育出版社 1995 年版。

127. 李友梅：《快速城市化过程中的乡土文化转型》，上海人民出版社 2007 年版。

128. 李泽厚：《中国古代思想史论》，人民出版社 1986 年版。

129. 厉以宁、艾丰、石军：《中国新型城镇化概论》，中国工人出版社 2014 年版。

130. 梁鸿：《中国在梁庄》，江苏人民出版社 2010 年版。

131. 梁开金、贺雪峰：《村级组织制度安排与创新》，红旗出版社 1999 年版。

132. 林白：《妇女闲聊录》，新星出版社 2008 年版。

133. 林耀华：《金翼》，三联书店 1989 年版。

134. 林毅夫：《制度、技术与中国农业发展》，上海三联书店、上海人民出版社 1994 年版。

135. 刘成斌等：《留守与流动》，上海交通大学出版社 2008 年版。

136. 刘纯彬：《变迁的中国》，西藏人民出版社 1999 年版。

137. 刘继明：《送你一束红花草》，武汉出版社 2006 年版。

138. 刘家和：《古代中国与世界》，武汉出版社 1995 年版。

139. 刘士林：《中国诗性文化》，江苏人民出版社 1999 年版。

140. 刘士林等：《江南城市群文化研究》，高等教育出版社 2015 年版。

141. 刘士林主编：《都市文化原理》，东方出版中心 2014 年版。

142. 刘旭：《底层叙述：现代性话语的裂隙》，上海古籍出版社 2006 年版。

143. 刘一皋等：《村庄内外》，河北人民出版社 2002 年版。

144. 柳冬妩：《打工文学的整体观察》，花城出版社 2013 年版。

145. 卢海鸣：《六朝都城》，南京出版社 2002 年版。

146. 陆侃如、冯沅君：《中国诗史》，百花文艺出版社 1999 年版。

147. 陆学艺：《"三农"新论——当前中国农业、农村、农民问题研究》，社会科学文献出版社 2005 年版。

148. 陆学艺：《当代中国十大阶层》，社会科学文献出版社 2004 年版。

149. 陆学艺主编：《当代中国社会阶层分析报告》，社会科学文献出版社 2002 年版。

150. 陆益龙：《农民中国——后乡土社会与新农村建设研究》，中国人民大学出版社 2010 年版。

151. 路春艳：《中国电影中的城市想象与文化表达》，北京师范大学出版社 2010 年版。

152. 罗维扬选编：《外国人怎样当农民》，湖北人民出版社 2005 年版。

153. 罗宗真：《六朝考古》，南京大学出版社 1994 年版。

154. 吕国光主编：《农民工口述史》，湖北人民出版社 2009 年版。

155. 吕青芹等：《国外的农业合作社》，中国社会出版社 2006 年版。

156. 马国强等：《中国农民收入问题研究》，贵州人民出版社 1994 年版。

157. 马克垚主编：《中西封建社会比较研究》，学林出版社 1997 年版。

158. 马新国：《西方文论史》（修订版），高等教育出版社 1994 年版。

159. 马正林：《中国城市历史地理》，山东教育出版社 1998 年版。

160. 麦天枢：《中国农民》，三联书店 1994 年版。

161. 莫言：《生死疲劳》，作家出版社 2012 年版。

162. 倪健中主编：《首都中国——迁都与中国历史大动脉的动向》，中国国际广播出版社 1997 年版。

163. 潘维：《农民与市场》，商务印书馆 2003 年版。

164. 秦晖：《田园诗与狂想曲》，中央编译出版社 1996 年版。

165. 秦红增：《乡土变迁与重塑——文化农民与民族地区和谐乡村建设研究》，商务印书馆 2012 年版。

166. 沈福熙：《中国古代建筑文化史》，上海古籍出版社 2001 年版。

167. 施惟达：《中古风度》，中国社会科学出版社 2002 年版。

168. 宋洪远：《中国农村改革三十年》，中国农业出版社 2008 年版。

169. 孙达人：《中国农民变迁论》，中央编译出版社 1996 年版。

170. 孙惠芬：《吉宽的马车》，作家出版社 2007 年版。

171. 孙惠芬：《民工：孙惠芬小说精品选》，作家出版社 2005 年版。

172. 孙惠芬：《歇马山庄的两个女人》，群众出版社 2003 年版。

173. 孙惠芬：《后上塘书》，上海文艺出版社 2015 年版。

174. 孙惠芬：《上塘书》，人民文学出版社 2004 年版。

175. 孙惠芬：《歇马山庄》，人民文学出版社 2000 年版。

176. 孙立平：《断裂——20 世纪 90 年代以来的中国社会》，社会科学文献出版社 2003 年版。

177. 孙逊、杨剑龙主编：《都市、帝国与先知》，上海三联书店 2006 年版。

178. 汪民安、陈永国、马海良主编：《城市文化读本》，北京大学出版社 2008 年版。

179. 王安忆：《上种红菱下种藕》，南海出版公司 2002 年版。

180. 王贵宸：《中国农村现代化与农民》，贵州人民出版社 1994 年版。

181. 王沪宁：《当代中国村落家族文化》，上海人民出版社 1991 年版。

182. 王昕朋：《漂二代》，人民文学出版社 2012 年版。

183. 王友三：《吴文化史丛》，江苏人民出版社 1993 年版。

184. 王玉哲主编：《中国古代物质文化》，高等教育出版社 1990 年版。

185. 王仲田、詹成付主编：《乡村政治》，江西人民出版社 1999 年版。

186. 吴海清：《乡土世界的现代性想象：中国现当代文学乡土叙事思想研究》，南开大学出版社 2011 年版。

187. 吴研研：《作家身份与城乡书写》，中国社会科学出版社 2009 年版。

188. 吴毅：《村治变迁中的权威与秩序》，中国社会科学出版社 2002 年版。

189. 项继权：《集体经济背景下的乡村治理》，华中师范大学出版社 2002 年版。

190. 徐剑艺：《中国人的乡土情结》，上海文化出版社 1993 年版。

191. 徐勇：《中国农村村民自治》，华中师范大学出版社 1997 年版。

192. 许宏：《先秦城市考古学研究》，北京燕山出版社 2000 年版。

193. 许辉、李天石：《六朝文化概论》，南京出版社 2003 年版。

194. 许平：《法国农村社会转型研究》，北京大学出版社 2001 年版。

195. 许欣欣：《当代中国社会结构变迁与流动》，社会科学文献出版社

2000 年版。

196. 宣杏云等：《西方国家农业现代化透视》，上海远东出版社 1998 年版。

197. 阎连科：《炸裂志》，上海文艺出版社 2013 年版。

198. 杨懋春：《一个中国村庄》，张雄等译，江苏人民出版社 2001 年版。

199. 杨善华等：《城乡家庭》，浙江人民出版社 2000 年版。

200. 杨知勇：《家族主义与中国文化》，云南大学出版社 2000 年版。

201. 叶朗：《中国美学史大纲》，上海人民出版社 1985 年版。

202. 叶南客：《边际人——大过渡时代的转型人格》，上海人民出版社 1996 年版。

203. 叶骁军：《中国都城发展史》，陕西人民出版社 1988 年版。

204. 衣俊卿：《现代化与日常生活批判》，人民出版社 2005 年版。

205. 尤凤伟：《泥鳅》，春风文艺出版社 2002 年版。

206. 余英时：《士与中国文化》，上海人民出版社 1987 年版。

207. 俞德鹏：《城乡社会：从隔离走向开放》，山东人民出版社 2002 年版。

208. 苑书义等：《近代中国小农经济的变迁》，人民出版社 2001 年版。

209. 翟学伟：《人情、面子与权力的再生产》，北京大学出版社 2005 年版。

210. 张光直：《中国青铜时代》，三联书店 2013 年版。

211. 张鸿雁：《城市文化资本论》，东南大学出版社 2010 年版。

212. 张鸿雁：《城市形象与城市文化资本论》，东南大学出版社 2004 年版。

213. 张乐天：《告别理想：人民公社制度研究》，东方出版中心 1998 年版。

214. 张炜：《你在高原》，作家出版社 2010 年版。

215. 张懿红：《缅怀与徜徉：跨世纪乡土小说研究》，中国社会科学出版社 2010 年版。

216. 张驭寰：《中国城池史》，百花文艺出版社 2003 年版。

217. 章柏青、贾磊磊：《中国当代电影发展史》，文化艺术出版社 2006

年版。

218. 赵德发：《缱绻与决绝》，人民文学出版社 1997 年版。

219. 赵德发：《君子梦》，人民文学出版社 1999 年版。

220. 赵德发：《青烟或白雾》，人民文学出版社 2002 年版。

221. 赵冈：《中国城市发展史论集》，新星出版社 2006 年版。

222. 赵冈：《中国传统农村的地权分配》，新星出版社 2006 年版。

223. 赵树凯：《农民的政治》，商务印书馆 2011 年版。

224. 赵树凯：《农民的新命》，商务印书馆 2012 年版。

225. 赵秀玲：《中国乡里制度》，社会科学文献出版社 1998 年版。

226. 赵园：《地之子：乡村小说与农民文化》，北京十月文学出版社 1993 年版。

227. 折晓叶：《村庄的再造》，中国社会科学出版社 1997 年版。

228. 郑大华:《民国乡村建设运动》，社会科学文献出版社 2000 年版。

229. 郑杭生：《社会学概论新修》（修订本），中国人民大学出版社 1998 年版。

230. 中国社科院农村所：《大变革中的乡土中国》，社会科学文献出版社 1999 年版。

231. 中科院国情分析研究小组:《城市与乡村》，科学出版社 1994 年版。

232. 周水涛、轩红芹、王文初：《新时期农民工题材小说研究》，社会科学文献出版社 2010 年版。

233. 周宪：《现代性的张力》，首都师范大学出版社 2010 年版。

234. 周晓虹：《传统与变迁》，三联书店 1998 年版。

235. 周一星：《城市地理学》，商务印书馆 1995 年版。

236. 朱冬亮：《社会变迁中的村级土地制度》，厦门大学出版社 2003 年版。

237. 朱光磊等：《当代中国社会各阶层分析》，天津人民出版社 2007 年版。

238. 朱凌：《灰村纪事》，东方出版中心 2004 年版。

239. 庄林德、张京祥：《中国城市发展与建设史》，东南大学出版社 2002 年版。

240. 宗白华：《艺境》，安徽教育出版社 2000 年版。

附　录　《新型城镇化背景下青年外来务工人员文化生活状况研究》

目前，"80后"、"90后"新生代外来务工人员占到全国外来务工人员总数的六成。这一群体与父辈不同，他们要生存更要生活，要温饱更要幸福。重视这一群体的利益诉求，关注他们融入城市的成本，是推进新型城镇化的一大课题。课题组重点对青年外来务工人员的文化生活状况展开调研，调研对象是我省南京、常州、南通、淮安4个城市的青年外来务工人员，分析了他们难以融入城市生活的文化症结，提出了推动这一群体更好地融入城市，成为我国新型城镇化建设积极力量的对策建议。

一　青年外来务工人员文化生活的现状

（一）青年外来务工人员的基本情况

1. 性别、年龄与婚姻状况。参与问卷的调查对象中，男性384人，占42.6%；女性516人，占57.3%。调查对象年龄大部分在21—43岁之间，其中又以21—33岁最多。其中，21—23岁占14.3%，24—33岁占42.2%，共占56.5%。调查对象中，已婚的略占多数，为58.3%，未婚的占30.7%。

2. 学历情况。从学历分布看，我省外来务工人员中，无学历的占1.7%，小学占8.2%；初中和高中（含职高、技校、中专）学历最多，分别占23.2%和35.2%；其次是大学学历（含大专和本科及以上）占31%，其他占0.7%。

3. 行业分布。从行业分布看，青年外来务工人员所从事的行业主要涉及建筑业、纺织业、服务业、电子业等，分布比例较为均衡，具有一定的典型性和代表性。

4. 城市融入情况。从青年外来务工人员城市融入情况看，"80 后"、"90 后"新生代普遍较快适应城市生活，但对生活状况不太满意的比例较高，满意和比较满意的只占 31.1%。这说明，适应程度和满意度还存在一定的差距。

（二）青年外来务工人员文化生活现状

研究显示，青年外来务工人员外出务工主要还是基于生存的需要，整个被调查群体对企业薪酬的高低最为看重。青年外来务工人员大多数收入在 2000—3000 元之间，3000 元以上和 2000 元以下所占的比例都不大，总体上处于城市中等状况。从满意度看，认为收入一般的最多，占 50.6%，比较满意和不满意的各占 22% 和 20.8%；每月用于文化消费的金额大多在 100 元以下，人数占到 73.2%。

在工作之余，青年外来务工人员主要文化娱乐活动包括：听音乐、看电影或电视、上网、读书看报、去录像厅或歌厅舞厅；等等。多数企业都有党团和工会活动，定期组织和不定期组织的占 52.4%，没有或不知道的也占了 47.6%。也就是说，组织活动还不够普及，近一半的青年外来务工人员未参与其中；满意率占 54.5%（满意和基本满意）；经常参加居住地社区组织的文化娱乐活动只占 4.4%。

（三）青年外来务工人员文化生活特点

第一，文化生活出现明显分层现象。从文化娱乐的内容来看，各统计选项分布广泛，文化消费也较为复杂，电影、书报杂志、上网是最主要的三项。但是除了看电影的比例占 41.8% 之外，其他均没有超过 25%。这表明，外来务工人员和城市居民一样，文化需求有分层的现象，很少有某一种文化形式占绝对主导地位，也没有一种文化形式无人问津。第二，高层次文化消费支出较少。文化消费用途中，购买书报杂志的占 35.2%，去图书馆和文博场馆的只占 16.1%，这反映了当前青年外来务工人员的文化层次相对较低。第三，青年外来务工人员普遍有着提高文化素养的内在需求。根据调研，希望观看文艺演出的占 42%，希望参加知识技能培训的占 36%，希望参加社会公益活动的占 19%，希望参加各种户外活动的占 59%。

二　青年外来务工人员文化生活的问题成因

国外学者曾提出过一个"贫困文化"的概念，是指生活处于贫困状况下的群体所持有的价值观念、生活方式、文化模式等。我省青年外来务工人员虽不是生活贫困人群，但文化活动和文化心态确实存在"贫困文化"所揭示的一些问题，主要包括三个方面：

（一）为青年外来务工人员量身定做的社会教育资源严重匮乏

青年外来务工人员面临的最直接问题是教育资源的缺乏。调研显示，青年外来务工人员大多希望接受良好的高等教育，这反映出他们对教育的渴望；但同时他们的教育状况不尽理想，学历普遍不高。因此，这一群体由于教育的缺乏而错失了很多发展机遇，导致他们生存就业的空间选择性较小，也难以参与到城市文化设计和高层次文化产品的消费中。

目前，虽然很多企业有定期或不定期的员工培训计划，但这种零散且不成体系的培训无法从根本上解决青年外来务工人员总体文化素质问题；虽然很多部门已经在努力加强职业技能的培训，但由于需要一定的时间和资金，对于当下面临用工难的企业而言，与政府和社会部门配合开展教育培训难度较大，而这进一步加剧了城市大中型企业、科技含量较高的企业缺乏熟练的技术工人。由于学历层次低，青年外来务工人员在现代化的城市中根基不牢固，一些潜在的技术人才也难以长期留在当地发展。

（二）工作生活压力较大，从事文化活动的心态相对消极

青年外来务工人员文化消费的内容远远不够丰富，仅电影一项就占了41.8%，而城市其他文化设施如博物馆、剧场演出等则去得较少。尤其值得注意的是，选择闲暇时间"睡觉"和"没有闲暇时间"的也占了相当比例，这反映出青年外来务工人员工作压力和生活压力较大，文化活动和文化心态相对消极，这与现代城市文化的丰富性与多样性是有差距的。根据调研和座谈，很多企业组织了不少业余娱乐活动，也提供了相当数量的文化设施，但是有部分设施未能发挥作用，如电影放映室数量及播放电影数量，与外来务工人员对电影产品的巨大需求是不相符的。

（三）融入城市文化的渠道不够畅通

来自农村的青年外来务工人员普遍都有融入城市的愿望和要求，他们

能较快适应城市生活，但融入城市生活特别是文化生活的渠道并不畅通。其中，一方面是由于工作生活压力大、收入提高缓慢、户籍难以解决等；另一方面则是由于文化上的差异，包括语言、观念、生活习惯等。据调查，"80后"、"90后"外来务工人员与城市居民交往的困难主要体现在：观念不同占27.5%，生活习惯不同占26.5%，地位差异占13.7%。由此可知，缺乏地缘传统是制约外来务工人员在心理上真正融入城市的因素。外来务工人员话语权的缺失也使得他们处于城市文化的边缘地带。对于外来务工人员而言，适应城市生活不仅仅意味着有工作、有住处，还意味着文化的融合。如果外来务工人员不能很好地融入城市，那么势必会游离于城市文化之外，心理产生强烈的异乡感和漂泊感，进而产生自卑感；如果他们也不愿回归乡村文化，这就会造成更复杂的社会身份认同问题。乡村归属感和城市认同感的双重缺乏，将影响新型城镇化建设目标的实现。

三　改善青年外来务工人员文化生活状况的对策建议

党的十八届三中全会强调指出，"推进农业转移人口市民化"，"构建现代公共文化服务体系"，促进基本公共文化服务均等化，推动文化惠民项目与群众文化需求有效对接。作为经济和文化大省的江苏，要在农业转移人口市民化、公共文化服务均等化方面率先探索，将外来务工人员文化生活权益保护纳入城市文化体系，帮助他们从边缘状态中走出来，在城市中由单纯的谋生变为真正意义上的生活。为此，提出如下建议：

（一）围绕青年外来务工人员的教育需求，有针对性地开展继续教育和职业教育

由于青年外来务工人员文化程度普遍较低，迫切需要有针对性地开展继续教育和职业教育。一是加强基层调研，充分了解城镇外来务工人员的教育结构，增加对青年外来务工人员的职业教育体系和文化提升渠道的投入，推动城市教育公平化，以解决外来务工人员的心理和家庭负担。二是对职业教育和培训体系进行改革，针对城市用工需要对青年外来务工人员开展系统和长期的培训，鼓励兴办企业学校，加快完善劳动预备制度，对初、高中毕业生进行为期1—3年的就业前培训和职业教育，使其掌握一定的职业技能或取得相应的职业资格。三是充分利用开放教育体系，把课堂

教育、网络远程教育、自学函授等结合起来，定期进行学业监控，对青年外来务工人员的自学进行有计划的系统扶持帮助和引导。

（二）加大政府投入，将青年外来务工人员作为文化惠民工程的重要群体

为切实保障青年外来务工人员的文化生活权益，要推动青年外来务工人员文化生活待遇市民化，以常住人口数量核定文化活动的场地、经费的投入额度，将青年外来务工人员的文化需求纳入城市公共文化服务体系建设之中，积极开展有针对性的文化惠民服务工程，推进公共文化服务均等化。一是实行文化活动价格优惠措施。青年外来务工人员大多刚就业不久，经济收入有限，政府要通过制定优惠政策、财政补贴、购买服务等形式，鼓励文化企业为其提供有针对性的、低价位的文化产品，比如中低价位的亲民演出、优惠的电影票、免费的艺术展以及图书折扣等。二是开展送文化上门活动。青年外来务工人员往往居住集中，地点偏远，交通不便，可以组织文化单位开展"送文化上门"活动，即送书、送演出、送讲座等上门服务，尤其是针对青年人的心理，定期开展文化讲座，全面提升他们的文化素质。三是加强流动文化服务网点建设。在某些外来务工人员流动性较大的地方，可以设立流动文化服务网点，统一管理。

（三）充分调动各类社会资源，广泛开展"文化扶贫"活动

针对青年外来务工人员文化贫困的现象，要充分调动文化部门、群团组织和志愿者等各方面的力量，广泛开展"文化扶贫"活动。第一，充分发挥公益性文化单位的作用。图书馆、文化馆、街道文化中心、社区文化中心等公益性文化单位，应把丰富青年外来务工人员文化生活作为一项重要责任，拓展和创新工作内涵，加强针对进城务工人员群体的文化服务，发挥公益性文化单位在提高青年外来务工人员思想文化素质方面的重要作用。各级文化部门要积极引导文化经营单位和文艺工作者深入到青年外来务工人员中间，多创作反映这一群体生活、为他们所喜闻乐见的文艺作品和节目。第二，充分发挥群团组织的作用。党团组织、妇联、社区、居委会、文联等社会组织，应发挥各自领域的功能特点，把组织好针对进城务工人员的文化活动纳入工作目标之中，有针对性地进行重点帮扶，尽最大努力满足进城务工人员的文化需求。第三，充分发挥文化志愿者的作用。利用城市

中学和高校资源，一方面积极鼓励学生参与志愿活动；另一方面创造志愿服务的环境。特别是高校这样的学生志愿者集中的地方，可以把参加为青年外来务工人员的社区服务纳入教育体系。在青年外来务工人员集中的社区或企业，组织志愿者上门服务，开展高层次文化活动。建立志愿者长期服务机制，比如志愿者信箱、服务热线等，为青年外来务工人员开展文化交流、心理疏导、知识帮助等活动，让他们早日融入城市，感受到新型城镇化带来的暖意和福利，进而增强青年外来务工人员对所在城市的认同感。

（四）充分发挥企业的作用，增强青年外来务工人员参与创造文化的自觉性

授人以鱼，不如授人以渔。文化部门在为青年外来务工人员"送文化"的同时，更要"种文化"，鼓励青年外来务工人员相对集中的企业组织开展文化活动，增强青年外来务工人员参与创造文化的自觉性，发挥他们至关重要的主体作用。第一，调动所在企业的积极性。青年外来务工人员相对集中的企业，要处理好经济效益、企业文化与青年外来务工人员文化生活之间的关系，充分发挥员工文化在企业发展过程中的内生动力和牵引作用。要积极组织符合其群体特点的丰富多彩的文体活动，开展科技培训与文化生活，满足他们的精神文化需求。扶持企业建立一些有针对性的文化团体。第二，调动青年外来务工人员自身的积极性。要积极开办各种艺术培训班，培育青年外来务工人员文艺骨干，鼓励其自发组织业余文化团队，自写、自唱、自演、自娱自乐，带动青年外来务工人员人人参与文化、人人创造文化、人人享用文化。吸收外来务工人员当中的党员及先进分子，成立"外来务工人员讲师团"，发挥其地缘相近、人缘相亲的优势，在企业和外来务工人员集中居住区开展文化宣讲活动。

（五）建立奖励激励机制，努力营造关心青年外来务工人员文化生活的社会氛围

第一，加大激励考核力度。以新型城镇化的总目标为切入点，把青年外来务工人员的文化融入、艺术文化需求满意度作为相关部门的考核内容，积极营造城乡平等的氛围。以社区、企业区域为单位，对青年外来务工人员从事文艺创作予以大力扶持和激励，如设置年度文学创作比赛、音乐比赛和美术比赛等，充分挖掘其创造性和潜力。第二，加大表彰奖励力度。

每年召开青年外来务工人员表彰大会，对涌现出的创作者、科技发明者和积极参与者给予奖励，提高他们参与教科文活动的积极性。大力宣传青年外来务工人员的正面事迹，特别是对城市建设的巨大贡献，让城市居民了解青年外来务工人员，以消除城市居民和青年外来务工人员的心理隔阂，为他们更好地融入城市文化生活创造条件。第三，加大宣传报道力度。引导企业和电视台、电台、报社、网站等建立信息联系，积极聚焦、报道青年外来务工人员的生活状况，贴近他们的喜怒哀乐，传递他们的生活诉求。

　本课题负责人：李　静
　主要参加人员：朱逸宁　季中扬　秦香丽等

　此调研报告成稿于 2013 年 12 月，2014 年 1 月刊发于江苏省社科联《成果报告》第 1 期。2015 年获"江苏省社科应用研究精品工程奖"一等奖，"江苏发展研究奖"三等奖。

后　记

　　记得 2013 年 1 月，在跟朋友闲聊时萌发了想申报一个国家社科基金项目的想法，因我的研究兴趣主要是乡土文学和女性文学，前期成果也主要在这方面，再考虑到研究尽可能做到理论联系实际，于是准备做一个城市化与乡土叙事文化互动方面的课题。这样的一个选题也是基于城市化进程快速推进以来，城市文化和乡村文化面临的困惑和遭遇的种种问题。尤其是乡村文化，在城乡二元对立思维模式的禁锢下，已经到了崩溃的边缘。乡村文化真的没有任何价值了吗？如果有，它的价值又体现在哪里呢？带着这样的想法，我与课题组成员季中扬、朱逸宁、秦香丽反复讨论，认为这是一个值得探讨的问题，既有学术意义，也有现实意义。

　　季中扬是南京农业大学的副教授，一直在做乡土文化和民间文艺研究；朱逸宁是南京信息工程大学副教授，主要研究城市科学和江南文化；秦香丽是南通大学讲师，主攻乡土小说尤其是农民工叙事研究。这三个研究方向也正是课题内容的研究重点。经过多次商量、切磋，最终定下课题名称"城市化进程与乡村叙事的文化互动"，2013 年的春节就在讨论、修改课题申报书的过程中度过了。6 月，课题作为重点项目申报成功。我们几个又多次商量书稿的内容、章节、分工。

　　作为课题的开端，最先启动的是课题调研。2013 年 11 月，我们分三次进行了青年农民工文化生活调研，分别在南通、常州、淮安、南京进行了问卷调查，召开了座谈会，根据调研内容撰写了《新型城镇化背景下青年外来务工人员文化生活状况研究》的调研报告。此调研报告 2014 年 1 月刊发于江苏省社科联《成果报告》第 1 期，2015 年获"江苏省社科应用研究精品工程奖"一等奖、"江苏发展研究奖"三等奖。2015 年 12 月，课题书稿、调研报告经由国家社科规划办审定，以免于鉴定的方式通过了结项。

近 3 年的时间里，我们不曾懈怠，一直在看书，思考，写作，还多次参加过相关方面的国际和国内研讨会。课题组成员先后在《文艺研究》、《文艺争鸣》、《学海》、《江苏社会科学》、《河南社会科学》、《江苏行政学院学报》、《学习与实践》等权威和核心期刊发表了一系列论文，主要有：《论城乡文化共同体的可能性及其建构路径》、《追寻与重构：农民工题材小说中的身份认同》、《江南文化与中古城市文艺精神的蜕变》、《城镇化进程中的西北城市群文化发展路径研究》、《新世纪乡土文学中的地域：同质性、异质性及其反思》、《悲悯：当代女性乡土小说的文学特征》、《新世纪影视叙事中的乡村居民形象》、《当代影视作品中的乡村形象与文化认同》、《城市化进程中的乡土文学：从宏大叙事到日常生活叙事》等，其中《论城乡文化共同体的可能性及其建构路径》一文为《新华文摘》全文转载。这些成果奠定了我们研究的坚实基础。这期间，小秦的孩子出生了，一个新的小生命伴随着我们的课题、我们的书稿一起成长起来。这是特别令人欣慰的。

近两年，城乡文化的互动、融合，尤其是乡村文化的重构引起了越来越多学者的关注和研究，2013 年年底，中央城镇化工作会议提出要"让城市融入大自然，让居民望得见山、看得见水、记得住乡愁"。"乡愁"的提出使乡村文化和乡土文学的研究视阈得到了进一步的拓展，"乡愁"作为重构全球化语境中具有民族文化身份与认同的重要课题具有了战略意义。"乡愁"是中国人心中永远抹不去的情结，而要让"乡愁"有所皈依，城乡文化的互动、融合，乡村文化的重构是绕不开的话题。祈愿本书能够为此贡献一些识见，提供我们的一些思考。

该课题的研究除了前期的调研报告，最终形成这部著作。最后成稿的分工：李静主持全书的研究工作，提供该著的整体思路，审定撰写提纲，提供各章节初稿的修改意见，并最终对全书进行了修改、统稿和校对，具体执笔导论，第三章第一、二节，第七章第三节，余论；季中扬具体执笔第三章第三节、第五章、第七章第一、二节，协助统稿；朱逸宁具体执笔第一章、第二章，协助全书校对；秦香丽具体执笔第四章、第六章，协助部分章节的修改。

　　作为课题负责人，我十分感谢课题组各位成员的辛勤付出。他们的认真、踏实、钻研、好思给我留下了深刻印象，在繁重的日常生活、教学之余精心写作，付出了大量的辛勤劳动，该著是我们共同努力的成果。同时也十分感谢给我们课题和著作以多方面关心、支持的各位专家学者，尤其是南京大学文学院丁帆教授、高小康教授，南京师范大学朱晓进教授，美国克莱蒙大学柯布教授、王治河教授；并向为该著出版付出努力和辛劳的中国社会科学出版社和冯春凤编辑表示衷心的感谢！

李　静
2015 年 12 月于南京